南光坊天海関係文書集

宇高良哲編

青史出版

目次

例言

1 合志親為書状 （天正一二）・六・四 京都三千院文書……一
2 秋月種実書状 （天正一二）・七・一七 京都三千院文書……一
3 合志真賢書状 （天正一二）・九・五 京都三千院文書……一
4 筑紫広門書状 （天正一二）・九・七 京都三千院文書……二
5 秋月種長書状 （天正一二）・一二・一五 京都三千院文書……二
6 無心書状 一〇・三 上野吉祥院文書……二
7 不動院随風書状 （慶長一一、一三頃カ）・卯・二〇 京都妙法院文書……三
8 不動院天海書状 （慶長一一、一三頃）・一〇・二四 京都妙法院文書……三
9 不動院天海書状 （慶長一一、一三頃）・一〇・二六 京都妙法院文書……四
10 天海書状 （慶長一一、一三頃）・一〇・二七 京都妙法院文書……五
11 智楽房天海書状 二・七 神奈川龍門寺文書……六
12 天海僧綱職補任状 慶長一〇・二・吉 長沼宗光寺文書……六
13 後陽成天皇権僧正口宣案 慶長一二・三・一九 川越中院文書……七
14 青蓮院尊純親王添状 慶長一二・沽洗・中旬 川越中院文書……七

15	青蓮院尊純親王添状写	慶長一三・五・七	川越中院文書	七
16	天海法流証状	慶長一三・一〇・吉	森五郎作氏文書	七
17	天海土産目録覚	慶長一四・二・二六	大正大学図書館文書	八
18	徳川家康日光山黒印状案	慶長一四・三・五	「東叡山日記」	八
19	後陽成天皇権僧正口宣案	慶長一四・一二・九	長沼宗光寺文書	八
20	青蓮院門跡尊純親王添状	(慶長一四)・一二・九	長沼宗光寺文書	九
21	宗光寺天海書状	(慶長一四)・一二・一九	大阪願泉寺文書	九
22	宗光寺天海書状	三・一三	栃木円通寺文書	九
23	天海書状	(慶長一五ヵ)・四・五	上野円珠院文書	一〇
24	権僧正天海書状	慶長一五・九・六	京都妙法院文書	一〇
25	権僧正天海証状案	慶長一五・季秋・六	『壬生家四巻之日記』	一〇
26	後陽成天皇探題職補任宣旨案	(慶長一五)・九・一八	『壬生家四巻之日記』	一一
27	後陽成天皇立義探題宣旨案	慶長一五・九・一八	『壬生家四巻之日記』	一一
28	天海祝儀覚	慶長一五・一一・二三	大正大学図書館文書	一一
29	後陽成天皇僧正成勅書	(慶長一六)・三・二〇	京都三千院文書	一二
30	施薬院宗伯書状	(慶長一六以前)・六・一六	京都妙法院文書	一二
31	天海書状写	慶長一六・七・二〇	川越喜多院文書	一二
32	棟梁鈴木長以書状	(慶長一六ヵ)・七・一〇	大工頭中井家文書	一二

33　円光寺元佶・金地院崇伝連署書状案　(慶長一六)・九・二九　『本光国師日記』……………………一三
34　参考　慶長一六・一一・一　『駿府記』……………………………………一三
35　徳川家康戸隠山神領朱印状案　慶長一七・四・一九　『本光国師日記』……………………一四
36　戸隠山法度案　慶長一七・五・一　『本光国師日記』……………………一四
37　金地院崇伝書状案　慶長一七・五・一　『本光国師日記』……………………一四
38　金地院崇伝書状案　(慶長一八)二・八　『本光国師日記』……………………一五
39　金地院崇伝書状案　(慶長一八)二・八　『本光国師日記』……………………一五
40　関東天台宗法度案　(慶長一八)二・一五　『本光国師日記』……………………一五
41　黒子千妙寺法度案　慶長一八・二・二八　『本光国師日記』……………………一六
42　慈光山中道院法度案　慶長一八・二・二八　『本光国師日記』……………………一六
43　椎尾山薬王院法度案　慶長一八・二・二八　『本光国師日記』……………………一六
44　慈恩寺法度案　慶長一八・二・二八　『本光国師日記』……………………一七
45　薬王院朱印状案　慶長一八・二・二八　『寛文朱印留』……………………一七
46　慈恩寺朱印状案　慶長一八・二・二八　『寛文朱印留』……………………一七
47　金地院崇伝書状案　(慶長一八)・三・九　『本光国師日記』……………………一七
48　金地院崇伝書状案　(慶長一八)・三・一二　『本光国師日記』……………………一八

49 徳川家康朱印状写 慶長一八・三・一三 『浅草寺志』…… 一八
50 徳川秀忠安堵状写 慶長一八・三・一三 『浅草寺志』…… 一八
51 浅草寺朱印状案 慶長一八・三・一三 『寛文朱印留』…… 一九
52 金地院崇伝書状案 (慶長一八)・三・一五 『本光国師日記』…… 一九
53 金地院崇伝書状案 (慶長一八)・三・二二 『本光国師日記』…… 一九
54 南光坊僧正天海書状 (慶長一八)・六・一七 京都北野神社文書…… 二〇
55 徳川家康戸隠山社領寄進状案 慶長一八・七・一七 『御当家令条』…… 二〇
56 金地院崇伝書状案 (慶長一八)・七・一八 『本光国師日記』…… 二〇
57 金地院崇伝書状案 (慶長一八)・七・二一 『本光国師日記』…… 二一
58 南光房僧正天海書状 (慶長一八)・七・二九 京都北野神社文書…… 二一
59 金地院崇伝書状案 (慶長一八)・八・一八 『本光国師日記』…… 二二
60 金地院崇伝書状案 (慶長一八)・八・一八 『本光国師日記』…… 二二
61 金地院崇伝書状案 (慶長一八)・八・一八 『本光国師日記』…… 二二
62 金地院崇伝書状案 (慶長一八)・八・二〇 『本光国師日記』…… 二二
63 関東天台宗法度案 慶長一八・八・二六 『本光国師日記』…… 二三
64 金地院崇伝書状案 (慶長一八)・一〇・二三 『本光国師日記』…… 二三
65 山門探題僧正天海僧綱職補任状 慶長一九・正・如意珠 鎌倉宝戒寺文書…… 二四
66 南光坊僧正天海書状 (慶長一八・一九)・卯・二四 下谷酒袋嘉兵衛文書…… 二四

67 南僧正天海書状 (慶長一九ヵ)・五・四 国会図書館文書……二五
68 南光坊僧正天海等連署葛川明王院法度目安覚写 慶長一九・五・七 葛川明王院文書……二五
69 金地院崇伝書状案 (慶長一九)・五・八 『本光国師日記』……二六
70 金地院崇伝書状案 (慶長一九)・五・一六 『本光国師日記』……二六
71 金地院崇伝書状案 (慶長一九)・五・二一 『本光国師日記』……二六
72 金地院崇伝書状案 (慶長一九)・六・二一 『本光国師日記』……二七
73 金地院崇伝書状案 (慶長一九)・六・晦 『本光国師日記』……二七
74 吉野山惣中等連署書状案 (慶長一九)・七・七 『本光国師日記』……二七
75 金地院崇伝等連署書状案 (慶長一九)・七・一〇 『本光国師日記』……二八
76 金地院崇伝書状案 (慶長一九)・七・一三 『本光国師日記』……二八
77 南僧正天海書状 (慶長一九)・八・九 広島大学猪熊文書……二九
78 榛名山法度案 慶長一九・九・五 『駿府記』……二九
79 榛名山朱印状案 慶長一九・九・五 『寛文朱印留』……三〇
80 山門探題僧正天海書状 (慶長一九)・九・八 渋川真光寺文書……三〇
81 南僧正天海書状 (慶長一九)・九・一二 京都三千院文書……三〇
82 金地院崇伝書状案 (慶長一九)・九・一四 『本光国師日記』……三一
83 大僧正天海書状案 (慶長一九)・一〇・五 「浄土宗檀林江戸崎大念寺志」……三一

84 覚案 (慶長一九)・一一・八 『本光国師日記』……三一
85 天海書状 (慶長一九ヵ)・霜・一四 萩野由之氏文書……三二
86 金地院崇伝書状案 (慶長一九)・一一・一七 『本光国師日記』……三二
87 南光坊僧正天海等連署吉野山禁制 慶長一九・霜・一九 『金峯山寺史』……三二
88 南僧正天海書状 (慶長一九)・極・一七 生間家文書……三三
89 返本目録案 (元和元)・正・一八 『本光国師日記』……三三
90 金地院崇伝書状案 (元和元)・正・一九 『本光国師日記』……三三
91 金地院崇伝書状案 (元和元)・二・八 『本光国師日記』……三四
92 相住坊亮算書状案 (元和元)・二・八 『本光国師日記』……三四
93 南僧正天海書状 (元和元)・二・一二 伊勢龍泉寺文書……三四
94 山門探題兼世良田正僧正天海印可状写 慶長二〇・姑洗・五 世良田長楽寺文書……三四
95 桃源院某書状 (元和元)・三・一二 愛知瀧之坊文書……三五
96 南僧正天海書状 (元和元)・六・二二 上野津梁院文書……三五
97 天海書状 (元和元)・六・二三 小日向妙足院文書……三六
98 南僧正天海書状案 (元和元)・六・二七 『楓軒文書纂集』……三六
99 南僧正天海書状 (元和元)・閏六・三 伊達宗基氏文書……三六

100 南光房僧正天海奉書写 (元和元)・七・一五 京都真正極楽寺文書……三七
101 南僧正天海書状 (元和元)・文・二四 身延本遠寺文書……三七
102 南僧正天海書状 (元和元)・文・二四 池上本行寺文書……三七
103 天海書状 (元和元ヵ)・九・六 ……三七
104 多賀尊勝院直壮書状案 (元和元以前)・九・二〇 「慈眼大師御年譜附録」……三八
105 牛瀧山衆徒中訴状案 元和元・一〇・一一 『本光国師日記』……三八
106 寺務南光坊大僧正天海四天王寺寺内法度 元和元・一一・ 大阪四天王寺文書……三九
107 山門探題正僧正天海喜多院証状 元和元・終冬・一二 川越喜多院文書……三九
108 金地院崇伝書状案 (元和元)・極・一七 『本光国師日記』……四〇
109 南僧正天海書状写 (元和二ヵ)・二・二四 身延久遠寺文書……四〇
110 金地院崇伝書状追而書案 (元和二)・三・五 『本光国師日記』……四〇
111 南僧正天海書状 (元和二)・弥生・八 京都妙法院文書……四一
112 南僧正天海書状 (元和二)・弥生・八 坂本生源寺文書……四一
113 柴田勝正書状 (元和二)・三・二三 『山内文書』……四二
114 金地院崇伝書状案 (元和二)・卯・四 『本光国師日記』……四二
115 金地院崇伝書状案 (元和二)・五・一二 『本光国師日記』……四三
116 金地院崇伝書状案 (元和二)・五・二一 『本光国師日記』……四三

117 金地院崇伝書状案 (元和二)・六・六 『本光国師日記』……四四
118 吉田神龍院梵舜書状 (元和二)・七・五 狩野亨吉氏文書……四四
119 金地院崇伝書状案 (元和二)・七・六 『本光国師日記』……四五
120 南僧天海書状案 (元和二)・七・一四 『平田職忠職在日記』……四五
121 吉田神龍院梵舜書状 (元和二)・七・二一 狩野亨吉氏文書……四六
122 吉田神龍院梵舜書状ヵ (月日なし) 狩野亨吉氏文書……四六
123 後水尾天皇大僧正宣旨 元和二・七・二七 日光山輪王寺文書……四七
124 南僧正天海書状 (元和二)・七・二八 上野現龍院文書……四七
125 南僧正天海書状案 (元和二)・七・二八 『平田職忠職在日記』……四八
126 東寺訴状案 元和二・八・一四 『本光国師日記』……四八
127 鈴鹿治忠書状 (元和二ヵ)・八・二七 佐賀実相院文書……四九
128 金地院崇伝書状案 (元和二)・九・七 『本光国師日記』……四九
129 天海年貢加増証文 元和二・九・一八 大正大学図書館文書……五〇
130 天海書状案 (元和二ヵ)・九・一八 「浄土宗檀林江戸崎大念寺志」……五〇
131 高野山目安案 元和二・九・二四 『本光国師日記』……五〇
132 越後蔵王堂一山衆中目安案 (元和二)・今月・吉 『本光国師日記』……五二
133 越後蔵王堂先別当目安案 元和二・今月・吉祥 『本光国師日記』……五三
134 天海書状 (元和二以前)・一〇・三 長沼宗光寺文書……五四

135 南僧正天海書状 (元和二)・霜・二三 上野現龍院文書……二五四
136 南僧正天海書状 (元和二)・一二・一五 京都三千院文書……二五四
137 南僧正天海書状 (元和二ヵ)・極・二一 大阪四天王寺文書……二五五
138 南僧正天海書状 (元和二)・極・二三 身延久遠寺文書……二五五
139 正蓮寺良海・光明寺奝海連署訴状 (元和三)・三・二 『高野山文書』……二五六
140 日光東照宮遷宮宣旨 元和三・三・三 日光山東照宮文書……二五六
141 南僧正天海書状写 (元和三)・三・五 京都三千院文書……二五七
142 金地院崇伝書状案 (元和三)・三・一〇 『本光国師日記』……二五七
143 金地院崇伝書状案 (元和三)・三・一七 『本光国師日記』……二五七
144 天海書状 (元和三ヵ)・四・五 「古文書纂」……二五八
145 金地院崇伝書状案 (元和三)・卯・八 『本光国師日記』……二五八
146 土久次郎書状案 (元和三)・卯・一四 『本光国師日記』……二五九
147 金地院崇伝書状案 (元和三)・卯・二三 『本光国師日記』……二五九
148 岩倉具尭書状 (元和三)・五・二一 佐賀実相院文書……二六〇
149 鈴鹿治忠書状 (元和三)・五・二七 佐賀実相院文書……二六〇
150 岩倉具尭書状 (元和三)・六・九 佐賀実相院文書……二六〇
151 南光坊大僧正天海成願寺寺内法

度写　元和三・六・二八　安土観音正寺文書……六一
152 南僧正天海書状　(元和三ヵ)・六・晦　大工頭中井家文書……六一
153 天海書状　(元和三ヵ)・八・二五　東京大学史料編纂所文書……六三
154 小堀遠江守政一・村上三右衛門
吉正連署書状　(元和三ヵ)・九・二九　姫路随願寺文書……六三
155 小堀遠江守政一・村上三右衛門
吉正連署書状　(元和三ヵ)・九・二九　姫路随願寺文書……六三
156 大僧正天海書状案　(元和三ヵ)・一〇・九　「浄土宗檀林江戸崎大念寺志」……六四
157 南僧天海書状　(元和三)・霜・一　京都三千院文書……六四
158 大僧正天海書状案　(元和三ヵ)・一一・七　「浄土宗檀林江戸崎大念寺志」……六四
159 京都所司代板倉勝重書状　(元和三)・霜・一一　「慈眼大師御年譜附録」……六五
160 延暦寺元三会差状　元和三・霜　毛利家文書……六五
161 天海喜多院証状　元和三・極・七　川越喜多院文書……六六
162 南僧正天海書状　(元和四)・正・二八　小日向妙足院文書……六六
163 南僧正天海書状写　(元和四ヵ)・二・二八　京都三千院文書……六六
164 南僧正天海書状　(元和四)・閏三・七　佐野惣宗寺文書……六七
165 水無瀬中納言氏成書状案　(元和四ヵ)・後三・一七　「慈眼大師御年譜附録」……六七
166 水無瀬氏成書状写　(元和四ヵ)・後三・一七　喜多院旧蔵文書……六七

167 南僧天海書状 (元和四)・閏三・一九 上野現龍院文書……六八
168 金地院崇伝書状案 (元和四)・五・二五 『本光国師日記』……六八
169 山門探題大僧正天海等立石寺寺内法度 元和四・五・吉 山形立石寺文書……六八
170 天海書状 (元和四ヵ)・一〇・一四 『本朝大仏師正統系図』……六九
171 南僧正天海書状 (元和三、四ヵ)・一二・四 京都北野神社文書……六九
172 山門南僧正天海書状 (元和三〜五)・六・一七 ……六九
173 天海書状 (元和五)・三・七 京都三千院文書……七〇
174 僧正天海書状 (元和五ヵ)・八・一三 上野現龍院文書……七〇
175 木下宮内少輔利房書状 (元和五)・八・二六 大阪秋野家文書……七一
176 姫路随願寺朱印状案 元和五・九・一五 『御朱印留』……七一
177 南光天海書状写 (元和五ヵ)・九・一九 佐賀実相院文書……七一
178 南僧正天海書状写 (元和五ヵ)・九・二二 佐賀実相院文書……七二
179 南僧正天海書状写 (元和五ヵ)・九・二三 佐賀実相院文書……七二
180 東光坊条書写 (元和五)・九・二三 佐賀実相院文書……七二
181 伝奏衆広橋兼勝・三条西実条連署書状写 (元和五)・九・二三 佐賀実相院文書……七三
182 尾張東照宮遷宮宣旨案 元和五・九・二四 『孝亮宿禰日次記』……七三

183	河上山座主尊純書状写	(元和五)・一〇・一五	佐賀実相院文書	七四
184	山門三院執行探題天海書状	(元和五)・霜・九	姫路随願寺文書	七四
185	山門探題大僧正天海書状写	(元和五ヵ)・霜・二七	佐賀実相院文書	七五
186	南僧正天海書状	(元和二〜六)・正・二二		七五
187	南僧正天海書状	(元和二〜六)・正・二六	上野現龍院文書	七五
188	南僧正天海書状案	二・二四	『楓軒文書纂』	七六
189	南僧天海書状	二・二八	京都三千院文書	七六
190	南僧天海書状	五・一五	京都三千院文書	七六
191	南僧正天海書状	八・七	滋賀延暦寺文書	七七
192	南僧正天海書状	八・一六	大阪四天王寺文書	七七
193	南僧正天海書状	九・七	群馬龍蔵寺文書	七八
194	南僧正天海書状	九・二三	大阪四天王寺文書	七八
195	南僧正天海書状	一〇・一一	芝金剛院文書	七八
196	天海書状	(元和六以前)・二・二	『古文書纂』	七九
197	日光東照大権現社領寄進状案	元和六・三・一五	『東叡山滋賀院日光山書物之写』	七九
198	日光山座禅院寺領寄進状案	元和六・三・一五	『東叡山滋賀院日光山書物之写』	七九
199	久能東照大権現社領寄進状	元和六・三・一五	久能山東照宮文書	八〇
200	喜多院寺領寄進状案	元和六・三・一五	『御制法』	八〇

201	日光東照大権現御神領寄進状目録案	元和六・三・一六	『東叡山滋賀院日光山書物之写』	八〇
202	日光山領寄進状目録案	元和六・三・一六	『東叡山滋賀院日光山書物之写』	八一
203	天海書状	(元和六)・三・一六	京都三千院文書	八二
204	大僧正天海書状	(元和六ヵ)・三・一八	萩野由之氏文書	八二
205	大僧正天海書状	(元和六)・卯・一三	兵庫能福寺文書	八三
206	天海書状	(元和六)・四・二三	京都三千院文書	八三
207	天海書状	(元和六)・五・一三	京都三千院文書	八四
208	天海書状	(元和六)・八・一七	京都三千院文書	八五
209	天海書状	(元和六ヵ)・九・一八	国会図書館文書	八六
210	大僧正天海書状	(元和五、六)・一〇・五	三浦周行氏文書	八六
211	大僧正天海書状	(元和六)・霜・二〇	近江桑実寺文書	八七
212	天海書状	(元和六)・後極・一九	吉田黙氏文書	八七
213	水戸東照宮遷宮宣旨案	元和七・二・二七	『孝亮宿禰日次記』	八八
214	幕府年寄衆連署書状	(元和七以前)・三・二	「慈眼大師御年譜附録」	八八
215	真光院寛海書状写	(元和七)・五・二七	佐賀実相院文書	八九
216	岩倉具尭書状写	(元和七)・五・二八	佐賀実相院文書	八九
217	真光院寛海条書写	(元和七)・七・二一	佐賀実相院文書	八九

218 大僧正天海書状 (元和七以降)・八・二〇 大津聖衆来迎寺文書 …… 九〇
219 大僧正天海書状 (元和七以降)・一〇・一二 上野淩雲院文書 …… 九〇
220 天海書状 (元和八カ)・二・二四 京都妙法院文書 …… 九一
221 大僧正天海書状 (元和八カ)・二・二五 京都三千院文書 …… 九一
222 山門探題大僧正天海日光山直末補任状案 元和八・四・一七 「慈眼大師御年譜附録」 …… 九二
223 大僧正天海書状 六・二九 …… 九二
224 天海延暦寺法度 元和八・一〇・五 滋賀延暦寺文書 …… 九二
225 天海書状 (元和八カ)・極・二五 滋賀金剛輪寺文書 …… 九三
226 天海書状 (元和八)・極・二七 京都三千院文書 …… 九三
227 山門探題大僧正天海慈恩寺寺内法度写 元和九・卯・九 京都毘沙門堂文書 …… 九四
228 山門探題大僧正天海直末許可状 元和九・四・九 最上慈恩寺明覚坊文書 …… 九四
229 天海書状 (元和九)・四・一九 京都三千院文書 …… 九五
230 山門探題大僧正天海判物写 元和九・四・二四 『新編会津風土記』 …… 九五
231 大僧正天海書状 (元和九カ)・六・一一 京都本能寺文書 …… 九五
232 納富羽右衛門書状 元和九・六・二〇 佐賀実相院文書 …… 九六
233 鍋嶋勝茂書状 (元和九以降)・正・一一 佐賀実相院文書 …… 九七

234 大僧正天海書状 (元和九以降)・六・二七 保阪潤治氏文書 …… 九七
235 天海書状写 (元和九)・閏八・二六 大正大学図書館文書 …… 九七
236 天海真如堂寺内法度 元和九・極・四 『華頂要略』 …… 九八
237 大僧正天海書状写 極・九 茨城妙行寺文書 …… 九八
238 天海書状 (元和九ヵ)・極・一九 川越喜多院文書 …… 九九
239 粉川寺寺内法度 元和九・極・ 滋賀延暦寺文書 …… 九九
240 大僧正天海書状 (寛永元以降)・正・二一 川越喜多院文書 …… 一〇〇
241 前大僧正大和尚位天海東叡山末寺許可状写 寛永元・三・三 『新撰陸奥国誌』 …… 一〇〇
242 大僧正天海書状 (寛永元)・卯・一〇 山形立石寺文書 …… 一〇〇
243 大僧正天海書状 (寛永元以前)・五・三 …… 一〇一
244 大僧正天海書状 (寛永元)・林鐘・五 三浦英太郎氏文書 …… 一〇一
245 大僧正天海書状 (寛永元)・六・二八 尾張長栄寺文書 …… 一〇一
246 大僧正天海書状案 (寛永元)・七・七 『日光御用記』 …… 一〇二
247 大僧正天海書状 (寛永元)・霜・四 川越喜多院文書 …… 一〇二
248 大僧正天海書状 (寛永元以前)・一一・六 竹内文平氏文書 …… 一〇三
249 幕府年寄衆連署書状 (寛永元以前)・一一・二五 「慈眼大師御年譜附録」 …… 一〇三
250 鎮西天台宗法度写 寛永二・卯・ 滋賀延暦寺文書 …… 一〇四

251 大僧正天海書状 (寛永二)・六・一〇 大津瑞応院文書……一〇四
252 大僧正天海書状 (寛永二)・六・一六 春日井密蔵院文書……一〇五
253 大僧正天海書状 (寛永二ヵ)・八・一三 桜井談山神社文書……一〇五
254 大僧正天海書状 (元和四～寛永三)・正・二一 愛知明眼院文書……一〇六
255 大僧正天海書状 (元和六～寛永三)・二・朔 三宅長策氏文書……一〇六
256 大僧正天海書状 (寛永三)・閏卯・八 東京本龍院文書……一〇六
257 大僧正天海書状 (寛永三)・閏四・二八 小野逢善寺文書……一〇七
258 大僧正天海書状 (元和六～寛永三)・七・朔 ……一〇七
259 大僧正天海書状 (寛永元～三)・七・二三 仙台満願寺旧蔵文書……一〇七
260 大僧正天海書状 (寛永三以降)・九・一〇 名古屋徳川美術館文書……一〇八
261 大僧正天海書状 (寛永三ヵ)・九・一九 伊賀豊作氏文書……一〇八
262 大僧正天海書状 (寛永三ヵ)・九・一九 岡山本山寺文書……一〇九
263 山門執行探題大僧正天海金山寺寺内法度 寛永三・九・二八 辻常三郎氏文書……一〇九
264 青蓮院院家許可状案 (寛永三)・九・二八 『華頂要略』……一〇九
265 山門執行探題大僧正天海廬山寺寺内法度 寛永三・九・ 京都廬山寺文書……一一〇
266 山門執行探題大僧正天海葉上流

法度　寛永三・一〇・三
267 大僧正天海書状　(寛永三)・一〇・三
268 大僧正天海書状　(寛永三以前)・霜・二〇
269 天海書状　(寛永三)・霜・二七
270 山門執行探題大僧正天海松尾寺寺内法度写　寛永三・一一・
271 大僧正天海書状　(寛永三以前)・極・一三
272 天海書状　(寛永四)・正・二一
273 大僧正天海書状　(寛永四以降)・二・九
274 川越藩主酒井備後守忠利書状　(寛永四以前)・三・九
275 大僧正天海書状　(寛永四)・卯・一〇
276 天海書状　(寛永四以降)・四・一七
277 大僧正天海書状　(寛永四以降)・卯・二四
278 大僧正天海書状　(寛永四)・五・一八
279 天海書状　(寛永四以降)・六・二二
280 山門三院執行探題大僧正天海学頭職補任状写　寛永四・九・六
281 大僧正天海書状　(寛永四以前)・九・二一

辻常三郎氏文書……………………一一〇
島根北島家文書……………………一一〇
大阪四天王寺文書…………………一一一
上野現龍院文書……………………一一一
滋賀金剛輪寺文書…………………一一二
諏訪貞松院文書……………………一一二
京都青蓮院旧蔵文書………………一一三
仙台満願寺旧蔵文書………………一一三
酒井忠道氏文書……………………一一三
藤堂家文書…………………………一一三
和歌山東照宮文書…………………一一四
早川純三郎氏文書…………………一一四
「東叡山日記」……………………一一四
八条宮文書…………………………一一五
春日井密蔵院文書…………………一一五
西園寺源透氏文書…………………一一六

282 大僧正天海書状写 (元和元～寛永四)・極・一五 浅草寺文書……二一六
283 天海書状 (寛永五)・二・一一 「東叡山日記」……二一六
284 大僧正天海書状 (寛永五)・二・二四 「東叡山日記」……二一七
285 大僧正天海書状 (寛永五)・二・二四 河地茂三郎氏文書……二一七
286 大僧正天海書状案 (寛永五)・六・一二 「東叡山日記」……二一七
287 大僧正天海書状 (元和元～寛永五)・七・一三 ……二一八
288 大僧正天海書状 (寛永五ヵ)・七・二九 山門松禅院文書……二一八
289 大僧正天海書状案 (寛永五)・八・九 「東叡山日記」……二一九
290 幕府年寄衆土井利勝書状 (寛永五)・八・一八 「東叡山日記」……二一九
291 大僧正天海書状案 (寛永五)・八・二一 「東叡山日記」……二一九
292 大僧正天海書状案 (寛永五)・八・二一 「東叡山日記」……二二〇
293 大僧正天海書状 八・二一 和歌山了法寺文書……二二〇
294 大僧正天海書状案 (寛永五)・九・二 「東叡山日記」……二二〇
295 大僧正天海書状 (寛永五)・一〇・一一 山門松禅院文書……二二一
296 大僧正天海書状 (寛永六)・後二・二一 安土東南寺文書……二二一
297 徳川義直書状 (寛永六)・閏二・二三 米良文書……二二二
298 市橋伊豆守長正書状 (寛永六)・閏二・二三 安土東南寺文書……二二二
299 山門三院執行探題大僧正天海桑

実寺寺内法度 (寛永六)・閏二・ 安土東南寺文書 …………… 一三三
300 大僧正天海書状 (寛永五、六)・三・二六 名古屋市立博物館文書 …………… 一三三
301 浄土宗安土浄厳院深誉文廓覚写 寛永六・三・ 京都知恩院文書 …………… 一三三
302 山門三院探題大僧正天海日光山末寺許可状 寛永六・一〇・二一 群馬龍蔵寺文書 …………… 一三四
303 天海書状 (寛永六以前)・霜・六 京都三千院文書 …………… 一三四
304 三国伝灯大僧正天海院家号許可状 寛永七・二・如意珠 「慈眼大師御年譜附録」…………… 一三四
305 藤堂和泉守高虎書状 (寛永七以前)・六・一一 出雲鰐淵寺文書 …………… 一三五
306 山門三院執行探題大僧正天海東叡山末寺許可状案 寛永七・八・一七 「護国院旧記」…………… 一三五
307 竹林坊盛憲等連署書状 (寛永七以前)・八・二二 岡山金山寺文書 …………… 一三五
308 天海書状 (元和三〜寛永七)・一〇・三 姫路書写山文書 …………… 一三六
309 大僧正天海書状 (寛永四〜八)・二・一八 「熊野米良文書補遺」…………… 一三七
310 大僧正天海書状 (寛永四〜八)・二・一八 『熊野米良文書』三 …………… 一三七
311 天海書状 (寛永八)・三・一五 京都妙法院文書 …………… 一三七
312 大僧正天海書状 (寛永四〜八)・六・一三 愛知神護寺文書 …………… 一三八
313 大僧正天海書状写 (寛永八以前)・七・二二 …………… 一三八

314 大僧正天海書状 (寛永八)・八・二三 京都曼殊院文書……一二九
315 大僧正天海書状 (寛永八以前)・九・一三 岐阜神護寺文書……一二九
316 竹林坊盛憲書状 (寛永八)・九・一七 岐阜神護寺文書……一二九
317 曼殊院門跡良恕親王書状案 (元和九〜寛永八)・九・二四 『本光国師日記』……一三〇
318 大僧正天海書状 (寛永八ヵ)・一〇・五 川越喜多院文書……一三〇
319 大僧正天海書状 (寛永八以前)・霜・八 大正大学図書館文書……一三〇
320 天海書状 ……一三一
321 徳川忠長書状 (寛永八)・一一・一六 上野寛永寺文書……一三一
322 山門三院執行探題大僧正天海日光山東照宮大権現様御十七年御本尊目録案 寛永八・極・九 『御用覚書』……一三二
323 徳川忠長書状 (寛永八)・一二・一六 上野寛永寺文書……一三二
324 徳川忠長書状 (寛永八)・一二・一六 上野寛永寺文書……一三二
325 大僧正天海書状 (寛永八)・極・一八 長野善光寺大勧進文書……一三三
326 幕府年寄衆連署書状 (寛永八以前)・月・日なし 「慈眼大師御年譜附録」……一三三
327 徳川忠長書状 (寛永九)・正・八 「慈眼大師御年譜附録」……一三三
328 徳川忠長書状 (寛永九)・正・一〇 「慈眼大師御年譜附録」……一三四
329 徳川忠長書状 (寛永九)・正・一一 上野寛永寺文書……一三四

330 徳川忠長書状 (寛永九)・正・一五 上野寛永寺文書……一三四
331 徳川忠長書状 (寛永九)・正・二〇 上野寛永寺文書……一三四
332 京都所司代板倉重宗書状 (寛永九以前)・正・二一 世良田長楽寺文書……一三五
333 徳川忠長書状 (寛永九)・正・二五 上野寛永寺文書……一三五
334 青蓮院門跡尊純親王書状 (寛永九)・二・朔 「慈眼大師御年譜附録」……一三六
335 僧正成覚書案 (寛永九)・三・一九 『本光国師日記』……一三六
336 山門三院執行探題大僧正天海加行作法次第 寛永九・三・ 川越喜多院文書……一三七
337 大僧正天海書状 (寛永九ヵ)・六・六 岡山大賀島寺文書……一三八
338 岡山藩主池田光政書状 (寛永九ヵ)・六・七 岡山大賀島寺文書……一三八
339 岡山藩家老衆連署書状 (寛永九ヵ)・六・七 岡山大賀島寺文書……一三九
340 岡山藩主池田光政書状 (寛永九ヵ)・六・一四 岡山大賀島寺文書……一三九
341 金地院崇伝書状案 (寛永九)・六・一五 『本光国師日記』……一三九
342 菅沼織部正定芳書状 (寛永九)・七・一〇 長野宇平治氏文書……一四〇
343 大僧正天海書状案 (寛永九)・七・一七 「宝山要略記」……一四〇
344 幕府年寄衆連署書状案 (寛永九)・七・一七 「宝山要略記」……一四〇
345 山門三院執行探題大僧正天海光前寺内法度 寛永九・七・二四 長野光前寺文書……一四一

346 大僧正天海書状案（寛永九）・九・二 『本光国師日記』……一四一

347 金地院崇伝書状案（寛永九）・九・六 『本光国師日記』……一四二

348 大僧正天海書状（寛永九）・九・一一 京都曼殊院文書……一四二

349 金地院崇伝書状案（寛永九）・九・一七 『本光国師日記』……一四二

350 天海証状案 寛永九・一〇・二一 「東叡山日記」……一四三

351 山門三院執行探題大僧正天海仲仙寺寺内法度 寛永九・霜・四 長野仲仙寺文書……一四三

352 大僧正天海書状写（寛永九ヵ）・霜・七 佐賀実相院文書……一四三

353 鍋嶋信濃守勝茂書状（寛永九）・霜・一二 佐賀実相院文書……一四四

354 大僧正天海書状（寛永九以前）・霜・二五 佐竹文書……一四四

355 山門三院執行探題大僧正天海東叡山直末許可状 寛永九・霜・吉 毛呂山町歴史民俗資料館文書……一四五

356 妙法院門跡尭然親王書状（寛永九）・極・二七 川越喜多院旧蔵文書……一四五

357 妙法院門跡尭然親王書状（寛永九）・極・二七 川越喜多院旧蔵文書……一四五

358 青蓮院門跡尊純親王書状（寛永一〇）・正・九 「慈眼大師御年譜附録」……一四六

359 鍋嶋信濃守勝茂書状（寛永一〇ヵ）・正・一一 佐賀実相院文書……一四六

360 大僧正天海書状（寛永一〇以前）・孟春・二三 佐竹文書……一四七

361 大僧正天海書状（寛永一〇）・正・二九 京都曼殊院文書……一四七

362 鍋嶋信濃守勝茂書状 (寛永一〇ヵ)・二・九 佐賀実相院文書 一四八
363 曼殊院門跡良恕親王書状 (寛永一〇)・二・二八 川越喜多院旧蔵文書 一四八
364 前毘沙門堂門跡山門三院執行探題大僧正天海色衣免許状 寛永一〇・二・ 長野戸隠神社文書 一四八
365 前毘沙門堂門跡山門三院執行探題大僧正天海伽藍再興感状 寛永一〇・二・ 長野戸隠神社文書 一四八
366 山門三院執行探題大僧正天海越後・信濃両国天台宗法度条々 寛永一〇・二・ 一四九
367 山門三院執行探題大僧正天海光前寺寺内法度 寛永一〇・三・一七 長野光前寺文書 一五〇
368 三千院門跡最胤親王書状写 寛永一〇・三・二五 京都三千院文書 一五〇
369 山門三院執行探題大僧正天海増福寺寺内法度 寛永一〇・卯・一七 姫路広峯神社文書 一五〇
370 山門執行探題大僧正天海諸役免許状 寛永一〇・六・朔 日光市御幸町自治会文書 一五一
371 山門三院執行探題大僧正天海証状 寛永一〇・林鐘・朔 鎌倉宝戒寺文書 一五一
372 大僧正天海書状 (寛永一〇以前)・七・一二 「慈眼大師御年譜附録」 一五一

373 大僧正天海書状 (寛永一〇)・七・二八 京都三千院文書……一五二
374 山門三院執行探題大僧正天海東叡山直末許可状 寛永一〇・八・二三 ……一五二
375 大僧正天海書状 (寛永一一)・二・二三 近江大林院文書……一五二
376 山門三院執行探題大僧正天海東叡山末寺法度案 寛永一一・三・四 「御条制」……一五三
377 老中酒井雅楽頭忠世書状 寛永一一・三・一四 出雲鰐淵寺文書……一五三
378 老中酒井雅楽頭忠世書状 寛永一一・三・一八 出雲鰐淵寺文書……一五四
379 徳川家光日光山朱印状案 寛永一一・五・二 「東叡山日記」……一五四
380 日光山法式案 寛永一一・五・二 「東叡山日記」……一五五
381 東叡山領目録案 寛永一一・五・一七 「東叡山日記」……一五五
382 山門三院執行探題大僧正天海証状写 寛永一一・五・一七 京都青蓮院旧蔵文書……一五六
383 大僧正天海書状 (寛永一一)・五・晦 京都大仙院文書……一五六
384 大僧正天海書状案 (寛永一一)・六・二八 「宝山要略記」……一五七
385 天海書状 (寛永一一カ)・七・八 岡本家文書……一五七
386 鍋嶋信濃守勝茂書状案 (寛永一一)・閏七・二〇 「千栗八幡雑記」……一五七
387 大僧正天海書状写 (寛永一一)・閏七・二一 佐賀実相院文書……一五八

388 坂本東照宮遷宮綸旨案 寛永一一・八・五 「東叡山日記」……一五八
389 山門三院執行探題大僧正天海紀州東照宮法度 寛永一一・八・一七 和歌山雲蓋院文書……一五八
390 山門三院執行探題大僧正天海真如堂法度 寛永一一・八・一七 京都真如堂文書……一五八
391 天海書状 （寛永一一）・八・二二 京都曼殊院文書……一五九
392 安藤帯刀直次書状 （寛永一一以前）・八・二八 熊野那智大社文書……一五九
393 曼殊院門跡良恕親王書状 （寛永一一）・九・五 「慈眼大師御年譜附録」……一六〇
394 天海書状 （寛永一一ヵ）・霜・七 京都曼殊院文書……一六〇
395 堀丹後守直寄書状案 （寛永一一ヵ）・一二・二六 「慈眼大師御年譜附録」……一六〇
396 大僧正天海書状 （寛永一二以降）・正・五 ……一六一
397 天海書状 （寛永一二ヵ）・正・八 栗原宏治氏文書……一六一
398 大僧正天海書状 （寛永一二ヵ）・正・八 広島大学猪熊文書……一六二
399 妙法院門跡尭然親王書状案 （寛永一二）・三・二 「慈眼大師御年譜附録」……一六二
400 山門三院執行探題大僧正天海東照大権現社内陣之御調度渡状写 寛永一二・弥生・一七 叡山文庫止観院文書……一六三
401 幕府老中衆連署書状 （寛永一二）・四・八 「慈眼大師御年譜附録」……一六五
402 幕府老中衆連署書状 （寛永一二）・四・九 「慈眼大師御年譜附録」……一六五

403 妙法院門跡尭然親王書状 (寛永一二)・四・一六 川越喜多院旧蔵文書……一六五
404 曼殊院門跡良恕親王書状 (寛永一二ヵ)・五・二八 「慈眼大師御年譜附録」……一六五
405 妙法院門跡尭然親王書状案 (寛永一二ヵ)・五・二八 「慈眼大師御年譜附録」……一六六
406 大僧正天海書状 (寛永一二ヵ)・六・一〇 東京養玉院文書……一六六
407 山門三院執行探題大僧正天海日光山画図目録写 寛永一二・九・一七……一六六
408 幕府老中衆連署書状 (寛永一二)・一一・五 「慈眼大師御年譜附録」……一六七
409 幕府老中衆連署書状 (寛永一二)・一一・二七 「慈眼大師御年譜附録」……一六七
410 幕府老中衆連署書状 (寛永一二)・一一・二九 「慈眼大師御年譜附録」……一六八
411 大僧正天海書状 (寛永一二)・極・九 和歌山雲蓋院文書……一六八
412 妙法院門跡尭然親王書状 (寛永一二)・臘・二一 川越喜多院旧蔵文書……一六八
413 四辻大納言季継書状 (寛永一二)・一二・二三 「慈眼大師御年譜附録」……一六八
414 天海書状 (寛永一二)・極・三〇 京都曼殊院文書……一六九
415 幕府老中松平伊豆守信綱書状 (寛永一三)・正・三 「慈眼大師御年譜附録」……一六九
416 曼殊院門跡良恕親王書状 (寛永一三ヵ)・二・朔 「慈眼大師御年譜附録」……一六九
417 青蓮院門跡尊純親王書状 (寛永一三ヵ)・二・七 「慈眼大師御年譜附録」……一七〇
418 京都所司代板倉周防守重宗書状 (寛永一三ヵ)・二・八 「慈眼大師御年譜附録」……一七一
419 老中衆連署覚 (寛永一三以前)・二・九 「慈眼大師御年譜附録」……一七一

420 老中衆連署覚 (寛永一三以前)・二・一三 「慈眼大師御年譜附録」……一七三
421 京都所司代板倉周防守重宗書状 (寛永一三カ)・二・二一 「慈眼大師御年譜附録」……一七三
422 日光造営奉行秋元但馬守泰朝書状写 (寛永一三カ)・二・二四 早稲田大学所蔵最教院文書 ……一七三
423 山門三院執行探題大僧正天海法流許可状 寛永一三・二・二六 佐賀修学院文書 ……一七三
424 天海書状 (寛永一三カ)・三・一八 ……一七三
425 大僧正天海書状 (寛永一三)・卯・五 京都曼殊院文書……一七四
426 天海書状写 (寛永一三カ)・卯・一〇 京都三千院文書……一七四
427 大僧正天海書状 (寛永一二、一三)・六・二一 川越喜多院文書……一七四
428 大僧正天海書状 (寛永一三)・夷則・六 京都妙心寺文書……一七五
429 寒松院弁海等連署書状 (寛永一三)・七・六 京都妙心寺文書……一七五
430 市橋下総守長正書状 (寛永一二、一三)・七・一六 安土東南寺文書……一七六
431 戸川土佐守正安書状 (寛永一三)・七・二五 岡山金山寺文書……一七六
432 山門三院執行探題大僧正天海東叡山直末許可状 (寛永一三)・九・三 茨城光明院文書……一七七
433 大僧正天海書状 (寛永一三カ)・九・三 群馬柳沢寺文書……一七七
434 安藤右京進重長書状 (寛永一三カ)・九・三 群馬柳沢寺文書……一七七

435 寺社奉行松平出雲守勝隆書状 (寛永一三カ)・九・五 群馬柳沢寺文書……一七八
436 妙法院門跡尭然親王書状案 (寛永一三)・九・二九 「慈眼大師御年譜附録」……一七八
437 寒松院僧正弁海等連署書状 (寛永一三)・一〇・六 京都妙心寺文書……一七八
438 妙心寺玄弘等連署書状写 (寛永一三)・小春・二八 京都妙心寺文書……一七九
439 大僧正天海証文 (寛永一三)・一一・一〇 佐野惣宗寺文書……一七九
440 大僧正天海書状 (寛永一三)・霜・一〇 渋川真光寺文書……一八〇
441 寒松院弁海等連署書状 (寛永一三)・霜・一一 京都妙心寺文書……一八〇
442 大僧正天海書状 (寛永一三)・霜・一一 京都妙心寺文書……一八〇
443 井伊兵部少輔直勝書状 (寛永一三)・一一・一一 渋川真光寺文書……一八一
444 大僧正天海証文 (寛永一三)・一一・二一 茨城月山寺文書……一八一
445 大僧正天海書状写 (寛永一三)・一二・一四 岡山吉備津神社文書……一八一
446 幕府老中松平伊豆守信綱書状 (寛永一四)・二・四 「慈眼大師御年譜附録」……一八二
447 小坂常光寺檀那衆連署願書 寛永一四・二・八 群馬常光寺文書……一八二
448 小坂常光寺檀那衆新寺ニ付一札 寛永一四・二・二四 群馬常光寺文書……一八三
449 大僧正天海寺領許可状 寛永一四・二・二四 岐阜神護寺文書……一八四
450 山門三院執行探題大僧正天海東
叡山末寺許可状 寛永一四・二・二六 群馬常光寺文書……一八四
451 春日局かな消息 (寛永一四・三)・九 「慈眼大師御年譜附録」……一八四

452 青蓮院門跡尊純親王・妙法院門跡尭然親王連署書状 （寛永一四以前）・三・一二 「慈眼大師御年譜附録」……一八五
453 天海書状 （寛永一四）・三・二七 京都毘沙門堂文書……一八六
454 美濃南宮社申状 寛永一四・三・ 岐阜不破家文書……一八六
455 水無瀬氏成書状写 （寛永一四）・後三・一七 川越喜多院旧蔵文書……一八七
456 山門三院執行探題大僧正天海常光寺寺内法度 寛永一四・閏三・ 埼玉浄光寺文書……一八七
457 大僧正天海寺領許可状 （寛永一四）・卯・朔 岐阜宝光院文書……一八七
458 大僧正天海寺領許可状 （寛永一四）・卯・朔 岐阜横蔵寺文書……一八八
459 大僧正天海寺領許可状 （寛永一四）・卯・朔 岐阜慈明院文書……一八八
460 大僧正天海寺領許可状 （寛永一四）・卯・朔 岐阜蒲生文書……一八八
461 老中酒井讃岐守忠勝書状案 （寛永一四）・卯・四 「慈眼大師御年譜附録」……一八八
462 老中酒井讃岐守忠勝書状 （寛永一四ヵ）・四・二四 「慈眼大師御年譜附録」……一八九
463 永正院かな消息 （寛永一四）・五・一六 「慈眼大師御年譜附録」……一八九
464 永正院かな消息 （寛永一四・七）・七 「慈眼大師御年譜附録」……一九〇
465 永正院かな消息 （寛永一四・七）・一五 「慈眼大師御年譜附録」……一九一
466 伊勢慶光院周宝上人かな消息 （月日なし） 「東叡山日記」……一九一
467 しゆりんかな消息 （月日なし） 「東叡山日記」……一九二

468 永正院かな消息 (寛永一四・七)・一七 「慈眼大師御年譜附録」……一九二
469 大僧正天海東叡山直末許可状写 寛永一四・七・一七 仙台仙岳院文書 ……一九三
470 永正院かな消息 (寛永一四・七)・一九 「慈眼大師御年譜附録」……一九三
471 永正院かな消息 (寛永一四・七)・月・日なし 「慈眼大師御年譜附録」……一九四
472 老中堀田加賀守正盛書状 (寛永一四)・八・二 「慈眼大師御年譜附録」……一九四
473 大僧正天海書状 (寛永一四)・八・七 京都妙法院文書 ……一九四
474 青蓮院門跡尊純親王書状 (寛永一四)・八・二五 「慈眼大師御年譜附録」……一九五
475 京都所司代板倉周防守重宗書状 (寛永一四)・八・二五 「慈眼大師御年譜附録」……一九五
476 大僧正天海日光山東照宮大権現之別所御本尊目録写 寛永一五・八・二五 『御用覚書』……一九六
477 勧修寺中納言経広書状 (寛永一四)・八・二六 「慈眼大師御年譜附録」……一九六
478 勧修寺中納言経広書状 (寛永一四)・八・二六 「慈眼大師御年譜附録」……一九六
479 青蓮院門跡尊純親王書状 (寛永一四)・八・二六 「慈眼大師御年譜附録」……一九七
480 四辻大納言季継書状 (寛永一四)・八・二六 「慈眼大師御年譜附録」……一九七
481 京都所司代板倉周防守重宗書状 (寛永一四)・八・二六 「慈眼大師御年譜附録」……一九七
482 永正院かな消息 (寛永一四・八)・二七 「慈眼大師御年譜附録」……一九八
483 寺社奉行衆連署書状 (寛永一三、一四)・九・朔 早稲田大学所蔵最教院文書 ……一九八
484 京都所司代板倉周防守重宗書状 (寛永一四)・九・四 「慈眼大師御年譜附録」……一九九

485 京都所司代板倉周防守重宗書状 (寛永一四)・九・六 「慈眼大師御年譜附録」……………… 一九九
486 山門三院執行探題大僧正天海証状写 寛永一四・九・ 京都青蓮院旧蔵文書……………… 一九九
487 将軍徳川家光御内書 (寛永一四以前)・一〇・七 「慈眼大師御年譜附録」……………… 一九九
488 天海書状 (寛永一四カ)・一〇・一二 京都三千院文書……………… 二〇〇
489 浄法寺等長楽寺末寺連署訴状 寛永一四・霜・吉 世良田長楽寺文書……………… 二〇〇
490 大僧正天海書状 (寛永一四)・極・二八 佐竹文書……………… 二〇一
491 大僧正天海書状 (寛永一四、一五)・孟春・六 三途台長福寿寺文書……………… 二〇二
492 妙法院門跡尭然親王書状案 (寛永一五)・正・八 「慈眼大師御年譜附録」……………… 二〇二
493 大僧正天海書状 (寛永一五)・二・三 京都曼殊院文書……………… 二〇三
494 中院通村書状 (寛永一五)・二・一二 「慈眼大師御年譜附録」……………… 二〇三
495 中院通純書状案 (寛永一五)・二・一二 「慈眼大師御年譜附録」……………… 二〇三
496 青蓮院門跡尊純親王書状 (寛永一五)・二・一五 「慈眼大師御年譜附録」……………… 二〇四
497 大僧正天海書状 (寛永一五)・二・二三 神田喜一郎氏文書……………… 二〇四
498 大僧正天海書状 (寛永一五)・二・二六 京都曼殊院文書……………… 二〇四
499 中院通村書状 (寛永一五)・三・二四 川越喜多院旧蔵文書……………… 二〇五
500 長沼宗光寺金銀請取証文 寛永一五・卯・一一 長沼宗光寺文書……………… 二〇五
501 大僧正天海法度 寛永一五・一〇・一五 近江大林院文書……………… 二〇六

502 大僧正天海書状　(寛永一五)・一〇・二三　岡山福寿院文書……二〇七
503 大僧正天海書状写　(寛永一五以前)・霜・一三　大阪秋野房文書……二〇七
504 曼殊院門跡良恕親王書状　(寛永一五)・霜・二七　「慈眼大師御年譜附録」……二〇八
505 山門三院執行探題大僧正天海坊号幷色衣免許状　寛永一五・霜・吉　静岡玄陽坊文書……二〇八
506 妙法院門跡尭然親王書状　(寛永一五)・一二・一六　「慈眼大師御年譜附録」……二〇八
507 妙法院門跡尭然親王書状案　(寛永一五)・一二・一六　「東叡山日記」……二〇八
508 天海書状　(寛永一五ヵ)・臘・一七　酒井忠道氏文書……二〇九
509 妙法院門跡尭然親王書状　(寛永一五)・臘・二一　川越喜多院旧蔵文書……二〇九
510 大僧正天海書状　(寛永一六)・孟春・五　京都三千院文書……二〇九
511 山門三院執行探題大僧正天海東叡山末寺許可状　寛永一六・正・一七　東京如来寺文書……二一〇
512 山門三院執行探題大僧正天海改称許可状　寛永一六・孟春・二七　岩槻慈恩寺文書……二一〇
513 東叡山執当双厳院豪倪書状　(寛永一六)・二・一二　世良田長楽寺文書……二一〇
514 東叡山執当双厳院豪倪書状　(寛永一六)・二・一四　世良田長楽寺文書……二一一
515 東叡山執当双厳院豪倪書状　(寛永一六)・二・一四　世良田長楽寺文書……二一二
516 東叡山執当双厳院豪倪書状　(寛永一六)・二・一五　世良田長楽寺文書……二一三

517 東叡山執当双厳院豪倪書状 (寛永一六)・一一・一六 世良田長楽寺文書……二二三
518 大僧正天海書状 (寛永一六)・一一・一八 世良田長楽寺文書……二二四
519 大僧正天海書状 (寛永一六)・一一・一八 「東叡山日記」……二二五
520 東叡山執当双厳院豪倪書状 (寛永一六)・一一・一九 世良田長楽寺文書……二二六
521 東叡山執当双厳院豪倪書状 (寛永一六)・一一・二一 世良田長楽寺文書……二二七
522 天海覚 (月日なし) 世良田長楽寺文書……二二九
523 天海書状 八・五 世良田長楽寺文書……二三〇
524 大僧正天海書状 (寛永一六)・一一・二二 名古屋徳川美術館文書……二三〇
525 山門三院執行探題大僧正天海長寿院三号許可状 寛永一六・一一・吉 鳥取大雲院文書……二三一
526 大僧正天海書状写 寛永一六・三・二 岐阜南宮神社文書……二三一
527 大僧正天海書状 (寛永一六)・三・三 京都曼殊院文書……二三一
528 曼殊院門跡良恕親王書状 (寛永一六ヵ)・三・九 「慈眼大師御年譜附録」……二三二
529 山門三院執行探題大僧正天海色衣免許状 寛永一六・四・一七 東京如来寺文書……二三二
530 大僧正天海書状 (寛永一六)・卯・二五 京都曼殊院文書……二三二
531 大僧正天海書状 (寛永一六以前)・卯・二九 北方文化博物館文書……二三三
532 天海書状 (寛永一六)・六・二三 日下安左衛門氏文書……二三三

533 山門三院執行探題大僧正天海比叡山僧綱職補任状　寛永一六・六・　春日井密蔵院文書……三三
534 曼殊院門跡良恕親王書状案　(寛永一六)・七・二六　「慈眼大師御年譜附録」……三四
535 大僧正天海書状　(寛永一六以前)・七・二七　『生駒家宝簡集　乾』……三四
536 大僧正天海書状　(寛永一六ヵ)・一一・朔　鳥取大雲院文書……三四
537 山門三院執行探題大僧正天海日光山御本尊目録　寛永一六・霜・吉……三五
538 聖護院道晃親王書状　(寛永一六)・後一一・二三　「慈眼大師御年譜附録」……三五
539 妙法院門跡尭然親王書状　(寛永一六)・臘・一二　川越喜多院旧蔵文書……三五
540 妙法院門跡尭然親王書状案　(寛永一六)・一二・一八　「慈眼大師御年譜附録」……三六
541 山門三院執行探題大僧正天海称号許可状　寛永一七・正・吉　谷中金嶺寺文書……三六
542 山門三院執行探題大僧正天海東叡山直末許可状　寛永一七・正・吉　寄居高蔵寺文書……三六
543 妙法院門跡尭然親王書状案　(寛永一七)・二・八　「慈眼大師御年譜附録」……三六
544 山門三院執行探題大僧正天海東叡山直末許可状写　寛永一七・二・二四　日光興雲律院文書……三七
545 山門三院執行探題大僧正天海東

叡山直末許可状　寛永一七・三・吉……一二七
546　山門三院執行探題法印大僧正天海掟書　寛永一七・五・　鳥取大雲院文書……一二七
547　木原木工允義久書状　(寛永一七)・八・七　岩佐平蔵氏文書……一二八
548　将軍徳川家光御内書　(寛永一七)・九・二五　「慈眼大師御年譜附録」……一二八
549　大僧正天海書状　(寛永一二～一七)・一〇・一六　林家文書……一二九
550　如来寺但唱書状　(寛永一七ヵ)・霜・七　原島洌氏文書……一二九
551　如来寺但唱証状　寛永一七・極・二一　原島洌氏文書……一三〇
552　大僧正天海書状写　(寛永一八)・二・二九　「古文章大全」……一三〇
553　山門三院執行探題大僧正天海色衣免許状　寛永一八・三・一七　神川大光普照寺文書……一三〇
554　山門三院執行探題大僧正天海新光寺寺内法度　寛永一八・三・一七　川口新光寺文書……一三〇
555　山門三院執行探題大僧正天海東叡山直末許可状　寛永一八・三・一七　川口新光寺文書……一三一
556　永正院かな消息　(寛永一八・四)・二四　「慈眼大師御年譜附録」……一三一
557　大僧正天海書状　(寛永一六～一八)・五・一五　鳥取大雲院文書……一三二

558 大僧正天海書状 （寛永一八）・七・一二 上野覚成院文書……二三三
559 天海請書 （寛永一八）・七・一五 徳川記念財団文書……二三三
560 山門三院執行大僧正天海東照宮勧請許可状写 寛永一八・七・一七 佐賀実相院文書……二三四
561 有馬蔵人康純証文 寛永一八・七・二五 上野本覚院文書……二三四
562 大僧正天海書状 （寛永一八）・八・四 山本右馬之助氏文書……二三五
563 山門三院執行探題大僧正天海東叡山直末許可状案 寛永一八・八・一七 『文政寺社書上』……二三五
564 青蓮院門跡尊純親王書状 （寛永一八）・八・二八 「慈眼大師御年譜附録」……二三五
565 曼殊院門跡良恕親王書状 （寛永一八）・八・二八 川越喜多院旧蔵文書……二三六
566 山門三院執行探題大僧正天海日光山綜画目録写 寛永一八・八・吉……二三六
567 山門三院執行大僧正天海証状 寛永一八・九・一七 安土東南寺文書……二三六
568 将軍徳川家光御内書 （寛永一八）・九・二五 「慈眼大師御年譜附録」……二三七
569 中根壱岐守正盛書状案 （寛永一八）・一〇・五 「慈眼大師御年譜附録」……二三七
570 将軍徳川家光御内書 （寛永一八ヵ）・一〇・晦 「慈眼大師御年譜附録」……二三八
571 大老酒井讃岐守忠勝書状案 （寛永一八）・極・三 「東叡山日記」……二三八
572 大僧正天海書状 （寛永一八）・極・二二 伊勢西来寺文書……二三九

573 竹林坊盛憲等連署書状案 (寛永一九)・二・二五 「東叡山日記」……二三九
574 大僧正天海書状 (寛永一九)・三・三 栃木県立博物館文書……二三九
575 山門三院執行探題大僧正天海東叡山直末許可状 寛永一九・三・八 麻布東福寺文書……二四〇
576 山門探題大僧正天海比叡山三院書籍法度 寛永一九・三・一八 坂本叡山文庫文書……二四〇
577 山門三院執行探題大僧正天海東叡山直末許可状 寛永一九・三・二八 埼玉萩原家文書……二四一
578 天海喜多院寺内法度 寛永一九・卯・七 川越喜多院文書……二四一
579 大僧正天海書状 (寛永一六〜一九)・四・一〇……二四二
580 良田山長楽寺当住大僧正天海山・院号許可状写 寛永一九・五・一七 世良田長楽寺文書……二四二
581 良田山長楽寺大僧正天海興聖寺本末法度写 寛永一九・五・一七 世良田長楽寺文書……二四二
582 良田山長楽寺大僧正天海興聖寺寺内法度写 寛永一九・六・一七 世良田長楽寺文書……二四三
583 大僧正天海書状 (寛永一九以前)・七・一六 福田常水氏文書……二四三
584 武家伝奏衆連署書状写 (寛永一九ヵ)・九・一七 世良田長楽寺文書……二四四

585 大僧正天海書状　(寛永一九)・後九・一一　若林六四氏文書……二四四
586 大僧正天海証状　(寛永一九)・閏九・二七　姫路書写山文書……二四四
587 大僧正天海書状写　(寛永一九)・一〇・三　和泉宝瓶院文書……二四五
588 世良田山長楽寺真言院兼当住山門三院執行探題大僧正天海補任状写　寛永一九・一一・一七　世良田長楽寺文書……二四五
589 山門三院執行探題大僧正天海円通寺寺内法度　寛永一九・仲冬・一七　八王子円通寺文書……二四六
590 山門三院執行探題大僧正天海吉祥寺寺内法度　寛永一九・仲冬・一七　さいたま吉祥寺文書……二四六
591 東叡山定書案　(寛永一九)・霜・二六　「東叡山日記」……二四七
592 東叡山執当衆連署書状　(寛永一九)・極・四　都幾川慈光寺文書……二四八
593 東叡山門末定書案　寛永一九・極・一七　「東叡山日記」……二四八
594 東叡山衆議定書案　寛永一九・極・一七　「東叡山日記」……二四九
595 山門三院執行探題大僧正天海喜多院直末許可状　寛永二〇・正・一七　川越三芳野神社文書……二五〇
596 山門三院執行探題大僧正天海高麗寺寺内法度　寛永二〇・正・一七　神奈川高来神社文書……二五〇

597 大僧正天海書状 (寛永一八～二〇)・孟春・二〇 上野現龍院文書……二五一
598 長野善光寺大勧進重昌証文案 寛永二〇・二・一四 「善光寺深秘録」……二五二
599 将軍徳川家光御内書 (寛永一九、二〇)・二・一八 「慈眼大師御年譜附録」……二五二
600 山門三院執行探題大僧正天海逢善寺内法度写 寛永二〇・三・四 小野逢善寺文書……二五三
601 山門三院執行探題大僧正天海千妙寺寺内法度 寛永二〇・三・四 黒子千妙寺文書……二五三
602 山門三院執行探題大僧正天海西明寺寺内法度 寛永二〇・三・一四 早稲田大学図書館文書……二五四
603 山門三院執行探題大僧正天海補任状写 寛永二〇・三・一七 世良田長楽寺文書……二五四
604 将軍徳川家光御内書 (寛永二〇)・三・一九 「慈眼大師御年譜附録」……二五五
605 大僧正天海書状 (寛永一九、二〇)・三・一九 遠藤行蔵氏文書……二五五
606 大老酒井讃岐守忠勝書状 (寛永一九、二〇)・三・二六 「慈眼大師御年譜附録」……二五五
607 老中松平伊豆守信綱書状 (寛永二〇)・卯・八 「慈眼大師御年譜附録」……二五六
608 大僧正天海書状 (寛永一六～二〇)・卯・晦 姫路書写山文書……二五六
609 青蓮院門跡尊純親王書状 (寛永二〇)・六・五 「慈眼大師御年譜附録」……二五七

610 大僧正天海書状 (寛永二〇)・六・一二 京都三千院文書……二五七
611 大僧正天海書状 (寛永二〇)・六・一二 京都三千院文書……二五八
612 大僧正天海書状 (寛永二〇)・六・一二 大正大学図書館文書……二五八
613 山門三院執行探題大僧正天海掟書写 寛永二〇・六・ 阿蘇西岩殿寺文書……二五九
614 山門三院執行探題大僧正天海東叡山直末許可状案 寛永二〇・七・三 「善光寺深秘録」……二五九
615 山門三院執行探題大僧正天海信濃善光寺寺内法度案 寛永二〇・七・三 「善光寺深秘録」……二五九
616 大僧正天海書状 (寛永二〇)・七・二〇 京都三千院文書……二六〇
617 中院通村書状 (寛永一九、二〇)・七・二四 「慈眼大師御年譜附録」……二六〇
618 牧野内匠頭信成書状 (寛永二〇)・七・二四 「慈眼大師御年譜附録」……二六一
619 聖護院門跡道晃親王書状 (寛永一九、二〇)・七・二四 「慈眼大師御年譜附録」……二六一
620 中院通村書状 (寛永一九、二〇)・七・二四 川越喜多院旧蔵文書……二六一
621 老中阿部豊後守忠秋書状 (寛永二〇ヵ)・八・一四 遠藤行蔵氏文書……二六二
622 大僧正天海書状写 (寛永二〇)・八・二〇 金沢尾崎神社文書……二六二
623 大僧正天海書状 (寛永二〇)・九・六 上野現龍院文書……二六三
624 大僧正天海書状写 (寛永二〇)・九・一六 日光桜本院文書……二六三

625 長楽寺当住山門三院執行探題大僧正天海長楽寺寺内法度 寛永二〇・九・一七 世良田長楽寺文書……二六四
626 長楽寺灌頂法物等之法度 寛永二〇・九・一七 世良田長楽寺文書……二六五
627 青蓮院門跡尊純親王書状 寛永二〇・九・一八 「慈眼大師御年譜附録」……二六五
628 青蓮院門跡尊純親王書状案 (寛永二〇)・九・二四 「東叡山日記」……二六六
629 前田筑前守光高書状 (寛永二〇カ)・一〇・一二 「日光山古文章」……二六六
630 青蓮院門跡尊純親王書状 正・五 「慈眼大師御年譜附録」……二六七
631 曼殊院門跡良恕親王書状 正・九 「慈眼大師御年譜附録」……二六七
632 曼殊院門跡良恕親王書状 正・九 「慈眼大師御年譜附録」……二六七
633 青蓮院門跡尊純親王書状 正・九 「慈眼大師御年譜附録」……二六七
634 青蓮院門跡尊純親王書状 正・一二 「慈眼大師御年譜附録」……二六八
635 青蓮院門跡尊純親王書状 正・一三 「慈眼大師御年譜附録」……二六八
636 将軍徳川家光御内書 正・一四 「慈眼大師御年譜附録」……二六八
637 大僧正天海書状写 正・一四 湯浅圭造氏文書……二六八
638 将軍徳川家光御内書案 正・一五 「慈眼大師御年譜附録」……二六九
639 老中阿部豊後守忠秋書状 正・一六 「慈眼大師御年譜附録」……二六九
640 妙法院門跡尭然親王書状案 正・二一 「慈眼大師御年譜附録」……二六九
641 妙法院門跡尭然親王書状案 正・二一 「慈眼大師御年譜附録」……二七〇

642	妙法院門跡尭然親王書状案	正・二一	「慈眼大師御年譜附録」	二七〇
643	老中阿部豊後守忠秋書状	正・二二	「慈眼大師御年譜附録」	二七〇
644	土井大炊頭利勝書状	正・二三	「慈眼大師御年譜附録」	二七一
645	将軍徳川家光御内書	正・二四	「慈眼大師御年譜附録」	二七一
646	将軍徳川家光御内書	正・二四	「慈眼大師御年譜附録」	二七一
647	京都所司代板倉周防守重宗書状	正・二四	「慈眼大師御年譜附録」	二七二
648	将軍徳川家光御内書	正・二八	「慈眼大師御年譜附録」	二七二
649	将軍徳川家光御内書	正・二九	「慈眼大師御年譜附録」	二七三
650	某門跡書状	二・朔	「慈眼大師御年譜附録」	二七三
651	東叡山執当衆連署書状	二・四	川越中院文書	二七三
652	大僧正天海書状	二・四	京都曼殊院文書	二七四
653	天海書状	二・五	京都三千院文書	二七四
654	竹林坊盛憲等連署書状	二・五	美濃勧学院文書	二七四
655	京都所司代板倉周防守重宗書状	二・六	「慈眼大師御年譜附録」	二七四
656	京都所司代板倉周防守重宗書状	二・九	「慈眼大師御年譜附録」	二七五
657	某門跡書状	二・一〇	「慈眼大師御年譜附録」	二七五
658	天海書状	二・一〇	滋賀金剛輪寺文書	二七五
659	大僧正天海書状	二・一〇	川越喜多院文書	二七六

660 妙法院門跡尭然親王書状案 二・一四 「慈眼大師御年譜附録」……二七六
661 老中松平伊豆守信綱書状 二・一四 「慈眼大師御年譜附録」……二七六
662 大僧正天海書状 二・一五 群馬龍蔵寺文書……二七七
663 将軍徳川家光御内書 二・一六 「慈眼大師御年譜附録」……二七七
664 大僧正天海書状 二・一七 小日向妙足院文書……二七七
665 若年寄朽木民部少輔稙綱書状 二・一七 「慈眼大師御年譜附録」……二七八
666 天海書状 二・二二 大正大学図書館文書……二七八
667 大僧正天海書状 二・二五 ……二七八
668 天海書状写 二・二五 京都曼殊院文書……二七九
669 双厳院豪俔書状写 二・二七 美濃南宮神社文書……二七九
670 将軍徳川家光御内書 二・二八 「慈眼大師御年譜附録」……二八〇
671 将軍徳川家光御内書 二・二九 「慈眼大師御年譜附録」……二八〇
672 将軍徳川家光直書 三・四 日光東照宮文書……二八〇
673 大僧正天海書状 三・四 千葉県立中央博物館大多喜城分館文書……二八〇
674 妙法院門跡尭然親王書状案 三・四 「慈眼大師御年譜附録」……二八一
675 天海書状 三・八 上野現龍院文書……二八一
676 天海書状案 三・一一 「慈眼大師御年譜附録」……二八一

677 将軍徳川家光御内書 三・一二 「慈眼大師御年譜附録」……二八二
678 東叡山執当衆連署書状 三・一二 川越中院文書……二八二
679 大僧正天海書状 三・一四 上野現龍院文書……二八二
680 大僧正天海書状 三・一四 上野現龍院文書……二八二
681 将軍徳川家光御内書 三・一六 「慈眼大師御年譜附録」……二八三
682 紀伊大納言徳川頼宣書状 三・一六 熊野那智大社文書……二八三
683 大僧正天海書状 三・一九 ……二八三
684 岡田将監善政書状 三・一九 岐阜横蔵寺文書……二八四
685 将軍徳川家光御内書 三・二三 「慈眼大師御年譜附録」……二八四
686 妙法院門跡尭然親王書状案 三・晦 「慈眼大師御年譜附録」……二八四
687 妙法院門跡尭然親王書状 四・五 川越喜多院旧蔵文書……二八五
688 妙法院門跡尭然親王書状案 四・六 「慈眼大師御年譜附録」……二八五
689 大僧正天海書状 卯・一三 福井白山神社文書……二八五
690 仏乗坊秀珍等連署書状 卯・一三 福井白山神社文書……二八五
691 酒井讃岐守忠勝書状 卯・一三 「慈眼大師御年譜附録」……二八六
692 酒井讃岐守忠勝書状 卯・一三 早稲田大学所蔵最教院文書……二八六
693 老中衆連署書状 四・一三 「慈眼大師御年譜附録」……二八七
694 大僧正天海書状写 卯・一五 大阪秋野房文書……二八七

695 大僧正天海書状 卯・一二 川越喜多院文書……二八七
696 老中衆連署書状 四・二三 「慈眼大師御年譜附録」……二八八
697 東叡山執当衆連署書状 卯・二四 長沼宗光寺文書……二八八
698 妙法院門跡尭然親王書状案 四・二七 「慈眼大師御年譜附録」……二八八
699 大僧正天海書状 卯・二九 川越喜多院文書……二八九
700 将軍徳川家光御内書 五・一四 早稲田大学所蔵最教院文書……二八九
701 将軍徳川家光御内書 五・一六 「慈眼大師御年譜附録」……二八九
702 妙法院門跡尭然親王書状 五・二八 「慈眼大師御年譜附録」……二九〇
703 水戸中納言徳川頼房書状 六・朔 早稲田大学『古文書集』……二九〇
704 普請奉行朝比奈源六等連署書状 六・一〇 浅草金蔵寺文書……二九〇
705 大僧正天海書状 六・一一 上野現龍院文書……二九一
706 将軍徳川家光御内書 六・一六 「慈眼大師御年譜附録」……二九一
707 老中衆連署書状 六・一八 浅草金蔵寺文書……二九一
708 妙法院門跡尭然親王書状案 六・二四 「慈眼大師御年譜附録」……二九二
709 尾張大納言徳川義直書状 六・二七 早稲田大学『古文書集』……二九二
710 大僧正天海書状 七・五 大分円寿寺文書……二九二
711 中院通村書状 七・一一 「慈眼大師御年譜附録」……二九三
712 中院通村書状 七・一一 川越喜多院旧蔵文書……二九三

713 大僧正天海書状写 七・一九 湯浅圭造氏文書……二九三
714 中院通村書状 七・二一 川越喜多院旧蔵文書……二九四
715 大僧正天海書状案 七・二四 「慈眼大師御年譜附録」……二九四
716 老中堀田加賀守正盛書状 七・二六 「慈眼大師御年譜附録」……二九四
717 天海書状写 七・二八 市島謙吉氏文書……二九四
718 大僧正天海書状写 八・一二 湯浅圭造氏文書……二九五
719 中根壱岐守正盛書状 八・一六 「慈眼大師御年譜附録」……二九五
720 将軍徳川家光御内書 八・一六 「慈眼大師御年譜附録」……二九五
721 酒井讃岐守忠勝書状 八・二〇 「慈眼大師御年譜附録」……二九六
722 将軍徳川家光御内書 八・二三 「慈眼大師御年譜附録」……二九六
723 将軍徳川家光御内書 八・二七 「慈眼大師御年譜附録」……二九七
724 曼殊院門跡良恕親王書状 九・一 「慈眼大師御年譜附録」……二九七
725 老中衆連署書状 九・八 「慈眼大師御年譜附録」……二九七
726 老中衆連署書状 九・八 「慈眼大師御年譜附録」……二九八
727 大僧正天海書状 九・一三 小野寺勝氏文書……二九八
728 将軍徳川家光御内書 九・一三 「慈眼大師御年譜附録」……二九八
729 青蓮院門跡尊純親王書状 九・一四 「慈眼大師御年譜附録」……二九八
730 将軍徳川家光御内書 九・一九 「慈眼大師御年譜附録」……二九九

731 天海書状 九・二〇 大正大学図書館文書……二九九
732 大僧正天海書状 九・二三 久能徳音院文書……二九九
733 老中衆連署書状 九・二三 「慈眼大師御年譜附録」……三〇〇
734 将軍徳川家光御内書 一〇・三 「慈眼大師御年譜附録」……三〇〇
735 鳥取藩主池田相模守光仲書状 一〇・七 鳥取大雲院文書……三〇〇
736 大僧正天海書状 一〇・九 京都廬山寺文書……三〇一
737 中院通村書状 一〇・一二 「慈眼大師御年譜附録」……三〇一
738 将軍徳川家光御内書 一〇・一六 「慈眼大師御年譜附録」……三〇一
739 将軍徳川家光御内書 一〇・二一 「慈眼大師御年譜附録」……三〇二
740 南光坊天海書状 一〇・二一 群馬善昌寺文書……三〇二
741 大僧正天海書状 一〇・二五 上野現龍院文書……三〇二
742 曼殊院門跡良恕親王書状 一〇・二九 「慈眼大師御年譜附録」……三〇三
743 聖護院門跡道晃親王書状 一〇・晦 「慈眼大師御年譜附録」……三〇三
744 天海書状写 一〇・晦 大阪四天王寺文書……三〇三
745 将軍徳川家光御内書 一一・二 「慈眼大師御年譜附録」……三〇四
746 大僧正天海書状 一一・三 京都妙法院文書……三〇四
747 大僧正天海書状 霜・八 鳥取県立博物館文書……三〇四
748 老中衆連署書状 霜・一〇 「慈眼大師御年譜附録」……三〇五

749 将軍徳川家光御内書 一一・一一 「慈眼大師御年譜附録」……三〇五
750 将軍徳川家光御内書 霜・一四 「慈眼大師御年譜附録」……三〇五
751 将軍徳川家光御内書 霜・一九 「慈眼大師御年譜附録」……三〇六
752 将軍徳川家光御内書 霜・一九 「慈眼大師御年譜附録」……三〇六
753 天海書状 霜・二二 大阪四天王寺文書……三〇六
754 聖護院門跡道晃親王書状 霜・二九 「慈眼大師御年譜附録」……三〇七
755 酒井讃岐守忠勝書状 極・朔 早稲田大学所蔵最教院文書……三〇七
756 将軍徳川家光御内書 一二・四 「慈眼大師御年譜附録」……三〇七
757 曼殊院門跡良恕親王書状 一二・九 「慈眼大師御年譜附録」……三〇七
758 青蓮院門跡尊純親王書状 極・一〇 「慈眼大師御年譜附録」……三〇八
759 大僧正天海書状 極・一一 和歌浦天満宮文書……三〇八
760 大僧正天海書状 極・一六 長野善光寺大勧進文書……三〇八
761 春日局かな消息 七 「慈眼大師御年譜附録」……三〇八
762 永正院かな消息 七 「慈眼大師御年譜附録」……三〇九
763 春日局・永正院かな消息 一二 「慈眼大師御年譜附録」……三一〇
764 春日局かな消息 一三 「慈眼大師御年譜附録」……三一〇
765 永正院かな消息 一七 「慈眼大師御年譜附録」……三一一
766 永正院かな消息 一九 「慈眼大師御年譜附録」……三一二

767 春日局かな消息 二一 「慈眼大師御年譜附録」…………………… 三二
768 永正院かな消息 二七 「慈眼大師御年譜附録」…………………… 三三
769 将軍徳川家光御内書 (月日なし) 「慈眼大師御年譜附録」…………………… 三四
770 三河瀧山寺寺内法度 (月日なし) 「慈眼大師御年譜附録」…………………… 三四

例言

一、本書は、『南光坊天海関係文書集』として、南光坊天海の関連文書をできるかぎり網羅して編年順に収録したものである。文書の真偽については、私見は按文に譲り、できるだけ収録することに努めた。今後も関連の新出文書の調査を継続してゆきたい。
一、本書の収録文書は、年欠文書も可能なものは年代推定をして編年順に収録した。年未詳のものは後半に月日順に収録した。
一、本書の全体目次は原則として編年順に、年未詳文書は月日順に配列した。
一、全体目次とは別に、文書の検索を容易にするために、収録文書の日付の月日順目録を巻末に収録した。
一、翻刻の釈文は、常用漢字を使用した。変体仮名は通常の片仮名・平仮名に改めた。人名・地名等は可能な範囲で校訂註を付した。
一、原本に欠損文字がある場合には、その字数を測って□［　］［　］で示した。
一、端裏書・裏書等は「　」で示し、編者の加えた校訂註は右傍に（　）をもって示した。
一、原本には読点（、）、並列点（・）は付けられていないが、通読の便を考えて、これらの点を加えた。
一、原本の誤字・脱字等は、明らかなものは右傍に（　）をもって註記した。「カ」の字を加えたものは断定を差し控えたものである。また文意の通じ難い箇所、もしくは原本のままに従ったことを示す場合は、（ママ）を付した。
一、平出・台頭・欠字等については一字明けを原則としたが、他の史料集からの引用は、原典通りとした。
一、文書の年月日・差出・花押・宛所等の位置についてはある程度の統一を図った。
一、編者の加えた按文には、その頭部に○印を付した。
一、巻末に人名・寺社名・地名の索引を付した。

1　合志親為書状

京都三千院文書

尊札具令拝見候、然者貴山(比叡山)御再興之段、被成　勅宣(正親町天皇)候之哉、尤目出奉存知候、因茲諸国御遵行之由候、就中忰郡内弥護山(医音寺カ)之事、比叡山末寺之儀候之条、爰許様体之事、何様以馳走御勧進、聊不可存緩候、随而佐々木名字之連続之儀、是又御真実之承事、千秋万歳存候、必親類一門中、誘(旁カ)以時分可請御指図候、細砕彼法印(仁秀)可為御演説候之間、不及重筆候、恐惶謹言、

(天正十二年)六月四日　親為

(豪盛)正覚坊
(祐能)南光坊　参　御同宿中　尊報

(包紙)「南光坊
正覚坊　参　御同宿中　尊報　合志
親為」

○法忍坊仁秀に関する五点の史料を収める。

2　秋月種実書状

京都三千院文書

就叡山御再造、忝被蒙　勅宣(正親町天皇)、諸国江御奉加之儀、依被仰催、於忰家(秋月種長)被成下貴札候、恐悦之至候、尤一宇建立之儀、雖不存儀候、当時此表弓箭半候之条(島津義久と龍造寺政家の対立)、先以承置候、必取治候者、相応可遂其節候、仍鳥目千疋令進入候、誠奉補空書計候、猶法忍坊(仁秀)可被仰達候条、可得御意候、恐惶謹言、

(天正十二年)七月十七日　(秋月)種実(花押)

(豪盛)正覚院　参　貴報人々御中

3　合志真賢書状

京都三千院文書

尊書致拝上候、御末寺役之儀、仁秀法印(法忍坊)一々御演説候、尤儀候、近年闕如之段者、此国乱入以来、近辺之所得少、寺領内依押妨、寺僧等堪忍難成候キ、至其以後者、当時

為新儀公役等被申付、本尊之仏供灯明難調、諸堂茂大破
付而、懈怠之段、無勿体次第候、雖然於度々御使者　御
書被差下候条、令調遣候、其段者有増以一書申上候、将
亦法流之儀、御掟之通、各令承知候、委細者此御方へ令
申候、恐惶謹言、
（天正十二年）
九月五日　真賢（花押）

〆

4　筑紫広門書状

京都三千院文書

去年仁秀法印御下向之砌、官途之儀致内望候之処、梨門（三千院門跡）
様（最胤親王）以御伝奏、被成下　綸旨候、謹而致頂戴候、忰家之眉
目、末代之亀鏡此事候、此等之趣、宜預御披露候、恐惶
謹言、
（天正十二年）
九月七日　（筑紫）広門（花押）

「（包紙）
筑紫左馬頭
庁務法眼御房　広門」

5　秋月種長書状

京都三千院文書

御令旨（三千院・最胤親王）謹而以拝見仕忝候、抑於北野御霊瑞之旨、至薩刕
被仰下之由、仁秀法印被仰聞、奉存其意候、然者　貴山（比叡山）
依御再興、利根之年少被取集之由尤候、於委細者至彼法
印、従親候者所、被得御意之条、宜預御披露候、恐惶謹
言、
（天正十二年）
十二月十五日　（秋月）種長（花押）
（仁秀）法忍御坊

6　無心書状

上野吉祥院文書

返々、近々参可申候、以上、
一、仙之儀能々御調可有之事、
一、献法印へ雑用借申候儀、御約束御覧候へく候、
一、八日、九日之間ニ、長沼（宗光寺）へ可罷越候間、すくに先長
沼へ御帰候へく候、なる程ハ精を入、御調御越候へく

候、
一、くき(釘)、いた(板)戸くきをちと□御越候へく候、
右之外、条々御分別、早々長沼へ御越可有之候、恐々
謹言、
十月三日　　無心(天海)(花押)
□
几下

7　不動院随風書状(折紙)

京都妙法院文書

「(ウハ書)仁秀法印　　風子
御同宿中　　　」

尚々申候、近日如御覧万事取籠故、疎略之式失本意
候、弘法之御事ハ乍勿論、上様(妙法院門跡・常胤親王)御下知之外有間敷
候、乍去是も後々ハ如何、只今之分ハ自他共ニ未練
之事ニ候之間、直談申談外罷成間敷候、猶思召在之
候ハヽ、重而様子可申宣候、可預御札候、此外不申
候、以上、

当流御執行之儀、再三蒙仰候、一乱以来、東国僧俗悉移
替、散々式渕底御見聞之上、不能覆説候、併　上様被仰
出儀も候ハヽ、(小野)逢善寺へも遂相談、可為言上候、子細者
直談申渡之外不可有之候、恐々謹言、
(慶長二、三年頃カ)卯月廿日　　(江戸崎)不動院　　(天海)随風(花押)

8　不動院天海書状(折紙)

京都妙法院文書

雖未申通候、令啓上候、仍而法忍房(仁秀)・般若院連々仰上候
(マヽ)連花院法流之事者、　上様(妙法院門跡・常胤親王)御流之間、何とそ有之而、奥
関之御本寺ニ奉仰度旨被申候、我等も所希候段、挨拶仕
候処ニ、今般与風貴老へ御物語之由承候、定卒尓ニ可思
召候間、以拝顔可申分ためニ、此中御近辺ニ相詰候へ共
無御手透之条、以書札申候、第一　上様之御内意難計之
上、剰我等乱後故、御まかない(賄)の分をも、貴老へ頼入事
も不罷成候、様子具ニ般若院へ申渡候分候、旁以憚多候
処ニ、両僧卒尓ニ御手前迄も御物語候処、定無遠慮仁ニ
被思召候奉察候、如何様近可罷下候間、其節驢而罷越、

御礼可申候、若又奥関者連花（ママ）・三昧之両流にて候、三昧
流ハ悉　青門様（青蓮院門跡）御末寺ニ罷成、随而官位等をも、被申請
候間、今般　上様属御末寺、自今以後官職共ニ申請様ニ
有之事ニ候歟、万一末寺之再興共思召候ハヽ、山門へ御
なり（成）の事者、万事共難罷成候、於御殿かろ〱（軽々）と御陰密
ニも、御修法候ハヽ、可為過分候、不罷成儀者、覚悟候へ
共、如此も不申上、下着をも仕候へハ、連々両所御物語
被申上候上、愚僧之無首尾ニ、結句罷成事候間、如此令
申候、此処能々御塩味奉頼候、暫留仕候へ者被申候間、
只今迄者居候、急速可罷下候、千言万句為自今掛御目度
迄候、恐々謹言、

（慶長二、三年頃）十月廿四日　　天海（花押）
（江戸崎）不動院

（妙法院坊官・行康）今小路殿
御宿所　　風子

○不動院天海書状の年代推定については、中川仁喜稿「不動院天海と妙法院門跡」（多田孝正博士古稀記念論集『仏教と文化』所収、平成二十年十一月刊）参照。

9　不動院天海書状（折紙）

京都妙法院文書

以上

昨日御馳走を以、遂御礼忝候事、
一、右条々如言上、山門へ御なり（成）の事者、堅法忍房（仁秀）被申
候共難叶候事、口上有別帋、
一、御思案可被成之段、尊意候間、為御分別令言上候、
万一於御落居者、御殿ニ夜一昼ニ阿闍梨衆十人歟八人、
受者二人、三人も有次第、諸流共ニ法度にて、他流之
人入申候間、無人数御疎略にも不可有之候事、付、一日
一夜ニも可然歟、
一、不入乍御事、我等全精之処申上候、出世之儀ニ付、
証文幷書状共、諸寺如此相調勤被申候へ共、幾度之乍
中事、付、爰元へ持参仕候、
上様（妙法院門跡・常胤親王）御流之威風を、奥関ニ弘通、自分之出世をも遂申
度迄候、幸卒尓般若院・法忍房、兼日被申上、首尾ニ
候間、偏ニ上意を奉頼念願迄候、此処被遂御塩味、御

披露奉仰候、千言万句山門へ御成之事者、重而諸末寺へ(如カ)の御書、我等方へ被成候ハヽ、各へ申触、衆力を以、御執行候ハヽ、為冥加新阿闍梨・受者等も可有之候条、万事相調可申歟、今般者難罷成候、此旨宜得貴意候、恐惶謹言、

十月廿六日(慶長二、三年頃)　　不動院(江戸崎)　天海（花押）

今小路殿(妙法院坊官・行康)

御宿所

10　天海書状

京都妙法院文書

覚

山門へ御なり御無用之段、申上候事者、上様(妙法院門跡・常胤親王)へハ不被申候、貴老へ御分別之ためニ粗申候、我等東国ニ随而名跡相抱候に付、各極官勅にて候、されとも乱後以来地頭も減少仕、殊外及大破候之条、諸寺相抱候之程、すりきり申候間、乍存打過候処ニ、累年法忍房(仁秀)よりも其理候、就中当年般若院書中之分者、　上様御灌頂を被遊候へハ、御まかなひ(賄)として金壱ツ半指上可申候、左候へハ、　上様より極官被下候間、　上様御ためにハ、末寺御興隆、自身之出世、旁以可然候由被申候付、与風参上仕候、先愚僧支度分如此候事、又法忍房御体見聞候、慥自身之御まかない分、進納とハ見エ不申候て、只外聞ニ御登山とかせき被申候と見及候、其上御宿坊等、彼是不調にて候間、堅御登山罷成間敷候間、若　上様ニも次三部都法大阿闍梨位を被遊、末寺興隆と思召候ハヽ、於御殿かろかろ(軽々)と遊し候ハヽ、速ニ可為御満足候、彼是御令旨なと申請、御礼共、御まかない共無面目、乍申事、惣合金いなか目弐枚進上可申候、此分にて候、御覧の後火中〳〵、我等も内府(徳川家康)・佐竹之寺家を相抱候之間、今度罷登礼をいたし候ハてハ、不被帰候間、万々其元御塩味可有之候、別而御手前頼入候事者、御執行候へハ、連々共可令在京候、上義(儀)随意ニハならぬ事にて候、さて又於無之者一刻も罷下度候、畢竟可然様御披露奉頼候、恐々謹言、

昨日者御報忝候、夕夜証文なとももたせ(持)、掛御目度儘参候耳、何も極老与云、しかしか被申分も、前後いたし候間、

無憚不残申入候、以上、
十月廿七日(慶長二、三年頃)　　天海（花押）
今小路殿(妙法院坊官・行康)
御宿所

11　智楽房天海書状（折紙）

神奈川龍門寺文書

追啓、此中江戸﨑(不動院)有之而、日昨帰寺之間、御報遅々、
非無沙汰候歟、以上、
不意芳翰、且騰疑且感悦、抑機根漸々労煩故、緩怠懈怠
累年連日、各不蒙哀憐、豈遂堪忍、過量々々、然龍門寺
大和尚御入院候哉、伝聞、俗諦円備、貴山飛楼涌殿宮矣、
寄哉快哉、依茲朦朣之儀承候、先以忝候、希是亦御相談
外、別何有必要、縦雖応貴意、頓而令上洛、無染筆之時
剋候条、幸於其地茂御留主之間、如何様下着節、宜得貴
意候、恐惶不宣、
二月七日　　智楽房　天海（花押）
北院　御所家衆
御所化衆
尊答

○年末詳であるが江戸﨑とあり、智楽房天海と署名しているので便宜ここに収む。

12　天海僧綱職補任状

長沼宗光寺文書

止観院僧綱職之事
賢雄阿闍梨
宜転権律師
右以勅宣之旨(後陽成天皇)所令補也、仍承知之状如斯、
慶長十年二月如意珠日

止観院僧綱職之事
権少僧都賢雄
宜転権大僧都
右以勅宣之旨所令補也、仍承知之状如斯、
慶長十年二月吉祥日

止観院僧綱職之事
権大僧都賢雄
宣転法印
右以勅宣之旨所令補也、仍承知之状如斯、
天海
慶長十年二月吉日

13　後陽成天皇権僧正口宣案

川越中院文書

上卿　広橋大納言(兼勝)
慶長十二年三月十九日宣旨
法印権大僧都実尊
宜任権僧正
蔵人頭中弁藤原(広橋)総光　奉

14　青蓮院尊純親王添状

川越中院文書

慶長二、三年・慶長十三年

武蔵国星野山無量寿寺仏地院、権僧正実尊、恵心一流之嫡家、三昧流真言血脈顕密共、青蓮院門流相続処也、猶以仏法興隆、於関東可為法灯事、可謂勿論者也、故為亀鏡、重而染筆畢、
慶長十二暦沽洗(三月)中旬　(尊純)(花押)誌之

15　青蓮院尊純親王添状写

川越中院文書

武蔵国星野山無量寿寺仏地院第十八代祖仙海法印贈僧正之事、顕密附法之直弟桂海、励師恩報謝之懇志依歎申、遂執奏早速被勅許訖、併寺家之光栄、列祖之佳名、可謂後代之亀鏡者歟、故染筆而已、
慶長十三年五月七日　尊純

16　天海法流証状

森五郎作氏文書

当山者、忝恵心一流之嫡家、於東関最為三(上カ)足矣、然則従第三世兼真言・顕密弘通之勝地也、久々故一宗之脈譜、

甚深之奥蔵、悉以令附属、流伝々灯令継而已、仍状如件、

慶長十三年戊申十月吉日　天海（花押）

（宛名なし）

17　天海土産目録覚（折紙）

大正大学図書館文書

覚

拾疋　善春

拾疋　久徳

仁拾疋　理斎

以上

慶（長）拾四酉（印）二月廿六日

覚

五拾疋　徳運

仁拾疋　内へ

拾疋　千松

已上

酉（印）慶拾四二月廿六日

右之分未進を以、急度可直出者也、仍如件、

18　徳川家康日光山黒印状案

「東叡山日記」

当山寺屋鋪幷門前足尾村神主・社人屋鋪等事、如先規不可有相違、就中彼地為山中之条、自然卑賤之輩、猥於有令一統儀者、可加制詞、若有違背之族者、急度可為言上、然上勤行・社役等、不可有怠慢之状如件、

慶長十四年三月五日　（徳川家康）東照宮御黒印

日光山

座禅院

同衆徒中

19　後陽成天皇権僧正口宣案

長沼宗光寺文書

口　宣案

上卿　中御門中納言（資胤）

慶長十四年十二月九日　宣旨

法印天海

宜任権僧正

蔵人左少弁藤原共房（清閑寺）　奉

20　青蓮院門跡尊純親王添状

長沼宗光寺文書

態染筆候、仍今般極官（僧正）之儀、云先例、云傍例、厳重之間、
遂執奏候処、早速被成勅許候、併冥加之至不可如之候、
弥可抽宝算長久之御祈、仏法栄耀之精誠事専要也、

（慶長十四年）十二月九日　（尊純）（花押）

宗光寺天海僧正御房

21　宗光寺天海書状

大阪願泉寺文書

以上

今度叡岳為学道勧誘、可致登山之旨、依　上意上洛仕候、
然者極官（僧正）之儀、被任先例、蒙　勅（後陽成天皇）許候様、御執　奏可奉
忝存候、右之趣関東旦（檀）那衆（徳川家康）、板倉伊州（京都所司代・勝重）へも被申上ニ付而、
則勧修寺殿（武家伝奏・光豊）江被申入之旨、此等之趣可然様、御披露所仰
候、恐惶謹言、

（慶長十四年）十二月十九日　宗光寺　天海（花押）

鳥居小路殿（青蓮院坊官・経秀）

22　宗光寺天海書状（元折紙カ）

栃木円通寺文書

尚々、遠慮至極候へ共、某之江城ニさし置候間、不
罷成候条令借用候、委細従使僧可申候間、早々以上、
乍卒尓令啓候、爰許山野之体ニ候へ共、為仏法興隆、不
図灌頂執行ニ門中存立候、依之乍思慮二箱御借用可給候、
当寺無之、于今不存候て、某之を取寄不申程遠候間、明
日某来候条、以使僧奉頼候、恐惶謹言、

三月十三日　宗光寺　天海（花押）

長沼

円通寺御同宿中

○年未詳であるが、宗光寺天海と署名があるので、便宜ここに収

む。

23　天海書状（元折紙カ）

上野円珠院文書

尚々、無申迄候へとも、此文御覧候ハヽ、やかて火中〳〵可給候、自然こしやう《小姓》衆にても見候へハ、身のまゝなる事を申やうニ可存候、必々火中〳〵、日光へ近々罷上候、以上、

不始乍御事御息災、常陸介殿《徳川頼宣》殿ニも御対談、公儀御仕合無所残候而、我等まて令満足候、仍南广《摩カ》主計事、直談如申候、御内々にても、余御奉公ふり《振》愚ち《痴》ニ過候て存候故、各傍輩之機にも不入程ニ而候、遅□申段申き《聞》かせ候へとも、彼者不合点故、節□無念をいたし《致》、しかられ《叱》申候、乍去彼者心中者我等存知候、背御意候とて、二たひ《度》世上ニ罷出候ハんなとゝハ不存者に而候、若我等所にて出家いたし《致》、種々《ママ》火をも焼□《破損》ハんより外者なく候、不便をくわへ《加》られ、少シの罪御ゆるし《許》可給候、若無拠不届事候ハヽ、御暇を被下、身のところ《所》へ御越可給候、四月　御祭礼前ニ急度御出可給候、おもてむき《表向》ハ安藤彦兵衛《直次》・水野淡路《重央カ》へ、以書中申候、恐惶謹言、

四月五日《慶長十五年カ》　天（花押）

○徳川頼宣の常陸介在任期間は、慶長十一年八月から同十六三月まで。安藤直次と水野重央の徳川頼宣への附属は、慶長十五年。

24　権僧正天海書状

京都妙法院文書

山門嗜老探題職之事、今度以法印祐能《南光坊》闕、蒙　勅許《後陽成天皇》候様、御執　奏忝可奉存之旨、宜預御披露候、恐々謹言、

慶長十五年九月六日　権僧正天海　上

庁務法印御房

25　権僧正天海証状案

『壬生家四巻之日記』

請特蒙天恩、因准先例、拝任天台法華会広学竪義探題職之状、

右謹勘旧記、古先梵皇、問定於阿蘭、髫角穎悟、《脱アラン》恵於左

渓、誕敷玄徳、大極横流、依之伝教開山、三千負笈、慈覚入門、九院伝密、然則広学竪義探題者、釈家棟梁、法門領袖也、爰天海近曽居東関名室、日久錯綜顕密、当時登叡岳練行床、物閑探頤宗旨、雖天性魯鈍、鑚仰積功、立問亦訖、夏臈既闌、傾于七旬、後栄期何日、但不遂両会之講匠、非無其例、冀縦雖短才、深仰叡憐、今般被拝任彼職、弥奉祈宝祚延長、梵宇増威、皇家累慶、国土安泰、天海誠惶誠恐謹言、

慶長十五暦庚戌季秋六日　　権僧正天海

大夫史殿

26　後陽成天皇探題職補任宣旨案

『壬生家四巻之日記』

宣旨勧修寺中納言(光豊)、

権僧正天海申請、特蒙天恩、因准先例、被補天台法華会広学竪義探題職事、副款状、

仰依請

右宣旨早可被下知之状如件、

(慶長十五年)九月十八日　　左中弁(万里小路孝房)　判

27　後陽成天皇立義探題宣旨案

『壬生家四巻之日記』

左弁官下延暦寺、

応令権僧正天海、勤仕法華会広学立義探題事、

右得彼天海今月今日奏状、偁、右謹勘旧記、古先梵皇、問定於阿闌、鬉角此間載款状之文書奉祈宝祚延長、梵宇増威、皇家累慶、国土安泰、権中納言藤原朝臣光豊(勧修寺)宣、奉勅依請者、寺宜承知、依宣行之、

慶長十五年九月十八日中務大輔兼右大史竿博士小槻宿祢　判奉

左中弁藤原朝臣(万里小路孝房)　判

28　天海祝儀覚（折紙）

大正大学図書館文書

樽代

五斗者

慶長十五
十一月廿三日（印）

29　後陽成天皇僧正成勅書　京都三千院文書

毘沙門堂権僧正天海、可転正之由、早可令下知者也、
（慶長十六年）三月廿日　蔵人左中弁とのへ

30　施薬院宗伯書状（折紙）　京都妙法院文書

返々、南光（天海）之儀被得　勅諚候ハヽ、同時ニ北院儀も、
可得　御意候様ニ奉頼存候、以上、
去年以来不申承候、門跡様（妙法院・常胤親王）へ御礼ニ、早々可致伺候之処、延引失本意候、御取成所仰候、就中北院極官（僧正）之儀も、被得　御意、相済申候様ニ、勧修寺殿（武家伝奏・光豊）へ被仰遣候様ニ、御取成奉頼存候、南光事、御肝煎被成儀、忝次第候、猶期貴面候、恐々謹言、
（慶長十六年以前）六月十六日　薬院　宗伯（花押）
今小路殿　人々御中

○勧修寺光豊の武家伝奏の在任期間は、慶長八年二月より同十七年二月まで。

31　天海書状写　川越喜多院文書

仙波者是三祖（円仁）之起立、恵心一流之嫡家也、於寺院者天下無双之霊地也、雖然近年為荒廃之地、一宗非歎焉、雖憂無力、然処今般、柳営可有再興之旨、嘉会時至矣、永在此地随力演説、仏法弘通可相励之間、此旨言上所仰候、恐惶謹言、
慶長十六年辛亥七月廿日　天海　判
進上　本田（多）佐渡守（正信）殿

○本文書は、検討の余地あり。

32　棟梁鈴木長以書状（折紙）　大工頭中井家文書

猶以、万事御取籠にて御座可有候へとも、此度相済不申候へハ、何とも罷不成候間、御才覚頼申候、銀子之手形出申候ハヽ、貴様之御人なりとも、又ハ又五郎殿人成共、御もたせ候て可被下候、偏々ニたの(頼)み申候、以上、

一書申入候、仍和州様(中井正清)路次中何事無御座御上り付被成候哉、無御心元奉存候、御ひま(隙)も候ハヽ、可然様ニ可仰上候、将亦先度申候仙波本堂之入目之儀、銀子之高四拾八貫二百四拾目の和州様御くら判にて御座候、此内三拾貫目先度請取申候、残る拾八貫二百四拾目之銀子相渡り申候様ニ、其元御才覚被成へく候、幸伊丹喜之助殿、其元ニ御座候間、御極候様ニ和州様江御物語可有候、若銀子之儀相済申候ハヽ、御大儀ニ御座候共、貴殿の人を壱人切手ニ相そへ、御越候而可被下候頼申候、何事も〱重而可申入候、恐々謹言、

(慶長十六年カ)七月十日　鈴木近江　長以（花押）

松等安様
人々御中

○中井大和守正清の忌日は、元和五年正月。

33 円光寺元佶・金地院崇伝連署書状案

『本光国師日記』

南光坊(天海)関東へ下向之砌、念比(懇)ニ被仰置候間、一筆申入候、日蔵(増カ)院本坊依無之、幸貴老横川之坊へ可被移候由、被仰候と承候条、急度相明、日蔵院被移候様ニ尤ニ存候、為其令啓候、恐惶謹言、

(慶長十六年)九月廿九日　円光寺(元佶)
金地院(崇伝)

正覚院僧正(豪盛)教座下

右之折紙ハ、円光寺と遂相談不遣候也、

○本文書活字本には所収なし。写真版より収録。

34 参考『駿府記』

慶長十六年十一月朔日、御放鷹、秉燭以後、山門南光坊(天海)、仙波北院等出御前、為仙波所化堪忍料而、寺領可有御寄附之旨被仰出云々、

十七年四月十九日、山門南光坊僧正天海参府、則出御前、

赴武州仙波之由申之、依之、銀三十枚、被物等賜之、則於仙波、為寺領三百石永代有御寄附、此僧正以為天台之学匠、関東天台之所化可就之由上意云々、

〇文書ではないが、参考のため収録した。

35　徳川家康戸隠山神領朱印状案

『本光国師日記』

戸隠山神領

信濃国水内郡栗田村ニ条上楠川、合弐百石者、先寄進也、上野村栃原村内下楠川宇和原奈良尾、合八百石者、新寄進、都合千石、内別当五百石、社僧三百石、社家弐百石、全可寺納、幷社領門前境内山林竹木為守護不入、令寄附上者、永代不可有相違者也、弥可抽天下安全之祈禱状如件、

慶長拾七年五月朔日　御朱印（徳川家康）

36　戸隠山法度案

『本光国師日記』

戸隠山法度

一、顕光寺三院之衆徒不伝受灌頂者、不可叶住坊、但、従再興之砌、有功労住山衆徒者、一代可為用捨事、

一、従先師雖為相続、坊室、其身行儀有破戒之沙汰者、遂糺明於実犯露顕者、可追放寺中事、

一、為平坊、従他院坊職拘持儀、一切可為禁止事、

一、寺役勤行等、幷伽藍僧坊修造之砌、従大坊可申付事、

一、衆徒猥続連署与徒党、企非儀者、張本之者速可令追放事、

右条々、堅可相守此旨者也、

慶長拾七年五月朔日　御朱印（徳川家康）

37　金地院崇伝書状案

『本光国師日記』

（上略）一、此地（駿府）相替儀無御座候、上様（徳川家康）御息災ニ御座候、御心安可被思召候、（中略）四日ニ出　御候而、拙老式も出仕仕候、僧衆之御礼も、少々披露申上候、南光坊（天海）、従仙波著府、正月廿八日ニ御礼被申上、是も当月四日ゟ、

昨日七日迄打続出仕ニ而候、未此地ニ逗留候、論議可有之由ニ候、竹林坊(賢盛)、多武峰衆、何も昨七日御礼相済候、

(中略)

(慶長十八年)二月八日

(京都所司代・板倉勝重)板　伊州様

人々御中

38　金地院崇伝書状案

『本光国師日記』

(上略)弥此地(駿府)相替儀無御座候、上様(徳川家康)御機嫌能、被成御座候、当月四日ゟ昨七日迄者、毎日御面へ被成出　御候、仏法之御雑談迄ニ候、今日も出仕可仕候、叡山衆下府候由立　御耳候而、論議可被　仰付御内証ニ候、廓山(伝通院・正誉)も于今在府之儀ニ候、節々参会仕候、猶別紙ニ具ニ申入候、恐惶頓首、

(慶長十八年)二月八日

(京都所司代・板倉勝重)板　伊州様

人々御中

39　金地院崇伝書状案

『本光国師日記』

(上略)一、此地(駿府)弥相替儀無御座候、上様(徳川家康)御息災ニ御機嫌能被成　御座候、御心安可被思召候、此中者南光坊(天海)在府ニ而、仏法之御雑談迄ニ候、(中略)

(慶長十八年)二月十五日

(京都所司代・板倉勝重)板　伊州様

人々御中

40　関東天台宗法度案

『本光国師日記』

関東天台宗諸法度

一、不伺本寺、恣不可住持事、
一、非器之輩不可付所化、但、於前々法談所者、用否可随時宜事、
一、為末寺、不可違背本寺之下知事、
一、不請関東本寺之儀、従山門直不可取証文事、

一、於関東追放之仁、不可介抱、若又於山門押而有許容者、於関東、不可請山門之下知事、
一、所化衆搆公事不可一列事、
一、所化衆法談所之経歴、不可闕二季事、
一、一山之学頭別当、幷衆徒、至有依怙者、於本寺可有其沙汰事、
右堅可守此旨者也、
慶長十八年二月廿八日　御判（徳川家康）
喜多院

41　黒子千妙寺法度案

『本光国師日記』

常陸国河内郡下妻庄黒子郷千妙寺法度
一、諸末寺、不可違背当本寺之法度事、
一、法流以下寺中之僧俗、可随学頭下知事、
一、山林竹木寺内門前、如先規令免許事、
右堅可守此旨者也、
慶長十八年二月廿八日　御朱印（徳川家康）

42　慈光山中道院法度案

『本光国師日記』

武州比企郡慈光山中道院法度
一、法流以下、幷山中諸法度、可随学頭下知事、
一、山中之明坊跡、幷山林惣而可為学頭進退事、
一、公用造営之時、於不勤其役輩者、坊領可召放事、
右堅可守此旨者也、
慶長十八年二月廿八日　御朱印（徳川家康）

43　椎尾山薬王院法度案

『本光国師日記』

常陸国椎尾山法度
一、法流以下幷山中之諸法度、可随学頭下知事、
一、寺領百石之内弐拾石者、学頭分幷寺内門前山林竹木等、如先規令免許事、
一、公用造営之時、於不勤其役輩者、坊領可召放事、
右堅可守此旨者也、

慶長十八年二月廿八日　御朱印（徳川家康）

44　慈恩寺法度案

『本光国師日記』

武蔵国大田庄慈恩寺法度

一、法流以下幷寺中之諸法度、可随学頭下知事、
一、公用造営之時、於不勤其役輩者、坊領可召放、同於明坊跡等者、可為学頭指引、幷寺中之屋敷、従他所不可相抱、有来俗屋敷者、可為学頭進退事、
一、山林竹木、如先規令免許事、
右堅可守此旨者也、

慶長十八年二月廿八日　御朱印（徳川家康）

45　薬王院朱印状案

『寛文朱印留』

常陸国真壁郡椎尾山薬王院領、同所之内百石内二十石学頭領事、幷院内門前山林竹木諸役等免除、山中法度以下、任慶長十八年二月廿八日、寛永十三年十一月九日両先判之旨、

進止永不可有相違者也、仍如件、

寛文五年七月十一日
御朱印（徳川家綱）

46　慈恩寺朱印状案

『寛文朱印留』

慈恩寺領、武蔵国埼玉郡太田庄慈恩寺郷内百石事、幷山林竹木諸役等免除、曁寺中諸法度以下、任天正十九年十一月日、慶長十八年二月廿八日、寛永十三年十一月九日先判之旨、永不可有相違、者抽国家安泰之悃祈、仏法興隆不可怠慢者也、仍如件、

寛文五年七月十一日
御朱印（徳川家綱）

47　金地院崇伝書状案

『本光国師日記』

一書令啓上候、仙波中院、今度於当地（駿府）論議出来候而、大御所様（徳川家康）、別而御懇ニ被成　御意候、寺建立候者、御合

力可被成旨、御内証廓山(伝通院・正誉)迄被　仰出候、御仕合無残所帰
山候、　将軍様(徳川秀忠)御目見仕度由候、可然様ニ御取成被仰上
可被遣候、猶期後音不能詳候、恐惶謹言、
三月九日(慶長十八年)　　金地院 ――(崇伝)
本多佐渡守(正信)様　人々御中
南院も　将軍様へ御禮申上度由ニ候、是又、被成御
馳走可被遣候、猶中院可被申上候、以上、

48　金地院崇伝書状案

『本光国師日記』

(上略)一、天台宗下府候而、論議四度御城(駿府)ニ而御座候、
上様(徳川家康)御機嫌能、各へも銀子御服相応ニ被遣候、正覚院(豪海)
も近日可為帰京候、南光坊(天海)も従是上洛之由ニ候、関東天
台衆法度なと之(マヽ)　御朱印五、六通被遣候、(中略)
三月十二日(慶長十八年)
板　伊州様(京都所司代・板倉勝重)　人々御中

49　徳川家康朱印状写

『浅草寺志』

浅草寺(忠尊)

武蔵国豊島郡

一、寺領五百石、此内弐百五拾石別当分、但、修理免共、
一、衆徒跡、猥平僧不可住居、同無寺而、明屋敷不可抱
置事、
付、諸法度可随寺務之下知、幷公用造営之時、不
勤其役者、坊領可召放事、
一、山林竹木門前屋敷、如旧規、諸役令免許、
右堅可守此旨者也、
慶長十八年三月十三日　御黒印(徳川家康)

50　徳川秀忠安堵状写

『浅草寺志』

浅草寺(忠尊)

武蔵国豊島郡

一、当寺領五百石此内別当分弐百五十石、但、修理料共、事、
一、衆徒之跡、濫凡僧不可居住、同寺院之明屋敷不可抱
置事、
附、諸式法度以下、可随寺務之下知、幷公役修造

之節、有令怠慢輩者、忽何召放坊領事、
一、山林竹木門前屋敷等、如先規、諸役令免除事、
右任去慶長十八年三月十三日先判旨、永不可有相違
者也、
慶長十九年二月十八日　御黒印(徳川秀忠)

51　浅草寺朱印状案

『寛文朱印留』

浅草寺領、武蔵国豊嶋郡千束村五百石内弐百五拾石者別当領修理料共事、
幷山林竹木門前屋敷諸役等免除、寺中諸法度以下、任慶
長十八年三月十三日、同十九年二月十八日、寛永十三年
十一月九日先判之旨、進止永不可有相違者也、仍如件、
寛文五年七月十一日
御朱印(徳川家綱)

52　金地院崇伝書状案

『本光国師日記』

一書令啓上候、従比叡山惣中、将軍様(徳川秀忠)へ為御礼、執行
代参上被申候、可然様ニ御取成被仰上、御礼相済候様ニ
於御馳走者、忝可被存候、此度南光坊(天海)参府ニ付而、従叡
山も正覚院(豪海)、其外余多被致下府、論議被　仰付候、猶執
行代可被得御意候、恐惶謹言、
(慶長十八年)三月十五日　金地院　(崇伝)――
本多佐渡守(正信)様
人々御中

慶長十八年

53　金地院崇伝書状案

『本光国師日記』

幸便候条一書令啓上候、当月十二日以書状申上候、相届
可申候、弥此地(駿府)相替儀無御座候、大御所様(徳川家康)一段と御息
災ニ　御機嫌能被成御座候、御心安可被思召候、日々面
へ被成出　御、御咄共御座候、南光坊(天海)于今在府候、高野
衆、南都喜多院、豊国智積院(日誉)、神龍院(梵舜)なと、未逗留ニ而
御座候、真言新議(義)之衆ニ論議可被　仰付旨　御諚ニ候、
十九日、廿日ニも、又御能可有御座由ニ御座候つれ共、
雨故御延引ニ候、近日可有御座由ニ候、少進ニも可被
仰付由ニ御座候、貴殿様近日ニ可為御下府由ニ御座候間、

拙者一人之様ニ満足仕候、旦夕待入存候、御下之定日後
便ニ承度候、猶追々可得御意候、恐惶謹言、
（慶長十八年）
三月廿二日　金地院　（崇伝）
（京都所司代・板倉勝重）
板伊州様
人々御中

54　南光坊僧正天海書状（折紙）

京都北野神社文書

以上
今度竹門様（良恕親王）（曼殊院門跡）へ申、一老能閑如前々直候、然者松梅院（禅意）与宮
仕中座拝（配）之儀者、竹門ニ御構被成間敷旨、被仰候之間、
追而可被相究候、先以還住珍重ニ候、此由残衆へも、慥
ニ可被申渡候事、専用ニ申候、不宣、
（慶長十八年）
六月十七日　南光坊僧正　天（花押）（抹消印あり）
北野宮仕中
能運
能金
能札
能存
能作
能松

55　徳川家康戸隠山社領寄進状案

『御当家令条』

戸隠山神領信濃国水内郡之内所々都合千石事、任去年五
月朔日先判之旨、至（別カ）当職五百石、社僧分三百石、社家分
弐百石、可令社納、幷社領村里門前境内山林竹木等、為
守護不入之地、永不可有相違者也、弥可勤国家安治懇祈
之精誠状如件、
慶長十八年七月十七日　○黒印闕ク
別当坊
社僧中
社家方

56　金地院崇伝書状案

『本光国師日記』

一書令啓上候、浅草之観音院（忠尊）、去春南光坊（天海）同道ニ而参府

候、於　御前論議（義）被申上　御感候、浅草寺　御朱印之儀
申上、則頂戴被申候、従是南光坊同道ニ而上洛、又此比
下府候而、　御目見被仕候、則御暇被遣、下向被申候、
公方様（徳川秀忠）へ、右之様子、御取成被仰上被遣候者、観音院
忝可被存候、猶期後音不能詳候、恐惶謹言、
（慶長十八年）七月十八日　　金地院　――（崇伝）
本多佐渡守（正信）様
人々御中

57　金地院崇伝書状案　『本光国師日記』

御文かたしけ（忝）なくそんし（存）候、月りんゐん（輪院）の事、なん（南）光坊
御とりたて（取立）ありたきよし、御そせう（訴訟）にて候つる、きのふ（昨日）
そとうかゞい（窺）申候、其やうたい（様体）きこしめし（聞召）御まんそく（満足）くな
さるゝよし、御ねん比（念）の御文かたしけなくそんし候、し
かるへきやうニ、此よし（由）　御かちさま（於勝・英勝院）へ御申上たのミ（頼）い
りまいらせ候、めてたくかしく、
（慶長十八年）七月廿一日　　てんちやうらう（伝長老）
御かちさまにて
慶長十八年

たれ（誰）にても御申上
返々、御かちさまゟ御ねん比の御文かたしけなくそ
んし候、よきやうニ御とりなし（取成）たのミ入まいらせ候、
めてたくかしく、

58　南光房僧正天海書状（折紙）

京都北野神社文書

以上
如先書申遣候、従　竹門（良恕親王）（曼殊院門跡）一老能閑、諸事無異儀候、各可
成其意候、為其重而被相触事候、不宣、
（慶長十八年）七月廿九日　　南光房（ママ）僧正　天（花押）
北野宮仕中
能運
能金
能札
能存
能作
能松

59　金地院崇伝書状案

『本光国師日記』

幸便之条令啓候、就上意叡山薬樹院(宗伯)、貴寺西楽院ニ御移住之由、従薬院被仰聞、則　御前へも申上候、如先規有来、諸式御入魂候而、申分無之様ニ専要ニ候、薬樹院少御存分共、有之様ニ承及候、重而立　御耳候者、御機嫌難計儀ニ候、万学頭へ被得御意、如先師御用尤ニ候、従南光坊(天海)内証承候条、為御心得内状進候、恐々謹言、

(慶長十八年)八月十八日　　金地院(崇伝)

大山寺

学頭代中

60　金地院崇伝書状案

『本光国師日記』

従薬院(宗伯)幸便之由被仰越候条、一書令啓候、大山西楽院へ御移住之由、薬院御口上之旨承届候、則　御前へ申上候、万衆徒中、如先規被仰付、各御入魂候様ニ尤ニ存候、南光坊(天海)此中在府候、一昨日仙波へ御越候、拙老儀ハ　御鷹野之時分ニ、不図可令上洛心中ニ候、猶期後音不能詳候、恐惶頓首、

(慶長十八年)八月十八日　　金地院(崇伝)

薬樹院

法座下

61　金地院崇伝書状案

『本光国師日記』

先日者早々御立御残多存候、被成御尋候間、具ニ御取成申上候、竹林坊(賢盛)・玄陽坊能々被承候、仍、内々被仰候、大山寺へ折紙薬院(宗伯)と申談遣候、可御心安候、猶従薬院様子可被仰入候、恐惶頓首、

(慶長十八年)八月十八日　　金地院(崇伝)

南光坊(天海)大僧正(ママ)

御同宿中

62　金地院崇伝書状案

『本光国師日記』

先日度々御書中ニ而も、面上ニ而も承候、三州瀧之寺

御朱印之儀南光坊（天海）如御存知　御前へ申上候、当年者　御鷹野前余日無之、其上南光坊何も御暇被遣候条、亀井坊も先御帰候而可然存候、重而又御次而之刻可申上候、亀井坊夏以来在府節々論議（義）ニ出座之儀ニ候、其由瀧之寺中へも可被仰遣候、猶期面上候間不能詳候、恐惶謹言、

（慶長十八年）八月廿日　金地院　（崇伝）――

松平右馬助（乗次）様

人々御中

63　関東天台宗法度案

『本光国師日記』

関東天台宗法度

一、不請本寺之儀、濫住持停止事、

一、不遂戒臈、非其器用輩、何敢可附所化乎、尤可有斟酌、雖然従往古於為法談所者、可随時宜事、

一、諸末寺不可背本寺之命事、

一、不経本寺之衆儀而、自山門直不可受証文事、

一、於于一寺被追放輩、他寺又不能叙用、若山門押而於有許容者、関東亦不可承引叡山之下知事、

一、所化之面々令一列、或好公事、或企連署之条、其咎甚以不軽、尤可有制禁事、附、所化之法談所経廻、不可闕二季之時節事、

一、一山之学頭別当幷衆徒、有任雅意族者於本寺速可遂裁許事、

右条々、任今年二月廿八日先判之旨、弥可相守此趣者也、仍如件、

慶長十八年八月廿六日　御判（徳川秀忠）

喜多院

64　金地院崇伝書状案

『本光国師日記』

久絶音札瞻仰不浅候、大御所（徳川家康）様、為　御鷹野、関東へ被成　御成、定而可為御満足候、御仕合共奉察候、拙老事、御暇被下、俄ニ駿府より令上洛候、極月中旬ニハ、下府可仕候、仍十月十七日、伯州大山之西楽院来臨、遂面談候、従学頭代中、先度之返書被指越候、各衆徒中、一統ニ西楽院御馳走申候由申越候、岩本院一人異儀被申

候由ニ候、　上意之処、菟角被申儀不審ニ存候、則於当地、伊州（京都所司代・板倉勝重）令双談、岩本院呼寄、　上意之旨、猶以可申渡と西楽院へも申候処ニ、急ニ可有御下向由ニ而、御立之由候条、不及是非候キ、廿一日ニ、岩本院、是へ被参候間、学頭代中之返書を見せ候而、沙汰之限ニ候由、急度申渡候、則其地へ下向之由候条、最前被　仰越趣可被仰付候、異儀有間敷と存候、万一異儀候者、重而被為得上意候、拙老、無疎意申付候通、可被仰上候、但、極月下府可仕候条、其刻申上候様ニと思召候者、其も御分別次第ニ候、兎角疎意御座有間敷候、恐惶頓首、

（慶長十八年）十月廿三日　　金地院（崇伝）――

南光坊（天海）大僧正（ママ）

法座下

65　山門探題僧正天海僧綱職補任状

鎌倉宝戒寺文書

補任（朱印）

止観院僧綱職之事（朱印）

権律師舜堯（朱印）

宣耘権少僧都（朱印）

右以勅宣之旨所令補也、仍状如件、

慶長十九年甲ヲ（寅）正月如意珠日（朱印）

山門探題僧正天海（朱印）

66　南光坊僧正天海書状（折紙）

『武州文書』下谷酒袋嘉兵衛文書（生）

猶々、落馬之痛起申候由、能々御養性肝要存候、以上、

態御使僧忝候、我等も祭礼取紛、一昨登山仕候、目出度御上洛候哉、仍大山之儀住持相定候前ニ而、又不極事候、正覚院（豪海）相談仕、従是可申越候、二、三日之中下山可申候間、其節以面万可申述候、恐々謹言、

（慶長十八、九年）卯月廿四日　　南光坊僧正　天（花押）

岩本院

貴報

○『本光国師日記』慶長十八年の条参照。

67　南僧正天海書状（元折紙カ）

国会図書館文書

以上

嵯峨慈斎院（天龍寺塔頭）ゟ之御状忝奉存候、大部之御校合難申尽候、便状之様ニ申候へハ、疎略候間、従是可申述候、先以委御礼頼入候、此抄闕本にて候へ共、当社無之候条、不足分をハ御本借候て書読可申候、如何様以拝顔御礼可申入候、恐々謹言、

（慶長十九年カ）五月四日　南僧正　天海（花押）

勧学院侍史

まいる御侍者中

68　南光坊僧正天海等連署葛川明王院法度目安覚写

葛川明王院文書

写

目安然（就カ）披見申付事

山門領五千石之内葛川村七拾三石分法度之覚

一、明王山材木為行者中売捨、瀧山江女人・牛馬上事、前代無之事、

一《裁許》、明王山々木之儀、他所に盗とらせす、自分ニも不盗して、右申立候証人ニ可罷成事、

一、七十三石之知行者、明王之領知有処、堂々造営致如在、物成算用無之事、

明王之知行納所算用以下ハ、従此事可申付事、

一、山門領五千石者奉行衆以談合、古帳以納所候処、葛川村計新帳ニて被納事、

新帳・古帳出入之処者、何辺ニも為明王能様ニ可致之事、

一、仏供・灯明之儀者、多少者如何共あれ、無懈怠可献之、付、越前能於被召仕者、高六石之処可被遣之、無奉公おゐてハ可召放事、

付、彼坊主従山門退転之砌、至知行等迄、別而奉入念

故也、
一、地下百姓人足日役等ニ致迷惑、他所へ失申事、百姓一人付而一月ニ一人宛、行者中へ可被召仕、但、口入有り小仕之儀者可為此外、但、一日仕候者可被出扶持事、於暫時之用者不可出之事、常住ニ他宗之者指置、剰落僧不謂事、如訴訟申付候事、

慶長十九年五月七日　南光坊僧正　天海　判

正覚院僧正　豪海　判

69　金地院崇伝書状案

『本光国師日記』

五月二日之御状両通、同六日令拝見候、一、勅使衆晦日ニ上著候而、大御所様(徳川家康)当秋御上洛之儀、被達　叡聞、則　叡感旨被成進女房之奉書、上州(本多上野介正純)令双談、令披露候、御機嫌不斜候、弥可有御上洛旨治定ニ候、両伝　奏へ上野殿連判ニ而、返事申入候、可被成尊達候、一、南光坊(天海)近日可有下府由、定而可為一両日中候、延喜式者　大御所様にも御座候、(中略)

(慶長十九年)五月八日　金地院(崇伝)

板(京都所司代・板倉勝重)　伊州様

人々御中

70　金地院崇伝書状案

『本光国師日記』

(上略)一、関東天台宗月山寺なと、廿日計以前ゟ来著候而、于今逗留候、論議も四、五度御座候、一、南光坊(天海)未無著府候、三井之法泉院一昨晩下府被仕候、南光坊当月四日に京を被立候由、御前へ被申上候、定而可為一両日中候、(中略)

(慶長十九年)五月十六日　金地院(崇伝)

板(京都所司代・板倉勝重)　伊州様

人々御中

71　金地院崇伝書状案

『本光国師日記』

(上略)南光坊(天海)一昨日廿日下府候、路次ニ廿六日手間取候由物語ニ候、昨廿一日　御目見ニ而候、御機嫌能数刻之御放にて御座候、正覚院(豪海)・竹林坊(賢盛)なと、以上十四、

五人下向候、何も同時ニ　御目見被仕候、近日論議(義)可被
仰付由候、(中略)

(慶長十九年)五月廿一日(ママ)　金地院(崇伝)

(京都所司代・板倉勝重)板　伊州様

72　金地院崇伝書状案

『本光国師日記』

(上略)、南光坊(天海)未当地(駿府)ニ逗留候、正覚院(豪海)其外叡山衆も同
前ニ候、論議(義)も早三座御座候、(中略)一、一昨十九日、
高野山宝性院之儀、文庫以下宝亀院封掛置候儀、立　御
耳、為門中如寺法相披、諸道具以下令点撿、無紛失様ニ
と被　仰出候、宝亀院何方ニ罷居候哉、御帰りは有間敷
と被成　御諚候、大楽院弥宝性院後住治定之様子ニ候、
内々可被成其御心得候、宝亀院義(儀)、南僧正(天海)御取持之沙汰
御座候、一、法華宗候哉、円耳と申仁、南光坊同心ニ下
府候、御礼被申上候、其以後於　御前取沙汰御座候間、
諸宗をそしられ、心之不落著仁ニ候、右ゟ承及候通御前
へ申上候、事外被成　御笑候、其以後者、御城へも不被
見え候、定而可為帰洛候、(中略)

(慶長十九年)六月廿一日　金地院(崇伝)

(京都所司代・板倉勝重)板　伊州様

人々御中

73　金地院崇伝書状案

『本光国師日記』

(上略)、南光坊(天海)・正覚院(豪海)・山衆も、于今在府(駿府)候、細々論
議(義)御座候、(中略)

(慶長十九年)六月晦日　金地院(崇伝)

(京都所司代・板倉勝重)板　伊州様

人々御中

74　吉野山惣中等連署書状案

『本光国師日記』

雖恐多候令言上候、仍、吉野山造営領捌之儀、被得　上
意を、木食へ被仰付儀、惣中忝奉存候、殊年々勘定事被
仰出候処、福島喜蔵院宝泉勘定ハ不相究、駿府へ罷下、
木食を可嫌催ニ候、如何様之儀申上候共、無御承引様ニ

奉頼候、福島ハ南僧正(天海)殿を頼、　御前へ御礼罷出、則木
食可嫌旨候間、乍慮外連状ニ申上候、右ゟ御造営頼入候、
人数書、跡ゟ寺中使僧持参可申候、為御披見写指上候、
兎角先へ参候衆　御前へ不罷出候様ニ奉頼候、連々木食
へ御馳走儀、於寺中本望不過之候、恐々謹言、

(慶長十九年)七月七日　　吉野山

惣中　在判
社僧　在判
満堂　在判
寺家　在判

金地大和尚様(金地院崇伝)
参侍者御中

75　金地院崇伝等連署書状案

『本光国師日記』

態以次飛脚申入候、今度大仏供養ニ付而、本尊開眼師之
儀、仁和寺御門跡(覚深親王)被遊由候、是者堂之供養以前ニ、日を
隔在之儀候哉、但、又同日ニ御座候哉、叡山衆在府候而、
天台宗左座ニ候者、出仕可申候、万一右座ニ候者、出仕
有間敷由、南光坊(天海)　御前へ被申上候、内々被得其意、臨
其期申分無之様ニ可然候、開眼供養者、前方ニ有之先例
ニ候条、日を隔被執行、堂供養之儀者、開眼師無御出仕
候者、申分有間敷候哉、兎角天台宗左座ニ而無之候者、
堅出仕申間敷由候間、為御心得申入候、各御双談尤候、
恐惶謹言、

(慶長十九年)七月十日　　金地院(崇伝)

本多上野介(正純)

板倉伊賀守(勝重)殿
片桐市正(且元)殿
人々御中

○大仏供養は慶長十九年。

76　金地院崇伝書状案

『本光国師日記』

(上略)、妙法院殿(常胤親王)江戸ゟ当地(駿府)へ御著候而、則御暇被進、
当月三日御上之事候間、於其地(京都)万可被得御意と存候、
一、梶井殿(最胤親王)者、当月十二日御上候、一、青蓮院殿(尊純親王)者御腹
中御煩と候而、未御在府候、是も早御暇者被進候へ共、

御煩故御帰京相延由候、一、叡山衆・正覚院(豪海)各今十三日
被罷上候、一、南光坊(天海)者不及上洛、仙波へ被罷下候様ニ
と被　仰出候、（中略）

(慶長十九年)七月十三日　　　金地院　(崇伝)――

片市様(片桐且元)

尊報

77　南僧正天海書状（折紙）

広島大学猪熊文書

以上

好便候間、以書状申越候、路次中無事ニ京着候由、目
出度存候、然者芳野山木食之事、度々得　御諚候、乍
去為以来候間、余人を以又言上申候へハ、木食払候へ
と被仰出候、併此儀ハ御隠密候て、先々算用相究候様
ニ、常光院と相談尤候、伊賀殿(京都所司代・板倉勝重)、又金子方ニも、能々
談合候而、吉野山へ伊州之状を付、木食幷ニ出家衆京
迄呼上、急度算用相澄(済)候様ニ可然候、兎角納所前ニ算
用相極、木食相払可申所用迄候、
一、延喜式之儀御写出来候而、書状越申候、伊賀殿談合
候而、三休(前毘沙門堂公厳)を以能々　院(後陽成院)御所様へ　御上可給候、恐惶
謹言、

伊州各へ之状、能々届可給候、

(慶長十九年)八月九日　　南僧正　天海（花押）

人々御中

常光院

出　豊後守(出納職忠)様

78　榛名山法度案

『駿府記』

定

一、上野国群馬郡天台宗榛名山巌殿寺、為天下安全御祈
禱、毎日之護摩、毎月之祭礼不可致退転事、
一、山中住居之者、可守学頭・別当下知事、
附、一二王門之内、不可置妻帯事、
一、堂塔社頭坊舎造営之外、竹木不可伐之、但、住山之
者、薪取事不可有異儀事、
右堅可守此旨者也、

慶長十九年九月五日

学頭 光明寺
別当 満行院

79 榛名山朱印状案

『寛文朱印留』

上野国群馬郡榛名山巌殿寺、境内山林竹木諸役等免除事、任慶長十九年九月五日、慶安元年八月十七日両先判之旨、学頭光明寺別当進止、永不可有相違者也、

寛文五年七月十一日

80 山門探題僧正天海書状

渋川真光寺文書

今度榛名山之儀令言上、御朱印申請遣候、貴院幷老中連署之寺家衆も、被添代僧、仕置尤候、尚異儀徒者等於有之者、急度被申付者也、

(慶長十九年)九月八日　　山門探題僧正　天（花押）

真光寺

参

81 南僧正天海書状（折紙）

京都三千院文書

尚々、鐘之銘ニ付而、かん(清韓)長老と哉らんハ、如何様可被行罪科体ニ候、唯今之分ハあしく(悪)候、又それにても事済候へハ、大勝候、末々何とならんもしられ(知)不申候、かわる(替)義(儀)候ハヽ、追々可申上候、如此之儀御隠密可被成候、御分別之ためニ候、いか様春中令上洛、万々可申上候、以上、

御書拝領忝奉存候、大仏供養長延候、

一、照高院(興意親王)棟札事ニ付而、御仕合無拠歟、我等も台家之御事ニ候之間、如何様ニもと存候へ共、何共只今之分者不聞体候、誰ニても於　御前、御取成之衆も、今迄者無之事、

一、天台宗左座ニ相定候、各番なとヽ申唱不聞由、御諚候、以来迄左座ニ相定候、殊ニ官位次第と申事も、一宗々之内之事ニ候、天台左座之内へ者、誰成共、

上ニ置申ましくよしニ候、門跡方之事も、諸宗付合之
時者、山門跡之上者、指置申間敷由ニ候、雖無申迄候、
左様之儀ハ、山門衆へ可被遂御相談候、猶替儀御座候
者、追々可申上候、恐惶敬白、
（慶長十九年）九月十二日　　南僧正　天海（花押）
（最胤親王）梶井様ニて（三千院門跡）
誰ニても御申給へ

○方広寺鐘銘事件は、慶長十九年。

82　金地院崇伝書状案

『本光国師日記』

（上略）一、吉野木食事、南光坊（天海）何角御存分之由候、御
内証ニ而木食いたつらもの（徒）と、立　御耳由候、拙老へ御
尋候者、去年之筋目可申上候、御尋も無御座候者、不及
是非候、（中略）
（慶長十九年）九月十四日　　金地院（崇伝）――
（京都所司代・板倉勝重）板　伊州様
人々御中

83　大僧正天海書状案

「浄土宗檀林江戸崎大念寺志」

態令飛札候、抑今度大坂為征伐　両公（徳川家康・秀忠）御発駕、先陣之面々、
既打立候、貴師（慶巌）為御供僧供奉之旨被仰出候処、病気発覚、
不及其儀旨、嘸々歎悔可無窮候、為御見舞菓子一箱・蒲
団三枚・薬酒一壺令進覧之候、於賞受者、忝可有之候、
恐々謹言、
（慶長十九年）十月五日　　大僧正天海
大念寺源誉（慶巌）上人御房
左右侍者

○本文書検討の余地あり。

84　覚案

『本光国師日記』

（後陽成院）院御所へ本借りニ進候覚
一、日本後紀　一、類聚国史　一、新国史　一、弘仁格
同式　一、貞観格同式　一、延喜格　一、延喜儀式　一、

類聚三代格　一、律　一、令義解　一、政事要略　一、
柱下類林　一、法曹類林　一、本朝月令　一、姓氏録
一、江談　一、除目抄　一、会分類聚　一、扶桑集　一、
李部王記
右十一月八日(慶長十九年)ニ道春(林)相談ニて南光坊(天海)へ渡、

85　天海書状（折紙）

萩野由之氏文書

尚々、参上申可申上候、同者一夕爰元へ被成候ハヽ、
委奉得尊意度候、明日者ひる(昼)参　内申候間、同今夕
御留ニならせられ候ハヽ、得　御諚度念願候、某参
候ハんを、久約束候事にて、少よそへ参候まゝ、は
ゝかり(憚)なから(乍)如此申上候、以上、
一昨日者早々還御御残多存候、仍明日令参　内候処、十
九之箱可被備　叡覧候由、従某方可申達之旨、　勅諚候
間、急度其御心得可被成候、菟角以面可申上候、将亦新
古今仮名・真名之序可有御覧之旨、　御諚候間、持せ進
候、此旨可然之様憑入候、恐々謹言、

霜月十四日(慶長十九年カ)　天海（花押）
青門様(尊純親王)ニて
真勝九郎殿
御中

○天海、慶長十九年十一月十日頃より天皇・上皇と徳川家康の間を仲介す。

86　金地院崇伝書状案

『本光国師日記』

尊書忝存候、令集解卅二巻、従　院(後陽成院)御所様被仰出、持せ
被下候、是ハ此方ニ類本御座候間、則返進申候、従最前
義解ハ入申候、集解ハ入不申候由申候、是ハ集解ニて御
座候間、返進申候間、善行へ申渡候、恐惶謹言、
十一月十七日(慶長十九年)　金地院
南光坊(天海)大僧正(ママ)　――(崇伝)

87　南光坊僧正天海等連署吉野山禁制

『金峯山寺史』

禁制　和州芳野山

一、諸軍勢甲乙人濫妨狼藉事、
一、武家牢人寄宿之事、
一、修理領幷寺領当納所致難渋事、
右条々、堅致停止訖、若違犯之族於在之者、速可被処
厳科之旨、依　仰下知如件、
板倉伊賀守(京都所司代・勝重)（花押）
慶長拾九年霜月十九日
南光坊(天海)僧正（花押）

（宛所なし）

88　南僧正天海書状（折紙）

生間家文書

従八条様(智仁親王)御樽弐ッ拝領忝候、能々御申上頼存候、如承意
昨日者一段之御仕合ニ而候、御所様(徳川家康・秀忠)御同座居候而、我等
者如御存遅参候間、天王寺者寒候まゝ、于今此方ニ居候
間、御存有之間敷候、二、三日中御陣所へ可罷移由存候、
御大儀ニ御出ニ候者、拝顔時可申述候、恐惶謹言、
極月(慶長十九年)十七日　南僧正　天（花押）

89　返本目録案

『本光国師日記』

院御所(後陽成院)御本之目録
一、朝野群載　十九巻　一、類聚国史　廿巻
一、江史部集　上下　一、百詠　上下
一、江談抄　三巻　一、経国集　六巻
一、都氏文集　三巻　一、懐風藻　一巻
一、雑言奉和　一巻　一、文華秀麗集　一巻
右五十八巻
正月(元和元年)十八日、従南光坊(天海)請取申候、以上、

90　金地院崇伝書状案

『本光国師日記』

（上略）一、御本書写之事、五山衆被相詰、無油断様申
渡候、二条殿(昭実)之記録之分、半分程出来申候、一、従御所(院カ)
様之御本、南光坊(天海)御取次ニ而、昨十八日ニ請取申候、其

目録別紙ニ書付進候、何も□□(マヽ)書写申付候、御前御次
而之刻、此様子被仰上可被下候、（中略）
(元和元年)正月十九日　金地院(崇伝)――
与安法印様
後藤庄三様
人々御中

91　金地院崇伝書状案

『本光国師日記』

一書令啓候、此中打続用所共取紛、其上咳気未然々共無
御座付而、何方へも不罷出、養生仕有之儀候、其故以参
も不申入、無音之段非本意候、仍、院(後陽成院)御所様之御本御目
録相添、如本只今持せ進候、慥被成御請取、可有御返上
候、尚近日以拝顔相積儀可得貴意候、恐惶頓首、
(元和元年)二月八日　金地院(崇伝)――
南光坊(天海)大僧正(ママ)
御同宿中

92　相住坊亮算書状案

『本光国師日記』

院(後陽成院)様之物本、目録之通慥ニ請取申候、南僧正(天海)留守ニて不
被及御報候、御使僧御様子心得申候、
(元和元年)二月八日　南光坊内
相住坊(亮算)――
草主(マヽ)座御坊様
参

93　南僧正天海書状

伊勢龍泉寺文書

此中者無音ニ罷過候、仍北野なと方々御遊山之由承及候、
愚僧も於　禁中御論義、彼是隙入故、無沙汰申候、然而
今夕従　上様(徳川家康)拝領候茶をひ(挽)かせ可申候間、未之刻ニ御出
待入候、恐々謹言、
(元和元年)二月十二日　天（花押）
知足院　南僧正

○正月か二月上旬に禁中論義に隙入とあるので、日付から考えて、元和元年のものであろう。

94　山門探題兼世良田正僧正天海印可状写

世良田長楽寺文書

興聖寺虚応無染首座者、紹継世良田山長楽寺栄朝和尚之法水天真独朗矣、豈以語言可伝法乎、何以思量可授与乎、不厥器者焉成師資道矣、不其人者相承伝之矣、唯偏仏灯相続一灯無尽、灯而作報仏祖恩、勿断仏種族矣、

慶長二十乙卯暦姑洗（三月）五日

山門探題兼世良田正僧正天海　御書判

95　桃源院某書状

愛知瀧之坊文書

猶々、手前金子有之間敷候間、先瀧之坊借金・預金取あつめ、今度之普請之入様つかい候様にと、御申越候間、其通御心得尤候、以上、

態一書申入候、昨日僧正ゟ御状参候、御上洛者五月之始と取沙汰候、大僧正（ママ）も御上り、熱田に而者瀧之坊に御宿可被成之由、内々被仰候、就其先瀧之坊之金子不残取聚、畳之面替はり（張）付、壁其外無油断可有支度候由、御申越候、円定坊・又兵衛なとへも、能〱御談合候て、破損出来（ママ）候様、尤存候、我等ゟ急度申候様にと、僧正申越候間、扨如此候、必々油断有間敷候、猶期面之時候、恐々謹言、

（元和元年）三月十二日　　桃源院（花押）

瀧之坊
人々

96　南僧正天海書状（折紙）

上野津梁院文書

猶以御床敷候、以上、

快便喜染筆候、其以来者不通候、勇健候哉、無心元存候、仍大坂之義（儀）　両上様（徳川家康・秀忠）如思召落城、我等之満足可有推量候、然者近年真言宗乱ニ素絹着用申候条、用所之旨有之事候間、尓昔絹衣沙汰之砌、（正親町天皇）勅諚被成下口宣、其外書物皆悉急御上尤候、吉田へも此趣書状遣候間、談合候而可然候、必々待入候御座候、法輪寺（弁海）可申達候間、早々、恐々頓首、

（元和元年）六月廿二日　　南僧正　天（花押）

（江戸崎）不動院
参

○大坂落城は、元和元年五月。

97　天海書状

小日向妙足院文書

以上

今般為届使上候、寄特之至候、大坂落城　両公方様(徳川家康・秀忠)如思召候、上下此喜可有推量候、院家江無疎意奉公肝要候、猶法輪寺(弁海)可申進者也、

(元和元年)六月廿三日　(天海)(花押)

(日光)座禅院

坊人衆

○大坂落城は、元和元年五月。

98　南僧正天海書状案

『楓軒文書纂集』

尚々、今日も竹田可参存候へ共、御下延之由ニ候間、

令登城、様子次第ニ可申候、乍去不定ニ候、以上、

御かちさま(徳川家康側室於勝・英勝院)・ミなせ(水無瀬)一斎、　上様(徳川家康)へ之御礼之返事

なと御座候、何も相調候時、御返事見せ可申候、仍伏見へ之儀、一段意得申候、何分ニも義宣(佐竹)談合可申候、今日伏見与存候へ共、上様少御服中気之由、昨日被仰間、御城へ罷出、隙明次第ニ可申候、義宣御下も延候由承間、先以目出申候、恐々謹言、

(元和元年)六月廿七日　(裏書)「南僧正」

99　南僧正天海書状

伊達宗基氏文書

尚々、尊顔拝可申候、以上、

尊書忝令拝見候、如仰此中者炎天之間、老後故毎日之登城不罷成候、御旅宿之儀、奉察候、此方小家に無之候者、禁中筋之御次に、被枉高駕様申度候へ共、暑気不及是非候、猶以参可得貴意候、恐惶謹言、

(元和元年)壬(閏)六月三日　天(花押)

奥州様(伊達政宗)　尊答　南僧正

100　南光房僧正天海奉書写

京都真正極楽寺文書

一、御戸帳　　壱張
一、毘沙門　　壱尊
一、黄金　　　十枚
右依　御宿願成就、今度被為　御寄進之間、天下安全
御武運長久子孫繁昌之御祈禱、永可被励丹誠之由所被
仰下也、仍執達如件、
元和改元（ママ）七月十五日　　南光房僧正（ママ）　天海（花押）
真如堂　長祐法印

○本文書は検討の余地あり。

101　南僧正天海書状

身延本遠寺文書

一書申入候、然ハ身延山（久遠寺）当住（日祝）遠行付而、後住之儀、達
上聞候処ニ、貴老（日遠）可有再住之旨被仰出候間、早々還住尤
存候、委細勝光院申含候、恐々謹言、

（元和元年）文月廿四日　　　南僧正　天（花押）
日遠上人

○日遠上人の身延山再住は、元和元年。

102　南僧正天海書状

池上本行寺文書

一書申入候、然者貴山（身延山）当住（日祝）遠行付而、後住之儀、達　上
聞候処ニ、日遠上人可有再住之旨被仰出候間、各被得其
意、早々還住有之様ニ尤存候、委細勝光院申含候、恐々
謹言、
（元和元年）文月廿四日　　南僧正　天（花押）
（宛名なし）

○日遠上人の身延山再住は、元和元年。

103　天海書状

尚々、雨故乍帳判事候、御礼又申候、彼幸円と申者
□（破損）所宮候て、亮弁時代にも木なとはかりにてあしく
遅々仕候、

久不能対顔無御心元候、仍毎年者手判不申請候へ共、諸山法度之由承候条、我等も自今以後者、万々可頼入候、恐惶謹言、

（元和元年カ）九月六日　天海（花押）

○本文書は『思文閣古書資料目録』第二一一号（平成二十一年三月刊）、十六頁所収の写真版より。
諸山法度の制定は元和元年（一六一五）。

104　多賀尊勝院直壮書状案

「慈眼大師御年譜附録」

尚々、其元御取こみ（込）令推量候、以上、

任幸便一筆令進覧候、然者其表御無事御座候哉、無心元奉存候、爰元替儀も無御座候間、可御心安候、将又当住は一昨日上へ罷上申候、書状御座候間、則進上申候、就中　大御所様（徳川家康）近日に江戸へ御下向被成旨候条、貴様も頓而爰許へ御越所仰候、万々其節可得貴意候之条、不具候、恐惶謹言、

（元和元年以前）九（月脱カ）廿日　直壮　判

江戸ゟ　尊勝院

南僧正（天海）様
人々御中

○徳川家康の忌日は、元和二年（一六一六）四月十七日。

105　牛瀧山衆徒中訴状案

『本光国師日記』

謹言上

一、泉州牛瀧山かつらき（葛城）（ママ）縁行者之峯の祕所にて御座候、御開山ゟ本坊御座候、其砌ハ山伏之宿にて御座候、然所ニ嘉祥三年、天台恵亮和尚、少之間居住被成候由ニ候、其時分人住不申候、天台受戒之者一人無御座候、高野山のふもと（麓）にて御座候故、真言宗居住被仕由ニ候、住寺（持）代々かわり（替）、近年ハ不動院と申坊主にて御座候、雖為若輩弟子分之者ニ相渡申候処ニ、旦（檀）方へ札を持参仕、其以後不罷帰候処ニ、堂塔修理のため、在々所々勧進仕候へ共、本坊ゟ申付候、穀屋か弟子弁才天と申者、右隠居之不動院へも不相理、南光坊様（天海）へ望申候へハ、南光坊より伊州（京都所）

司代・板倉勝重）様御意之由ヲ御折紙被遣候故、既ニ預り居申候、右勧進坊主なとハ、本堂内陣へも一切出入不仕候、左様之者を衆徒等一味、本坊之住寺（持）と崇申候事、前代未聞之儀御座候条、迷惑仕候、聞召被分、被仰付被下候ハヽ、忝可奉存候、以上、

元和元年卯十月十一日　牛瀧山衆徒中

万福院　判

吉祥院　判

不動院　判

御奉行様

106　寺務南光坊大僧正天海四天王寺寺内法度

大阪四天王寺文書

今度大坂一乱依天王寺破却、大相国（徳川）家康公可被成御再興之由被仰出、大僧正（天海カ）并一舎利・二舎利・秋野、二条之御城江被為召、被　仰渡条目之事、

一、寺務自今以後、南光坊（天海）大僧正可為下知事、

一、伽藍為可被成御再興、先千枚分銅六ツ可被下之由被仰出事、

一、天下泰平国家安全可抽精誠事、

一、諸堂内陣役人為清僧可勤之、向後者可致学問要脚、追而可有御加増之事、

一、妻帯・他宗尼等迄、悉可相払事、

一、公儀并賄方等之為役人、秋野者妻帯御免除之事、

一、寺役勤行無懈怠可相勤事、

右条々、堅可申付之旨　御諚之間、他宗以下相払、急度可改者也、

元和元年十一月日　寺務南光坊大僧正（ママ）　天海（花押）

一舎利雲順

二舎利通順

秋野献順

○本文書は検討の余地あり。

107　山門探題正僧正天海喜多院証状

川越喜多院文書

仙波(印)東叡山無量寿寺喜多院寺号職之事
以常林房宜転医王寺
右所令補(印)任宜承知、就中乗存法印依所望令免許、弥以真
光寺可相守顕密法流者也、
元和(印)元年卯終冬十二日
山門(印)探題正僧正天海(印)

108 金地院崇伝書状案

『本光国師日記』

（上略）一、牛瀧之坊主下候而、御折紙駿府ニて拝見申
候、此出入我等式ハ、何とも無案内ニ御座候間、不能分
別候、貴様ゟ南光坊(天海)へ御折紙参候由、則牛瀧之坊主仙波
へ越申由候、（中略）
極月(元和元年)十七日　金地院(崇伝)――
板(京都所司代・板倉勝重)伊州様
人々御中

109 南僧正天海書状写

身延久遠寺文書

尚々、右之儀、重々為念入勝光院、永々留置候、委
者上田善次殿可被申候間、令略候、以上、
其以来者無音候、仍一儀随分各へ念入令相談候、子細之
儀右不相替候、雖然御年老衆無如在候間、可御心易候、
猶勝光院可被申候間、不能具候、恐々謹言、
二月(元和二年カ)廿四日　南僧正(天海)　在判
上人様(日遠カ)

〇文書註記に「此御状ハ南光僧正ゟ遠師江被遣候返也」とある。

110 金地院崇伝書状追而書案

『本光国師日記』

栄任日夜相詰、御奉公無油断候、昨日古織高麗茶碗拝領
被申候、次ニ与安法印いまた(未)不被召出咲止成儀ニ候、
南光坊(天海)御詫言被申上候へハ、弥　御機嫌悪敷成候而、苦々
敷御座候、驢庵・竹友(医師衆)両人日々御脈見被申候、紹高針も
一両日ハ不被仰付候、以上、
三月(元和二年)五日　金地院(崇伝)――
板(京都所司代、板倉勝重)伊州様
人々御中

111　南僧正天海書状（折紙）

京都妙法院文書

尚々、豊後殿(出納職忠)申候、従院様(後陽成院)早々御使御下被成、可然
由を其庵へ申越候而、□(破損)談合候へく候、将又新発意
とも、学文(問)候事専用(要)候、又古文之儀御せんさく(詮索)候て、
出来次第ニ御写候へく候、□(破損)地蔵院ゟ書中□(破損)又へ
いかいか〻□(破損)心付尤候、別而学文(問)ならす候て、十
方へねまりなとにあろき(悪)候由、其聞候、別々能々相
聞可申候間、左様候者、我々一切かまひ(構)申ましく(間敷)候、
さた(沙汰)のかきり(限)にて候、永々此方ニ居申候者、よひ下
　ニもいたし可申候間、定而具可申越候、以上、
□(御)状之通令披見候、然者　大御所様(徳川家康)御煩、過半被成御本
復候間可心易候、乍去御老期之事候間、□(破損)其地へ弥々無
□(油)断、皆々御祈念尤候、度々申越候里房(坊)之儀、猶以無油
断門之在所、能々御見合候て、早々可被立候、其外之普
請なとハ、緩々といたし候ても不苦候、万皆々談合可然
様ニ尤候、猶以追而可申越候、恐々謹言、

弥生八日(元和二年)　　天海（花押）
出納豊後殿(職忠)
常光院
相住房(亮算)
東光房(後海)

○「大御所様御煩、過半被成本復候間」とあるので元和二年のものであろう。

112　南僧正天海書状（折紙）

坂本生源寺文書

被入御念御祈念候由珍重存候、然者　大御所様(徳川家康)御煩、過
半被成御本復候間可心易候、乍去御老体之事候間、無油
断山王御宝前にて、能々御祈念専用候、猶以追而可申越
候、恐々謹言、

弥生八日(元和二年)　　南僧正　天海（花押）
社家中
　参

○「大御所御煩、過半被成本復候間」とあるので元和二年のもの

であろう。

113 柴田勝正書状

『山内文書』一

（上略）一、宗哲（片山）法印、去十五日ニ御改易ニ而、信濃国下のすわ水嶋（ママ）と申所へ御なかし（流）被成候由申候、様子者御（徳川家康）前（所カ）様最前御煩付被成候砌、満病円之御薬御自慢ニ被思召、御泣言を被仰候処ニ、能御薬ニ而無御座由、御返事を被申上候故、御腹立被成、其節ゟ御目見不成候へ共、此中毎日御城ニハ御詰被成候処ニ、右十五日之晩ニ南光坊（天海）御取合被仰候者、□法印昼夜御次之間ニ祗候仕罷有由、御申上被成候へハ、御所様大ニ被立御腹、右ゟ御折檻ニ而御座候ニ、其意を用意不被申登城被仕候儀、弥々不届由御意被成、右之仕合ニ被仰付候由申候、（中略）

柴田覚右衛門

（元和二年）三月廿二日　言以（勝正）（花押）

進上生駒木工殿

○医師片山宗哲、元和二年三月に信濃の高島に配流される。

114 金地院崇伝書状案

『本光国師日記』

（上略）一、相国様（徳川家康）御煩、追日御草臥被成、御しやくり御痰なと指出、御熱気増候て、事之外御苦痛之御様体ニて、将軍様（徳川秀忠）を始、下々迄も、御城に相詰、気を詰申体、可被成御推量候、伝奏衆上洛之以後、事之外相おもり申体候、拙老式義（儀）は、日々おく（奥）へ召候て、忝御意共、涙をなかし（流）申事候、一、一両日以前、本上州（本多正純）・南光坊（天海）・拙老（崇伝）御前へ被為召、被仰置候ハ、臨終候ハゝ、御体をハ久能へ納、御葬礼をハ増上寺ニて申付、御位牌をハ三川之大樹寺ニ立、一周忌も過候て以後、日光山に小キ堂をたて、勧請し候へ、八州之鎮守ニ被為成との御意候、皆々涙をなかし（流）申候、一、昨三日ハ、近日ニ相替、はつきと御座候て、色々様々之御金言共被　仰出、扨々人間ニてハ無御座候と、各申事候、此上ニても御本復被成候て、御吉左右申入度候、（中略）

（元和二年）卯月四日　金地院

（崇伝）————

(京都所司代・勝重)板倉伊賀守殿
人々御中

115　金地院崇伝書状案

『本光国師日記』

（上略）一、卯月廿七日富士川ゟ、五月五日当地(江戸)ゟ、以書状申入候、定而可相達と存候、節々従是以書状可申入処ニ、腹中相煩、其上胸痛、彼是散々之式ニ候故、為養生何方へも不罷出、御城へ計、御用之時ハ出仕申有之体ニ候故、無音之体ニ罷成候、

一、相国様(徳川家康)御ゆいこん(遺言)の旨ニ而、久能へ納、神ニいわゝせられ、吉田代ニ先神龍院(梵舜)在府故、作法共申沙汰被仕候、御神号ハ重而勅使可在之通ニ御座候キ、然所ニ南光坊(天海)何角存分之儀御座候而、少々出入共御座候ツル、拙老ハ、神ならは、吉田可存儀と申候を、南光坊神道をも存知之様ニ被申候ツル、一円我等ハかまい(構)不申候、此儀をからかい申様ニ、其地へも聞え申候哉、別成儀にてハ無御座候間、可被御心安候、此儀先書ニも不申入候キ、当月三日之御書中ニ承候間、粗申入儀ニ候、惣別それ〳〵之道を、可被為立旨、　相国様も度々被成　御諚候間、右之通ニ一旦申迄ニ候、以後之儀ハ少もかまい無之候、様子ハ御年寄衆各御存知之儀ニ候、其地にてむさと取沙汰候ハヽ、御心得候而可被下候、（中略）

(元和二年)五月十二日　　金地院(崇伝)――

(京都所司代・勝重)板倉伊賀守殿
人々御中

116　金地院崇伝書状案

『本光国師日記』

（上略）一、当地(江戸)増上寺ニて御弔・御法事共御執行候、当月十七日ゟ相初、晦日ニ結願之由ニ候、拙老も日々見廻ニ参候、大名衆ゟ御香典なとハ、御法度にて、何も不納由ニ候、拙老式之香典さへ納不申候、一、先面向ハ神ニ被為祝分ニ而候故、御仏事ハ御内々之様子ニ相聞へ申候、神ニ被為祝候ニ付而、拙老ハ吉田可仕義(儀)と、御前へも申上、幸神龍院(梵舜)在府ニ付而、先取沙汰被仰付候、御神号幷御位以下、従　禁中被　仰出、其上勅使・上卿以下御下向、其時吉田神主被罷下、御遷宮以下之作法、可有

之との義（儀）ニ候処ニ、南光房（天海）被申候様ハ、山王神道とて別而存知之由候、吉田ハ山王の末社ニ而候なと丶、種々様々被申掠候故、何となく相延申候、拙老とからかい候様ニ、世上ニもさた（沙汰）有之由候、定而其地へも左様のさた可有之候、右之様子迄ニ候、御気遣候間敷候、かやう之義（儀）自余へハ中々不申候へ共、貴様ハ内証申候、吉田殿之事ニ候間、為御存知申事ニ候、此比上方ゟ書立参候由ニ候、拙老申候ことく（如）、無相違相聞へ申候、拙老ハ何時も有様ならてハ申間敷候、吉田之神道と被相妨、山王之神道とやらんニ、日本国か成可申か、かやうの珍敷義（儀）ハ前代未聞と存候、併公義（儀）之御分別如先規と被思召、御内談と、此比相聞へ申候、内記殿（榊原照久）ゟも様子可被仰入候へとも、大かた申入候、神龍院いまた（未）当地ニ逗留被申候、当月十二日ニ出仕被申候而、御目見へ被仕候、拙老同道ニ罷出候、此上ニ而も、吉田殿御総領神龍院被取成、下向候而、可然と申事ニ候、　勅諚も可為其分と存候、此義（儀）御さた有間敷候、書中も可被成火中候、（中略）

（元和二年）五月廿一日　　金地院　崇伝

羽　越州様（細川越中守忠興）
人々御中

117　金地院崇伝書状案

『本光国師日記』

（上略）一、久能へ御社参之儀も、急度被遊度様ニ被思召候へ共、土用中ハ如何敷候由、友竹御異見被申ニ付而、土用明候而以後、可為御下向旨存其旨候、（中略）一、南光坊（天海）と出入在之様ニ、其元ニ取沙汰在之由、先書ニ如申、拙老ハ一円かまい（構）不申候、被入御念、度々被仰聞得其意候、一、昨五日八つ時分ニ周防殿（板倉重宗）御下著、直ニ御城へ御出仕候由候、（中略）

（元和二年）六月六日　　金地院

板　伊州様（京都所司代・板倉勝重）
尊報

118　吉田神龍院梵舜書状（折紙）

狩野亨吉氏文書

尚々、久能へ御神号勅許之由候、大略ハ仏法ノ作法之様ニ聞へ申候、不及是非候、従　公方様（徳川秀忠）御執奏之

間、此方態御理をも不申上候、以上、
幸便候条令啓候、其以来者不能面談、無音慮外迄候、仍其地(久能)之御社之事、御神号已下為　禁中被仰出由候、尚此義(儀)従　公方様御執奏候間、定而厳重之義(儀)と存候、前廉神道之作法ニ遷座候、此義(儀)ニも相難立由候、菟角仏法之望候間、神道之儀ハ次と存候、乍去社家之儀ハヽ、貴様無相違様ニ申入候事候、自然当家之法度ニも被仰付候者、別而可申談候、其許之様子好便候者、左近殿迄御状御しるし(験)候て可被下候、奉頼存候、相応於御用者可遂仰候、恐惶謹言、

(元和二年)七月五日　　吉田神龍院
　　　　　　　　　　　　梵舜（花押）
　　榊原内記(照久)様
　　　　人々中

119　金地院崇伝書状案

『本光国師日記』

（上略）一、六月十一日ニ進候書中ニ申入候と覚申候、神道之事ニ、南光坊(天海)・板内膳(板倉重昌)なと被罷上候、未何共左右不申来候、定而以　勅諚可相定候、如御紙面ニ拙老式ハ存候、併如何落著可申も不存候、扨々色々珍敷義(儀)共聞申候、一、吉田左兵衛殿(兼治)御遠行絶言語候、其注進申来候、其刻土井大炊殿(利勝)へ神龍(梵舜)被申上候処ニ、神龍院も御暇被遣、六月廿一日ニ被罷上候ツル、銀子以下被遣、仕合能被罷上候、吉田家相立候様ニ被仕度内存共被申候、（中略）

(元和二年)七月六日　　金地院
　　　　　　　　　　　（崇伝）——
　　細(細川忠興)　越州様
　　　　尊報

120　南僧天海書状案

『平田職忠職在日記』

以飛脚申上候、抑神道之儀上意之通板倉伊州(京都所司代・勝重)令入魂、去三日両伝奏(広橋兼勝・三条西実条)へ申入候処ニ、昨日至テ十三日従伝奏　叡慮之儀承候、両部習合神道ニ而勧請、珍重ニ思召候、神号宣命・勅使等之儀可被仰付旨ニ候、今程於　禁中神号被成御撰候間、相定候ハヽ、罷下可申上候、此等之儀宜預御披露候、恐惶謹言、

(元和二年)七月十四日　　南光坊僧正　天海

(幕府年寄衆)本多上野介(正純)殿
安藤対馬守(重信)殿
酒井雅楽頭(忠世)殿
土井大炊助(利勝)殿

121　吉田神龍院梵舜書状（折紙）

狩野亨吉氏文書

尚々、今度者其元滞留之刻、御懇志過分、御礼難申謝候、年内ニハ与風弥兵衛を差可下候間、可申入候、次此書状榊原内記(照久)殿へ頼申度候、遠路なから申入候、次久能御社遷宮已下も、此方よりハ有間敷かと存候、自然相替事御座候者、たゝ(正)敷便宜ニ能御書付候て可被下候、以上、

七月朔日之御状具ニ令拝見候、仍たい屋近江守殿より書状之事、被仰候間、調進之候、安儀候、彼方へ能々被仰可被下候、

一、久能之御社御神号之事、従　禁中被仰出候由候、仏名已下之事、取々御沙汰候、

一、日光ハ薬王菩薩之御事、従　将軍様(徳川秀忠)御執奏ニヨリ、不及先例御勅許ニ候、大略久能之儀も南光坊(天海)望被申候、是非之由候、此方之義(儀)ハ達而不及申候、上意次第ニ候間、於京都モ御理不申入候、重而遂好便可申入候、恐惶謹言、

(元和二年)七月廿一日　神龍院　梵舜（花押）

新宮左近殿
人々中

122　吉田神龍院梵舜書状カ（折紙）

狩野亨吉氏文書

一書申候、

当月三日ニ閑斎ト(林)永喜両人、我等旅宿へ被参、相尋越候、

一、権現ト大明神トハ勝劣候ヤト尋候、予返答云、権現ハ神代之名神、伊弉諾・伊弉冊両神之号候、余ノ神ニ此号無之与申、次両人申サレ候ハ、山王権現・箱根権現トハ申ゾト尋候、予返答云、山王ハ日吉之事候、日吉権現トハ当家ニ此号覚不申候、箱根ハ定而冊尊ニ

テアルヘキヤ、委ハ不存候由申候、殊ニ権現ニハ始テ
神号付マイ(ラ脱カ)セラレ候事、先例不存候、殊ニ魚鳥五辛已
下不備候ヘハ、勝劣モアルヘキカト申候、
一、大明神之号先例数度ニ候、殊　相国様(徳川家康)官位相当候、
魚鳥五辛不苦備申候ヘハ、大明神号可然候由申候、右
之理ハ如此、兎角上意次第之由申上候、
一、第一久能ニ本社立申候ヘハ、日光ハ次ニ罷成候由ニ
テ、南光(天海)モ方々御内衆ヲモ頼申才覚候由候、是非ニ権
現候ヘハ、仏家之理運之由ニ罷成とて、種々申沙汰候、
増上寺御訪ニ取紛、先々沙汰モ閣候、相替事候者後便
ニ可申候、以上、

123　後水尾天皇大僧正宣旨

日光山輪王寺文書

上卿　広橋大納言(兼勝)
元和二年七月廿七日　宣旨
僧正　天海
宜転任大僧正
蔵人頭右大弁兼賢(広橋)奉

124　南僧正天海書状（折紙）

上野現龍院文書

已上
急度令啓候、永々在江戸御大儀至ニ候、
一、末寺牛瀧山より如此目安上候、板伊州(京都所司代・板倉勝重)我等へも同事
ニ候、幸御奉行之義(儀)候間、被仰付可給候、様子於有之
者、其元御奉行衆へも目安上申度旨候、兎角可然様ニ
御指南任入候、
一、槇尾寺よりも如此目安上申候、能々御覧候て、両条
無違乱□(様)、御分別候て可然様ニ頼入候、御神号之義(儀)相
調候者、頓而我等可罷下候条、其節以面可申述候、恐々
謹言、
(元和二年)七月廿八日　南僧正　天海（花押）
山田五郎兵衛様
須田二郎太郎様

125 南僧正天海書状案

『平田職忠職在日記』

先日以書状申入候、御覧候哉無心元存候、抑 神号之儀
二条関白殿(昭実)・菊亭殿(晴季)、各両称宛被為選候、両伝奏(広橋兼勝・三条西実条)被入御
情(精)、今廿八日相調被進候、神号書立之内 公方殿(徳川秀忠)御意ニ
入候ヲ被成御定候て、被申越可有候、中々板倉内膳(重昌)・
永喜(林信澄)両人同事ニ雖可罷下候、神号相定候を、重而達 叡
聞可罷下候、随而爰元神社両部習合之神道ニ而勧請之例、
依有数多無異儀候、万事板倉伊州(京都所司代・勝重)指図次第ニ仕候故、無
事ニ相済大慶ニ存候、此旨可被得御意候、恐惶謹言、

(元和二年)七月廿八日　　南僧正　天海

酒井雅楽頭殿(幕府年寄衆)(忠世)
土井大炊助殿(利勝)
安藤対馬守殿(重信)

126 東寺訴状案

『本光国師日記』

謹而言上　東寺

千本養命坊之儀、今度南光坊(天海)末寺之由被懸申候、彼寺之
儀者、此度不慮ニ相果申候坊主迄五代者、従東寺仏法相
伝仕、末寺之証跡慥御座候事、一、各慥存候分モ、信長(織田)
公・秀吉(豊臣)公・ 相国様(徳川家康)此四代之間者、彼養命坊東寺江相
随申候、其上十九年已前之大仏殿供養、又者天台御門跡
於妙法院殿八宗之御斎會、従秀吉公之御代廿ヶ年余、毎
月御座候へ共、真言之寺役勤来候事、一、養命坊天台末
寺ニ而御座候者、天下無隠法事之時、真言一同之出仕可
仕候哉、又南光坊も、信長公ヨリ 相国様迄四代之間、
何共不被申候而、唯今威勢之余、如此被懸申候事、不謂
儀候、若此分ニ相究候へハ、御前疎宗旨者、悉南光坊末
寺ニ可罷成候哉事、一、 相国様御存生之間も、養命坊
真言宗ニ而御座候事者、板倉伊賀守殿(京都所司代・勝重)、貴院何も御奉行
中御存知之事候間、今更不及申上候事、一、従南光坊数
百年以前、彼寺天台末寺ニ而御座候由被申候、昔のこと
く諸寺被成御改候者、当国東福寺も真言之旧跡ニ而御座
候、又勢州朝熊山者弘法大師(空海)開山、殊ニ本尊等御作ニ而

御座候へ共、何も数代他宗ニ罷成候へハ、至今日迄其分ニ候、此外如此之例共不知其数、何も如先規被成御改候者不及是非候義(儀)ニ候、此養命坊者、及五代真言法流仕来候処ニ、少知行御座候とて、南光坊末寺ニ有度との事、更不寄存義(儀)候、此等之趣被聞召分、如有来被仰付候者、忝可奉存候、仍言上如件、

元和弐年

八月十四日

金剛珠院　在判

観智院　在判

妙観院　在判

金勝院　在判

宝輪院　――

光明院　――

宝厳院　――

金地院(崇伝)和尚

127　鈴鹿治忠書状（折紙）

佐賀実相院文書

猶々、吉田神龍院(梵舜)以書状可被申入候へ共、御上洛之

元和二年

節可被談合申由、我等ニ相心得可申入旨ニ候、尚増算(河上山座主)様へも被成御心得候而可給候、猶千栗山へ使者ヲ被遣其元候者、御同心被成、御上洛御尤ニ候、以上、

態々預使札候、早々ニ御報可申入候処ニ、今程南光坊(天海)爰許ニ御逗留ニ付、様子念を入相尋申入候ハんとて、使者をも留置候、然者、院御所(後陽成)へうかゝい申候、則南光坊へも千栗山之義(儀)御尋ニ候、座主者此方ニ逗留之由被申上候、貴坊様も急御登御尤候、左候へ者、勅筆・掛物共御持参可被成由　勅定ニ候、猶都御上洛節万々可申入候、恐惶謹言、

八月(元和二年カ)廿七日　　治忠(鈴鹿)（花押）

神通寺尊純法師

尊報

128　金地院崇伝書状案

『本光国師日記』

（上略）一、板伊州(板倉勝重)九月四日当地(江戸)へ下著候、節々参会、上方之儀共相談共申候、一、伝　奏衆近日下向之上左ニ

而候、一、　相国様（徳川家康）御神号之事、東照大権現・日本大権
現・威霊大権現・東光権現、右四つ之内、何へ成共、
将軍様（徳川秀忠）次第ニ被為定候様ニと、内証被遊付、従　禁中被
仰出候、右ハ二条殿（昭実）・菊亭殿（晴季）両人二つゝ内書之由ニ候、
いまた（未）何ニ可被成御定共不被　仰出候、伝　奏衆下向候
者、御双談ニて可相定と存候、吉田殿ハ不被指出、何も
かも南光坊（天海）之神道と相聞え申候、（中略）
（元和二年）九月七日　　　金地院（崇伝）
細川越中守（忠興）様　尊報

129　天海年貢加増証文

大正大学図書館文書

本きう（給）壱石之上ニ、当年計者参石加増出し、合四石可出
者也、是者年貢之内にて出者也、手前ゟ今当座銀子壱枚
長七ニ出す也、年貢之外也、仍如件、
元和弐年辰九年十八日　　（天海）（花押）
徳雲へ

130　天海書状案

「浄土宗檀林江戸崎大念寺志」

一筆申入候、随而今度国師様（増上寺・源誉存応）御執持を以、将軍様（徳川秀忠）へ御
目見相叶、千鶴万亀難有仕合候、全其許公之御庇陰故也、
謝心難申尽候、此塗膳・菓子呈進申候、御受覧可給候、
猶近日面謁可申述候、恐々不備、
（元和二年カ）九月十八日　　天海
源誉上人（大念寺・慶厳）御房
尚以、不残長老（勝願寺・円誉）・廓山長老（伝通院・正誉）・了的長老（金戒光明寺・桑誉）へも、宜敷御
発声頼存候、

○源誉慶厳の忌日は、元和三年（一六一七）正月二十一日。本文書は検討の余地あり。

131　高野山目安案

『本光国師日記』

一、南光坊（天海）　上意之由被申、二、三年之間、於国々真言
寺取被申候事数多在之儀候故、諸真言宗雖迷惑ニ存候、

御諚之由候間、無是非住持追放ニ逢申候事、　一、去年も和泉国牛瀧与申寺者、開山以来当山無量壽院末寺ニ而御座候処ニ、南光坊　上意之由被申、彼寺江天台住持居被申候故、衆僧共迷惑仕、御両所へ此由御理申候処ニ、何も南光坊不謂之由被仰候間、其時偽顕申、天台宗追出し、真言住持入置候、委細之段者、御両所可為御存知候、加様首尾不合之儀候間、南光坊何方江被申遣候事も、大方空言歟与存儀候、但、数年持来候他宗之寺也共、南光坊次第との　御墨印なと出申候哉、無心許奉存候事、　一、京都千本養明(命)坊者、百年ニ余、東寺之末寺ニ而、真言仕来候処ニ、至当年ニ南光坊末寺之由被懸申候、此段委儀者、板倉伊賀守(京都所司代・勝重)殿可為存知候、其上従東寺、以書付被申上候間、不能巨細候事、一、何も数年其寺ニ住持仕、御撿地之時分者、御奉行中願申様ニ致苦労達上聞、少之寺領を申請、相応之堂塔坊舎建立仕候寺共、　上意之由候而、俄ニ住持追放被申、諸道具等押取被申候事者、他宗破滅之基事、一、数百年以前者、真言末寺ニ而御座候寺共、於国々ニ雖不知其数候、数年他宗ニ罷成候得者、只今是非之申分も無之候、若為　御諚南光坊被申候様ニ、如先規被成御改候者、真言之旧跡をも、如往古申請度奉存候事、　一、於天下無隠天台末寺之所、無寺領、坊舎荒たる名地共沢山雖御座候、南光坊手前之金銀を出、一宇建立之沙汰も、於都鄙ニ未及承候間、強ニ天台末寺建立之発起者共及見不申候、仮雖為他宗之寺、少之知行御座候歟、又者山林竹木等於自由之地者、方々江末寺之由被懸申候事、於天下其沙汰無隠候、若偽与思召候者、南光坊数多抱置被申候知行寺共、無建立之様子、又於国々末寺之由被懸申候之徳分為検体、使を被立聞召候者、其時何も隠御座有間敷候、然上者、就徳分ニ企押領之儀被申候仁と見え申候事、一、他宗久持来候寺共、近年取被申候事、様子委於聞召候者、其寺之住持共罷出可申上候、仍如件、

元和二年

九月廿四日　　無量壽院

長海　在判

宝性院

深覚　在判

金地院(崇伝)和尚

板倉伊賀守(勝重)殿

132　越後蔵王堂一山衆中目安案

『本光国師日記』

謹奉言上御目安事

一、越後国頸城郡関山宝蔵院(俊海)与申出家、同国古志郡蔵王堂別当をも被　仰付之旨被申、去ヿ(寅)年被罷下、別当・学頭・衆僧達過半追出、三百石余之神領押領被仕候付而、伽藍坊中悉破果申候得共、一円再興をも不被仕、彼追出申候出家・社人幷百性(姓)等之明家七つ、引こほち、薪ニ被仕候、其上先別当建立のために集め置木共、是又薪ニ仕候、然間、神慮も被相捨、国家天下へ奉対、彼宝蔵院不届仕合ニ御座候事、一、毎月四度つゝ別当・学頭為始、一山之衆僧、於社内ニ祈念仕、古法ニ而御座候へ共、関山迄被罷在候故、蔵王をハ明寺ニ仕、右之御祈念も怠転申候、一、毎年八講与申候而、蔵王権現之王子四ケ所在々へ御まハり候、此頭人三ケ年諸役御免被成ニ付而、任旧例ニ、米過分ニ出申候、是も銀子ニ仕、宝蔵院手前へ取申候、此跡ニハ所化を集、五十日まかないニ而、論議法談執行候、又ハ正月三ケ日の間、一山之衆きん(禁)足ニ而、内陣ニ籠、天下之御祈念仕候付而、御内陣之たゝ(畳)み、諸道具新敷いたしかへ候へ共、神領共ニ関山へ私曲被仕候故、右之行怠転仕候、此等之趣被聞召届可被下候、先別当帰参ニおゐてハ、古より有来候御祈念祭礼懈怠御座在間敷候、蔵王怠転之所なけか(歎)ハしく奉存、如此申上候、以上、

(元和二年)辰ノ今月吉日

奥之院　在判
東住坊　在判
文殊院　在判
海　津　在判
十楽寺　在判
清右衛門　在判
源右衛門　在判(ママ)
門前惣中　十

大工
新七郎　在判
三郎右衛門　印判
彦兵衛　印判
田左衛門
久左衛門　印判

御奉行中

133　越後蔵王堂先別当目安案

『本光国師日記』

謹奉言上御目安之事

一、越後州古志郡蔵王堂者、慶長十九刁（寅）之三月三日、為
御掟、天台宗ニ被　仰付之旨、南光坊（天海）僧正被申越、
同国関山宝蔵院（俊海）と申出家不慮ニ罷下、為始蔵王別当・
学頭・衆中過半押出、寺物社領就致押領迷惑仕、同年
之五月、駿河へ令上府、南光坊（天海）対談仕、理申届候得者、
依道理究寺物・社領を返シ可申候由合点候条、同年之
八月迄、数度催促申候得共、返シ依不申、以御目安奉
遂直奏候得共、越後之国、諸沙汰可為少将（松平忠輝）次第之由、
雖被　仰出候、被障両御陣之御取紛、遅々候処、剰
大相国様（徳川家康）御他界故、弥奉失十万候、雖然任天命、正直
之道理頼神明、猶重而言上仕候、抑此蔵王堂往古雖台
家御座候、中頃依為妻帯、上相謙信鎮護国家号祈願所、
追放犯僧之天台、真言密学之知識致崇敬、到拙僧五代、
真言仏法国中弥懈（ママ）之刻、無好関山宝蔵院理不尽押領仕
儀、被遂御糺明、蒙安寧之　御掟度事、　一、為始叡
山、扶桑朝中台家怠転旧跡幾許御座候内ニ、取分、蔵
王堂限一山宝蔵院押妨、寺物領運取、蔵王明所荒居仕
候儀、傍若無人之擬、前代未聞御座候事、　一、越州
錯乱以後、度々就御国替、諸寺社雖怠転候、蔵王権現
者、日域無双之霊神、北国第一因為惣廟、毎度遂言上、
愚僧様々尽粉骨才学、中興開山之砌、幸少将様御入国
被成候条、駿州江致参上、企御訴訟、右百石之地弐百
斛余之御加増拝領仕、都合三百石余之神領、従亥年被
成御寄附候条、前々ゟ破壊之処数多加修理、漸令安堵
処、無幾程宝蔵院被奪取、及三ヶ年、駿河在府仕候、
哀此節右之旨意趣奉達　御上聞候様、御披露所仰御座

候事、
元和貳年今月吉祥日　蔵王先別当
御奉行中

134　天海書状（折紙）

長沼宗光寺文書

尚々、惣別末寺方、対本寺不義之事者、御法度之事候間、尤御奉行衆へも可被仰立候、又者山門へも可仰越□(候)、不可有疎略候、以上、

去年月山寺恵賢、背本寺企新儀灌頂執行之間、以目安令言上候処ニ、御裁許場ニて、僧俗如前々与御取扱候間、任其義(儀)候処ニ、無幾程被相飜、一座之出仕与被申ニ付而、不能対顔候、内々重而御裁許相待処ニ、以　上意与風令登山候間相延候、此上雖遠境候、聊不可存疎意候条、急度本末起尽乱之儀、可被相糺候、尤可令同前候、恐々謹言、

(元和二年以前)十月三日　天（花押）
宗光寺御当住

玉下

○恵賢の忌日は、元和二年十一月十八日。

135　南僧正天海書状（折紙）

上野現龍院文書

度々御書中忝候、仍而　上様(徳川秀忠)追日御懇切ニ候間可御心易候、其方御用之事、各与色々談合申、可然様可申調候間、其御心得尤ニ候、就中女院様(新上東門院)・女后様(近衛前久女・前子)可然様任入候、爰元所用之儀候ハヽ、可被仰越之由、御申上可被成候、御(尭然親王)児無油断御経読候様、御異見可被成候、手習なと仕様、万々可被念候、来春者早々罷上候間、其節何事しれ(知)可申条、無油断よミもの(読物)・手習可申付候、恐々謹言、

(元和二年)霜月廿三日　南僧正　天海（花押）
従武州越谷
出納豊後頭(職忠)殿　ち
御几下

136　南僧正天海書状（折紙）

京都三千院文書

已上

一書令啓候、来年日光山御遷宮之儀ニ付而、同本堂薬師開眼供養候間、証誠・呪願某一人ニ兼候而ハ、如何之間、証誠・呪願別ニ可然之由申候、然者当座主（最胤親王）之御事候間、梨門跡（三千院）御下候様ニと申上候事、

一、御装束以下之事者、板伊州（京都所司代・板倉勝重）へ申越候、於其元可有御談合候事、

一、御手前之役者之外、供僧之一人も被召連間敷候、都鄙僧衆之人数相極候間、如此申候事、

一、某事今日迄者、達者ニ御座候、可御心安候、委者従各々可申候、恐惶謹言、

（元和二年）十二月十五日　　南僧正　天（花押）

梨門様（最胤親王）（三千院門跡）ニ而御小性（姓）衆

御披露

137　南僧正天海書状

大阪四天王寺文書

従江戸節々申述候間、定而可為参着候、将軍様（徳川秀忠）御機嫌能、川越へ可被成由　御諚候、猶我等も日光ゟ頓て可罷帰□承候、於江戸誰哉らん、貴様目安上申候由承候、定而爰元へ罷下候ハんかと存候て、相待候へ共、無其儀候、所詮彼者共表裏仁にて候間、幸　御所様可有御上洛候間、於其元　御諚次第ニ可有之候、必々金地院（崇伝）へも其段以書状申候、極月廿日ニ持参申候間、此御返礼何時返進申上候も不存候故、早々申入候、恐惶謹言、

（元和二年カ）極月廿一日　　南僧正　天海（花押）

板倉伊賀守様（京都所司代・勝重）

人々御報

138　南僧正天海書状

身延久遠寺文書

御朱印面令披見珍重候、末代之亀鏡不可過之候、昨日者自身御出忝存候、御痛候間、御風（諷経カ）勤不申御残多候、猶期貴面之時候、恐惶謹言、

（元和二年）極月廿二日　　南僧正　天（花押）

進上　久遠寺上人様　回鳳

139　正蓮寺良海・光明寺裔海連署訴状

『高野山文書』三

大僧正(天海)被仰分、

一、権現様(徳川家康)御影之事申上候へハ、一段結講(構)成儀と大僧正被申候、早々此方江被仰越候者、可達上聞物をと被仰候事、

一、従衆徒中者、　権現様(徳川家康)を各別ニ立可申候と、我等方まて節々被申候へ共、左様ニ軽々敷、山々に社迄ハ不入儀と申留候由、御前江可有御披露分候事、

一、文殊院(応昌)江被仰様ハ、衆徒中ゟも、是非ニ御宮格別ニ立可申由、大僧正まて被仰越候へハ、是も右之通ニ申留候、然而　権現様ハ、山々一社可究間、論議法談御祭礼之儀者、衆徒中御勤之様ニ、大僧正之御分別ニ而被仰分相定候事、

一、善集院も、文院手前御究候而可罷登と、僧正江被仰候へハ、先々登山候へと被仰候、兎角重而文院手前御究被成、又御前へも被仰上様子、山江御登可被成存候、様子者、善集院可被仰上候、以上、

(元和三年)三月二日

正蓮寺
良海（花押）
光明寺
裔海（花押）

高野山
御衆徒中

140　日光東照宮遷宮宣旨

日光山東照宮文書

左弁宮下　下野国
応任日時、令勤行東照社正遷宮事
四月十七日辛亥　時戌亥
右内大臣藤原朝臣(西園寺実益)宣、奉勅、宜任日時令勤行当社正遷宮者、社宜承知、依宣行之、
元和三年三月三日　大史小槻宿祢(壬生孝亮)（花押）奉
右大弁藤原朝臣(広橋兼賢)（花押）

141 南僧正天海書状写（折紙）

京都三千院文書

尚々、執綱・執蓋之儀も、兼而御分別尤候、以上、
重而以書状奉啓上候、爰元無替儀候間、誰何と申候共、
御本有間敷候、御下向之御用意迄ニ可有之候、好時節ニ
自是重而御左右可申宣候、仍　御神宝之儀ニ付而、行事
官(出納職忠)職ニ相定候由、従　両伝奏(広橋兼勝・三条西実条)書状給候、幸奈良一乗院殿(尊勢)
并北野天神、近年　御遷宮之例可有之候、其外諸社之例
可有之候、其外諸社之例、能々常光院を被召、被為聞候
て、早飛脚を以成共、此方へ可被仰越候、惣別行事官事、
女御様(近衛前久女・前子)御内同前之御事候間、内々者無沙汰不存候、乍
去諸社之作法有之儀候間、先公儀を常光院ニ申付而、内々
如久野(久能)行事官ニいたさせ候へハ、無相違候之処ニ、御念
入過伝奏衆申候、承候間如此申候、能々末代之儀候間、
御尋尤候、又　女御様へも我々少も疎意不存通、御次も
候ハヽ、御物語奉頼候、猶期重説候、行事官事ハ竹林坊(賢盛)・
観音院(忠尊)、具書状越候而、少も無子細候、不審候、此由能々
御披露奉頼候、恐々謹言、

(元和三年)三月五日　　南僧正　天海

梶井様(最胤親王)(三千院跡)之内
宰相殿
御披露

○日光東照宮の遷宮は、元和三年三月。

142 金地院崇伝書状案　『本光国師日記』

四月十二日に将軍様(徳川秀忠)当地を被為立、日光へ可被成　御成
由候、拙老式も可罷越内存に候、大炊殿(土井利勝)各御指図次第に
可仕候、六月には弥　御上洛之御沙汰に候間、少御先へ
可罷上候、

(元和三年)三月十日　　金地院——

板伊州様(京都所司代・板倉勝重)
人々御中

143 金地院崇伝書状案　『本光国師日記』

貴札拝見仕候、日光　御遷宮に付而、拙老式御供之儀、雅楽頭（酒井忠世）殿・対馬守（安藤重信）殿被為得　上意候処に、御供可仕之旨、被　仰出候由、被仰聞候、

（元和三年）
三月十七日　　金地院――

伊丹喜之助殿
閑斉尊老
永喜（林信澄）尊老
御報

144　天海書状（元折紙カ）　「古文書纂」八

尚々、兵部儀情（精）被入候て本望事にて候、以上、

被入念書状大慶候、
一、真光寺煩少被得減気候由、満足申候、
一、日光山寺之儀、木材・大工・人足、其外ひきわけて、能々つもり（積）候へく候、
一、江戸寺之書院、土蔵材木、今ほとたかへ候ハヽ、延候ても不苦候、連々能々つもり尤候、方々無際限建立共候間、可被入念候、
一、来八日ニ爰元を立、日光山へ参候、其方なとハ十日歟、十一日ニ日光へ着候様ニ可被越候、大形鹿沼にて出合可申候、恐々謹言、

（元和三年カ）
四月五日　　天（花押）

鶏頭院（山海）

145　金地院崇伝書状案　『本光国師日記』

一、拙老三月四日は、江戸へ参着仕、則五日に　御目見仕候、於仕合は可御心安候、　一、此中は日光　御遷宮之御用意沙汰迄に御座候、公家衆梶井門跡此比追日下向候、是にて御目見候而追々日光へ御通之事に候、　一、宰相様（徳川義直）・中将様（徳川頼宣）・少将様（徳川頼房）御三人共に、当月三日当地へ御下着候、我等式も芝迄御迎に罷出体に候、　一、御三人様、四日に　御城へ御出仕、七日に　御城に振舞御座候、一、将軍様（徳川秀忠）、十二日に当地を被為立、日光へ　御成之義（儀）に候、拙老式は十日に罷立筈に御座候、人つとひ貴賤群集之事、可有御推量候、　一、御三人様は十三日に当地

御立との沙汰にて御座候、　一、六月御上洛、弥必定之由候、はや御供衆之書立も在之由候、拙老式はこれも少御先へ可罷上覚悟に御座候、　一、土井大炊(利勝)殿は三月十一日ゟ駿府へ御越候而、其ゟ直に御神体之御供候にて、日光へ御越候、南光坊(天海)は四、五日以前に被越候由候、
一、日光に各諸大名石燈籠被遊由に候、
(元和三年)卯月八日　　金地院――
細川越中守(忠興)様　尊報

146　土久次郎書状案

『本光国師日記』

南光坊(天海)様ヨリ金地院(崇伝)へ、為御音信薪廿把、但、五駄請取申候、此方より、御礼可被申候、以上、
(元和三年)卯月十四日　　土久次郎　在判
勘六殿　参

147　金地院崇伝書状案

『本光国師日記』

公方様(徳川秀忠)当月十二日に江戸を被為立、日光へ十六日に被成御着座候、拙老式儀、十日に御先へ江戸罷立、日光へ十三日に参着仕候、十四日ゟ十九日迄之御神事御法事、十八・十九両日は　公方様御社参、諸公家之出仕、他儀無残所候、社頭御造営以下、綺羅をみかきたる結構、中々可申様無之候、折から見事さ驚目迄に候、第一諸道具以下種々様々之事共、急速に被仰付出来之候儀、遠国彼是貴様御一人之御才覚、御手柄無比類儀、奇特千萬に存候、
　公方様廿日に日光を被為立候、今日廿二日江戸へ被成還御候、拙老式十九日の晩に日光を罷立、御先へ今日廿二日昼以前に江戸へ罷着候、定而御年寄衆ゟ御神事御法事相済候様子、次飛脚にて可被仰入候間、可被得其意候、此便宜はおそく可相届と存候へ共申入候、於当地廿六日、七日御能可在之由候、二之丸に舞台今日出来申由候、公家衆も御能以後、御暇出可為帰京候、随而六月には弥御上洛之御沙汰に候、拙老式少御先へ可罷上候、
(元和三年)卯月廿二日　　金地院――

（京都所司代・板倉勝重）
板伊州様
　人々御中

148　岩倉具尭書状

佐賀実相院文書

以上
伝奏衆（広橋兼勝・三条西実条）も昨夕御上洛之事候付、御草臥なをり候ハヽ、
参候て具ニ可申入候、かしく、
御書中具ニ令拝見候、仍貴札儀　女御様（近衛前久女・前子）へ懇ニ申入候へ
者、南光（天海）如何様ニ被申入候とも、　院様（後陽成）御墨付御覧不被
成候者、　禁中様（後水尾天皇）ニも御同心者被成間敷候付、其段心易
存候へ之由仰候、先以大慶ニ存計候、将亦状之儀、即実
相院へ参候、只今も　女御様ニ伺公申、急一書申入候、
恐々謹言、
（元和三年）
五月廿一日　　岩木工　具（花押）（後陽成院伝奏・岩倉具尭）
皆明寺殿（仁和寺坊宮・禅宥）
　貴報

149　鈴鹿治忠書状（折紙）

佐賀実相院文書

猶々、遠路寒天と申御大儀ニ御座有へく候へ共、御
上洛所待存候、座主（河上山）増算様へも以別紙可申入候へ共、
幸便之体ニ候まゝ、無其儀候、御心得候て可被下候、
以上、
幸便之余、一書令啓達候、仍当春御上洛之節、如内々申
候、千栗山座主、未爰許ひしいんニ逗留ニ而、南光（天海）坊を
被頼、彼　勅額之出入を　院（後陽成）御所様へ被申上、爰許へも
御尋ニ候、大形様子申入候、然共、先年乍之（ママ）証文とも、
御永（叡）覧可被成候間、乍御大儀、証文共、　勅筆御持被成、
御上洛可被成候、其節万事可得御意候条、不能具候、恐
惶謹言、
（元和三年）
五月廿七日　　鈴鹿采女正　治忠（花押）
河上山
　法印尊純様
　　尊床

150　岩倉具尭書状（折紙）

佐賀実相院文書

尚々、実相院儀、従　御門主様被仰入儀、別ニ相替
儀も御座有間敷候間、無用と存事候、此旨能々可被
仰上候、猶面謁之節、万々可申事候、以上、
御書中具ニ令拝見候、然者、実相院儀、従　御門主様(覚深法親王)、
院御所様(後陽成)へ被仰入度御内意之旨、尤ニ存候、雖然、先
可為御無用と存事候、始ゟ　将軍様(徳川秀忠)御耳へ入、其上なら
てハ額之儀被遣間敷　仰ニ候間、　将軍様御上洛候て、
院様次第との御意ならハ不存事候、兎角御上洛候て、
南光(天海)も罷上らすハ、落着済間敷と申事候、拙子も此中筋
気再発仕、　院様へも不罷出、折角養性(生)仕事候、尚期後
音候、恐々不備、
(元和三年)六月九日　(後陽成院伝奏・岩倉具堯)岩　木工　具堯（花押）
(禅宥)皆明寺
貴酬

151　南光坊大僧正天海成願寺寺内法度写

安土観音正寺文書

定
一、諸役御免除之事、
一、山林竹木不可切荒事、
一、如先年寺法度相定事、
右之趣、天台一宗之儀者、以御意申付候旨、若相背候
方於在之者、急度可有注進者也、
元和三年六月廿八日　南光坊大僧正　天海在判
江州三ヶ寺諸役御免之内
成願寺
寺僧中
参

152　南僧正天海書状（折紙）

大工頭中井家文書

尚々、大講堂(比叡山)之本尊、いにしへ(古)ハ五体伽藍ニ而
御座候、然共今ハ略而三仏計可然存候、仏檀(壇)以
下能様ニ御計可給候、以上、
先日者以書状申入候、相届申候哉、其元万事被入御

念候由、近江方(棟梁・鈴木長以)ゟ被申越候、忝存候、末代之事候間、
御自分之事と思召候而、能様ニ御計候而奉頼候、堂
屋敷之事、是又勝手能様ニ御指図頼入候、
一、其元之普請、上様(徳川秀忠)無御心元思召候間、出来候分被
成注文、可被仰越候、
一、日光山へ御下代被遣候由、誠ニ被入御念事忝存候、
一、上様も日光山御建立之事、節々被成　御諚候、
一、禁中幷大仏見事ニ出来申候由、　上様へ申上候へハ、
被成御感候、御手柄名誉ニ候、
一、御用之事候者、留守居之者共ニ被仰聞候者、此方へ
可申越候、其元杉植直候事も、能様ニ奉頼候、畢竟奉
任外無他事候、恐惶謹言、
(元和三年カ)六月晦日　南僧正　天（花押）
中江(井)和州様　(大工頭・中井大和守正清)人々御中
○中井大和守正清の忌日は、元和五年正月二十一日。

153　天海書状（折紙）
東京大学史料編纂所文書

尚々、今日雨御つれ〳〵(徒然)にて可有之候間、ミはら(三原)酒
壱樽進上申候、遠来之しるし(験)までにて候、中者不存
候、明日御結願事候間、御大儀候共、御参内所希候、
以上、
昨日御書幷禁中之論義、人数迄被仰下候、其通何へも可
申伝候、定故障之衆者有間敷候歟、又一人之事者無拠衆
候ハヽ、重而可被召加ためにて候間、重而可為言上候、
将亦両度まで抑留仕候へとも、還御被成候、呉々不審奉
存候、別之御事者有ましく候、勝九郎方ニ御暇無之故と
存候、兼こはせられ候て、御心易御留可有之候、定而明
日可為　御参内候間、草庵へ被寄　高駕、御留候ハヽ、可
為本望候、事々期拝顔之時候、恐惶敬白、
(元和三年カ)八月廿五日　天（花押）
自京　南
(尊純親王)青門様にて
勝九郎殿
御中
○元和三年十月十二日及び十五日、禁中にて天台宗の論義あり。

154　小堀遠江守政一・村上三右衛門吉正連署書状

姫路随願寺文書

尚々、南光坊（天海）御肝煎ニて、二、三ヶ所も、御朱印出
候寺御座候、残所も、皆々御朱印出可申分ニ御座候
へ共、今度御下向前、御事繁御座候付而、従江戸御
朱印可被下旨ニ而相延申候、播州寺社領いつれも、
只今迄取来候分ハ、右之通ニ可被成御心得候、以上、
一書申入候、播州増位山寺領、今度御朱印不相調ニ付而、
寺納被押置之由、寺中より被申越候、公方様（徳川秀忠）御下向前、
御紛敷御座候付而、御朱印出不申候、播州寺社領何も、
只今迄取来候分者、無相違可被下旨　御諚候間、其御心
得可在之候、寺社領替地之儀者、賀東郡ニおいて渡し進
之候間、今迄取来候寺社領之分ハ、御朱印無御座候共、
御かたいなく（解怠）寺納仕候様ニ尤存候、末寺社領之替地、其
方へ相渡申分可有御座と存候、追而其指引可仕候間、其
御心得可在之候、清左・五郎へ、清兵御供ニて被罷下候
間、両人より申入候、恐々謹言、

（元和三年カ）九月廿九日　小堀遠江守　正（政一）（花押）
村上三右衛門吉（吉正）（花押）

松下河内守殿
川合又五郎殿
長坂太郎左衛門殿
人々御中

155　小堀遠江守政一・村上三右衛門吉正連署書状

姫路随願寺文書

以上
御寺領之義（儀）ニ付而、御使僧御越候、即為両人、美濃守殿（本多忠政）
衆へ書状認進之候、定而違儀有間敷候間、其御心得可在
之候、恐惶謹言、

（元和三年カ）九月廿九日　小堀遠江守　正（政一）（花押）
村上三右衛門吉（吉正）（花押）

播州
増位山惣寺中

御報

156　大僧正天海書状案　「浄土宗檀林江戸崎大念寺志」

以使僧令啓呈候、如芳慮者、病縁未被脱、追て煩重之旨、痛思不斜候、愚老為御見舞曲錫可発処、近来時々御召出有之、他国遊行無御許容候間、背本意候、何様加療治悩之上、参会相待候、人世之五苦、誰々も難遁候へば、仏名称讃積功之貴老之事故、三尊之迎接心に被侍、不可少歟、尚実尊可申述候也、恐々謹言、

（元和三年カ）十月九日　大僧正天海

（知恩院・尊照カ）満誉上人御房

同宿中

○本文書検討の余地あり。

157　南僧天海書状（折紙）　京都三千院文書

以上

路次中無事ニ去月廿七日令登城、一段仕合能候、可御心易候、先般種々御念精共、寔以忝奉感候、明日仙波へ参、直日光山へ罷越候而、廿四、五日迄者逗留可申候間、以書状申間敷候、彼儀様子被仰越候ハヽ、於爰許分別御座候、仍駿府遷宮、弥極月十七日相定候間、又箱根越可申候、寒嵐可有御察事候、期後音時候、恐惶敬白、

（元和三年）霜月一日　南僧　天（花押）

（最胤親王）（三千院門跡）梶井様ニて

誰にても御申

○駿府久能東照宮の遷宮は、元和三年十二月。

158　大僧正天海書状案　「浄土宗檀林江戸崎大念寺志」

以実忠申入候、（大念寺・慶巌）源誉大長老鶴林之趣、預知示、驚歎不少候、仍為悔吊会津蠟燭一箱・葛煎餅一箱、位牌前へ備候間、可被相計存候也、

（元和三年カ）十一月七日　大僧正天海

慶岩（巌）長老遺弟契蓮中

○本文書検討の余地あり。慶厳の忌日は、元和三年（一六一七）
正月二十一日。

159　京都所司代板倉勝重書状

「慈眼大師御年譜附録」

以上

今度者久能御遷宮之儀付而、尊書致拝見候、然者　勅使
之儀、宣命使・奉幣使、参向候得者、随其諸役人数多相
副申由候、久能御社内もせ(狭)はく御座候由、被仰越候間、
著座候　勅使計、是も壱人ハ無之例之由候間、弐人歟三
人程、可有参向由、(広橋兼勝・三条西実条)伝奏衆被仰事候、此由御年寄衆へも
申越候条、其御心得可被成候、将又叡山之衆下向ニ付而、
此地之儀無沙汰御座有間敷候、猶御用之儀可承仰候、恐
惶謹言、

(元和三年)霜月十一日　(京都所司代)板倉伊賀守
勝重（花押）

(天海)南僧正様
御同宿中

160　延暦寺元三会差状

毛利家文書

(折封ウハ書)「毛利殿　(天海)南僧正」

定心房経蔵
毛利前中納言入道(輝元)

右、来年元三会、差定所如件、

元和三年霜月日　長行事玄栄
(梶井宮最胤法親王)座主二品親王（花押）　長行事栄俊

楞厳院(検校)

探　提　法　印　大僧正　天海
探題法印権大僧都大和尚位　良範
法印権大僧都大和尚位　尊栄
法印権大僧都大和尚位　臻海
法印権大僧都大和尚位　玄隆
法印権大僧都大和尚位　恵秀
別当法印権大僧都大和尚位　慶俊

法印権大僧都大和尚位　　恵海

○本史料は拙著『南光坊天海の研究』第十章四「大僧正時代の発給古文書について」を参照。

161　天海喜多院証状

川越喜多院文書

仙波居間之番
覚林房　　常番
所化衆五人充　重番
門前より重番三人充
右之火之用心、無油断可申付者也、仍如件、
元三極月七日　（天海）（花押）
仙波留主中

162　南僧正天海書状

小日向妙足院文書

昨日者御状忝候、如仰旧冬者駿府へ罷越、月迫候条不申

入、残多奉存候、即令参御礼可申込（述カ）候へ共、公隙故、遅々候間、寔以書状申入候、如何様以拝顔、彼是可申達候、恐惶謹言、
（元和四年）正月廿八日　天（花押）
〆最上源五郎様　南僧正　天海
人々御中

163　南僧正天海書状写（折紙）

京都三千院文書

以上
改年之御慶千里同風、仍去年者種々御懇意、誠以不浅過分存候、即使僧以雖可申述候、還而軽々敷体にも候ハんかと存、令遅々候、委細梶井殿（最胤親王）へ申越候間、其元可然候様、御相談尤候、然者於日光山、梶井御門跡へ御本坊知行以下、先以被進之候、以来者別而可有御入魂候間、加増をも可被進之候かと存候、累年御懇切之事候間、可為御満足候、猶期後音之時候、恐惶謹言、

（元和四年カ）二月廿八日　　南僧正　天海
（二条昭実）関白様ニテ
　誰にても
　　御申上

164　南僧正天海書状（元折紙カ）　　佐野惣宗寺文書

（ウハ書）
「　　　　自江戸
　春日岡　　　南僧正
　　参　　　　　　　」

以上
于今不始被入御念、飛脚給忝候、江戸へ之飛脚、二、三日以前ニ帰候、即返書も候ハヽ、又一昨ニも其地へ人を遣之候、殊昨日ハ従上州為御音信色々送給候、御取紛之節、寄世間被付御心之段、忝候由頼入候、事々期後音之時候、恐々謹言、
（元和四年）閏三月七日　　南僧正　天（花押）
（惣宗寺）春日岡

165　水無瀬中納言氏成書状案　　「慈眼大師御年譜附録」

猶々、御勇健之由、千万目出度存候、以上、
去年於日光細々得貴意、大慶之至に存候、然者先年以仏乗坊（秀珍）申候、後鳥羽院御料所之儀、能御次も候はゝ無御失念被仰上候て可被下候、覚書も令進入候、委者口上申達候、恐々謹言、
（元和四年カ）後三月十七日　　水無瀬中納言氏成
　南光坊僧正様
　　玉案下

166　水無瀬氏成書状写　　喜多院旧蔵文書

猶々、委者口上に申達候、以上、
去年於日光申談祝着之至に候、然者後鳥羽院供僧、其外役人様九十六名余御座候、先年以仏乗坊（秀珍）僧正御房へ申候、御次候者、被仰上候様に御取成所希候、恐々謹言、
（元和四年カ）後三月十七日　　氏成

最教院
　几下

167　南僧天海書状（折紙）

上野現龍院文書

尚々、道中落馬なと候ハぬ様ニ候へく候、以上、
両度之書状令披見候、仍於三井寺馳走之懇志共感入候間、成程事者馳走可申候間可心易候、殊　東照権現(徳川家康)被懸御目候、余人ニハ違申候間、此度可被罷下候、則伝馬之注文ニも書中候間、其心得候へく候事候、以面可申候、恐々謹言、

壬(閏)三月十九日　南僧　天（花押）
(元和四年)
三井寺
　法泉院

168　金地院崇伝書状案

『本光国師日記』

貴札令拝見候、為御音信姫胡桃一箱被掛御意候、御懇志之段、過分至極に存候、随而日下部権九郎殿之義(儀)、如御紙面、御親父と久御師担(檀カ)之義(儀)に付而、咲止に思召候由、尤に存候、拙老義(儀)も、当春下着仕候故、様子をも然々不存候ツル、先以今度南光坊(天海)へ被仰出候様子、御使僧口上に而可被得其意候、連々は相済可申候哉、御念入、拙老方迄も被仰越候趣、日下部五郎八殿(目付・宗好)へも、具に語り申候、忝被存通に候、何様爰元逗留仕候中に、於御越者、以面上可得貴意候、恐惶謹言、

(元和四年)
五月廿五日　金地院――
久遠寺
　貴答

169　山門探題大僧正天海等立石寺寺内法度

山形立石寺文書

出羽国最上郡宝珠山立石寺法度之事
一、為末寺不可違背本寺之命、尤一山之僧徒、可随学頭之下知事、
一、諸法事可勤清僧、付、持戒之僧衆之上、不可為妻帯之事、
一、知行之儀者随法事之役、可有其高下之事、

一、自今以後、空房之儀、可為学頭之計之事、
一、山中不可置他宗之事、
一、寺内之山林、猥不可切取、但、住山之人者受学頭之
内儀、可弁所用之事、
一、一山之僧俗企公事、不可致一烈(列)之事、
右堅可相守此旨者也、仍如件、
山門探題大僧正天海（花押）
元和四年戊午五月吉日　最上源五郎(義俊)（花押）

170　天海書状（折紙）

『本朝大仏師正統系図』

以上
態為見舞飛脚令祝着候、殊頭巾二ッ畏入候、此方何事無
之候、仍尾張遷宮之儀、大方来春可有之候、猶自是申候
へく候、恐々謹言、
(元和四年カ)十月十四日　天（花押）
大仏師左京(康猶カ)との　参

171　南僧正天海書状（折紙）

京都北野神社文書

尚々、以来儀ハ、無如在様ニ涯分可申付候間、其御
心得尤候、以上、
昨日者御出申承、本望候、今日為御見廻罷越候間、軈而
罷帰可申入候、然者能閑(北野神社宮仕)事、竹門(曼殊院門跡)様御前可然様ニ御取成
候て、我等留守中ニ御礼被申上候様ニ尤候、則書状進候
間、弥々御取成任入候、恐々謹言、
(元和三、四年カ)十二月四日　南僧正　天（花押）
徳勝院(北野神社祠官)様
松梅院様
几下

172　山門南僧正天海書状（折紙）

以上
能閑家之儀、従竹門(曼殊院門跡)疾ニ被返置之由、堅被仰付候処、
遅々如何無心元候、我等ゟ其段心得候へ由、承候間申越

候、今日中早々被相渡尤候、若又替儀候者、様子可被申
候、謹言、
（元和二～五年）六月十七日　　山門南僧正　天（花押）
北埜目代
参

○本文書は『京都古書籍・古書画資料目録』第四号（平成十五年六月刊）、一六〇頁所収の写真版より。年代推定は『北野社家日記』第六（続群書類従完成会刊）、元和二年（一六一六）十二月の条参照。

173　天海書状（折紙）

京都三千院文書

先書申上候、参着候哉、此方無替儀候、可御心安候、四
月御祭礼過候ハヽ、令上洛、万可得貴意候、将亦千栗山川
上山出入之儀付而、先年某委伺　叡慮候、即　御宸筆之
旨、具鍋嶋信濃守（勝茂）へも申談、被聞届候而、国へも被申下
候、右之通　関白殿（二条昭実）へも御物語頼入候、縦以来何方より
も、大樹（徳川秀忠）へ公事あかり候共、某有様御尋候ハヽ、可申上
候、京都之儀者、御前任置候、猶彼者可申候、恐惶謹言、
（元和五年）三月七日　　天海（花押）
梨門様（最胤親王）ニて
（三千院門跡）誰にても御申

174　僧正天海書状（元折紙カ）

上野現龍院文書

尚々、もち（持）扇三本、一段と念入候て、祝着申候、里
坊の色紙十三枚、また其方ゟ之色紙弐枚、古筆の短
冊十枚、慥ニ請取申候、よろす（万）重而可申越候、
書中忝候、仍其元相替事無之由、大慶ニ存候、我等も夏
中ハ散々相煩候得共、今程ハ気色能候まゝ可被心易候、
来春ハ必々上洛可申候、若又尾州之　御遷宮、今年中ニ
も候ハヽ、自其直ニ可罷上候条、里坊之普請已下、
にかい（二階）なともむさく（無策）候間、常光院頓而上せ候ハんまて、
談合にて可然様ニ頼入候、たゝミ（畳）なともやわらく（柔）候ハヽ、
能様ニ尤候、将亦見事之古筆共、入清（精）被指越満足申候、
上洛之節万礼可申候、就中てつしよき（書記）の色紙、一段見事

ニ候、此類候ハヽ、いかほと(如何程)ももとめ(求)申度候、其外よき(良)
古筆候ハヽ、もとめ申へく候まヽ、尋にて可給候、謹言、
(元和五年カ)八月十三日　僧正　天（花押）
(坂本屋)さかもとや
宗順

175　木下宮内少輔利房書状

大阪秋野家文書

以上
尊書之通拝見仕候、付而者摂州天王寺知行所御朱印之儀
ニ付而、被仰越通奉得其意候、様子具に秋野方へ申談候
間、可被得尊意候、此中者御見廻をも不申上令迷惑候、
猶期尊顔之時候、恐惶謹言、
(元和五年)八月廿六日　木下宮内少輔利房（花押）
(天海)南光僧正様
尊報

176　姫路随願寺朱印状案

『御朱印留』
寺領播磨国餝西郡龍野町内弐百拾九石余事、令寄附之訖、
全寺納不可有相違者也、
元和五年九月十五日　台徳院様御朱印
増位山
随願寺

177　南光天海書状写（折紙）

佐賀実相院文書

其以来者遠境故、無音ニ罷成候、於駿府者種々御懇切、
忝存候、雖然互ニ無寸暇時分ニ而、心静ニ不得賢意、御
残多候、定而江戸可為御越候条、期其節候、将又山門末
寺千栗山一宮之事、河上ト出入ニ付、重々証文等慥ニ備
叡覧候、其上於貴国社領安堵之判紙ニも、千栗山一宮と
被遊候儀迄、達　叡聞候、如前々不相易、猶以被仰付可
給候、内々我等在京中遂糺決、落居可申之由、被仰出候
へ共、彼河上不罷上、令遅々候、無紛儀候間、早々彼方
致上洛、落居候様ニ被仰付頼申候、猶五戒坊可得御意候、

恐々謹言、
九月十九日（元和五年カ）　　南光
鍋嶋信濃守殿（勝茂）

178　南僧正天海書状写（折紙）

佐賀実相院文書

追而申候、御下向之砌、以威徳院申入候、実相院僧正ニ罷成候儀、被成御尋、様子可承候、是又伝　奏ゟ可申入旨ニ候、御状則懸御目候間、急度御報可給候、以上、

態令啓候、然者千栗山与河上山、　勅額之儀ニ付、内々如申入候、河上山申分有間敷候へ共、若々存分於有之者、早々河上山実相院可罷上之由、可被仰付候、伝　奏伺叡慮、可被相究旨候、為其申越候、恐々謹言、
九月廿二日（元和五年カ）　　南僧正　天　判
鍋嶋信濃守殿（勝茂）

179　南僧正天海書状写（折紙）

佐賀実相院文書

尚々、無御隔心候間、伝（広橋兼勝・三条西実条）奏ゟ参候御状懸御目候、貴殿へ未被仰通候故、我等ゟ可申入旨候、以上、

御在京中者、互不得寸隙、細々不申通、所存之外ニ候、併御仕合能御帰国、目出度存候、明春江戸於御下向者、以貴面可申承候、将又千栗山之儀、　院宣・旧記　先皇（後陽成）宸（院）筆等分明之上、伝　奏無御疑候、然共若又河上山申分残候ハヽ、如何候、為念可申越由、伝　奏ゟ承候条、如此ニ候、此度河上山不罷上候者、於此方可為落着候、御分別過申間敷候、千栗山使僧、于今在京、経数日候間、彼方へ急度被仰付可給候、猶期後者之時候、恐々謹言、
九月廿三日（元和五年カ）　　南僧正　判
鍋嶋信濃守殿（勝茂）

180　東光坊条書写

佐賀実相院文書

覚

一、従広橋様（兼勝）、鈴鹿采女（治忠）被召寄、吉田千栗山公事之相手

ニ可罷成旨候哉、無心元思召之段、御尋候へハ、吉田
相手ニ非罷越(成カ)儀候、　禁中方御済之外有間敷之段被申
候事、
一、今月廿八日、　東照権現御遷宮ニ付、廿四日、僧正(天海)
京都被罷立、自尾州直東国下向ニ相極候処、従　禁中、
法花経講話御聴聞有度由、就　御倫(綸)言、来月六日、七
日之間、可為帰洛候条、実相院事、来月廿日前京着候
様可被申下事、
一、実相院今度不罷上候者、於此方可為落着段、信濃守(鍋島勝茂)
へ僧正(天海)ゟ遣候状ニも書被申候事、
一、両伝奏(兼勝・実条)・梶井様(最胤法親王)・大僧正(天海)・板倉伊賀守(勝重)殿、御談合之
上、信濃守殿へ被申下(マヽ)儀候事、
一、実相院僧正官之儀、右之衆無御存知事候、被成御尋
其様子可被聞召段、是も従僧正(天海)之状ニ書被申候事、
右之段、従僧正飛脚可申付候へ共、其方亦一人可被
差下候、延引有間敷候、以上、
(元和五年)九月廿三日　東光坊
玄莚房

参

181　伝奏衆広橋兼勝・三条西実条連署書状
写（折紙）　佐賀実相院文書

追而申候、実相院僧正ニ罷越(成)候儀不審ニ存候、是又
被仰越様子可承候、かしく、
旧院(後陽成)震(宸)筆之額之儀ニ付、千栗山河上山申分之由候、千栗
山之使僧于今在京仕御理申候由承候、河上山より申分於
在之者、早々罷上候様ニ、信濃守(鍋島勝茂)殿へ可被仰越候、其上
を以可申上候、恐々謹言、
(元和五年)九月廿三日　実条(三条西)
兼勝(広橋)
南光坊(天海)僧正御房

182　尾張東照宮遷宮宣旨案　『孝亮宿禰日次記』

左弁官下尾張国東照社

権大納言藤原（広橋）朝臣総光
参議藤原（花山院）朝臣定好
右権大納言藤原総光宣、奉勅為令勤（ママ）行当社遷宮事、差件
等人発遣、者社宜承知、使者経被之間、依例、供給官符
追下、
元和五年九月廿四日　左大史小槻（壬生孝亮）宿禰判　奉
左少弁藤原朝臣　判

183　河上山座主尊純書状写

佐賀実相院文書

追而、愚僧御官位之儀、乍勿論、非私之儀候、
御室（仁和寺宮覚深法親王）宮様御免許上者、不及申分候、
今度、従両伝（兼勝・実条）　奏至南光坊（天海）被進候御状、幷南光坊御状、
何モ令拝見候、
一、右御書面之内、河上山申分於相残者、急度可致上洛之由候、抑当社之来歴者、累年至吉田殿申達候、渕底御存知之前候間、今以愚僧不及罷登候事、
一、今度河上於不罷上者、上方ニテ可為落着之由候、然時者、定而至吉田家可為御穿鑿上候、若無其謂而河上於失社威者、先以、吉田家累代不易之神道管領長上職モ、俱ニ可被成御改易哉之事、
一、河上社一宮神号之事、尤非私之儀候、又吉田殿非新儀之事候、其故者、吉田累家之秘本諸国一宮之神名帳与河上山古来之証文等、一々被相応、旧記依為明鏡、任先例、数通之御書物被差渡、慥所持仕候事、
右之条、御披覧所仰候、尚御使者申入候、以上、
（元和五年）十月十五日　実相院　尊純
信州様（鍋島勝茂）
人々御中

184　山門三院執行探題天海書状（折紙）

姫路随願寺文書

今度　御朱印執遣し候、弥仏事勤行不可有懈怠、境内山林竹木、堅可為禁制候、於乱者急度可申達也、
（元和五年）霜月九日　山門三院執行探題　天海（花押）
増位山惣中

185　山門探題大僧正天海書状写（折紙）

佐賀実相院文書

態啓達、抑千栗山川上就一宮相論、互捧数通之証文、累年続日訴申之間、後陽成院様糺旧儀明証文、千栗山被属理運、忝被下御震（宸）筆了、寔文約義明天鑑無私之間、能々被遂拝覧、幸貴公国主之儀候間、早速被加下知尤候、自今以後万一申掠人雖有之、一切不可有許容、必矣如御存知、千栗山之事者、山門暦（歴）代之末寺、鎮守亦比山王権現、神道全非他所知候、恐惶不宣、

（元和五年カ）霜月廿七日　　山門探題大僧正　天　判

鍋嶋（勝茂）信濃守殿

玉几下

186　南僧正天海書状

以上

此中者無音参候処、九年父（母）三十給候、此方別而弥（珍）物候間、令賞翫候、何様以参可申達候、恐々謹言、

（元和二〜六年）正月廿二日　　天（花押）

〆　後（後藤庄三郎光次）庄右衛門尉様　　南僧正

貴報　　ゟ

○本文書は所在不明。インターネット写真版より収録。後藤光次は目が不自由になり、元和元年（一六一五）極月十日隠居して庄右衛門と称した。

187　南僧正天海書状

上野現龍院文書

尚々、明日者仙波（喜多院）へ罷越候、十日計逗留候て可参候、其節可得御意候、以上、

此中者無音罷過候、仍東鏡五十一冊返還仕候、綱要二冊借申候、重而可還候、只今肝要之砌ニ御座候間、御養生尤ニ存候、此間者不始乍御事、御懇切過分奉存候、恐々謹言、

（元和二〜六年）正月廿六日　　天（花押）

〆　後庄（後藤庄三郎光次）右衛門尉様

人々御中

南僧正

188　南僧正天海書状案

『楓軒文書纂』

尚々、何とて御書おそなハリ申候や、無御心元存候、
以上、
今朝書状以申入候処ニ、又々御状忝存候、御目見之事相
調申候間、早々したく（支度）候而、義宣（佐竹）ゟ御左右ニ、上様へ御
礼可然存候、必々其元御油断被成間敷候、恐々謹言、

二月廿四日　　南僧正

茂□（破損）
貴報

189　南僧天海書状（折紙）

京都三千院文書

以上
御書忝拝領、殊為御音信銀子五枚、別而御心付之処奉感
候、将亦我等事種々御肝煎故、代之　勅許、生前之大慶
不知所謝、御芳情難露紙面候、一々御使僧へ申渡候、先
可申上候、爰許之儀者無所残御仕合にて候、弥自今随分
御馳走可申候、可御心易候、猶口裏ニ申含候条、令省略
候、恐惶敬白、

二月廿八日　　南僧　天（花押）

梶井様（最胤親王）（三千院門跡）ニて
宮内卿
御中

190　南僧天海書状（折紙）

京都三千院文書

尚々、やかて某参候て、御とりのへ候て候へく候、
御待候へく候、此方替儀無之候、返々、きひしく候
とも、御待候へく候、以上、

漸可為御参着候、即刻雖令罷越度候、御勘気衆御帳挙旨承度儘、是も　公儀之儀候条、令遅々候、さて〳〵御さひしく御入候ハんと、朝暮奉案候、廿日頃ニハ、此方を罷立へきよし存候、真福院さへ煩故不令詞（伺カ）候、本意之外候、併漸平愉仕候間、頓而先御越可申候、于今薬用候条令逗留候、将亦一昨日於御城御次候て、一々申上候、大樹にも御ほめ大かたならす候、さひしさをも御なくさミ候へく候、御辛労候て、御当門御輿立と可思召候、各ゟも可申越候、定而冷内ハ、李門（三千院門跡）にも日光山へ御座候へく候よし、　大樹も被語候キ、事々期後音之時候、恐惶謹言、

五月十五日　　南僧　天（花押）

梶井様（最胤親王）（三千院門跡）にて
御小性（姓）共御申上

191　南僧正天海書状

滋賀延暦寺文書

尚々、乍御大儀頼入候、以面御礼可申宣候、以上、

元和五・六年

類本無之之間、各乍無心頼入候、為令法久住之被染筆可給候、頓ニ帰本にて候、文字・小墨点等被入御念所希候、具以注文申候、恐惶不宣、

八月七日　　南僧正　天（花押）

山門
学徒中
玉座下

○本文書検討の余地あり。

192　南僧正天海書状

大阪四天王寺文書

已上

夜前者辱存候、従是可申処、還（脱アルカ）折給候、祝着仕候、何様以面委可得御意候、恐々謹言、

八月十六日　　天海（花押）

〆　観音寺　　南僧正
天海

193　南僧正天海書状（折紙）

群馬龍蔵寺文書

以上

其以来御息災候哉、無御心許候、我等も無事ニ候、可御心易候、左様ニ思食候者、真光寺へ申越候間、能々御相談候へく候、内々会津へと存候へ共、寺致炎上、知行も無之事ニ候之間、御堪忍難成候、前々を思召候てハ、一向相替事ニ候、能々御分別候而、頓而真光寺可有来儀候間、可被仰越候、恐々謹言、

九月七日　南僧正　天海（花押）

那波　寂光院　駿府ゟ

御同宿中

194　南僧正天海書状

大阪四天王寺文書

此中者種々御懇切忝奉存候、仍竹林坊（賢盛）を以借用申候本疏抄、竹林相しらへ返進申候、猶残而某申請候抄、於山門書写仕候間、出来次第返進可申候、内々申合候書物共、大樹坊・双（相）住坊へ可申示候間、可預恩借候、今日者取紛候間、委尾州ゟ可申上候条、不能一二候、可然様ニ御心得所仰候、恐々謹言、

九月廿三日　南僧正　天（花押）

（宛所なし）

195　南僧正天海書状

芝金剛院文書

猶々、逗留之内兎角以面可申候、

禅門方へ之御書中見申候、我等上洛之事者、自関東人参次第ニ而、大かた廿日時分ニ可有之候歟、如何様貴老御上洛之儀、以面可承候、将亦一儀承候、直談如申候、少も如在之義（儀）ニハ無之候、必々能様ニ被仰下可給候、恐惶謹言、

十月十一日　天海（花押）

文翁　南僧正

几下

○南僧正発給文書を便宜ここに所収した。

196　天海書状（折紙）　『古文書纂』

尚々、爰元近々様子可申承候、以上、
芳翰披閲本望候、其元無事肝要候、御書中之趣、唯心・伯庵各に談合可申候、将亦御児能々念を入、細々御見舞、手習・経をよませ可給候、其方ニまかせ置候、必々無能にてハ、更ニ所用ニたゝす候、御所様（徳川秀忠）不相替御情達候、可為御満足候、貴老所用之儀、随分念を入可申候、又御児小袖御服頂戴仕候間、三十前便、いかさまにも、此方ゟ目出越可申候、正月之用意ニハ色の小袖、をもてうつくしきを御きせ可給候、うらかひとへものにても、此方ゟも越可申候、常光院ニ御談合候へく候、猶近々可申候、恐惶謹言、
（元和六年以前）
二月二日　天（花押）
自駿府
出豊後守様（出納職忠）　天海

○出納職忠の豊後守在任期間は元和六年閏十二月九日まで。

197　日光東照大権現社領寄進状案　『東叡山滋賀院日光山書物之写』

東照大権現下野国日光山、社領事
都合五千石目録在別紙、
右件之所々拾七箇村奉寄進之訖、殊者就于東照大権現勧請、当山衆僧・社家・門前屋地子等、悉令免許之、各宜承知、幷永代可令停止検断使、若於背国法輩出来者、可為各別者也、者守此旨、仏法興隆厳密可被沙汰之状如件、
元和六年三月十五日　台徳院殿御書判
天海大僧正御房

198　日光山座禅院寺領寄進状案　『東叡山滋賀院日光山書物之写』

下野国日光山領足尾村一円如先規、草久村・久加村之内、以上七百石事、但東照大権現就于勧請、当山衆僧・社家・幷今市門前屋地子等免之、其改替之地也、村七百石事、相国（徳川秀忠）新寄進之上者、弥以不可有相違、共以

可有全社納、永代可為検断使不入之地、若於背国法輩出来者各別事也、者守此旨、真俗法度事、自今以後天海大僧正可被致沙汰之状如件、

元和六年三月十五日　台徳院殿御書判

光明院殿

座禅院

199　久能東照大権現社領寄進状

久能山東照宮文書

東照大権現駿河国久能社領事、

都合参千石　此内千石　神供料

弐百石　社僧領

千八百石　神主領

右件之在所者、当国有渡郡之内所々拾六箇村目録在別紙事、奉寄附之訖、永代可為検断使不入之地者也、若於背国法族出来者、非制之限、者榊原大内記照久全令社納、神事・社役等可勤仕之状如件、

元和六年三月十五日

従一位右大臣源朝臣（秀忠）（花押）

200　喜多院寺領寄進状案

『御制法』

武蔵国東叡山無量寿寺喜多院領入東郡仙波郷五百石事、可有全寺納、幷寺中・門前屋鋪・境内山林竹木等、令免許之訖、永代可為検断使不入之地也、者守此旨、仏法興隆不可有怠慢之状如件、

元和六年三月十五日　従一位右大臣源朝臣御判

201　日光東照大権現御神領寄進状目録案

『東叡山滋賀院日光山書物之写』

東照大権現下野国日光山、御神領

目録

一、六百五拾弐石八斗七升　湯西村 栗山村

一、三百石八斗八升　小百村

一、五百九拾七石八斗三升　所野村

一、弐百九拾四石壱斗六升八合　瀬尾村

一、百八拾石七斗壱升　瀬河村
一、百九拾石七斗弐升　山窪村
一、百五拾八石　平ケ崎村
一、百四拾石壱斗六升　千本木村
一、四拾三石四斗壱升　下之内村
一、百三拾弐石三斗三升　室末村
一、七拾五石七斗四升　吉沢村
一、三百拾石壱斗三合　小代村
一、弐百六拾五石三斗弐合　明神村
一、六百九拾四石六斗弐升　長畠村
一、八百七拾石七斗七升六合　小成川村
一、九拾弐石四斗七升壱合　小倉村之内
以上
都合五千石

右所々拾七箇村事、所被成寄進也、早被任今月十五日御判之旨、可有全社納、然而東照大権現就于当山御勧請、一山之衆僧・社家・門前初(鉢)石各屋敷地子銭等御免許之訖、者神事・社役不可有怠慢之旨、依仰執達如件、

元和六年三月十六日
(安藤重信)対馬守　書判
(土井利勝)大炊助
(本多正純)上野介
(酒井忠世)雅楽頭
天海大僧正御房雑掌

202　日光山領寄進状目録案　『東叡山滋賀院日光山書物之写』

日光山領
目録
一、一円　足尾村
一、七百石　今市村
一、三百七拾九石五斗六升三合　草久村
一、三百弐拾石四斗三升七合　久加村之内
以上

右四箇村事、可有全社納者也、然而東照大権現就于当山御勧請、一山之衆僧・社家・門前初(鉢)石各居屋敷地子銭等、悉以御赦免之上、為其改替両郷草久・久加之内合七百石事、重

而被成寄進之訖、者如先規、神事・社役等不可有懈怠旨、
依仰如件、

元和六年三月十六日　対馬守(安藤重信)　書判

大炊助(土井利勝)

上野介(本多正純)

雅楽頭(酒井忠世)

光明院殿

座禅院

203　天海書状（折紙）

京都三千院文書

尚々、御隙明次第、急御下申候へく候、其前先以御
報、早々飛脚ニ御下申候へく候、具各へ可申渡候、
以上、

態可申宣由存候処ニ、幸日下部五郎八殿(目付・宗好)下向之間令啓
候、

一、近々御入内(徳川秀忠女・和子)之由珍重候、御所〳〵方へも、此由奉頼
候、

一、同四月十七日前御下与存候へとも、第一御入内候ハ
ヽ、互可被仰通候間、其御隙明次第、御下可然候事、

一、某正月中者煩気、雖然令本覆候、可御心易候、併何
と仕候ても、極老之事候間、残命之内某千石拝領、知
行を渡申度候、有増年寄衆へも物語申候、子細共彼日
下部五郎八とのへ、早々御対顔、御相談可有之候、
藤泉州(藤堂和泉守高虎)へも、右之段申越候、兎角早々御報可有之由、
猶年寄衆も相極可申候、

一、追日大樹(徳川秀忠)我等へ御悃切候、可御心易候、知行之加
増なとも、於日光山昨十五預候、忝候、夜中候間、早々
申候、恐惶頓首、

(元和六年)三月十六日　天海（花押）

梶井様(最胤親王)(三千院門跡)にて

御小性(姓)衆

御中給へ

204　大僧正天海書状（折紙）

萩野由之氏文書

路次中一段与堅固候而、去十六日下着候、翌日登城仕合
無所残候、中納言殿（徳川義直）被入御念候故、内記（田代）薬ニ而令本復候、
言上申候へハ、能所ニ而相煩候由、御機嫌能御座候、路
次中内記方薬を用候之故、一段之息災ニ而下着候、不始
乍御事、此度者別而中納言殿御厚恩難申尽候、恐惶謹言、
（元和六年カ）三月十八日　大僧正　天（花押）
田代
人々御中

205　大僧正天海書状

兵庫能福寺文書

尚々、珍々重々叵申尽候、非拝面難申述候、我等も
御同前悦申事候、以上、
昨日者御尋、殊杉原十帖、さあや壱巻送給、併御慇懃之
至、雖然僧録之儀御　諚、誠以珍重不可過之候、折節致
他出不克拝顔、御残多候、頓従日光罷帰、御祝儀可申述
候、恐惶謹言、
（元和六年）卯月十三日　天（花押）

〆
（崇伝）金地院　大僧正　天海
侍者中

206　天海書状（折紙）

京都三千院文書

尚々、御年寄衆へ始不申出前者、自然不調之儀候
てハ、外聞如何候間、竹林殿（賢盛）・東右衛門尉殿なと
にも談合不申候、はや各へ令相談、無相違候間、
今夕聞せ申候、急而両人書状言上候へく候、以上、
山ノ御児者はや〳〵と御下候へく候、其よし被仰
頼入候、其故者　将軍（徳川秀忠）へ御礼之時、被召連候ニ、
おしやつれ候て、色もくろミ候てハ、見くるしく
候間、其前ニゆあらひをも申へく候、呵々、以上、
一、女御さま（徳川和子）をはしめ、殊ニハ　禁中様（後水尾天皇）へも御目出
度よし申候と、御取成奉頼候、いかさま御祝儀と
して上洛之節、万々可申事とも頼入候、政所との
へ御こころへ頼入、さひ〳〵文して申候、とゝき

申候や、無返事候、このたひも申へく候へとも、
　やがて又隙候間、其時文して申まいらせ候へく候、
乍便札令言上候、節々如申宣候、御入内(徳川和子)近々之間、迚
も只今迄御座候ハヽ、互御祝言被成、被明御隙可然候、
一、早々御仕舞候ハヽ、路次込候ハぬ節、能被聞召届、
御下可有之候、左候ハヽ、従此方酒井雅楽頭(年寄衆・忠世)、同前ニ
土大炊助(年寄衆・土井利勝)・松平右衛門佐(年寄衆・正綱)上洛候間、幸之儀候間、
　東照権現神宮寺御門跡ニ下向候へよし申越候、内々
御年寄衆、何へも其段申談候間、於其元路次無相違、
殊ニ御祝儀ニ御隙も早速候やうニ相談可然旨、従僧正
被申越候与被仰候て、　大樹(徳川秀忠)へ御見舞ニ、早々御下向
可然候、又当年可為御上洛候間、早御下候程、寒天ニ
不向、御上ニ能候へく候、
一、日下部五郎八(目付・宗好)方へ具ニ申越候、一段忝之由被仰、御
礼候て、万事年寄衆へも、御対談かならす可被成候、
此方之儀ハ、某ニまかせられ候へく候、随分之御奉公
と存候、老後之事候間、一刻も急候而、如此ニ候、年
来御悃切忝儘、物を遺し候と存候、此上者御分別を以、
大樹御前能被成候ハヽ、いか程も能候へく候、其者
御手柄次第申候、恐惶謹言、
　四月廿二日(元和六年)　　天海（花押）
梶井(最胤親王)(三千院門跡)様にて
　誰にても
　　御申

207　天海書状（折紙）

京都三千院文書

尚々、先書ニ具ニ申候間令略候、
一、今度者先早々江戸にてハ、御見舞なく候ても、
日光山へ御とをり(通)、万御談合候て、猶　大樹(徳川秀忠)へ
も忝之由被仰候て、日光山御門跡新建立の御祝
儀ニ、御礼候やうニ申候、さ候ハヽ、御隔心なく、
細々都鄙にても、御参会之様ニ申度候、御精を
出され、御門跡之中興可被成候、
一、一段此中者機色我々も能候、可御心易候、熊
寿昨日湯本へ被参候、以上、

一、藤泉（藤堂和泉守高虎）煩気之由風説申候、いかゝ候や、さ候ハ
、、御文ニ被為候しか、無之候間、いつハりと
存候、以上、
卯月九日之御書、五月二日ニ拝読忝奉存候、
一、御入内（徳川秀忠女・和子）なと近候、御能其外　大樹御機嫌能候へく候、
可御心易候、我等者四月之祭礼前ニ日光山へ罷越、
本上州（本多上野介正純）御名代ニて目出相勤候、可為御満足候、彼湯へ
入候而、于今令逗留候、
一、日光山去年之御建立相残所、従春中被成候、我等も
普請ニ存立候、
一、内々日下部五郎八（目付・宗好）とも物語申候、先度御覧被成候鳥
居之脇之屋敷を、御屋敷ニ進上申度候へ共、種々指合
候間相止候、いつかや申候山口忠兵衛方上之山屋敷ニ
可申候、但、本頼朝（源）堂立候ハんよし、奉行見当候屋敷
候、是にても候ハんか、御下行之時分、直談可申上候、
一、御下いかやうにも、御入内過御一礼候ハ、、御急七
月十七日前ニ、日光山へ御登候様ニ申度候、左候て八
月、九月御逗留、十月御上洛之様ニ被遊候ハ、、一段
之仕合たるへく候、御油断有間敷候、
一、少々の小屋之御普請御隙入候共、何とて大坂へ御越、
藤泉州・日下部五郎八なとに、御あひ（逢）候て、御満足の
よし仰られ、はや左候ハねは、かならす（必）なく候て、当
風に不入候よし可存候、恐惶敬白、
（元和六年）五月十三日　　天海（花押）
梶井様（最胤親王）（三千院門跡）にて　誰にても
御披露給へ

208　天海書状（折紙）

京都三千院文書

尚々、驪而自是以書状可申候、以上、
態奉言上候、其元御仕合能御息災之由、珍重奉存候、仍
先書如申候、爰元建立取紛無正体候、殊今月下旬ニ水戸
御宮立候地形、為御談合、少将殿（徳川頼房）ゟ兼約候而、罷越候間、
重而令啓候、九月中旬ニ其元を御立、下旬ニ江戸迄御参
着候様可有之候、左候ハ、、藤泉州（藤堂和泉守高虎）も大坂表隙明候て、
可為参府候間、万事為御相談候、御太儀候共、極月始可

有還御可被思召候、少々御越年も苦間敷歟、何各参府之
節、御下候ハヽ、自今以後迄之始末可有之候、為其猶申
候、無申迄候へ共、御下十五日も前ニ飛脚成共可被下候、
為分別候間申入候、恐惶謹言、

(元和六年)八月十七日　　天（花押）

梶井様(最胤親王)(三千院門跡)ニて
御小性(姓)御中

209　天海書状（折紙）

国会図書館文書

尚々、速水・木村へ之下行之事、周防殿(板倉重宗)□余之衆
へも、竹林坊(賢盛)・観音□(院)を以、涯分申理候へ共、被
為出笘ニ而無之由候間、今以伊州(板倉勝重)申遣候事、遠慮
候間、其段可被仰遣候、少も如在ニ而者無御座候、
度々申理候而之上之儀ニ候、
一、爰元之普請、存外結構ニ御座候、
遠路御状忝令披見候、無事ニ登山可御心易候、殊天気能
御祭礼被為相勤候、随而我等も令満足候、其元御普請
之儀者、何篇可然様ニ任置候、将亦従於□□、来翰令披
見候、如御存知、先日御赦□之旨、達而以書状御年寄申
合進上申候、于今吉凶之御報無之候、少も不存疎意候、
乍此上□(御)油断申間敷候由、自貴下も可被仰越候、返礼も
其分仕□事候、期後音之時候、恐惶謹言、

(元和六年カ)九月十八日　　天（花押）

施薬院(宗伯)御尊報
貴答

210　大僧正天海書状（折紙）

三浦周行氏文書

九月十六日之書状令披見候、先以　禁中方何も御無
事之由珍重候、御次而之砌、弥可然様任置候、
一、南光坊修造之儀、相応之儀馳走可有之候、
一、前内府殿(広橋兼勝)御煩付而、両通迄薬院(宗伯)へ相頼指越申、無替
儀候間、此度令略候、此由頼入候事候、
一、女中方之事、先日も御赦ニ被為済候間、重而以書状、
御年寄衆へ申合令言上候、定而御普請、殊御台様御煩

付而、御年寄衆も如在者有間敷候へ共、調兼候哉、無兎角候、乍此上令参府、随分念入可申候、少も無沙汰申間敷由、慥ニ前内府殿へ御心得御座候、此事御苦身御無用候而、御煩御養性(生)専一候、目出被成御快気、御参会候へ由伝達御座候、
一、両速水事、随分念入候へ共、周防(板倉周防守重宗)此方ニ候砌、色々観音院(忠尊)・竹林坊(賢盛)を以申候、勿論此方之衆へも申候へ共不調候、卒尓ニ信州なとへ幾度申候而も、成へく者無之候、参府之砌心静ニ各内談可申候、
一、我等を始、卿公息災候、可心易候、
一、安虫丸給忝候、
一、大樹房へ談合候而、建仁寺之両足院へ被仰、物本出来次第調、又大樹房碧岩之科を始、勅使しんぎ之抄出来次第調越候へ由、御才覚頼入候、
一、林子と申当世新渡之本五十巻之由候、此方ニハ(林)道春なとも被持候、調越可給候事、
一、五経大全調越可給候、尤何大樹房へ談合御座候書給候、

(元和五・六年)十月五日　　大僧正　天（花押）
出納豊後守(職忠)殿
御報

211　大僧正天海書状

近江桑実寺文書

猶々、今度御知行所に罷成候由候間、別而御入魂頼存候、以上、
江州桑実寺寺僧共、役儀之事、先年板伊州(板倉勝重)・大石州(大久保長安)・学校(閑室元佶)被得上意、諸役御免除候間、近年如有来於御赦免可為快悦候、猶於江戸可申談候、恐惶謹言、
(元和六年)霜月廿日　　天海（花押）
一橋(市)伊豆守(長正)殿
人々御中

212　天海書状（折紙）

吉田黙氏文書

已上
久不奉拝尊顔、夏中者日光山公(ママ)内々修造無際限候間、不

令参府、殊遠境故御無音令申候、弥御息災之由珍重候、
御殿なと被為立候由、其聞外聞実儀無残所、連々御懇切
雖無忘失候、時季不参故歟、御奉公をも不申上、案外之
至候、全心中之非疎意候、仍物本御直ニ被為借候、即今
度令返進候、猶連々書写仕、残置候ハん、被成御覧可有
恩借候、為興隆仏法可令書写候、来春者必令上洛候間、
其節宜得覧意候、禁中表之儀、御次而之節、可然様御取
成奉頼候、猶期永日之時候、恐惶謹言、

(元和八年)後極月十九日　天（花押）

(尊純親王)青門様ニて
御小性(姓)御申上

213　水戸東照宮遷宮宣旨案

『孝亮宿禰日次記』

左弁官下常陸国東照社
権大納言藤原公広(転法輪三条)
参議藤原(西園寺)朝臣実晴
右史生宗岡孝昌

右権大納言藤原朝臣公広宣、奉勅為令勤行、当社遷宮事、
差件等人発遣、者社宜承知、使者経彼之間、依例、供給
官符追下、

元和七年二月廿七日　左大史小槻宿禰判奉
権左少弁藤原朝臣奉行勧修寺経広

214　幕府年寄衆連署書状

「慈眼大師御年譜附録」

以上

急度致啓上候、然者江戸へ早々可有御参之由、被仰出候
間、其御心得可被成候、御普請之御様子具上野介(本多正純)言上之
処ニ、一段御機嫌に御座候、恐惶謹言、

(元和七年以前)三月二日　(幕府年寄衆)土井大炊助　利勝（花押）
本多上野介　正純（花押）

大僧正御房
御同宿中

○本多正純は、元和八年（一六二二）二月に失脚。

215　真光院寛海書状写

佐賀実相院文書

尚々、其許之義(儀)、可為無案内候条、万事御指図頼思召候由、呉々頼思召候、心蓮院(仁和寺使僧)も眼気散々候て、自去月出京、于今被居候条、不被申候、以上、

先度者具成御返事之旨、則令披露候得者、御満足ニ思召候、仍而河上山千栗山一宮之沙汰ニ付、南光坊(天海)御奉行江被申入候由、成勝運(仁和寺奉行成多喜勝運)就被申上、驚思召候、当門(仁和寺宮)御門下之義(儀)候得者、内々貴老迄可被仰越与思召候、尤ニ候、然者、河上山座主(尊純)被罷下候条、諸事御指南頼入思召候由、懇ニ可申入　尊意候、河上山之義(儀)、神名帳明鏡成証文及百通候得者、誰以被申掠義者、可為如何歟与御内存候、法中之義(儀)候間、永喜(林信澄)へも委被仰入候、恐々謹言、

(元和七年)五月廿七日　　真光院　寛海　判

(光誉)知足院法印御房

216　岩倉具尭書状写

佐賀実相院文書

尚々、具之義(儀)、此実相院(河上社尊純)可被申入候間、不能詳候、以上、

今度者、為御使罷越候処ニ、大炊様(土井大炊助利勝)御懇意之段承存計候、仍而、此実相院与申、肥前国河上山之住寺(持)ニ而候、額之儀ニ付(而カ)□院(後陽成院)御所様之時、千栗山与申分出来候而、于今不相済由候、然者、今程従南光坊(天海)、千栗山可為本儀との御筆御座候とて、河上山江被申懸候由候、此御墨付之義(儀)、大弼(秋篠)・我等少も不存事候、又御内儀之衆も無御存知候間、如何与無心許存事候間、此実相院申分具ニ被聞召届候様ニ、御取成所仰候、為其如此候、不備、

(元和七年)五月廿八日　　岩倉木工頭　具尭　判

(土井利勝内)横田角左衛門尉殿

217　真光院寛海条書写

佐賀実相院文書

已上

態令啓候、仍河上山座主(尊純)下向之時分、従　御門跡御奉行

中江御書被遣候所、貴院（光誉）・文殊院（応昌）御持参候て、彼公事之有増被仰入候由被成御満足候、弥此儀無油断、大炊助殿（土井利勝）江能々可被仰入事、頼思召との御意候、

一、如御存知候河上山ニ者及百通証文明鏡候所、遠国故、南光坊（天海）唯今以威勢、一往之無裁許も、数十通之証文共掠被申候事、去とてハ歎敷思召候事、

一、彼国主鍋嶋（勝茂）も河上山証文通慥成儀をハ、数代能々被存候間、定而其由御奉行中江も可被申上と思召候所、従南光坊数度鍋嶋所江書状付被申候間、公儀六ケ敷被存、何様共　公儀次第と返事被申候歟与御門跡思召候事、

一、　院御所（後陽成院）御宸翰之事者、南光坊与三久（休カ）内談之事、色々様々申分在之義（儀）候、此子細者　院伝奏岩倉木工（具尭）なと能々被存候事、

一、　公方様（徳川秀忠）御法度之事者、古今ニ無御座御清水（ママ）と諸人奉存候御代ニ、ケ様之証文共非分ニ捨リ可申事、御迷惑との被仰事候事、

一、貴院ハ御門下御被官之内ニ而も、別而頼母敷思召候間、此由急度大炊助殿江可被仰入候、恐々謹言、

（元和七年）七月廿一日　　真光院　寛海　判

知足院（光誉）法印御房

218　大僧正天海書状

大津聖衆来迎寺文書

先日以書状申入候、相届候哉、公方様（徳川秀忠）弥御勇健之御事候、可御心易候、然者了竹宮之儀付、上せ申候間、万事乍御六ケ敷、御指引頼入候、貴殿御息災候哉、我等も一段無事罷有候、猶期後音之時候、恐惶謹言、

（元和七年以降）八月廿日　　大僧正　天（花押）

（京都所司代・重宗）板倉周防守殿

人々御中

219　大僧正天海書状

上野凌雲院文書

被入御念生キ鴈壱、雉子壱給、忝存候、御仕合能近日御帰国候由、目出度存候、御逗留中、鷹出来候ハヽ、於御

用者可進之候、いまた不参候、近日参候ハんと存候、恐
惶謹言、
（元和七年以降）十月十二日　天（花押）
大僧正
〆松平（忠直）淡路守殿
人々御中

220　天海書状（折紙）　京都妙法院文書

尚々、路次中御養性（生）御機色無相違様ニ専一候、先日
板防州（板倉重宗）なとに内々者土大炊助（土井利勝）へも相談申、書中進候
処ニ、御報無之候間、重而申入候、以上、
先達以書状令言上候、参着候乎、無御報候、李（最胤親王）・青（尊純親王）両門
御事者、前ニ大樹（徳川秀忠）へ御礼相済候間、法事ニ随而御下向候、
当門様（妙法院尭然親王）者御礼無之候間、今度者先為御礼御下、其上於日
光山法事ニ御出可然候、外聞之儀者、我等可被任置候、
御油断有間敷候、恐惶謹言、
（元和八年カ）二月廿四日　天海（花押）
妙門様（尭然親王）にて
誰にても御申

221　大僧正天海書状（折紙）　京都三千院文書

以上
先日公家衆役人以下之儀書立給候間、則返状申候、定而
可為参着候、此方之儀者、我等ニ被相任可御心安候、仍
妙法院殿于今　大樹（徳川秀忠）へ之御礼無之候間、今度之法事之御
役ニ為　公儀不申上候、先御礼計ニ下御申可被成候、於
其上日光山之随而之御役ニも可申候間、御若年と申、万
端御異見御申、御下候様ニ御申可被成候、則此書状見せ
御申可然候、猶追々可申述候、恐惶謹言、
（元和八年カ）二月廿五日　大僧正　天（花押）
梶井様（最胤親王）（三千院門跡）ニて
誰ニても御申上

222　山門探題大僧正天海日光山直末補任状案

「慈眼大師御年譜附録」

補任

比叡山延暦寺々号職事

藤瀧山

長谷寺

西蔵院

右以　勅宣之旨、所令補与属日光山直末、全可被承知之状如件、

元和八年四月十七日　　山門探題大僧正天海

223　大僧正天海書状（折紙）

尚々、先可申候を御息災之由珎(珍)重候、我等も一段与堅固候、猶拝面之節、万々可申述候、将亦両民卩(部)卿殿ゟ御灯明料相納メ、可然様御申可被進候、以上、

其後者不申通無音罷過候、仍今度日光山へ　公方様(徳川秀忠)御成御機嫌能、我等之満足不過之候、就其板倉周防殿(重宗)・同内膳殿(重昌)、別而念入候段忝候、将亦今小路民卩(部)卿事、毘沙門堂之坊官ニ而、此度も随毎度之役候、今度京都之御書立ニ不入候、末代之儀候間、　禁中御役者、次ニ御下行、尤拝領候様ニ、広橋前内府殿(兼勝)御相談所仰候、広橋殿へも、此趣申入候、尤御心得可被成候、恐惶謹言、

六月廿九日　　大僧正　天（花押）

板倉伊賀守様(京都所司代・勝重)

人々御中

○本文書は『思文閣古書資料目録』第二三一号（平成二十五年二月刊）、一三頁所収の写真版より。

224　天海延暦寺法度

滋賀延暦寺文書

山門殺生禁断并山林竹木伐取事

東照(徳川家康)大権御在世之時、別而御上洛之節、堅御法度候処、無動寺山或致炭割木、或盗取之由、其聞候、山門為興隆候間、於俗人者、不選他領、板周防守殿(京都所司代・板倉重宗)、吾等頼候由被申、急度可被加成敗候、於衆徒者、先以知行を押、公方(徳川秀忠)

様御上洛之節、可被得御裁許候、若又吾等弟子分抱之内、
幷正覚院之内者、背御法度輩於有之者、弥可被申付者也、

元和八年十月五日　天（花押）

東塔　執行代

西塔　執行代

横川　別当代

225　天海書状（折紙）

滋賀金剛輪寺文書

尚々、尊体御勇健之由、珍重奉存候、来春上洛之節、
宜得尊意候、

大樹（徳川秀忠）御不例、早速御平愈、為御祝儀、御使被進付、預御
書辱奉存候、如尊意老後之満足、御同前之御事候、恐惶
謹言、

（元和八年カ）極月廿五日　天（花押）

竹内（良恕親王）御門跡（曼殊院門跡）様

御小姓衆御中

226　天海書状（折紙）

京都三千院文書

歳暮為御慶、銀子弐枚、殊尊円親王之万葉集壱巻拝領、
寔以老後之なくさ（慰）ミ何事如之、過量々々、

一、先度　大樹（徳川秀忠）へ被進候御巻数内書、今度奉進候ハヽ、
一段御感候、

一、今般御使者御無用与申候之処ニ御下、御造作之至候、
併　大樹も亦御満足思召、直ニ宮内へ被掛御詞、無所
残仕合候、

一、此方之儀者、我等可被任置候、節々御噂罷出候て御
感候、可為御満足候、

一、　大樹御上洛之儀者、先四月十七（日脱カ）以後与見え候、乍
去時節□（破損）不被知候、追々可被申越候、

一、御下向之事、大方御無用候、若替儀候ハヽ、可申越候、

一、　禁裏様（後水尾天皇）・女御様（徳川和子）・関白殿（九条忠栄）・政所様（九条完子）、其外惣而京都
辺之儀者、乍恐尊前可奉仕候、

一、常光院迄ニ被遣御念由、扠々無冥加候事、

一、きやら進上候、頓而可令上洛候条、以拝面御礼可申
宣候、恐惶不宣、
（元和八年）
極月廿七日　　　天（花押）
（最胤親王）
梶井様
（三千院門跡）
　宮内卿殿

227　山門探題大僧正天海慈恩寺寺内法度写

京都毘沙門堂文書

（端朱書）
「口方破損歟不足也」
一、如旧規諸末寺不可有出仕懈怠事、
一、惣山者不可背学頭下知事、
一、堂塔修造仏事・勤行等、不可有懈怠、付、諸法事開結可為学頭事、
一、如先規花帽子不可着、未竪義者学頭無免許、会合之時、不可着帽子事、
一、本山無免許、不可着色衣、当時者可為学頭壱人事、
一、如本山補任、学頭之外不可出事、
一、如旧規可致入峯事、
一、寺中無油断可致掃除事、
一、清僧之坊跡可取立事、
一、清僧之上落僧不可着座事、
一、清僧屋敷落僧交間敷事、
一、如清僧、落僧座居可為戒壇次第事、
一、落僧其身一代之後、清僧可取立事、
一、於衆会座、隈不可有高声多言事、
一、二王門之内下馬之事、
右条々於相背輩、急度離山可申付者也、
元和九癸亥年卯月九日
山門探題大僧正天海（書判）（朱印）
慈恩寺学頭
花蔵院
（朱書）右一通以北野般舟院所持之記、令書写之畢、法曼院真超

228　山門探題大僧正天海直末許可状

最上慈恩寺明覚坊文書

出羽国最上郡瑞宝山慈恩寺
山門本院本谷南光坊職直末畢、右彼山者慈覚（円仁）大師之開基、
台嶺法流無止事間、自今以後弥以興隆仏法、不可有怠慢
者也、
　元和九癸亥年四月九日
山門探題大僧正天海（花押）

229　天海書状（折紙）
　京都三千院文書

尚々、冬中者機色しつ（静）かに候間、此中一段息災存候、
する〳〵と上洛、可奉拝尊顔、積鬱可得堅（ママ）意之由存
候、申度事共候へとも、もはや罷上候間、令略候、
当山堂社悉々修理、自　大樹（徳川秀忠）被仰付候、其用意専ニ
候、以上、
尊書忝再三拝読、先以息災珍重多幸、仍　大樹今廿九上
洛、必然之由候、明廿日日光を被立候、雖然路次取紛如
何候間、十日御跡ニ可罷立候、自然諸門跡入乱、六ケ敷
候ハヽ、御虫気共被仰、御待可被成候、頓而上洛可仕候
条、宜得貴意候、恐惶頓首、
　（元和九年）四月十九日　天（花押）
宮内卿殿　自日光山
　御中　大僧

230　山門探題大僧正天海判物写
　『新編会津風土記』

会津黒川今号若松常光寺、雖為大乗律、近年紛乱之間、
属旧規度之由、就訴訟、称山門直末、自今以後弥以御門
流之顕密相続、不可有怠慢之旨、宜承知者也、
　元和九癸亥年四月廿四日
山門探題大僧正天海　判
○『福島県史』7　古代・中世資料　八二六頁　本文所収。

231　大僧正天海書状（元折紙カ）
　京都本能寺文書

便札殊梵網古迹之補忘抄拾册給候、誠以忝候、妙蓮寺已来、別而入魂候事候間、於何事如在不存候、相応之儀可承候、此中ハ南都堪忍候哉、唯識之能抄并因明之大疏之抄なと候者、尋候て求候共、又者書写ニ成共可有之候、其外聖教も候ハヽ、御調任置候、猶日舜坊彼是申渡候間、不能具候、恐惶謹言、

（元和九年カ）六月十一日　大僧正　天（花押）

蓮光坊

御報

232　納富羽右衛門書状

佐賀実相院文書

一書致啓上候、仍、両社出入ニ付而、従勝茂（鍋嶋）様御□寺江、以御状被仰候、於委細者□（田中カ）安心にて御親類中へ被仰遣候間、可被聞召届候、

一、右出入、先月上旬比かと致存候、於江戸従南光（天海）坊、　公儀御年寄中へ、又々可有御上聞由御案内ニ候処、御年寄中御返事、於此儀者、必御無事可然之由候ツ、南僧正御合点被成候上、右之通ニ相究り候事、

一、御無事と御座候ハヽ、右口事無之以前ニ候而、如前代可有御治定由候条、可被成其御意得候、然時者、御手前数年之御歎息、大形被相違候かと奉存候事、

一、右社論之事、近年ハ御手前之儀、　御室様・吉田殿へ被差渡、御かまひ候ても御かまひなき分ニ候条、定而今度勝茂様へ之御返事、右御両所様へ御届ケ無御座候而、御自分ニ被成御合点候とある儀、難被仰上、可被思召儀も可有之かと致存候、然者、御届ケ被成候而後ニ、とかくノ御返事可被仰上御本意ニ候へ共、其分ニ候時者、以外遅々仕候上、　公儀従御年寄中、勝茂様トシテ、両社出入之儀無事ニ被成御捬（扱カ）可然之段、被仰聞候筋も不相澄分ニ候、其上、当分従勝茂様、御年寄中へ御返事可被仰上様も無御座ハヽ、無調法ニ可有之体ニ候条、先可被任御意御覚悟肝要ニ奉存候、

（中略）

元九

六月廿日　（鍋嶋家家老）納富羽右衛門（花押）

実相院
　　御童子御中

233　鍋嶋勝茂書状　　佐賀実相院文書

已上

一書申入候、然者、先年両者仰分候処、口事出来、如已
前ニ候而、新儀ニ一宮と不依何色ニ御書付候儀被相止候
様ニ、領主之儀ニ候条、双方へ堅可申渡之由、元和九年
於江戸御年寄中・大僧正(天海)より被仰聞候、然処、元和五年
之札を拝殿ニ被打置之由、大僧正被聞召付、最前従御年
寄中之如御定、右之札引せ申候様ニと度々被仰聞候付而、
此中従江戸も節々申越候へ共、御延引候、□(去)年我等罷下
候刻、重々大僧正より被仰候故、帰国申候而よりも数度
申入候へ共、終ニ無御承引候条、今度罷上候刻、有体申
上より外無御座候、拙者緩候様ニ各様可被思召儀、千万
迷惑ニ存儀候、何も御返事ニ可得其意候、恐惶謹言、
(元和九年以降)
正月十一日　　鍋嶋信濃守　勝茂（花押）

実相院
　　御同宿御中

234　大僧正天海書状　　保阪潤治氏文書

乍御報預示、忝令拝見候、殊見事瓜壱籠送給、珍布熟瓜
別而賞翫不浅候、登　城之儀、何時成共御指引次第御座
候、猶期拝顔之節候、恐惶謹言、
(元和九年以降)
六月廿七日　　天（花押）

〆　土井大炊頭(利勝)殿　　大僧正
　　　　　　　　　　　　天海

235　天海書状写（折紙）　　大正大学図書館文書

尚々、御手前之唯識論巻本十冊、奉返献之候、已上、
上様(徳川秀忠)後漢書参拾五冊、右之内壱冊山上ニ指置候間、二、
三日中急度可奉返上候、大事之御本候条、先指上申候、

并四河入海弐拾冊、是も奉返上候、天恩難有旨、可然様
奉頼候、恐惶敬白、

(元和九年)閏八月廿六日　天海

(尊純親王)青門様
御小性(姓)中
御申上

236　天海真如堂寺内法度

『華頂要略』

定　真如堂寺中法度事

一、朝暮勤行・学問等、不可懈怠事、
一、夜中於罷出者、僧ヲ一人伴可歩行、并路行之時可着
三衣事、
一、於有法事者、如何様之隙入候共、可致出仕事、
一、奉公人并牢人一宿於有之者、常住江可相理事、
一、寺内之儀万可為住持次第、為寺家方丈ヲ不可相計、
并起請連判一味申儀、天下御法度也、
一、不断寺家等掃除事、
一、毎月晦日毎方丈江罷出、請書可仕事、

元和九年極月四日　天海　黒印

○『華頂要略』巻第四〇（『天台宗全書』「華頂要略」第一）、五〇五頁　本文収録。

237　大僧正天海書状写

茨城妙行寺文書

猶々、来年は御上洛之由候間、我等も上洛申へく候、

芳札披見候、山上山下無事之由珍重候、九月御祭礼已来
日光在山、去月大師講に、仙波に而論義なと執行候て、
四、五日已前参府申候、一段与息災候、可御心易候、
一、新渡唐本・物本共之事、長崎へ疾に申遣候条、其元
にて取申候事御無用候、
一、其元に而書申候物本共、出来候様に、才覚候へく候、
一、浄不二抄七巻
一、本母抄　百巻
一、至心抄　卅巻
一、□府論之抄

右真言之抄に而候、愛宕之下之坊に可有之候、宝蔵
坊被申候、か丶せあるへく候、
一、四十帖之決、是は青門様之行光坊に可有候、是もか丶
せ申度候、此度銀子のほせ可申候へ共、重慥成便に可
遣候、恐々謹言、
極月九日　大僧正　天海（花押）
大樹坊　まいる
○書籍に関する書状であるので便宜ここに収む。

238　天海書状　川越喜多院文書

返々、兼而嗜候て、祈禱之大法共、後生之一大事
共、講尺（釈）之類、口伝相伝分、都鄙持行□□□□物
之候つる□□書物も無之候、
遠路与云、月迫与申、被入御念飛書、寔以再三忝奉披
閲候、乍去不入御隔心之至とハ存候へ共、けに〳〵思
召も無拠候、
一、江戸東叡山取立、頓而可掛存候、
一、皇子御誕生珍重々々、就之乍狂言、是非以来者皇子
一人申請へきのよし、御年寄衆へも度々咄申候、其御
意ニて、法事可申候、思召も自然可為御満足候、一段
我等息災候間、返々御苦労被有間敷候、恐惶敬白、
（元和九年カ）極月十九日　天海（花押）
梶井様（最胤親王）（三千院門跡）にて
御小性（姓）衆
御申給へ

239　粉川寺寺内法度　滋賀延暦寺文書

定　補陀落山粉川寺
一、朝暮勤行可守旧規事、
一、廿五内墨入素絹不可着事、
一、縦雖為竪者、四拾内不可細縹帽子事、
一、補任者、本寺執行・別当之外不可用事、
一、五拾内雖取補任、不可有僧綱之沙汰事、
一、中衆開壇幷素絹不可免事、

一、寺内竹木猥不可伐事、
一、寺僧死去之跡、雖為親類不可取財宝事、
一、雖為無主之坊、不可置他宗事、
一、雖為由緒之寺、自里不可相計事、
一、住侶之内、以衆談奉行五人相定、可致公儀役諸法度事、
一、雖為一夜、児養育悪者不可叶得度事、
一、坊舎売買停止之事、
右条々、堅可相守者也、仍如斯、
元和九年極月日 (天海)(花押)

240 大僧正天海書状 川越喜多院文書

(ウハ書)「〆 堀田加賀守殿(正盛) 大僧正
人々御中 天海 」
尚々、御隙有之間敷処、御出御慇懃之至候、已上、
今日者御出、殊年甫之為御祝儀、御太刀・馬代・銀壱枚
給辱存候、併臥入候之内、早々御帰故、不能貴顔御残多
存候、尚拝面之節、御礼可申伸候、恐惶謹言、
(寛永元年以降)正月廿一日 天(花押)

○堀田正盛の加賀守就任は元和九年(一六二三)十二月。

241 前大僧正大和尚位天海東叡山末寺許可状写 『新撰陸奥国誌』

陸奥国津軽領東照宮別当者、当城主藤原信牧、創建於一
宇梵閣、興隆天台之正法、而今上皇帝宝祚万歳、大樹盛
栄、天下安全、城主本命、武運長久、国家無窮、万民快
楽、懇祈之為霊場、故最不疎、因茲新岩鬼山叡平寺東照
宮(院カ)之補三号、而以加東叡之末山者也、
寛永元甲子年三月三日 天海前大僧正大和尚 判

242 大僧正天海書状(折紙) 山形立石寺文書

以上
一書令啓達候、其以来者、久々絶音問候、我等事去年於

尾州相煩、漸此比本復仕下着申候、日光山御祭礼付罷越
候、然而最上山寺之庵室跡之儀、観音院（忠尊）内意付、中性坊
申付申候、弥寺相続仕候様可被致事候、彼寺之儀、貴公
御先祖之遺所候間、別而被入御念成立候様令指図任意候、
猶観音院可有演説候、恐惶謹言、

（寛永元年）卯月十日　　大僧正　天（花押）

最上源五郎（義俊）様

人々御中

243　大僧正天海書状

遠路飛札、殊為端午之祝儀、帷子二給候、懇情と云、幾
久令祝候、其許無為候由珍重候、我等今程中禅寺へ湯治
半候、やかて令参府可申請候、恐惶謹言、

（寛永元年以前）五月三日　　大僧正　天（花押）

養源院（家康側室・於六）

○本文書は、『思文閣墨蹟資料目録』第四三九号（平成二十一年四月刊）、二四頁所収の写真版より。

養源院は、寛永二年（一六二五）三月没。

244　大僧正天海書状（元折紙カ）

三浦英太郎氏文書

已上

今度参府、仕合能帰国珍重候、弥奉公不可有油断候、仍
三浦重代清和・三浦十二天・蛇切丸・海老鎖切・天狗呼、
右五腰者代々相伝之利剣、有其謂事候、一乱之砌雖紛失、
海老鎖切者相残候、自然為名代相続陰置候へ共、沙門之
老後云、貴公へ相渡候、至子々孫々名字之可為重宝候、
猶度々直談申渡候間、不能具候、恐惶謹言、

（寛永元年）林鐘（六月）五日　　大僧正　天（花押）

三浦将監（為時）殿　人々御中

245　大僧正天海書状

尾張長栄寺文書

猶々、幾度も乍申事、矢崎左京若輩者之事候間、被
懸御詞可然奉存候、以上、

態以使僧令啓上候、疾為御礼雖可申述候、腹中然と無之故、老後之事候間、如何と存、令遅々候、漸腹中も過半能罷成候、此分に候ハヽ、此度者残命必定候、御徳不残候、万被入御念之段、更に難申尽候、御礼も中々笑敷儀候、先日已来無拠儀共指合候て、于今日光在山仕候、将軍様(徳川家光)水戸宰相殿(徳川頼房)住所へ被為移御座、近辺取籠之由候条、参府令遠慮候、併近々可令在府存候、猶日増院(珍祐)へ申入候間、不能一二候、恐惶謹言、

(寛永元年)六月廿八日　大僧正　天海（花押）

尾張中納言(義直)

人々御中

○徳川義直の中納言在任期間は、元和三年（一六一七）七月から寛永三年（一六二六）八月まで。徳川頼房の宰相就任は、元和六年八月。

246　大僧正天海書状案

『日光御用記』

昨日者御事繁可有御座処御出、殊更境内末代迄之御究忝存候、拙老大慶可被成御推量候、何以参御礼可申宣候、恐惶謹言、

(寛永元年)七月七日　大僧正　天海　居判

〆　駒井次郎左衛門殿

人々御中

247　大僧正天海書状（折紙）

川越喜多院文書

尚々、日光山此中迄随分念入悉建立申候、今朔日ニ令参府候、二日ニハ関白様(近衛信尋)御相手ニ、以　御諚罷出、御能見物申候、三日ニ者御移徙為御祝儀登城仕、先以隙明候、乍勿論、不相替今日も明日も罷出、随分放申候、定而殿中候間、鳥井金五・戸田金左(清堅)罷出られ候へ共、頼不申候、残多候、猶重而可申入候、以上、

一、安帯刀殿(安藤直次)・三長(三浦長門守為春)なとへも、彦九兵(彦坂光正)なとへも細々書状越申候、届申候哉、無心元候、此由伝達被申候、但、承候へ者、其方書状之事、後御気相少能

候由、先以令満足候、以上、

霜月廿五日之書状令披見候、何共是非不被申候、御法度ニ候ハて、御煩はやく承候ハヽ、御暇申可罷上候へ共、第一遅承候、殊日之御煩能と計、此方へ御理候間、御移徙彼是御仕置有之砌候間、公方様（徳川家光）へ御暇申事不成候条令遅々残多事候、其方いつ哉覧之書状見候而、藤泉州（藤堂高虎）・大炊殿（土井利勝）なとへも有増様子申候而、養珠院殿（徳川頼宣ノ母）上申度由、内々せハかゆき申候、日光ニ居申候間、具ニ者不罷成候処、先以養珠院殿御上令満足候、如何様ニも以天道此度御取直所希候、随分於方々頼候間、御祈禱も申候、雖然遅候間、指出たる事ハ不成、重而以残多候、扨々中納言殿（徳川頼宣）御覚悟渕底存候、仍而如此候歟と存候、乍此上若御座候与天道計之頼候、此方ニ而も色々某存分ニ成候、種々御祈禱をハ仕候、至只今も於日光山無怠慢申付、養珠院殿へも無御心元由頼入候、文をも進候、恐々謹言、

（寛永元年）霜月四日　　大僧正　天（花押）

南广（摩）主計頭殿　御宿所

○寛永元年十一月三日将軍家光江戸城本丸へ移る。

248　大僧正天海書状（折紙）

竹内文平氏文書

急度令啓候、熱田座主房之事、伝教大師（最澄）・慈覚大師（円仁）相続名跡之事候、然処ニ少々以出入、近年退転候間、彼仁申分被為聞、建立仕候様ニ相頼候、仮知行新地ニ被下候而も、如此地者御取立候て、為末代ニ而天当（道）ニも相叶事、況前々ゟ熱田之御社領之内候間、御せんさく（詮索）をとけ（遂）られ、被仰付迄之事、むつかしく（難）可被思召候へ共、国司奉行之一者（マヽ）不請、又ハ末代相紛事候、委細密蔵院へ申理候、恐惶謹言、

（寛永元年以前）十二月六日　　大僧正　天（花押）

成瀬（尾張藩付家老衆）隼人正（正成）様

竹腰山城守（正信）様

○成瀬正成の忌日は、寛永二年（一六二五）正月十七日。

249　幕府年寄衆連署書状

一筆致啓上候、然者其元迄被成御下候之処に、去十二日之夜ゟ御煩敷御座候之由、成隼人殿(成瀬正成)・竹山城殿(竹腰正信)ゟ被申上候、上様(徳川秀忠)一段無御心元思召候、不及申候へ共、御養性(生)専一奉存候、恐惶謹言、

十二月廿五日(寛永元年以前)　永井信濃守(幕府年寄衆)　尚政（花押）

井上主計頭　正就（花押）

大僧正(天海)様

○成瀬正成の忌日は、寛永二年（一六二五）正月十七日。名古屋での病気であるので、便宜ここに収む。

250　鎮西天台宗法度写

滋賀延暦寺文書

鎮西　天台宗

一、非学人、不可致一寺一山之住持、

　附、末寺・脇坊不可居本寺之上座寺、

一、一寺一山之住持衆会之時、可為所化之臈次第事、

一、未竪者之者、花帽子・紋白袈裟不可着用事、

一、三十臈以前不可遂戒檀(ママ)、但、於一寺一山之住持、幷学侶仁者、非例之限事、

一、雖遂戒檀(ママ)、非学之仁不可称法印之号、但、一寺一山之住持者可有用捨事、

寛永二年卯月日

山門執行探題大僧正天海　御判

251　大僧正天海書状（折紙）

大津瑞応院文書

尚々、三院講論義十内四ッ程者、一句詰ニ可然候、毎月無懈怠可有執行候、以上、

恵心院(良範)遠行驚入候、堅固ニ而其元ニ候へ者、老僧与言、一寸隙明頼度候処、力落可有御推量候、各も可為御同前候、跡職之儀、院内中可然様相談尤候、恐惶謹言、

六月十日(寛永二年)　大僧正　天（花押）

横川

別当代

学頭代中

○山門恵心院探題良範の忌日は、寛永二年（一六二五）五月二十

四日。

252　大僧正天海書状（折紙）

春日井密蔵院文書

尚々、熱田座主屋敷事、於爰元中納言様(徳川義直)直ニも申候、
可被仰付之由候キ、何とそ馳走奉頼候、宗旨興隆之
事候間申事候、以上、
其後者無音罷過候、中納言殿御機嫌能候之由、珍重存候、
弥御取廻候儀、肝要奉存候、我等于今在江戸申候、五三
日中御暇仕、日光へ可罷越由存候、雖然不任我心候、
将軍様(徳川家光)日光山へ社参、来月ニ只今迄者堅相定候、将亦直
談被申矢崎左京、外聞能若者之事候間、如在之心も無之
様ニ御取成、何篇任入候、此程者殿様被懸御詞、御奉公
申致満足之由、茶々ゟも被申越候、貴殿御取成故之由候、
弥情(精)入奉公候様ニ頼入存候、猶追々可申候、恐惶謹言、
(寛永二年)六月十六日　大僧正　天（花押）
竹腰山城守殿(尾張藩付家老・正信)
人々御中

○徳川義直の中納言在任期間は元和三年七月から寛永三年八月まで。元和四年から寛永三年までで、将軍家光が七月に日光に社参したのは寛永二年だけである。

253　大僧正天海書状

桜井談山神社文書

以上
遠路飛札、殊為御音信、銀子三枚給候、令祝着候、去月
日光山　将軍様(徳川家光)被為成御機嫌能還御、惣而一宗之大慶、
別而我等満足可有拝察候、我等一致□□□□可心易候、
其元大所之事候間、萬仕置由(油)断無之様肝要候、猶彼円常
院可申候、恐々謹言、
(寛永二年カ)八月十三日　大僧正　天〇
多武峯
衆徒中
納所中

254　大僧正天海書状（折紙）

愛知明眼院文書

尚々、やかて江戸へまいり（参）候条、彼地ゟ可申候、已
上、

寺尾左馬助（直政）方ゟ之飛脚付、芳札令披見候、如承意、改年
之吉慶、猶更不可有際限候、中納言（徳川義直）殿御息災之由、珍重
不過之候、其方無事之由令満足候、我等事弥勇健候間可
心易候、近日可令参府之由存候、然者浅野八大夫方之事、
御国御赦免之由、先以珍重候、何茂上洛節断可申述候、
先々御礼頼入候、本三位神妙ニ要問（ママ）進度由、猶其国弥折
檻候て、無油断様指南任置候、猶期後音之時候、恐々謹
言、

（元和四年～寛永三年）正月廿一日　大僧正　天（花押）

日増院（珍祐）

御報

○徳川義直の中納言在任期間は、元和三年（一六一七）七月から寛永三年（一六二六）八月まで。

255　大僧正天海書状

三宅長策氏文書

御状御隔心之至候、先刻者改年之御祝儀申述珍重候、如
何様遂拝顔、万々可得尊慮候、恐惶謹言、

（元和六年～寛永三年）二月朔日　天（花押）

〆　水戸宰相（頼房）様　大僧正　天海

尊報

○徳川頼房の宰相在任期間は、元和六年（一六二〇）八月から寛永三年（一六二六）八月まで。

256　大僧正天海書状

東京本龍院文書

猶々、妙法院無事候哉、無心元候、遠路念入馬ひか
せ給、令祝着候、以上、

一昨六日出湯候而、馬見申候、大略候へ共、小長と云、
気に不入候間返し候、其方如在にても無之候、其元にて
も勝候たけのよき馬候はヽ、何時にてもひかせ可給候、

恐々謹言、

閏卯月八日（寛永三年）　　大僧正　天海（花押）

宝蔵院

257　大僧正天海書状（折紙）

小野逢善寺文書

尚々、観音寺者、弥達意候哉、伝達頼入候、上洛、
以貴面後事可申上候、以上、
先日者、爰元永々御在山、忝存候、罷立之事、大雨故、
相急申候、御約束申候物之本御持参候者、千手院へ御預
ケ可被為置候、定而其元へ御出候ハんと存、申入候、爰
元十七日過候而可罷立候、猶委細江戸ニ而可申談候事候、
期後音候、恐惶謹言、

（寛永三年）（閏）壬四月廿八日　　大僧正（花押）（天海）

宗光寺

まいる

258　大僧正天海書状

仙台満願寺旧蔵文書

尚々、被入御念日増院（珍祐）へ被仰聞候通承届候、将亦今
日者紀伊中納言殿（徳川頼宣）へ御出被成候由候、疾ニ存候者、
我等も伺公可申候、以上、
被入御念名物之瓜壱籠送被下候、即令賞翫候、忝奉存候、
何様近日参可得貴意候、恐惶謹言、

七月朔日（元和六年～寛永三年）　　天海（花押）

大僧正

〆　尾張中納言様（徳川義直）　　天海

人々御中

○本文書は、『思文閣七十周年謝恩大入札会目録』（平成二十年三月刊）一四一頁所収の写真版より。徳川頼宣の中納言就任は、元和五年（一六一九）八月。徳川義直・頼宣の大納言就任は、寛永三年（一六二六）八月。

259　大僧正天海書状（元折紙カ）

仙台満願寺旧蔵文書

尚々、満願寺(仙台)遠路寄特之見廻感入候、貴国今者台家
希之儀候間、被懸御目可給候、已上、
芳翰辱存候、先以御勇健ニ而御在国珍重存候、如仰久々
不得貴意候、我等も従旧冬細々相煩、其上　公方様(徳川家光)御不
例付、何方へも不罷出候故、御在府中以参も不申、本意
之外候、将亦名物之糒廿斤入一箱并素麺百竿入一函送給、
別而令賞味候、　公方様未表へ者不被為成候へ共、御機
嫌能候間、可為御満足候、恐惶謹言、
七月廿二日(寛永元～三年)　大僧正　天（花押）
松平越前守殿(伊達忠宗)
尊報

○伊達忠宗の越前守在任は、寛永元年（一六二四）六月より、同三年八月まで。

260　大僧正天海書状（折紙）

名古屋徳川美術館文書

尚々、山城守(竹腰正信)煩無之由、其聞候間、内記(田代広綱)被付置、
養性(生)無油断様ニと存候、以上、
態令啓達候、日増院(珍祐)帰国之節如申述候、御息災之由珍重
奉存候、爰元替儀無御座候、我等も臨時之御祭礼付、日
光罷越候、仍卒尓ニ申事候へ共、田代内記事、被遂御赦
免候様奉頼候、竹腰山城方(尾張藩付家老・正信)今程煩之由聞之候、致養性(生)付
者之事候間、一者付置申度候、自由之乍申事、老後と云、
内書候間、不顧思慮申述候、不可過御塩味候、芳拝々々、
恐惶謹言、
九月十日(寛永三年以降)　大僧正　天（花押）
尾張大納言様(徳川義直)
人々御中

○徳川義直の大納言就任は、寛永三年（一六二六）八月十九日。

261　大僧正天海書状（元折紙カ）

伊賀豊作氏文書

態投一翰候、仍其表末寺中無恙候哉、然者於其国動自他
宗相論在之旨、其聞候、自宗他門交雑之法事等於執行者、
法会御儀式被相催、厳重吾宗之守格式、本寺之仰旧貫事
専要候、乱宗々之作法、混法中之威儀候而者、無其詮候、

若自他宗理不尽之旨於申掛者、早達国司之上聞、速可遂山門之鬱訴候、此等之趣於違背之輩、放薬師之門徒、可止本寺之競望候也、

（寛永三年カ）九月十九日　　大僧正　天（花押）

美作国

末寺中

262　大僧正天海書状（元折紙カ）

岡山本山寺文書

態投一翰候、仍其表末寺中無恙候哉、然者於其国、動自他宗相論在之旨、其聞候、自宗他門交雑之法事等於執行者、法会御儀式被相催、厳重吾宗之守格式、本寺之仰旧貫事専要候、乱宗々之作法、混法中之威儀候事者、無其詮候、若自他宗理不尽之旨於申掛者、早達国司之上聞、速可遂山門之鬱訴候、此等之趣於違背之輩者、放薬師之門徒、可止本寺之競望候也、

（寛永三年カ）九月十九日　　大僧正　天（花押）

美作国

寛永三年

本山寺

263　山門執行探題大僧正天海金山寺寺内法度

辻常三郎氏文書

備前国銘金山観音寺遍照院法度之事

一、天下安全之御祈禱幷国主之祈願、不可懈怠事、

一、為末寺不可背本寺之命事、

一、諸末寺之住持、従本寺相応之人、可令入院事、

一、前々宗旨酌法流坊跡而、他宗不可置事、

一、一山之住持非学之者不可移置事、

右　前大相国様（徳川家康）御当代以御直判申付者也、

寛永三丙寅九月廿八日（印）

山門執行探題大僧正天海（印）（花押）

264　青蓮院院家許可状案

『華頂要略』

今度以浅草観音院忠尊、当門（青蓮院）令附十楽院職候、雖然聞付（ママ）号智楽院、全不可有依違、永可有存知者也、

（寛永三年）九月廿八日　　　御判（青蓮院尊純）

智楽院

265　山門執行探題大僧正天海廬山寺寺内法度

京都廬山寺文書

日本廬山天台講寺法度之事

一、於本堂住持幷寺内僧等、例時勤行不可懈怠事、

一、於山門不遂戒（開）壇灌頂者、不可為方丈之住持、

付、衆僧可勤戒旦（開壇）護摩事、

一、一山之衆僧、可守方丈之下知事、

一、諸旦（檀）那有志励法事、竊寺内居住之僧等、為私用不可他行事、

一、背天下之法度族、寺内不可陰置、

付、不同方丈、無実正者不可致宿事、

右　前大相国（徳川家康）公当御代以御直判申付者也、

寛永三丙寅暦九月日

山門執行探題大僧正天海（印）（花押）

266　山門執行探題大僧正天海葉上流法度

辻常三郎氏文書

備前国銘金山観音寺遍照院者、葉上僧正（印）随一之開起無其隠、然上者其法流（印）無退転、可有相続旨如斯、

（印）寛永三丙寅暦十月三日

（印）山門執行探題大僧正天海（印）（花押）

267　大僧正天海書状

島根北島家文書

両御所様（徳川秀忠・家光）就　御上洛、御使者被指上候、則　大御所様（徳川秀忠）へ御礼相済、珍重存候、将亦我等へ杉原十帖一本給候、誠以令祝着候、猶御使者へ申達候間、不能詳候、恐惶謹言、

（寛永三年）（後筆）十月三日（広孝）　　天（花押）

国造北嶋殿

「（ウハ書）国造北嶋殿　　大僧正

貴報　　天海」

○徳川家光の将軍就任は、元和九年（一六二三）七月。徳川秀忠の忌日は、寛永九年（一六三二）正月、この間の徳川秀忠と家光両者の上洛は寛永三年のみ。

268　大僧正天海書状（折紙）

大阪四天王寺文書

以上

乍御報拝見、本望之至候、然者五智光院之儀、後白河法皇御灌頂之処ニ、御立候様ニ奉頼候、幸太閤（豊臣秀吉）之代迄も其分ニ候、新儀之由申候、聖仁之旧跡長久仕物ニ候間、必々法皇仏法御伝受之処ニ、御立候而可給候由、各佗言申候条、重而奉頼候、恐々謹言、

（寛永三年以前）霜月廿日　　大僧正　天（花押）

片桐主膳正（貞隆）殿

甲斐庄喜右衛門殿

人々御中

○片桐貞隆の忌日は、寛永四年（一六二七）十月。

269　天海書状（折紙）

上野現龍院文書

尚々、於留主中日光山類火候、時刻不来候間、其分候、以上、

来翰披閲、先以息災、互乍老屈珍重候、種々急候へ共、於禁中御論義等被仰付、旁隙入、漸此中上候、仍大御台（徳川秀忠室崇源院）之弔御経奉納候、諸門跡方何も御経、於仙波催一会納候、末寺衆得度病気之事候、極老なと某等とも可有推察候、併都鄙往還故、何となくな（永）からへ候、節々乗言風、江戸之寺へ可有来院候、猶期対顔之時候、恐惶謹言、

（寛永三年）霜月廿七日　　天（花押）

（宛名を欠く）

○崇源院の忌日は、寛永三年（一六二六）九月十五日。日光の火事は、寛永三年。

270　山門執行探題大僧正天海松尾寺寺内法度写

滋賀金剛輪寺文書

定　　江州松尾寺

一、例年之勤行・作法不可令怠慢事、
一、灌具并聖教、縦朽果候共、法宝之間、成程可令守護事、
一、仕合惣知行些少候間、遺分取無所詮候、仏法灯明之外、可致修理料事、
一、山林竹木不可伐取、但、興隆之時、以衆儀可弁所用事、
一、非行(戒カ)弥相嗜、本山可致登山事、

右条々如斯、

寛永三年十一月日

山門執行探題大僧正天海　御判

271　大僧正天海書状（折紙）

諏訪貞松院文書

以上

内々無御心元令存候処、為御音信御茶二袋・焼物并かたくち海苔壱箱送被下候、誠以忝存候、則令賞翫候、御母(茶阿)様御在世之時者、書状進上申候も安御座候へ共、只今者便難量候間、無音所存之外候、何様彼是以書状可申述候、雖無申迄候、緩々と御取延(直)、御息災之儀肝要候、月日を御送候程、御詑もなをり可申由存候、猶令期後者之時候、恐惶謹言、

極月十三日(寛永三年以前)　大僧正　天（花押）

少将様(松平忠輝)

人々御中

○茶阿の忌日は、元和七年（一六二一）六月十二日。松平忠輝は、寛永三年四月以降、諏訪に預けられ、同年七月三日に亡くなり、貞松院に葬る。

272　天海書状（折紙）

京都青蓮院旧蔵文書

以上

如尊意改年之御慶、猶更不可有尽期候、仍日光山寺類火炎上付、遠路御書忝奉存候、時節到来之儀、不及是非候、一両日中令参府候間、猶従江戸可申述候、此方無替儀候、恐惶謹言、

（寛永四年）正月廿一日　天（花押）

青蓮院御門跡様（尊純親王）

尊答

○日光山の火事は、寛永三年（一六二六）十二月十二日と同十五年正月二十七日。

273　大僧正天海書状（元折紙カ）

仙台満願寺旧蔵文書

尚々、満願寺遠路参府申候、貴国ニ天台宗者一両寺ならてハ無御座候間、被懸御目可給候、以上、

内々従是可申述と存候処、芳翰誠以辱存候、年甫之佳事雖事旧候、猶更不可有尽期候、先以御勇健之由珍重候、如承意、去秋者不慮之類ニ而、御屋形共焼失、不及是非次第、其節我等散々相煩候故、以書状も不申入候、併御大名故、はや（早）御家共沢山出来候て見へ申候、定而夏中可為御参府候間、以拝顔彼是可申述候、恐惶謹言、

（寛永四年以降）二月九日　大僧正　天（花押）

仙台中納言殿（伊達政宗）

○伊達政宗の中納言就任は、寛永三年（一六二六）八月十九日。

274　川越藩主酒井備後守忠利書状

酒井忠道氏文書

以上

尊札令拝見候、如仰其元火事出来仕候へ共、権現様（徳川家康）御建立之本堂を始、何も何事無御座候段、満足御同前に奉存候、将又十五日之風に而、日光山堂宮悉吹破候へ共、御建立候処堅固御座候由、是又目出度奉存候、御帋面之趣、御次而之刻可申上候、猶期尊面之時候、恐惶敬白、

（寛永四年以前）三月九日　酒井備後守　忠利（花押）

南僧正様（天海）

○酒井忠利の忌日は、寛永四年（一六二七）十一月十四日。

275　大僧正天海書状

藤堂家文書

以上

昨日も上野之御普請見申候、無所残結構出来申候、好時

分雨降候て、柱木彼是のためよく御座候、漸十七日も近
候様候、猶以面可申述候、恐惶謹言、

（寛永四年）卯月十日　　天（花押）

（端裏書）「〆　（藤堂高虎）伊賀少将殿　　大僧正
人々御中　　天海　」

276　天海書状

和歌山東照宮文書

尚々、以拝顔可申候、以上、
御書物一冊具拝見仕候、思召被入之通、終始道理之至、
御尤と感入申候、殊此方迄示預候、被入御念之様子、一
入殊勝奉存候、か様之儀者其心ニ道理を弁候へとも、自
然字の誤なと御座候へハ、存寄所致相違事に御座候、於
此一巻者滞所無之候、珍奇之至、申も愚奉存候、恐惶謹
言、

（寛永四年以降）四月十七日　　天（花押）

（端裏書）「〆　（徳川頼宣）紀伊大納言殿　　天海
御中候　」

○徳川頼宣の大納言就任は、寛永三年（一六二六）八月。

277　大僧正天海書状

早川純三郎氏文書

已上
先日者尊翰殊両樽送被下、御懇情之至、誠以辱奉存候、
然者上乗院（珍祐）煩付而、不始乍御事、被為入御念、医者なと
被付置候由、雖有存候、乍此上御慈悲之事候間、弥奉憑
候、我等其許不罷在候故、別而無心元令存候、恐惶謹言、

（寛永四年以降）卯月二十四日　　大僧正　天海（花押）
（徳川義直）尾張大納言殿
人々御中

○徳川義直の大納言就任は、寛永三年（一六二六）八月。

278　大僧正天海書状

「東叡山日記」

一昨日両日打続登城申候、其上於西丸御論義なと御座候
故、草臥候条、不申入候、御透次第以参御礼可申述候、
仍今日始而御当社参詣仕、緩々と見候、先以金灯籠出来、
弥社中殊勝候、剰逆修石塔之前にも立候はゝ、無残所候、
掃除已下結構、木も茂り無申計候、猶何と存候而も、掃
除と木との事に候、就中罷成間敷御事々、期後音之時候、
恐惶謹言、

（寛永四年）五月十八日　天花押（ママ）

大僧正天海

（藤堂高虎）伊賀少将様

人々御中

279　天海書状（元折紙カ）　八条宮文書

尚々、玄蕃へも右之旨頼入候、以上、

（智忠親王）八条宮様御内意通、被為仰聞忝候、先以路次中御無事御
上洛珍重奉存候、於爰元も御仕合、万々御念被遣候通、
（徳川家光）大樹を始各感被申候間、可御心安候、将亦邂近々御下
向ニ相応之御馳走も不申上候而、于今残多奉存候、残命
仕候ハゝ、来年令上洛可奉拝尊顔候、当表相応之儀可被
仰付候、尤上方之儀者、万事奉頼候、此旨可然様御披露
任入候、猶期後音之時存候、恐惶謹言、

（寛永四年以降）六月廿二日　天海（花押）

八条宮様内

生嶋宮内少輔殿

御報

○八条宮智忠の親王宣下は、寛永三年（一六二六）十二月。

280　山門三院執行探題大僧正天海学頭職補任状写　春日井密蔵院文書

尾張国名護屋

東照大権現学頭職之事

天長山　神宮寺　尊寿院

寛永四丁卯年九月六日

山門三院執行探題大僧正天海

281　大僧正天海書状　　西園寺源透氏文書

一書令啓上候、来廿四日口切仕度候、於御出者可為本望候、各へ申入候間被仰合、必御出所希候、恐惶謹言、

（寛永四年以前）九月廿一日　　天（花押）

大僧正

〆　（川越藩主・忠利）酒井備後守殿

○川越藩主酒井忠利の忌日は、寛永四年（一六二七）十一月十四日。

282　大僧正天海書状写　　『武州文書』浅草寺文書

今日初灌頂初苦一段、如来意、龍神感応と令祝候、内々自是可申候、来年御上候三所祭礼ニ付、何留候品、門跡可然様書付可申持参のよし、酒雅楽頭（酒井忠世）殿・土大炊（土井利勝）殿・井（井上正就）主計殿・永井信州（尚政）殿、何ニよひ申て、談合可申候間、明日者皆を入来在付候、先可申候折御酒儀可被頼候て、持参忝候、返々これ可申給候、恐惶謹言、

（元和元年～寛永四年）極十五　　大僧正　天海

〆　（忠尊）智楽院

御報

○井上正就の主計頭任官は、元和元年（一六一五）正月。忌日は、寛永五年（一六二八）八月。

283　天海書状　　「東叡山日記」

尚々、乍老筆先今度者、我等次第に候、必々彼是申合候間、悪者申間敷候、以上、

態以使僧令啓候、改年之御慶猶更不可有尽期候、仍藤泉（藤堂高虎）州との儀、始末令塩味申進、貴公之不足者、拙僧恥かしく候、悪者申間敷候、抛万事泉州之機嫌に入候様にと、何分にも理可然候、以来少も別義（儀）有間敷候、為其得分別々条々申理候、貴公御分別先今度者被抛、我等次第に可有之候、四五日之間令上洛候間、万々以面可申談候、恐惶

謹言、
（寛永五年）二月十一日　天花押（ママ）

渡辺睡庵老

人々御中

284　大僧正天海書状　「東叡山日記」

久無音候、何等之儀候哉、仍先日有増藤加兵衛へ申越候、爰元随分土大炊殿（土井利勝）令談合、可然様にと存、才覚候、貴所分別にて、抛万事、其分に可有之候、少も違儀候而者、不可然候、早々竹林坊（盛憲）任口上、可被申越候、猶以其段大炊殿へ可令内談候、若無合点候はゝ、以来我等構申間敷候、遠路之儀候条、一辺之始終中共に申越候、不可過塩味候、恐惶謹言、

（寛永五年）二月廿四日　大僧正天花押（ママ）

渡辺勘兵衛殿

285　大僧正天海書状

河地茂三郎氏文書

猶々、如何様以面可申候、山岡図書□事心得申候、
以上、

如仰唯今者、早々御帰御残多存候、廿六日　将軍様（徳川家光）、政（伊達）宗御成為御知忝候、将亦廿七日朝御斎可被下之由忝存候、立（建カ）前に而彼是取紛候間、御無用に候、恐惶謹言、

（寛永五年）二月廿四日　天海（花押）

大僧正

〆　国師様（金地院崇伝）　天海

回酬

286　大僧正天海書状案　「東叡山日記」

尚々、此度之上洛、別而令満足候、万事以面可申候、
以上、

芳墨令披見候、先以息災之由肝要存候、我等も弥勇健にて、昨十一日に駿府迄着申候、今日中納言様（徳川頼房カ）御振舞候条、

明日十三日立申候、十九日歟廿日に者、上着可申候、然
者内々異見申候儀、先家なと引おろし、一方合点候段、
於我等令満足候、兎角貴公ため悪様に者申間敷候間、上
着之上相談可申条令略候、恐惶謹言、
(寛永五年)六月十二日　大僧正(天海)
渡辺睡庵老

287　大僧正天海書状

一筆令啓候、明神谷式部少将、去月遠行之由驚入候、貴
殿愁傷令察候、乍去雖不始儀候、不定世界之事候間、被
思捨、貴殿気色保養専一候、且筑前守殿(前田光高)御ために候間、
其御心得尤候、恐惶謹言、
(元和元年～寛永五年)七月十三日　大僧正　天（花押）
横山山城守殿(長知)

○『京都古書籍・古書画資料目録』第一〇号（平成二十一年六月刊）、三〇一頁所収の写真版より。横山長知の山城守就任は、元和元年（一六一五）閏六月。

288　大僧正天海書状

山門松禅院文書

猶々、恵心院跡職之事、何分にも被成相続候様に可
然候、委者各ゟ可申越候、返〳〵女院様(中和門院・藤原前子)へ　将軍様(徳川家光)
日光へ御成前引こみ罷申候故、おそく承、疾にも文
しても不申上、迷惑かり申候由、ゐもんのかみ殿、
いつみ(藤堂高虎)とのへ、ねんころにたのみ入候、わさと人(ママ)を
のほせ候様と頼入候、猶相住かへり候、見切可申候、
以上、
乍御報来翰令披閲候、先以其元無事之由、珍重存候、如
承意　将軍様御成、御機嫌能還御、仕合無所残候、過分
金銀なとも拝領申候、然者女院御所様御煩之由、　将軍
様御成之砌、御直に御祈禱御頼被成候而承、驚入候、併
御本復之由、満足不過之候、就其ゐもんのかみ殿へ、文
して申入候、これゟわさと使のほせ候様とて、文言届可
給候、返事候はゝ、御札可給候、恐々謹言、
(寛永五年カ)七月廿九日　大僧正天海（花押）

松禅院(乗俊)

289　大僧正天海書状案

「東叡山日記」

尚々、此度之儀者外聞旁可然様子候間、被任我等候はゝ、少々之儀ならは、いろい申間敷候へ共、泉州(藤堂高虎)ゟ打とけての事候間、無異儀御合点候へく候、くはしくは小林勘平方申入候、以上、

態以内書先令申候、息災候哉、我等も大法会無事相勤、在府候、可心易候、仍先年之異見にこりはて打捨候処、泉州ゟ之内意共、段々具彼勘平方へ申渡候、互之存分相捨可有帰参之由、泉州ゟ兼々内証ゟ我等迄も一段感入候、一度旦那と頼方ゟ如此断者、さすかと令感候間、拋是非何分にも泉州次第と候て、かへり候へく候、表向土井大(利勝)炊殿其外談合候て、急度使者も可相上候、其意得候へく候、恐惶謹言、

(寛永五年)八月九日　大僧正(天海)

渡辺睡庵老

290　幕府年寄衆土井利勝書状

「東叡山日記」

以上

一筆申入候、然者貴殿之儀、和泉殿(藤堂高虎)一段懇に被申、大僧正へ其理御座候間、此上者何様にも、僧正(天海)御意見次第に被有之尤候、委細者仏乗坊(秀珍)可為演説候、恐々謹言、

(寛永五年)八月十八日　大井大炊頭利勝(幕府年寄衆)　花押

渡辺勘兵衛殿

御宿所

291　大僧正天海書状案

「東叡山日記」

先般以内書申候、定而可為参着候、今度従泉州(藤堂高虎)瓦解氷消候て被仰談候間、此上者是非互不可有之候、別而泉州心中感入候、三ヶ条之儀を以承候間、早々先以仏乗坊(秀珍)同道にて下向可有之候、泉州之分別貴老之手柄、此度相見候て、各も感入候、委申含候間不能巨細候、恐惶謹言、

(寛永五年)八月廿一日　　大僧正(天海)

渡辺勘兵衛殿

292　大僧正天海書状案

「東叡山日記」

覚

一、近年者出入不通候、雖然永可有義絶儀に無之候間、泉州(藤堂高虎)ゟ不思議に被仰候、此度如前々帰参候而、大学(藤堂高次)へ異見も候はゝ、又其身之子共(供)をも跡式無相違相立候はんとの事、

一、讃岐へ後見に可被罷越候哉、左候はゝ二万石之外、寄騎以下をも可被付由之事、

一、惣別奉公之道、於退屈者、此方へ越、我等に相付、其上泉州を始、智音(ママ)近付衆へも出入不可有相違之旨候間、何之申分も有間敷候、早々仏乗坊(秀珍)同心に乍勿論近待入候、委者口上申含候間、令略候、恐々謹言、

(寛永五年)八月廿一日　　大僧正(天海)

渡辺勘兵衛殿

293　大僧正天海書状（折紙）

和歌山了法寺文書

路次中無事上着珍重候、其元山上山下無替儀候哉、

一、内々申候物本共、才覚油断有間敷候、

一、正覚院之聖教之内、倶舎之抄可有之候間、被写候跡ニ、仏乗坊(秀珍)と両行事にて封を付置候へく候、

一、法勝寺植木、其外殊勝ニ見候様ニ可有之候、委者仏乗坊申へく候間令略候、かしく、

八月廿一日　　大僧正　天（花押）

相住房(亮算)

○年未詳なれど、内容を考えて、便宜ここに収む。

294　大僧正天海書状案

「東叡山日記」

尚々、仏乗坊(秀珍)にも無替義候間、弥以御相談候而被下候よし、待入候、以上、

返札幷勘平(小林)方口上之通具承届候、雖然此度者誰之つくろ

いも無之、泉州(藤堂高虎)発言にて、前方之うらみを捨かへられ給
候様にと、様々被申事に候、就其大炊殿(土井利勝)も念入、抛万事
帰参可然之由候間、御合点候而可然候、久々牢人に而、
万俄難成候はゝ先被下、一往大炊殿へも御礼候而可然候、
此度之儀者、各泉州之心底に感様に候、是以貴公手柄之
由御噂候、必々万事思案指置、御合点所希候、我等も日
光山臨時之御祭礼に近日参候、やかて又参府可申由存候、
恐惶謹言、

(寛永五年)九月二日　　大僧正(天海)

渡辺睡庵老

295　大僧正天海書状

山門松禅院文書

猶々、政所様(九条完子)へ御返事申候、互目出候、今一度拝尊
顔度候由、心得頼入候、九条殿(幸家)・二条殿(康道)御下向之由、
随分御馳走可申候、

芳書令披見候、山上山下無事之由、珍重不過之候、
一、女院様(中和門院・藤原前子)ゟ之御返事慥相届候、
一、中宮様(東福門院・徳川和子)に、姫宮様御誕生之由、都鄙共目出御事候、
女院様・政所様、御息災之由、肝要之御事候、
一、御児登山に而、各馳走旨忝候、弥無油断学問なと候
様、指南頼入候、法勝寺普請白毫院情(精)被入之由、是亦
珍重候、将亦恵心院跡職之事、恵光坊相続有之様との
儀、院内無別条上者、於我等者、無相違候、併名高寺
院候間、一往可経上意候、定而相違者有間敷候歟、恐々
謹言、

(寛永五年)十月十一日　　大僧正　天海（花押）

松禅院(乗俊)

御報

296　大僧正天海書状（元折紙カ）

安土東南寺文書

已上

其以来者不能対顔候、将軍様(徳川家光)弥御快気可為御満足候、
然者貴公御領分之内、江州桑実寺山門末寺之事候間、御
入魂候而可給候、同別所正覚院者一山之役人之事候、然

去年少申事在之由候へ共、手代衆被入情(精)故、無別儀之由、其聞候、弥如前々法流等致相続候様任置候、猶期向顔之節候、恐惶謹言、

後二月廿一日(寛永六年)　大僧正　天（花押）

市橋伊豆守殿(長正)

人々御中

○正覚院と安土浄厳院の本末争論は、寛永年間、この間の「後二月」は、寛永六年。

297　徳川義直書状（折紙）

米良文書

御状本望之至候、将軍様(徳川家光)御疱瘡弥御験気之由、目出度存候、此中者御祈禱ニ可為御苦労与令察候、我等も昨廿一日令帰城候、恐惶謹言、

閏二月廿二日(寛永六年)　尾張大納言　義直（花押）

南光大僧正御房(天海)

御報

298　市橋伊豆守長正書状（元折紙カ）

安土東南寺文書

尊書致拝見候、如貴意将軍様(徳川家光)早々被得御験気、御祈禱成就、上下目出度儀難勝計候、然者領分之内桑実寺、山門御末寺之由、御紙面之趣奉得其意候、就其別所正覚院従去年少申事御座候へ共、寺中之儀不案内之御事御座候間、御理をも不申上候処、今度正寿院・正覚院被罷下候ニ付而、早々被聞召分忝奉存候、何も致伺公御礼可申上候、恐惶謹言、

閏二月廿二日(寛永六年)　市橋伊豆守　長正（花押）

進上　大僧正様(天海)

尊報

299　山門三院執行探題大僧正天海桑実寺寺内法度

安土東南寺文書

定

江州蒲生郡織山桑実寺

一、於本堂天下安全之御祈禱・勤行等不可有懈怠事、
一、堂舎仏閣修理興隆不可油断事、
一、別所正覚院、如先規寺法可致相続事、
右条々、堅可守相(ママ)者也、

寛永六年閏二月日
(印)山門三院執行探題大僧正天海(印)

300　大僧正天海書状（元折紙カ）

名古屋市立博物館文書

如仰、此十七日　相国様(徳川秀忠)被為成一段御機嫌候条、大慶如
御賢察候、同廿四日駿河大納言殿(徳川忠長)・水戸中納言殿(徳川頼房)終日御
座候砌も、御噂申出候、先可申候、来ル十七日　将軍様(徳川家光)
日光山へ可為御参詣候条、我等も来月八日之比、御先へ
可令登山存候、御普請も追日出来如思召候、其外替儀無
御座候、猶期後音之時候、恐惶謹言、
(寛永五、六年)三月廿六日　大僧正　天（花押）
(徳川義直)尾張大納言殿
尊報

○徳川義直の大納言就任は、寛永三年（一六二六）八月。徳川忠長の幽閉は、寛永八年五月。本書状は寛永五年、徳川家康の十三回忌の時のものと思われるが、同年に将軍徳川家光が、日光に社参をしていないので、家光が直接日光に社参した寛永六年の可能性も残しておく。

301　浄土宗安土浄厳院深誉文廓覚写

京都知恩院文書

覚

（世代譜分中略）

正覚院開基忍誉真源(浄厳院第五世)ヨリ以来、正月年頭、九月開山忌、
両度之出仕、其外四十八日別時之結衆、寛永四年迄ハ無
懈怠被相勤候之処、只今南光坊様(天海)へ薬師之別所(桑実寺)与偽申上
候由承候、浄厳院末寺正覚院開基以来、薬師坊中与宗旨
各別之故ニ、彼坊中死去仕候ても、死骸壱人も正覚院へ
入不申候、又者壱人も正覚院引導不仕候処、虚言申上ニ
付而、南光坊様より折紙被下候由申候、薬師者白鳳六年

霜月八日ニ始り候、九百六拾余年ニ罷成候、正覚院者百年余及候寺ヲ、薬師六坊之内別所与偽申上候事、中々不謂儀にて御座候、右之通御分別奉仰候、已上、

寛永六乙巳年三月日　　江州　浄厳院(深誉文廓)

302　山門三院探題大僧正天海日光山末寺許可状

群馬龍蔵寺文書

上野国山田郡薗田庄桐生村

松樹山
栄昌寺
慈光院

右新地建立之処、神妙之至也、依之属日光山末寺之間、自今以後出仕会合不可有怠慢者也、

寛永六年十月廿一日
(印)
山門三院探題大僧正天海(印)

303　天海書状（折紙）

以上

節々申通候、定而可有御覧候哉、只今迄御下遅々被成候間、迚之御事等之儀候条、藤泉州(藤堂和泉守高虎)下向を被聞召合、為御取成候間、御発足奉待候、大坂之普請出不出節々ニ申候間、泉州之下も定而遅候ハん歟と存候、先書ニ具申候へ共、為念令言上候、恐々謹言、

霜月六日(寛永六年以前)　　天（花押）

梶井様(最胤親王)(三千院門跡)ニ而
御小性(姓)御中

○藤堂高虎の忌日は、寛永七年（一六三〇）十月。

304　三国伝灯大僧正天海院家号許可状

「慈眼大師御年譜附録」

真如心院

夫権僧正亮諶者、往昔住上野龍蔵、終(ママ)玉泉之流、近曽居常州妙寺、飽開鉄塔之扉、妙徳貴寰宇、高名朗太虚、寔可謂法中律虎、仏閣雲龍、而予以贖(黷カ)山門三院執行探題、

頻請院号、再三雖辞不遁、終染短筆、併宿縁所追、感涙有余、庶幾、檀門永栄、自他倶安、期三会暁而已、
寛永七年二月如意珠日　三国伝灯大僧正天海（朱印）

305　藤堂和泉守高虎書状

出雲鰐淵寺文書

尚々、乍慮外以印判申上候、以上、

先刻者御懇書忝奉存候、我等眼得少給候間、御心安可被思召候、弥無由《(油)》断養性《(生)》仕候、将又諸宗之御礼御座候処、天台宗一番ニ被　仰付之由、珍重奉存候、何事も本復之刻、貴面可申上候、恐惶謹言、

（寛永七年以前）
六月十一日　虎（印）
藤堂和泉
〆　大僧正《(天海)》様尊答　高

○藤堂高虎の忌日は、寛永七年（一六三〇）十月五日。

306　山門三院執行探題大僧正天海東叡山末寺許可状案

岡山金山寺文書

「護国院旧記」

武蔵国荏原郡妻驪庄泰叡山瀧泉寺者、慈覚《(円仁)》大師之草□多之霊洞、清和天王《(皇)》勅願、異他之聖跡□、因茲征夷大将家光公両度之御再興、感応至時、法王啓運、崇敬之事、上従一人三公、下至万性之族、加之豊島郡東叡山者、以一品大相国秀忠公・同征夷大将軍家光公之御素意、為天下御祈願所、予開闢之、定于東関之摠本寺畢、然彼地無止事、雖為御跡、今度令改補東叡山末寺之間、与護国院両寺一主、永抱持之、令致仏法相続、并天下安全之御祈禱不可有怠慢者也、

寛永七年八月十七日
山門三院執行探題大僧正天海

307　竹林坊盛憲等連署書状

尚々、証文之写共、遍照院へ指遣候間、御覧可被成候、大僧正（天海）弥御堅達候間、可御心易候、

一書令啓達候、然者於其元両宗出入之儀申来候間、即於此方、宮内少輔（池田忠雄）殿へ従大僧正御内意被仰入候、彼出入之儀、先年数度諍論御座候而、真言宗絹衣無着用数通之御綸旨幷奉書、従御室（仁和寺）之状、近代信長（織田）殿御朱印、其外色々証文共、宮内少輔殿へ被懸御目候而、即但馬守（荒尾成房）・壱岐守（和田）殿も御覧候、無紛子細御座候、雖然、宮内少輔殿大僧正別而御入魂之事候間、従御領国諍論出来候へ者、上意如何御座候間、如先規被仰付可然之由、宮内少輔殿へも被仰入候条、於其地も各左様御心得被成、諍論無之様可被仰付候、何篇重而其沙汰可有御座候、右之段、内匠殿（荒尾成利）・志摩守殿（荒尾嵩就）へも申入候、猶従但馬守殿可被仰候間、令略候、

恐惶謹言、

（寛永七年以前）八月廿二日　双厳院　豪（豪倪）（花押）

仏乗坊　秀（秀珍）（花押）

竹林坊　（盛憲）（花押）

福田半之助殿

同　内膳正殿

人々御中

○池田忠雄の忌日は、寛永九年（一六三二）四月三日。荒尾成房は、寛永七年没。

308　天海書状　姫路書写山文書

（端書）「〆　本多美濃守（忠政）様

人々御中　」

以上

昨日者於　殿中遂対顔珍重存候、内々今日以参雖可申述候、公用之儀候て、延引申候、いつ頃御帰国候哉、一両日中以参、彼是御礼可申達候、将亦貴国書写之松寿院（快倫）用所付、よひのほせ候、御目見申度之由候間、御対談頼入候、恐惶謹言、

（元和三年～寛永七年）十月三日　天（花押）

○本多忠政の姫路藩主就任は、元和三年（一六一七）七月。本多忠政の忌日は、寛永八年（一六三一）八月十日。

309　大僧正天海書状

「熊野米良文書補遺」

（ウハ書）
「紀伊大納言様（徳川頼宣）
人々御中

以上

久絶参向候、御息災候哉、無御心元奉存候、両（徳川秀忠・家光）御所様
一段御機嫌能候、可御心易候、仍熊野那智山実報院山門
依為末寺、両　御所様致御目見仕合好候、貴様ニ御見舞
申上度由申候条、雖無異儀候、投一翰候、恐惶謹言、
（寛永四〜八年）
二月十八日　　大僧正　天（花押）

○史料纂集『熊野那智大社文書』六　所収。徳川頼宣の大納言就任は、寛永三年（一六二六）八月。徳川秀忠の忌日は、寛永九年正月二十四日。

310　大僧正天海書状

『熊野米良文書』三

（ウハ書）
「安藤帯刀殿（直次）
人々御中
」

以上

久不申通候、何等之儀候哉、無御心元候、両（徳川秀忠・家光）御所様一
段御機嫌能候、可御心易候、仍熊野那智山実報院山門依
為末寺、両　御所様へ致御目見、仕合存候、雖無申迄候、
別而御入魂頼存候、猶大納言（徳川頼宣）殿へも御取成所仰候、恐惶
謹言、
（寛永四〜八年）
二月十八日　　大僧正　天（花押）

○史料纂集『熊野那智大社文書』三　所収。徳川頼宣の大納言就任は、寛永三年（一六二六）八月。徳川秀忠の忌日は、寛永九年正月二十四日。

311　天海書状（折紙）

京都妙法院文書

以上

細々書状念入申候、（徳川秀忠）御所様御機色于今御本覆無之候、
当月吉凶見之可申候、爰許無替儀候、猶明日従妙門様（尭然親王）御
使迄、以書状可申候間、令略候、恐惶謹言、

三月十五日(寛永八年)　　　天海（花押）

出豊州(出納豊後守職在)　几下

○出納職忠の豊後守在任期間は、慶長九年（一六〇四）から元和六年（一六二〇）まで。出納職在の豊後守在任期間は、寛永二年（一六二五）以降。御所様の病気は月日から考えて、元和二年の家康と、寛永八年の秀忠の可能性があるが、三月十五日には家康はまだ病気になっていないので、これは秀忠の方であろう。

312　大僧正天海書状（折紙）

愛知神護寺文書

尚々、養珠院殿(徳川頼宣の母)と不通之様候へとも、あなたゟ東叡山へ御出候間、我等もまいり(参)候、無相違候、以上、

今般我等煩付、遠路飛札、殊此已前駿河ニ而申候キ、兼如(猪苗代)・正益(速水)伊勢物語抄給、別而令祝着候、秘蔵可申候、如承意、此度之煩以外之様候而、老体と云難取直儀候へ共、両上様(徳川秀忠・家光)殊外被為入御念、御懇情故、不思議取直申候、御厚恩不浅儀共ニ候、先以　大納言殿(徳川頼宣)御勇健令満足候、此辺無替儀候、其方如此已前被為御奉公之由、肝要之儀候、併油断無之様可然候、猶期後音之時候、恐惶謹言、

六月十三日(寛永四〜八年)　　大僧正　天（花押）

南摩主計頭殿

回章

○徳川頼宣の大納言就任は、寛永三年（一六二六）八月十九日。徳川秀忠の忌日は、寛永九年正月二十四日。

313　大僧正天海書状写

昨日山手へ可有御出之由被仰越候へ共、雅楽頭殿(老中・酒井忠世)へ参候付　被(御カ)無用之由□□□(読めず)　然者御勤番衆御帳之事、明日者将軍様(徳川家光)へ上可申と存候、加藤肥後守殿(熊本藩主・忠広)内寺西伊豫殿之事者、先度面々乍御帳載在之候へ共、様子御座候而載不申候、猶以面上可申述候　恐惶謹言、

七月廿二日(寛永八年以前)　　大僧正

天海

蜂須賀蓬庵様(徳島藩主・家政)

貴閲

○本文書は所在不明。インターネット写真版より収録。加藤忠広は寛永九年正月の徳川忠長事件に連座して失脚。
○本文書は検討の余地あり。

314　大僧正天海書状（折紙）

京都曼殊院文書

以上

尊書拝誦忝奉存候、大相国（徳川秀忠）就御不例、御祈禱被遊、御使僧被遣候、追日御快気候間、可易尊慮候、我等も日光已来相煩候、雖然早速致本復候、委細御使者申達候間、不克詳候、追而御吉左右可申上候、恐惶謹言、

（寛永八年）八月廿三日　　大僧正　天（花押）

竹内御門跡様（良恕親王）（曼殊院）

尊報

○徳川秀忠、寛永八年（一六三一）七月不快。

315　大僧正天海書状

寛永八年

岐阜神護寺文書

已上

（盛憲）竹林坊へ之御状令拝見候、仍其地名物之柿二籠、被懸御意候、遠路御懇志忝候、将亦善覚院出入之儀有之事候へ共、双方無相違様申付、先返し申候、猶旦那中ニ和談も仕様ニと申渡候、扨々御祈禱被仰付故、御念入一段御頼敷存候、年内江戸へ被下候間、於彼地委可申談候、恐惶謹言、

（寛永八年以前）九月十三日　　大僧正　天（花押）

竹中丹後守（重門）様

人々御中

○竹中丹後守重門の忌日は、寛永八年（一六三一）閏十月九日。

316　竹林坊盛憲書状

岐阜神護寺文書

尚々、向後者、別而可申談旨、大僧正（天海）被仰候、已上、

貴札令拝覧候、大僧正へ御音信遂披露候、誠以此度善学院之儀、双方無相違被仰付、先々帰寺被申候、此上和談

も被仕候様ニと旦那中へも被仰渡候、貴書御念入候故、
早速如此御座候、台家御旦那之事、一段御頼敷由被仰候、
於江戸可被仰請旨候、殊我等ニねふか二十(把)は、被懸御意
候、毎度御心付之段難申尽候、恐惶謹言、

(寛永八年以前)九月十三日　竹林坊　盛(盛憲)（花押）

竹中丹後守(重門)様

拝答

○竹中丹後守重門の忌日は、寛永八年（一六三一）閏十月九日。

317　曼殊院門跡良恕親王書状案

『本光国師日記』

相国(徳川秀忠)御不例御平験、土井大炊頭(利勝)ゟ被申越候、珍重存候、
然者、明年於日光御法事有之由、其聞候処、公儀之御
法事付、当門迄無出座事、前代未聞候、今更非望候、併
理之段不申達者、至于末代迄、当門可成瑕瑾之事令迷惑
候、天海大僧正と入魂之儀、偏頼入候、かしく、

(寛永八年)九月十七日　(良恕親王)在判

国師和尚(金地院崇伝)

318　大僧正天海書状（元折紙カ）

川越喜多院文書

已上

先度已来無音忝候、両上様(徳川秀忠・家光)御機嫌能御坐候哉、然者
将軍様いつ哉覧、鶴御用之由　御諚候間、二居進上申候、
御上可給候、当年いまた(未)大鷹無御座候付上不申候、将亦
初鶴壱居、隼人(酒井忠朝)へと存候へ共、舎弟之恨も可有之候間、
御手前へ進候、猶頓而可令参府候間、万々期其節候、恐
惶謹言、

(元和九年〜寛永八年)九月廿四日　大僧正　天（花押）

酒井讃岐守(忠勝)殿

人々御中

○徳川秀忠の忌日は、寛永九年（一六三二）正月二十四日。徳川
家光の将軍就任は、元和九年（一六二三）七月二十七日。

319　大僧正天海書状（元折紙カ）

大正大学図書館文書

好便之間令啓候、其元御無事候哉、無心元候、我等事弥
勇健候間可御心易候、然者新門(慈胤親王)来年可有加行□(見えず)ハ梶(最
井殿胤親王)為御名代、御坊御下頼入候、則梶井殿御日記被取、
下向所希候、委細者□(見えず)条不具候、恐惶謹言、
(寛永八年カ)十月五日　大僧正　天（花押）
(亮尊)極楽坊法印

○慈胤親王の加行は、寛永九年（一六三二）八月。

320　天海書状（折紙）

已上
尊翰殊為御馬代、白銀壱枚拝受、忝奉存候、尊体御勇健
之由珍重奉存候、両(徳川秀忠・家光)御所様御機嫌能御座候、我等事、
当夏中者何と哉覧、打続煩申候へ共、今程者息災被成致
在府候、節々以愚状成共可申上之処、遠境又者右之仕合
故、奉背本意候、将亦授記借被下、即書写候て下、是亦
忝奉存候、来春者可致上洛候間、宜拝尊顔候、恐惶謹言、
(寛永八年以前)霜月八日　天（花押）
青門様

寛永八年

大谷(泰重カ)治部卿殿
尊酬

○本文書は、『思文閣墨蹟資料目録』第四四〇号（平成二十一年五月刊）所収の写真版より。徳川秀忠の忌日は、寛永九年（一六三二）正月。

321　徳川忠長書状

上野寛永寺文書

一筆令啓達候、相国様(徳川秀忠)御機嫌弥被為得御快気之旨、被
仰聞、目出度珍重奉存候、随而先日者遣渡辺監物候之処、
別而御懇意之段、忝存候、就其重而監物差越候之間、可
然之様頼入存候、委曲口上申含候条、不能詳候、恐々敬
白、
(寛永八年)十一月十六日　駿河大納言　忠長（花押）
天海大僧正
玉床下

322　山門三院執行探題大僧正天海日光山東照宮大権現様御十七年御本尊目録案

三山進氏所蔵『御用覚書』所収

日光山　東照宮大権現様御十七年御本尊
一、釈迦　法界定印 大指小立体印
　　但、宝冠形坐像長一尺五寸
一、胎蔵界大日　印如常同断
一、多宝　合掌印 蓮花合掌
右三尊御薄仏　三尊共天蓋可有之者也、
　寛永八年極月九日
　山門三院執行探題大僧正天海　御在判
　　　大仏師左京法眼（康猶）

○三山進「近世七条仏所の幕府御用をめぐって―新出の史料を中心に―」（『鎌倉』第八〇号、平成八年一月刊）より収録。

323　徳川忠長書状

上野寛永寺文書

尚以、此度之義（儀）偏頼存候、我等心底迷惑仕候通り、
推量可被成候、以上、
一筆令啓達候、仍先日申談候書物之義（儀）、渡辺監物に為持
進之候、其元可然様ニ頼入存候、然者相国様（徳川秀忠）御機嫌弥
被得御快意候由、目出度奉存候、将亦監物方迄被入御念、
節々被仰越通、別而忝存候、委曲口上申含候、恐々謹言、
　（寛永八年）十二月十六日　駿河大納言　忠長（花押）
　天海大僧正

324　徳川忠長書状

上野寛永寺文書

一、今度我等儀、煩故召遣之者共むさと申付、重々罷違
候儀、至唯今迷惑仕候事、
一、於向後御年寄衆御指図次第万事可仕候事、
一、右之心底うろん（胡乱）ニ思召候者、せいしゆ（誓紙）を以成共可申
上候条、御年寄衆へ被仰談可給候、頼入存候、
　（寛永八年）十二月十六日　駿河大納言　忠長（花押）
（天海）大僧正

325　大僧正天海書状（折紙）

長野善光寺大勧進文書

以上
公方《(徳川秀忠)》様御不例付、御祈禱之御札進上被申候、一段之事候、御気色透と御快気之事候間、目出可被存候、我等も無事候、其方気色無油断養性《(生)》被申候て、正月者早々参府可然候、此方何も無事可心易候、万々期後音之時候、恐々謹言、

極月《(寛永八年)》十八日　　大僧正　天海（花押）

（宛名なし）

○徳川秀忠の病気は、寛永八年（一六三一）。

326　幕府年寄衆連署書状

「慈眼大師御年譜附録」

尚々、未然と無御座、下々迄無御心元奉存候、以上、
急度致啓上候、随而御所労未然と無御座由、被為聞、不大方成無御心元思召候、依之御内書被遣候、不及申上候へ共、弥無御油断、御療治肝要奉存候、恐惶謹言、

（月日欠）《(寛永八年以前)》　　永井信濃守《(年寄衆)》　尚政（花押）
井上主計頭　正就（花押）
土井大炊頭　利勝（花押）

大僧正《(天海)》様
御児中

○井上正就の忌日は、寛永八年（一六三一）八月十日。

327　徳川忠長書状

「慈眼大師御年譜附録」

尚々、諸事被入御精候段、忝次第難申尽候、御紙面通廿日比に御越可有候由、乍御太義被明御隙候者、早々御越頼存候、

改年之吉慶目出度申納候、仍相国様《(徳川秀忠)》頃日弥御快気之由申来候、誠珍重奉存候、然者渡辺監物昨日当地へ罷越候、具御状、殊書物之案紙、被入御念候趣、別而忝次第に候、何分にも可然様に御指引頼入候、其元御祭礼被明御隙候者、頓而江戸へ御越候て可給候、偏万端頼存候、委曲其節監物口上可申入候、恐惶謹言、

（寛永九年）正月八日　駿河大納言　忠長（花押）

天海大僧正

328　徳川忠長書状　「慈眼大師御年譜附録」

一筆令啓達候、仍先日御案紙通書付、渡辺監物為持進之候、可然様弥頼入存候、猶口上可申入候、恐惶謹言、

（寛永九年）正月十日　駿河大納言　忠長（花押）

天海大僧正

329　徳川忠長書状　上野寛永寺文書

一、旧冬も如申入、我等煩故、召遣候者共むさと申付、重々罷違、至唯今後悔に候へとも、不及是非候、若又無拠儀も御座候ハヽ、御年寄衆へ令相談、指図次第可申付候事、

一、於向後者、万事御年寄衆御指図次第可仕候事、

一、右之旨うろん（胡乱）ニ思召候ハヽ、重而せいしゆ（誓紙）を以、御指図次第何分ニも可申上候、各御年寄衆へ被仰談、将軍様（徳川家光）より　相国様（徳川秀忠）へ御侘言被成被下候様ニ奉頼候、只今　相国様御不例之砌、か様に罷有候儀、一入迷惑可有御察候、

（寛永九年）正月十一日　駿河大納言　忠長（花押）

（天海）大僧正

330　徳川忠長書状　上野寛永寺文書

一筆令啓達候、仍其許御祭礼ニ付而、万事御苦労令察候、然者　相国様（徳川秀忠）御気色御同篇之様ニ承及、御無心元奉存候、御隙明申候者、少もはやく江戸へ御越被成可被下候、其段頼入存候、恐々謹言、

（寛永九年）正月十五日　駿河大納言　忠長（花押）

天海大僧正御房

侍者御中

331　徳川忠長書状

上野寛永寺文書

猶以、路次迄成共罷出、御機嫌程近承度計奉存候、
以上、
一筆令啓達候、仍　相国様(徳川秀忠)昨日昼時分ゟ少被為御快気、
御膳御快被召上之由承、目出珍重不可過之奉存候、先書
如申入候、御前之儀偏頼入存候、御肝煎被成可被下候、
遠所罷在、迷惑可有御察候、恐々敬白、
(寛永九年)正月二十日　駿河大納言　忠長（花押）
天海大僧正

332　京都所司代板倉重宗書状

世良田長楽寺文書

以上
霜月廿六日之御状極月拝見仕候、然者両(徳川秀忠・家光)上様御機嫌能
被成御座候由、重畳目出度奉存候、将又世良田(北野)興聖寺
綸旨之儀、世良田従住持職出世之儀被仰渡候由御座候へ
共、興聖寺之儀者都ニ被罷在候間、口　宣為冥加頂戴仕
度候由ニ付而、御状被下候伝奏衆へ承候処、始者永　宣
旨之儀者、比叡山より外ニハ諸家ニ留無御座之処、二百
年計以前ニ柳原家ニ世良田ニ御座候留出申候写被下候
宣旨相違無御座候、此上口　宣興聖寺仕候へハ、永　宣
旨作法も違申候間、有来様ニ従大僧正(天海)被仰渡、参　内仕
仁体ニをいてハ、参　内被仕候様ニ伝奏衆被仰候、衣替
之儀も勿論之儀候、委細者御使僧へ申渡候、私も三月初
時分罷下候間、其節可得尊意候間、不能巨細候、恐惶謹
言、
(寛永九年以前)正月廿一日　板倉周防守　重宗（花押）
(天海)大僧正
御同宿中

○大僧正天海在世中で「両上様」とあるので、徳川秀忠の亡くなる寛永九年（一六三二）正月二十四日以前のものである。

333　徳川忠長書状（折紙）

上野寛永寺文書

尚以、只今御機嫌悪敷内、少も江戸近所へ罷越、
御気色之御様体承度計奉存候、思召之通、御内所に

て可被仰聞候、
一筆令啓達候、相国様(徳川秀忠)御機嫌次第御草臥被成候由承、
無御心元奉存候儀、御推量可被成候、江戸近所迄も罷越
度存候か、思召之通、御内所ニ而被仰聞可被下候、我等
心中之程、御察可有候、恐々謹言、
(寛永九年)正月廿五日　駿府大納言　忠長（花押）
大僧正(天海)

334　青蓮院門跡尊純親王書状

「慈眼大師御年譜附録」

猶々、日光御法事之儀付、旧冬者芳札本望之至候、
則及御報候、定而相届可申候、先其後以愚札御礼可
申処、左様之儀も一人者指出候様候間、承合候付、
無其儀候、急便不能細筆、殊寸紙之体飛脚便書之故
候、
大相国(徳川秀忠)御他界之由、驚存候、笑止何共可申様無之候、早々
以使者雖可申入儀候、爰許惣並之事候間、其内若御次而
之刻者、其許可然様、万々頼入存候、的便之条、先如此
候、猶追可申候、かしく、
(寛永九年)二月朔日　(青蓮院)尊純（花押）
大僧正(天海)御房

335　僧正成覚書案

『本光国師日記』

一、(寛永九年)三月十九日之晩、大僧正(天海)ゟ双厳院(豪俔)・寂光院(玄海)・最教院(晃海)
三人使ニ来ル、僧正ニ成候衆之覚書来ル、案在左、

僧正跡
唯顕室仙波　喜多院
顕密室仙波　中之院
長沼　宗光寺
金鑽山　大光普照寺
旦那流三途台　長福寺
小野　逢善寺
密室　千妙寺
顕密禅　長楽寺

毘沙門堂
御門跡
院家　智楽院
続目　中之院
続目　長福寺
続目　金鑽山
已上
春日岡　口上
月山寺　口上
日増院　口上

右之外依人出世、右之外雖有之略了、
三使之口上ハ、僧正室ハ理運之上ニ候、春日・月山・日増ハ新義ニ候間、宗光寺・逢善寺・千妙寺明而候間、三人を直、其上僧正ニ尤之由也、口上之返事ニ、明日尾張殿へ得御意、其上ニて御年寄衆へ可申由返事申遣ス、智楽院・月山寺・日増院三人ニて候、右ゟ肝煎候へ、残之衆ハ不謂義(儀)ニ候へ共、先大形ニ返事申遣ス、

336 山門三院執行探題大僧正天海加行作法次第（折紙）

川越喜多院文書

加行作法

本尊不動

朝・日中所作同

仏前参詣供花一双礼拝三度金二丁
先法花懺法　一部
次九条錫杖　一巻
次念誦
尊勝陀羅尼　三反
千手陀羅尼　五反
大日真言　百反
仏眼真言　百反
本尊不動慈救呪　千反
三部惣呪　百反
諸天惣呪　百反
一字金輪呪　百反
円頓者金丁礼拝三度

夕

仏前参詣供花一双礼拝三度金二丁
次例時如常　次三条錫杖一巻
次念誦　如朝ト日中トノ

次山王御所作

先供花一双礼拝三度金二丁
次自我偈　一巻
次心経　七巻
御宝号　百反

次円頓者(金脱カ)丁礼拝廿一度
大師御所作
先供花一双礼拝三度金丁
観音経　一巻
心経　三巻
御宝号百反金丁礼拝三度、其外
祖師廻向、以上云云、
右所充大旨如斯、決限五十ケ日、殊調心行守戒律、油鉢不傾浮嚢莫漏、大乗妙典読誦書写、自余之善行、供花礼拝等、任心随器、致勇猛精進之行業、祈本尊瑜伽之悉地、若戯論遊覧之酒宴、博奕之態、一切可停止、怒々、
以上、
寛永九年壬申三月吉辰
授与純海
山門三院執行探題大僧正示

337　大僧正天海書状

岡山大賀島寺文書

一筆令啓達候、久不能対顔、疎遠之様御座候、殊更先日者御使者幷預御音信辱候、内々疾以参雖可申述候、公(徳川秀忠)方様御不例付、改年者表向之御礼依不申候、何方へも不罷出候故、無其儀候、何も遂参上可申達候、然に貴国大賀嶋等覚院跡敷之儀ハ家老衆迄申入候処、被聞召届候由忝候、遠国之事候間、台家之儀、弥以憑入存候、恐惶謹言、
(寛永九年カ)六月六日　天（花押）
〆　備前少将殿(池田光政)　大僧正
人々御中　天海

○徳川秀忠の忌日は、寛永九年（一六三二）正月二十四日。

338　岡山藩主池田光政書状

岡山大賀島寺文書

昨日者尊書、殊為御使僧双(厳)権院(豪倪)御越之処ニ、不能御返事候、公(徳川家光)方様弥御機嫌能被為成御座候旨、目出度奉存候、

随而備前国大賀嶋等学院（ママ）跡職之儀、最前御使僧へ如申入、
何様ニも可然様ニ可被仰付候、猶期拝顔之時候、恐惶謹
言、
（寛永九年カ）六月七日　光政（池田）（花押）
「（ウハ書）〆　大僧正様　尊答　松平新太郎　光政」

339　岡山藩家老衆連署書状（元折紙カ）

岡山大賀島寺文書

猶々、昨日者罷出不懸御目、御残多奉存候、以上、
昨日者為御使、新大郎方（岡山藩主・池田光政）へ就御出、従　僧正様（天海）、私共方
へも御書被成下、忝致頂戴候、即御書面之趣為申聞候所
ニ、大賀嶋等覚院跡職之儀、最前も御使僧へ如申談候、
何様共　僧正様御下知次第之旨被申候、此等之趣可然様
ニ被仰上可被下候、何様致伺公可申上候、恐惶謹言、
（寛永九年カ）六月七日　（岡山藩家老）生駒左近　□□（花押）
池田河内守　□□（花押）

340　岡山藩主池田光政書状（元折紙カ）

岡山大賀島寺文書

邑久郡太賀嶋東（等）覚院跡式之儀、従大僧正（天海）御理候条、何様
ニも僧正御下知次第と申入候之処ニ、明鏡坊ニ住持御申
付候由、被仰越候、其段可被申渡候、謹言、
（寛永九年カ）六月十四日　少将　光政（花押）
日置豊前守殿
土倉市正殿
芳賀内蔵□殿
伴□殿

341　金地院崇伝書状案

『本光国師日記』

当月九日之御状、同十五日令拝見候、其地御無事之由、
先以目出度存候、久々遠国之御栖居、御苦労奉察候、終
以書状不申入、無音令迷惑候、併手前彼是取紛、不任心
中無沙汰之体ニ御座候、然者此節御国広恩赦之儀被仰越

候、南僧正（天海）各へも申談、疎意存間敷候、山泉斎常々御噂
耳申出候、為御音信縮布二端被懸御意候、今之時分自是
社可申入処ニ、逆儀之至ニ候、御使者へ申入候条、書中
不能多筆候、恐惶謹言、

（寛永九年）六月十五日　　国師（金地院崇伝）――在判

（富田）宗作様

342　菅沼織部正定芳書状

長野宇平治氏文書

猶々、主殿頭（松平忠利）儀早速被召出、過分難有儀共、可申上
様も無御座候、大炊殿（土井利勝）別而被入御情（精）候而、忝由御礼
被仰可被下候、奉頼候、以上、
一筆令啓上候、然者大僧正（天海）依御訴訟に、主殿頭儀御赦免
被成、将軍様（徳川家光）へ被召出之由、過分至極、忝仕合可申上
様も無御座候、拙者心中御推量可被成候、御年寄衆へ為
御礼申上候間、御次而之刻、可然様に御心得被成可被下
候、自然此表御用等御座候者、可被仰付候、恐惶謹言、

（寛永九年）七月十日　　菅沼織部正　定芳（花押）

井上新左様

人々御中

343　大僧正天海書状案

「宝山要略記」

今日玉室御国安堵被仰付候、則御年寄衆之連書持セ進候、
早々被上候様ニ、可被仰遣候、恐惶謹言、

（寛永九年）七月十七日　　大僧正　天海

（棚蔵藩主・信照）内藤豊前守殿

人々御中

344　幕府年寄衆連署書状案

「宝山要略記」

今度就被行赦、玉室事御国安堵被仰付候之間、可被得其
意候、委曲大僧正（天海）ゟ可被仰下候、恐惶謹言、

（寛永九年）七月十七日　　（年寄衆）青山大蔵少輔（幸成）

内藤伊賀守（忠重）

永井信濃守（尚政）
酒井讃岐守（忠勝）
土井大炊頭（利勝）
酒井雅楽頭（忠世）

内藤豊前守殿（棚倉藩主・信照）

345　山門三院執行探題大僧正天海光前寺寺内法度

長野光前寺文書

信濃国光前寺諸法度事

一、天下安全御祈禱、幷仏事勤行等不可有怠慢事、
一、衆徒致一烈（列）公事仕儀、自　御公儀御法度之事、
一、万事可随学頭下知、
　付、行事不律者於有之者、遂糺明可致追放事、
右条々、於違背之族、東叡山可及披露者也、
寛永九年七月廿四日
山門三院執行探題大僧正天海（花押）
　光前寺

346　大僧正天海書状案

『本光国師日記』

厥后絶音問候、其元何等之儀御座候哉承度候、然者内々申候極官之儀、次第有御座物候、併一度に者、恣之儀候間、二ッに相分可然之由、九条殿（幸家）も御異見候間、尤之儀候、順次候へは、三途台（長福寿寺）・金鑽（大光普照寺）・春日岡（惣宗寺）・寒松院（弁海）・日増院（珍祐）候へ共、此度者先春日岡・金鑽・日増院、此三人を可被成候、其後三途台・寒松院をは可申候、智楽院（忠尊）は院家之事と申、紅葉山権別当候間、今度之衆に可然候、但、此人は明日をも不期体候へ共、後生之儀候間申事候、日増院事は、尾州権現様別当之事候間、猶以之事候、来御祭礼相勤候て、頓而可令参府候由存候へ共、自然其内大納言殿（徳川頼重）御帰国も不知候条如此候、即大納言殿へも、右之通以書状申候、自右首尾候間、被得賢意御肝煎任入候、恐惶謹言、

（寛永九年）九月二日　　大僧正（天海）──在判

国師様（金地院崇伝）

尚々、中禅寺権現及破損候間、修造申付、乍次湯治
仕候、其元替儀も御座候者、被仰聞可給候、以上、

347　金地院崇伝書状案　『本光国師日記』

九月二日之尊書、同五日日増院（珍祐）持参、致拝見候、先以尊
体御勇健之旨珍重ニ存候、御帰山以後、早々以使札御見
舞可申入処ニ、手前何角と取紛、無音ニ罷過令迷惑候、
当地弥相替義（儀）無御座、上様（徳川家光）御機嫌能被成御座候、御心
安可被思召候、随而内々有増御座候極官衆之義（儀）、先度御
書立之内、二つニ被成御分可然由、九条殿（幸家）御異見ニ付而、
尾張様（徳川義直）へも以御書中被仰入之趣、得其意候、尾張様御暇
之義（儀）も、未御沙汰無之候、来御祭礼以後早々可為御参府
由候間、其節猶御直談尤ニ存候、中禅寺権現御修理被仰
付、乍次御湯治被成之由、為御養生尤ニ存候、拙老式義（儀）
弥多病ニ罷成、頃ハ腹中気ニ御座候而、散々之体ニ御座
候、朝暮御床敷存候、猶期後音不能詳候、恐惶謹言、
（寛永九年）九月六日　――（金地院）――（崇伝）
大僧正（天海）様

348　大僧正天海書状（折紙）　京都曼殊院文書

以上
厥后者久絶音問、非本意奉存候、今般諸公家・諸門跡衆、
日光就御参社、大樹（徳川家光）以御指図日光在山故、以愚札不申
上候、御勇健被成御座之由、珍重奉存候、仍江戸山王之
額、乍御六借被染御筆可被下候、末代之儀御坐候間奉頼
存候、委細出納大蔵方（職忠）可申上候条、不能審候、恐惶謹言、
（寛永九年）九月十一日　大僧正　天（花押）
竹内（良恕親王）（曼殊院）御門跡様
御番中御申上

○寛永九年（一六三二）は、徳川家康の十七回忌。

349　金地院崇伝書状案　『本光国師日記』

内々薬院御望候一鷗儀、被召置候様ニ御取成被仰上被遣

候者、於拙老可忝存候、大僧正(天海)も右之段拙老肝煎候様ニ
と被申候、貴様へも被申入由ニ候、可然様ニ奉頼候、恐々
謹言、

(寛永九年)九月十七日　――(金地院)　――(崇伝)

〆　渡一学様

350　天海証状案　「東叡山日記」

山王台所建立奇特候間、居間為合力銀子五拾枚進候、為
建立領(ママ)松平右衞(ママ)大夫(正綱)殿に挑置候銀子之内を以可被取者也、

寛永九年壬申十月廿一日　天海　判

最教院(晃海)

猶々、又重而可進候、此外不申候、以上、

351　山門三院執行探題大僧正天海中仙寺
寺内法度

長野仲仙寺文書

信濃国伊奈郡蓑輪郷羽広山中禅寺

寛永九年

一、山林境内竹木、猥不可伐採事、
一、寺領田畠幷山林、不可沽却事、
一、仏事勤行等、不可有怠慢事、

右条々、不相背、弥天下安全之御祈禱、可抽精誠者也、

寛永九年霜月四日

山門三院執行探題大僧正天海（朱印）

352　大僧正天海書状写

佐賀実相院文書

尚々、御透之時分、与風以参、宜得貴意候、以上、
先日者早々と御尋、誠以辱令存候、即以参雖可申述候、
御透難計故、無其儀候、然者河上山堂社、新儀ニ一宮と
書付候棟札、彼山ニ被仰付、相離候段、内々承候、分明
候哉、先年　公儀御掟之旨、無御違背被仰付候段御尤候、
後代之事候間、弥一所も不相残候様、可被仰付事肝要存
候、猶期貴面之時候、恐惶謹言、

(寛永九年カ)霜月七日　大僧正　天海

鍋嶋信濃守(勝茂)殿

人々御中

353　鍋嶋信濃守勝茂書状

佐賀実相院文書

已上

□(一書)致啓入□(候、拙者)儀、去月九日江戸令参着、則御年寄
中迄遂御案内候処、其段被成□(御)上聞□(候哉、)追付、為　御上
使青山大蔵殿(幸成)御出、忝　上意之段被仰聞、冥加之至ニ奉
□(存)儀ニ候、右翌日ニ、各御差図ニ付而致登　城、仕合能
御目見仕、剰　御前近ク被召寄候而御懇之被成　御諚、
無残所御座候て外聞忝次第、可被成御察候、河上棟札之
儀、去夏、御理申入候付而被成御除候、然処、此間従大(天
海)僧正以御状被仰聞候ハ、於河上新儀ニ一宮と書付候棟札、
今一所拝殿ニ残有之通相聞候、先年、公儀御諚ニ而相済
たる儀ニ候条、□(重而申分無之様ニ)弥念を入可申通御口能
候、さも候へハ、両社出入後之棟札於相掛者、従□(公)儀被
仰候間、拝殿之儀ハ不及申、自然其外ニも御座候者、早
速可被成御除儀可為御尤候、右大僧正より拙者へ給候御

状□(幷双)厳院(豪倪)より勝屋勘右衛門尉へ之状、為御披見、写令
進入候、何も諫早石見守・鍋嶋伝兵衛可得尊意候、恐惶
謹言、

(寛永九年)霜月十二日　鍋嶋信濃守　勝茂（花押）

実相院(尊純)
御同宿御中

354　大僧正天海書状

佐竹文書

当府御着候哉、路次ニて御煩之様風聞、于今承候、無心
元儘、先投一翰候、恐惶謹言、

(寛永九年以前)霜月廿五日　天（花押）

「〆　義宣様　大僧正
人々御中　天海」

○佐竹義宣の忌日は、寛永十年（一六三三）正月。

355　山門三院執行探題大僧正天海東叡山直末許可状

毛呂山町歴史民俗資料館文書

武州山根新地建立至神妙、依之号円福寺、令補東睿山直末者也、弥仏事勤行国家安全御祈禱、無怠慢抽精誠、者三季出仕不可闕也、仍如斯、
寛永九年霜月吉日
山門三院執行探題大僧正天海(印)（印）

356　妙法院門跡尭然親王書状（折紙）

川越喜多院旧蔵文書

芳札過量之至候、抑従　大樹(徳川家光)最教院(晃海)々家ニ被仰付候通、於当門喜悦不過之候、則折紙之趣、具伝　奏へ申談候処ニ、官位昇進之時分、口　宣可相調之由候、猶従伝　奏可被申候条不具候、かしく、
(寛永九年)極月廿七日　(妙法院尭然親王)（花押）
(天海)大僧正　御房
寛永九年

○最教院晃海の院家勅許は寛永九年（一六三二）である。

357　妙法院門跡尭然親王書状（折紙）

川越喜多院旧蔵文書

近日出来申候間、頓而進入可申候、其外書物尋出次第、書写候て可進候、少も油断申間敷候、又拙僧望之書物於在之者　(許カ)可給之由、満足申候、猶自是可申入候、万端其程之義(儀)偏頼存候、
追而令申候、先以貴僧御息災之由、大慶存候、頃少咳病之由、寒天之時分候間、無油断養保専一存候、随而最教(晃海)院院家之儀、事済祝着不浅次第候、口宣之事、此度相調候様にと、色々才覚申候へ共、官位之義(儀)にて無之候故、難調之由候間、重而官位之事被仰越候はゝ、其節相調候様に馳走可申候、将又養源院院家之事、是又事済候様に頼存候、兼又書籍之事、随分馳走申候事候、釈日本紀此中書写申付候、かしく、
(寛永九年)極月廿七日　(妙法院尭然親王)（花押）
(天海)大僧正

御房

358　青蓮院門跡尊純親王書状

「慈眼大師御年譜附録」

猶以、一儀遅々候事、迷惑至極存候、別に可申方無之候、一筋に大僧正(天海)偏任入存候、兎角当門一室御再興と思食、御慈悲所仰候由、何とそ被聞召分候様、其段御取成頼存候外無他候、二月末に者、伝奏衆、自仙洞者、阿野(実顕)・清閑寺(共房)可為参府様に承及候、幸禁裏仙洞より勅使被参候刻、仰出有之様、其前内々御才覚、偏以頼存計候、野僧年臈及五旬、其上平生病者候間、何とそ存命之中、達多年之大望候様、是非御馳走所希候、猶追々可申候、

新稔之佳祥雖事旧候、重畳不可有尽期候、殊更法体康勝之由、珍重候、仍黄金拾両進候、表千秋萬歳之嘉儀候、次全像西遊記全一部十冊、定而雖可有御所持候、爰許稀様候間、入見参候、寸志之験計候、然者今度就台徳院(徳川秀忠)殿御年忌、御経贈献候、宿老中へ以状申候、御次之刻、

可然様可預御心得候、先以去冬以使札申候処、一巻進覧之首尾、御執成無所残義(儀)、本望不過之候、彼此御懇意不浅次第候、兼又内々訴訟之儀、被伺御機嫌、被成下候様、何様とも御取成所希候、此近年者、年頭禁中仙洞御礼にも、年々構故障、伝奏衆迄相理、惣並之時者、参内不申候故、外聞旁迷惑申事候、其段過賢察候、委使者可申候条、閣筆候也、

(寛永十年)正月九日　(青蓮院尊純親王)(御花押)

大僧正(天海)御房

359　鍋嶋信濃守勝茂書状

佐賀実相院文書

已上

一書申入候、然者先年両社仰分候処、口事出来、如已前ニ候間、新儀ニ一宮と不依何辺ニ御書付候儀被相止候様ニ、領主之儀ニ候条、双方へ堅可申渡之由、元和九年、於江戸御年寄中、大僧正(天海)より被仰聞候、然処元和五年之札を拝殿ニ被打置之由、大僧正被聞召付、最前従御年寄

中之如御定、右之札引せ申候様ニと度々被仰聞候付而、此中従江戸も節々申越候へ共、御延引候、去年我等罷下候刻、重々大僧正より被仰候故、帰国申候而よりも数度申入候へ共、終ニ無御承引候条、今度罷上候刻、有体申上より外無御座候、拙者緩之様ニ各様可被思召儀、千万迷惑ニ存儀候、何も御返事ニ可得其意候、恐惶謹言、

(寛永十年カ)正月十一日　鍋嶋信濃守　勝茂（花押）

実相院

御同宿御中

佐竹文書

360　大僧正天海書状

改年之御慶、雖事旧候、猶更不可有尽期候、旧冬以使申候へ共、御鷹野へ御出被成之由候キ、我等事昨晩参着申候、いまた(未)御城へ之御目見不申候間、先投一翰候、如何様遂参上、御慶可申述候、恐惶謹言、

(寛永十年以前)孟春廿三日　天（花押）

〆　(佐竹)義宣様　大僧正

人々御中　天海

○佐竹義宣の忌日は、寛永十年（一六三三）正月二十五日。

361　大僧正天海書状（折紙）

京都曼殊院文書

猶以、旧冬者山王之額被遊被下候、末代之亀鏡不可過之候、以上、

尊札拝受忝奉存候、尊体御勇健珍重奉存候、(徳川秀忠)台徳院殿御一周忌為御追善、御使者被遣候、随而私方へ御薫物送被下、忝奉存候、委細御使者兵部卿申達候間、不能審候、恐惶敬白、

(寛永十年)正月廿九日　大僧正　天（花押）

(良恕親王)竹内御門跡様

(曼殊院)尊答

○徳川秀忠の一周忌は、寛永十年（一六三三）正月。

362　鍋嶋信濃守勝茂書状

佐賀実相院文書

已上

一書致啓入候、仍河上棟札之儀、従大僧正（天海）被仰聞候付而、
其段旧冬申入候処、両社出入無之自以前之札ニ候由、預
御報候条、其通大僧正へ申入候処、御返事之趣重々申入
儀候、後日者御年寄中も可被聞召届与存候、於然者、国
家之為ニ不罷成儀候条、能々御遠慮肝要存候、右之段為
可申入、伝兵衛・河浪勘左衛門尉致進入候、於委細者口
上ニ申達候間、不能詳候、恐惶謹言、

（寛永十年カ）二月九日　鍋嶋信濃守　勝茂（花押）

（尊純）実相院

御同宿御中

363　曼殊院門跡良恕親王書状

川越喜多院旧蔵文書

猶々、薫物一種送之候也、

去年者院家に被成勅許候由、預使者、殊十帖一本祝着之
至候、仍今度従大僧正（天海）当門末寺証文御尋に付、西池主膳・
千種木工両人指下候、於其許可然様頼入候、かしく、

（寛永十年）二月廿八日　（曼殊院良恕親王）（花押）

（晃海）最教院

364　前毘沙門堂門跡山門三院執行探題大僧正天海色衣免許状

長野戸隠神社文書

於信濃・越後両国、伽藍不一宇加修造事、依為神妙、色
衣其所為規模令免許了、但、青・香之二色也、以此旨宜
致承知之状如件、

寛永拾年癸酉二月日

前毘沙門堂門跡山門三院執行探題大僧正（天海）（花押）

宝蔵院俊海

365　前毘沙門堂門跡山門三院執行探題大僧正天海伽藍再興感状

古跡之継絶、伽藍之興廃、天下安寧之基本、国家豊栄之前瑞焉、抑越後・信濃於両国、天台宗之為伽藍処、五智・愛宕・蔵王・戸隠等之堂舎、及大破処、不一宇令再興条、寔以神妙々々、弥励善巧、廻方便、宜加修理也、者修造之薫功依為寄特、令補亀鏡感状了、

維時寛永十年龍集癸酉二月時正

前毘沙門堂門跡山門三院執行探題大僧正天海（印）

366 山門三院執行探題大僧正天海

越後・信濃両国天台宗法度条々

越後・信濃両国天台宗法度条々

一、寺社領乍収納、・不挿天下之精祈、不専恒例之祭祀、不加堂舎之修理、押領之族於有之者可言上、遂穿鑿可追放事、

一、寺社領之山林竹木伐採、不可商売事、

一、為末寺不可背本寺命、何況於一山之衆徒、境内居住之倫乎、但、従本寺非儀之沙汰於有之者、東叡山へ可言上事、

一、衆徒之坊跡、雖親昵之類身直弟、不嗜芸能荏法会、不勤座役者不可叶坊舎相続、随其器量所用立入可申付事、

一、未灌頂之者、雖為老僧、曼供之烈座禁制也、詣本寺可致執行事、

一、無謂好公事、企連署、不可致一列徒党、

附、公事出来之時、所引物押雖立非事、堅令禁制事、

一、破戒不律為実犯者、如往古憲法可申付、但、挿野心構私儀、虚名申出者、其過甚以不軽、可処厳科事、

寛永拾年癸酉二月日

山門三院執行探題大僧正天海（花押）

○『山岳宗教史研究叢書』9「富士・御嶽と中部霊山」米山一政「戸隠修験の変遷」より本文収録。

367　山門三院執行探題大僧正天海光前寺寺内法度

長野光前寺文書

信州伊奈郡宝積山光前寺

一、境内山林竹木、猥不可伐採事、
一、寺領六拾石之内不可沽却事、
一、坊中門前屋敷無之旨、脇坊之余地可有支配事、
一、牢人、其外無実正者、不可抱置事、
一、寺院無興隆者、急度可申付事、
　付、門前者、不随下知者可追放事、
右条々、於相背之族者、東叡山可申上者也、
寛永十年癸酉三月十七日
山門三院執行探題大僧正天海（花押）

368　三千院門跡最胤親王書状写

京都三千院文書

先度書状慥披見候、仍末寺等之儀被申越候、本尊・聖教・記録等、山門破滅之砌、悉焼失之事に候、所々相残候記之内、其外覚なと少々書付進之候、猶重而も可申入候、早々以飛脚可申処、旧記以下紛失、又者日々に老耄故、延引令迷惑候、先可申を、当年者日光山社参之由風聞候、事実候哉、手前御肝煎と察入候、慶事従是可申候、かしく、
（寛永十年）三月廿五日　（三千院門跡）最胤
（天海）大僧御房

369　山門三院執行探題大僧正天海増福寺寺内法度

姫路広峯神社文書

掟　播州広嶺山

一、広嶺山増福寺者、祇園一体牛頭天王降霊之地、神祠社官厳重之処也、神拝・祭礼等無怠慢可相勤事、
一、自往古当山境内守護不入之旨也、猥従近隣山林竹木不可伐取事、
一、為神職従先々天台之宗旨、今以不可交他宗事、

右条々、守往代之旨、天下安全国家長久神祈之状、如
件、
寛永十年卯月十七日
山門三院執行探題大僧正天海（花押）
社家中

370　山門執行探題大僧正天海諸役免許状（折紙）

日光市御幸町自治会文書

日光山　東照大権現（徳川家康）御勧請以来基立之間、号御幸町、依
之永代諸役令免許畢、者守此旨、　御祭礼、其外之御奉
公不可有如在者也、
寛永十癸酉六月朔日
山門執行探題大僧正天海（花押）

371　山門三院執行探題大僧正天海証状

鎌倉宝戒寺文書

（包紙）「相州　宝戒寺　」
相州鎌倉宝戒寺者後醍醐天皇御願所也、於法勝寺諸末寺
中無止事勝地、代々将軍家并諸侍受戒霊場也、雖然乱後
已来堂舎伽濫（ママ）、代々之宣旨、其外書籍等紛失其聞候、併
励懇志相続可為肝要者也、
寛永十年林鐘朔日
山門三院執行探題大僧正天海（花押）

372　大僧正天海書状

「慈眼大師御年譜附録」

昨晩忝覚申候、病中候、乍（ママ）上使日光へ被出府候沙汰故（ママ）、
不思議残命に而参府申候、明朝登城可申旨、先刻預上使
候、於殿中可申承候、御母儀へも別紙可申候へ共、御意
得憑入候、日光へ被為入御念御文言忝存候、
（寛永十年以前）七月十二日　大僧正天海（花押）
〆　日下部大隅守（宗好）殿
御報

○日下部宗好の忌日は、寛永十年（一六三三）七月。
大隅守任官年次は、不明。

373　大僧正天海書状（折紙）

京都三千院文書

尚々、於此方吉日撰可申候へ共、山門末代為後亀候
間、被入御情（精）可然奉存候、以上、

頃日預尊書、御勇健之由、珍重令存候、大樹（徳川家光）御機嫌御
事御座候、仍山門根本中堂・大講堂・文殊楼等、石築立
柱日取之儀、三人之従奉行衆申来候、去々年木作始、勘
文相済候間、今度之儀御勘文被仰出候様可然存候、両伝
奏・板周防守（板倉重宗）殿も申入候、御相談候而、御馳走可然存候、
日取・時節之儀者、三人之奉行衆より可被得御意候、恐
惶謹言、

（寛永十年）七月廿八日　　大僧正　天（花押）

梶井宮様（最胤親王）（三千院門跡）

○比叡山根本中堂・大講堂の造営は、寛永十年（一六三三）七月。

374　山門三院執行探題大僧正天海
東叡山直末許可状

駿河国宮内先玄陽坊、東照大権現（徳川家康）御在世之時、前々依為
台家被相改、鎮栄法印被移置了、因茲当玄陽坊鎮宥、予
於足下法流令伝受（授）、肆東睿山令補直末処、者為末坊真光
院・最本地院付置者也、

寛永拾癸酉暦八月廿二日

山門三院執行探題大僧正天海（花押）

○本文書は『思文閣古書資料目録』二三八号（平成二十六年七月刊）所収の写真版より。

375　大僧正天海書状

近江大林院文書

猶々、我等病中故、早々申入候、以上、

一筆令啓達候、其以来久不申承候、仙洞御無事之由珍重
存候、然者山門根本中堂柱立候日取之儀、卯月始時分立
申度由、奉行之方ゟ申来候間、被仰付可被下候、前々者
座主ゟ被仰入候へ共、今般不相定候故、従是申入事候、
偏頼存候、恐惶謹言、

（寛永十一年）二月廿二日　　大僧正　天海（花押）

三条（西実条）前内府殿
日野（資勝）大納言殿

○寛永十一年（一六三四）十月十四日、根本中堂造営日時を定む。

376　山門三院執行探題大僧正天海
東叡山末寺法度案

東叡山春性院蔵本「御条制」

御条目

一、二時勤行無怠慢、可致天下安全御祈禱事、
一、毎月十七日可致　東照宮（ママ）大権現之御法楽事、
一、背於国司之制法、不可致私検断事、
一、専於戒律、捴而不可背本寺下知事、
一、山林竹木猥ニ不可伐採事、
一、企徒党、不可致公事沙汰事、
一、不可闕三季講演等、若令煩之時者可遂其理、無左右
於闕之者、或者追放、或者三衣可取上事、
一、末門逝去之時者、縦雖為直弟、不窺本寺不可移住事、
一、不遂大阿闍梨者、不可引導事、
一、加行・護摩等之儀者不及申、九字護身法迄猥不可授
事、
一、縦使雖為世・出世器量之人、於乱行之僧者、早々可
追放事、
一、寺中へ走入之者不及申、雖為縁類・知人、牢人不可
抱置事、
一、背師命者、縦雖所化不可召抱、又雖為我弟子、於不
孝之輩者、早々可被追放事、
右之条々、末門寺中共堅可相守者也、
寛永十一年三月四日
山門三院執行探題大僧正天海　御判

377　老中酒井雅楽頭忠世書状

出雲鰐淵寺文書

猶々、千妙寺・金讃（鑚）寺官位御目見之儀、尤今一度御
直ニ被仰上、其上ニ而可然与奉存候、先明日者御延
引可被成候、以上、
貴札拝見仕候、此中御煩気之由、手前取紛故、以使不申

上無音迷惑仕候、弥無御油断御養性(生)専一ニ奉存候、将又
先日被仰下候千妙寺・金讃寺官位御目見之事、加様之儀
者従前々之様子、然与不存候間、貴老様御登城之剋、様
子具ニ今一度被仰上、其上ニ而官位御目見之儀、御尤ニ
奉存候、出雲国神宮寺・鰐淵寺御目見之儀も、同時ニ被
成可然与奉存候、乍去何之申分も無御座、御目見計ニて
御座候者、明日成とも貴老様次第ニ御座候、恐惶謹言、
寛永十一(補筆カ)年戌三月十四日　忠世（花押）
〆　大僧正(天海)様尊答　酒井雅楽頭　忠世

○酒井忠世の大老就任は、寛永十三年（一六三六）三月。

378　老中酒井雅楽頭忠世書状

出雲鰐淵寺文書

一昨日者神宮寺幷鰐淵寺被致　御目見候付而、御慇懃之
預尊札候、将亦少御咳気故、昨日御社参不被成候由、千
万無御心元奉存候、不及申候へ共無御油断御養生専一ニ
御座候、恐惶謹言、
寛永十一(補筆カ)甲戌三月十八日　忠世（花押）
〆　大僧正(天海)様尊答　酒井雅楽頭　忠世

379　徳川家光日光山朱印状案

「東叡山日記」

日光山東照大権現御領、幷日光領、下野国之内弐拾弐箇
村、都合七千石目録在別紙事、如前々令寄進之畢、御供・常
灯・祭礼・年中行事・修理領・門跡・撿挍幷衆徒・一坊・
社家・楽人以下悉所支配也、衆僧・社家門前屋地子免除
之、可為撿断使不入之地、但、背国法之族者各別也、惟
夫大権現以文武治天下、掌四海、政務暇信仏教、帰依天
海大僧正、嘗称我有霊、可顕先祖護後孫、永添家運、故
相国継其志、逑其事、因経奏聞、贈神号神位、乃降台命
於天海大僧正勧請之、鎮座有年矣、仰思当家之祖廟、欽
慎実深、及永代為令無退転、社法役人等改正之領知充行

者也、然則門跡・撿挍・衆徒・一坊・社家、諸役之法式相守之、而山中法度令大僧正沙汰之、各須承知者、宜凝国家長久之精祈、抽仏法紹隆之悃志之状如件、

寛永十一年五月二日　家光

天海大僧正御房

380　日光山法式案　「東叡山日記」

日光山法式

門跡并撿挍

一、社役祭礼不可有怠慢事、
一、法流相続無退転、衆徒学道可被申付事、
一、式日出仕、并衆僧勤行無懈怠可有沙汰事、
一、公事無偏頗可有裁判事、
附、悪僧可被擯罰事、
一、衆徒并一坊依其坊之相応択器量、住持可被申付事、

衆徒并一坊

一、年中行事不可懈怠事、
一、日次・月次之御供、厳重可備之事、
一、百姓所務廉直可仕事、
一、預置収納方、并勘定漫有之間敷事、
一、宮寺洒(清)掃并一坊番役無油断可申付事、
一、以類結党、依怙有間敷事、
一、坊舎并領知質券売買停止事、
一、雖嗜学道行儀、於不律者可令追放事、
一、社家・禰宜・宮仕・神人以下所役可申付事、

社家

一、祭祀可相勤之事、
一、物忌・触穢可慎之事、
一、社頭之番不懈怠事、

右条々、可相守此旨者也、

寛永十一年五月二日

381　東叡山領目録案　「東叡山日記」

覚

一、五百四拾壱石弐升壱合　武州豊島郡　田畑村之内
一、三百四石六斗七升七合　同　新堀村
一、百五拾三石八斗二合　坂本村
高合千石
右之所、為上野東叡山領、従戌年(寛永十一年)御寄附候間、可被相
渡候、已上、
寛永十一年五月十七日　金兵衛　判
半重良　判
加賀(老中・堀田正盛)　判
豊後(老中・阿部忠秋)　判
伊豆(老中・松平信綱)　判
讃岐(老中・酒井忠勝)　判
雅楽(老中・酒井忠世)　判
倉橋勝兵衛殿

382　山門三院執行探題大僧正天海証状写
京都青蓮院旧蔵文書
九州肥前国佐賀郡金宝山観音寺一乗院者、征夷大将軍
左大臣家光(徳川)公依祈、天海大僧正被任慶舜権僧正、依之寺
号・山号成下畢、者守此旨、仏法興隆天下静謐勤行、可
励丹祈者也、
寛永十一甲戌年五月十七日
山門三院執行探題大僧正天海　在判

383　大僧正天海書状（元折紙カ）
京都大仙院文書
今度逼塞四人(玉室宗珀・沢庵宗彭・単伝士印・東源慧等)之長老着衣之事、貴僧御訴訟相叶珍重候、
此衆着衣之儀、卒尓之　御赦免如何ニ被思召候処、御訴
訟之趣、達而申上候付、被聞召分、為仏法相続、貴僧帰
山之次而、新長老四人(文室宗周・光沢宗温・天祐紹杲・清巌宗清)着衣之儀被仰出、各大慶不可過之
候、於某令満足候、貴老勇健故、妙心寺迄数多長老着衣
御免許候、今度畢竟御手柄、重而可有用捨候歟、呵々大
笑々々々々、恐惶謹言、
五月晦日(寛永十一年)　大僧正　天（花押）
玉室(宗珀)和尚
沢庵(宗彭)和尚

384　大僧正天海書状案

「宝山要略記」

態飛札珍重々々、先以炎暑之時分、途路無異議（ママ）、帰寺之由、別而令満足候、我等も去廿二日坂本迄、無異儀参着申候、大樹（徳川家光）御着座迄、爰許休息可申覚悟に候、沢庵老上着之節、被仰合、京都宿所芳尋所希に候、久々にての帰寺候間、先以何方へも無御出、休息之義（儀）肝要存候、猶期対顔之節候、恐惶謹言、

（寛永十一年）六月廿八日　　大僧正（天海）　判

（前田利家室・高畠氏）芳春院

尚々、従肥前守殿（前田利常）之書状返詞、御上着之上に而可申候、以上、

○沢庵宗彭の赦免は、寛永十一年（一六三四）五月二十九日。

385　天海書状（元折紙カ）

岡本家文書

尚々、先可申上候を、此中御服中無然之由候、今程はやり物御座候間、無御油断被加御保養可然奉存候、以上、

御書辱令頂戴候、如尊意　大樹（徳川家光）十日・十一日両日之内御入洛之由、就其如先年、於其地可致見物之旨被仰下候、内々其望ニ御坐候、併路次にて少すりやぶり申所、痛申付、爰許致休息候、令養性（生）能被成候者、一両日前御案内申上、可令参上候、被為寄思召之段、辱奉存候、恐惶謹言、

（寛永十一年カ）七月八日　　天（花押）

（宛所なし）

○寛永十一年（一六三四）七月十一日、徳川家光、京都着。

386　鍋嶋信濃守勝茂書状案

「千栗八幡雑記」

河上社棟札之儀、被仰聞奉得其意候、拙者罷下之間引セ可申候条、御心易可被思召上候、

（寛永十一年）閏七月廿日　　鍋嶋信濃守（勝茂）

大僧正（天海）様

387　大僧正天海書状写

佐賀実相院文書

「(ウハ書)
鍋嶋信濃守(勝茂)殿　　大僧正
人々御中　　天海　」

昨日之御使札、殊大樽二ツ・ミつ(蜜)漬壱壺、幷御国本之椎茸壱函送給、忝存候、先以御仕合能御暇出、御下国珍重奉存候、併今度者互不得寸隙故、染々不得尊意も、残多奉存候、将亦川上新棟札可被引之由、大慶奉存候、猶期面上之時候、恐惶謹言、

(寛永十一年)閏七月廿一日　　天（花押）(写し)

388　坂本東照宮遷宮綸旨案

「東叡山日記」

江州坂本東照大権現就御遷宮、宣命令披覧、珍重之至候、彌宜奉祈宝祚延長天下安全者也、

寛永十一年八月五日　　御判(明正天皇)

天海大僧正御房

389　山門三院執行探題大僧正天海紀州東照宮法度

和歌山雲蓋院文書

和詞(歌)　東照大権現　　年中行事

一、修正　従大晦日至七日
一、朝暮　勤行
一、長日　護摩
一、毎月　朔日　廿八日　大般若
一、毎月　十七日　論義　音楽
一、卯月　十七日　御祭礼
一、九月　十七日　法華八講

右勤行無怠慢、天下泰平国家安全可抽丹祈者也、

寛永十一年八月十七日

山門三院執行探題大僧正天海（花押）

390　山門三院執行探題大僧正天海真如堂法度

京都真如堂文書

鈴声山真正極楽寺真如堂年中行事

一、正五九月　従朔日至七日宝祚延長
天下安全御祈禱護摩

一、正月三日　元三(良源)大師講

一、毎月十四日　慈覚(円仁)大師講曼陀羅供

一、正月廿七日　開山忌懺法

一、毎月十五日　於本堂例時

一、二月十五日　涅槃会

一、四月四日　山王御祭礼

一、四月八日　仏生会

一、六月四日　伝教(最澄)大師会

一、霜月廿四日　天台会

一、当寺開基戒算上人者、雖兼律家、近代断絶之間、復往古、作善等之時者可着律衣也、

右所定勤行不可有怠慢者也、

寛永十一年八月十七日

山門三院執行探題大僧正天海（花押）

391　天海書状（折紙）

京都曼殊院文書

尊札忝奉拝見候、先以御尊体御勇健被成御座候由、珍重奉存候、宮様(良尚親王)御無事目出奉存候、如承意去月大樹(徳川家光)儀渡御、御機嫌好我等居間ニ而、終日御酒盛被遊、其成(ママ)も無御座候事に候キ、入御念預示、誠以過分至極奉存候、猶期後喜之節候、恐惶謹言、

(寛永十一年)八月廿二日　天（花押）

竹内御門跡様(良恕親王)(曼殊院)

尊答

○良尚親王の曼殊院入室は、寛永十一年（一六三四）。

392　安藤帯刀直次書状（折紙）

熊野那智大社文書

以上

一筆奉啓上候、然者熊野山那知(智)実報院与橋詰、相国院様御宿坊出入之儀、此以前紀州於和歌山双方被申分、拙

者式承届候処ニ、遠州・三州被成御支配之刻、遠州ニ而
熊野領被成御寄附之通、夏目次郎左衛門（広次）・本多作左衛門（重次）
両人書出、殊以酒井雅楽（政家）殿取次ニ而巻数進上被仕、御
内書なとも御座候ニ付、実報院御宿坊ニ紛無御座候間、
御礼之儀相済候様ニ被成被遣可被下候、委細者実報院可
被申上候、恐惶頓首、
（寛永十一年以前）八月廿八日　安藤帯刀　直（直次）（花押）
拝進
大僧正様
侍衣閣下

393 曼殊院門跡良恕親王書状

○安藤直次の忌日は、寛永十二年（一六三五）五月。

「慈眼大師御年譜附録」

以上
得幸便一書申入候、仍今度者、種々以御馳走、新宮（良尚親王）御方
親王宣下大慶不過之候、然者当月十七日則得度之事候、
就其江戸へ御礼之儀　板防州（京都所司代・板倉重宗）当月中に下向可然之由候間、
近日罷下可申候条、万事於其辺御取成所仰候、かしく、
（寛永十一年）九月五日　（曼殊院良恕親王）（御花押）
（天海）大僧正御房

○良尚親王の得度は、寛永十一年（一六三四）。

394 天海書状（折紙）

京都曼殊院文書

新宮（良尚親王）就御灌頂被成候、青蓮院殿（尊純親王）被仰越候由、珍重奉存候、
御勇健御座候由、目出奉存候、爰許　大樹（徳川家光）弥御機嫌之御
事御座候、御心安可被思召候、我等も一段息災御座候、
委細昌佐口上ニ可被申上候、猶期後音之時候、恐惶謹言、
（寛永十一年カ）霜月七日　天（花押）
尊報
竹内御門跡様（良恕親王）（曼殊院）

○尊純親王、寛永十一年（一六三四）十一月二日、良尚親王に護
身法などを授く。

395 堀丹後守直寄書状案

「慈眼大師御年譜附録」
返々、うた頭(酒井雅楽頭忠世)御事、如何御さた御さ候や承度候、以
上、
此間不懸御目候、大僧正(天海)様御気色弥御快気被成、目出度
奉存候、過夜之御機嫌如何御座候哉、承度存候、御次而
之刻、此旨可預御取成候、然者酒井雅楽殿(忠世)御事に付て、
貴公仰候儀候、切々御出のよし、御耳にたち候や、吉事
候はゝ、御しらせ被成可被下候、恐惶謹言、
(寛永十一年カ)十二月廿六日　　堀　丹後守(直寄)

○天海、寛永十一年酒井雅楽頭忠世の赦免を乞う。

396　大僧正天海書状

以上
明春之吉兆不可有尽期候、年頭之為御祝儀馬・太刀送給、
黄金拾両、誠御慇懃之至存候、折節登　城仕、不能即報
意外存候、如何様永日中以参慶賀可申述候、恐惶謹言、
(寛永十二年以降)正月五日　　天（花押）

（ウハ書）「　　　大僧正
藤堂大学頭(高次)殿　　天海
人々御中　　」

○『思文閣墨蹟資料目録』第四五号（平成二十一年十二月刊）、八〇頁所収の写真版より。藤堂高次の大学頭就任は、寛永十一年（一六三四）七月。

397　天海書状（元折紙カ）

栗原宏治氏文書

尚々、土蔵・とりつき(取付)の間、春中いそき(急)〳〵立候
へく候、在京中ハ種々懇情大慶候、内方へも心得
頼入候、以上、
旧冬者路次中無事ニ極(十二月)廿二日江戸へ参着、廿三日登城、
一段御懇切候、可心安候、
一、坂本(大津)ニ上々土蔵、又とりつき(取付)の間、此春急度立可申
候、入札をさせ候へく候、相住坊(亮算)各令談合、油断有間
敷候、
一、今廿日頃江戸へ参候間、尚追々用所可申越候、かし

く、

（寛永十二年カ）正月八日　　天（花押）

（坂本屋）宗順

○天海、寛永十一年（一六三四）十二月二十二日・二十七日、酒井忠世の罪の赦るされんことを徳川家光に請う。

398　大僧正天海書状（元折紙カ）

広島大学猪熊文書

尚々、山王縁（ママ）記之儀、生嶋宮内迄申越候、其段御心得可給候、出来次第御越頼入候、以上、

改年之御慶珍重々々、尚更不可有尽期候、旧冬者路次中無事ニ、極（十二月）廿二日江戸へ参着、廿三日登城、同廿六日被為召候付而令登城候、一段御懇切候、可御心安候、極晦日日光山へ罷着、今廿日比江戸へ参、御礼可申上存候、猶自彼地可申宣候、恐々謹言、

（寛永十二年カ）正月八日　　大僧正　天（花押）

（出納職在）出豊後守殿

○出納職在の豊後守就任は、寛永二年（一六二五）十二月。天海、寛永十一年十二月二十二日・二十七日、酒井忠世の罪を赦るされんことを請う。

399　妙法院門跡尭然親王書状案

「慈眼大師御年譜附録」

一筆令申候、然者般舟院下候、今度御法会に不苦候者、被差加候様頼入候、節々参候而申候故、如此候、猶期対顔之時候、かしく、

（寛永十二年）三月二日　　（妙法院門跡）尭然

（天海）大僧正

400　山門三院執行探題大僧正天海東照大権現社内陣之御調度渡状写

叡山文庫止観院文書

（表紙）「日光山東照大権現社　内陣之御調度」

東照社正殿内陣神物之御調度

一、錦御蓋　　一流　　色目各略之

一、板樹　　二支

一、高机　三脚
一、御鉾　壱本
一、八角鉄灯籠代　四蓋
一、獅子形　弐頭
一、御帳台　三基
一、御几帳台
一、須弥壇　三基
一、御突立障子　一基
一、台盤大一小二　三脚
一、御屏風　壱双
一、大床子　壱脚
一、御倚子　壱脚
一、御茵　六枚
一、屎御鉾　三本
一、御棹　壱支
一、御弓　二張　御矢　六双
一、御加志杖　壱本
一、胡床　壱脚

一、大壺　壱口
一、御餝太刀　二腰
一、御細太刀　壱腰
一、錦鞘御太刀　卅四腰
一、御鎧御甲　壱領
一、御鞍　壱具
一、御鞭　壱筋
一、楷（ママ）　四枚
一、夏御装束　壱領
一、冬御装束　壱領
一、玉佩　紫緒　二流
一、御冠　二頭
一、玉御帯　二腰
一、御平緒　二腰
一、御笏一、牙御笏 一、木　錦袋二帖　筥
一、御扇　壱本
一、御草鞋　二足
一、御柏子　二具

一、御双子筥　　二合
一、御宿衣　二領　御枕　二本　竜鬢御莚　二枚
　納韓櫃一合
一、御小袖袷各二領納御衣筥
一、和琴　　壱張
一、神鏡　　壱面
一、宝珠鏡　　壱面
一、御鏡　　四十面
一、五部鈴杵　　壱面
一、神道護摩具炉壇以下皆具
一、三所夏冬御装束皆具各納辛(唐)櫃
一、御小袖御袷　　各二領
一、御冠　　六頭
一、玉御帯　　三腰
一、御平緒　　三腰
一、御笏　　三本
一、御柏子　　三双
一、御草鞋　　六足

一、御細太刀　　三腰
一、御餝太刀　　三腰
一、女体御装束皆具　夏冬
　右納韓櫃
一、線桂多々利　　壱基
一、麻笏　　壱合
一、賀世比　　壱枚
一、鏄　　二枚
一、続車　　二本
　右納筥一合
一、内陣御簾
一、菊灯台　　四本
一、修正面　　拾六面
右之外秘伝之書一巻渡之、不可施他見者也、
寛永乙亥(十二年)弥生十七日
山門三院執行探題大僧正天海　御判
(職在)出納殿

401　幕府老中衆連署書状　「慈眼大師御年譜附録」

尚以、秋元(泰朝)但馬守方へ此方ゟも書状遣申候間、自其許被成御届可給候、以上、

急度令啓上候、然者先日自上方相調参候御仮殿之日取之義(儀)、秋元但馬守方へ可被差遣旨御意候間、其御心得候て御状被差添、早々可被遣候、恐惶謹言、

(寛永十二年)四月八日　(老中衆)酒井讃岐守　忠勝（花押）
土井大炊頭　利勝（花押）

(天海)大僧正
御同宿中

○日光御宮仮殿の遷宮は、寛永十二年（一六三五）四月。

402　幕府老中衆連署書状　「慈眼大師御年譜附録」

以上

尊翰致拝見候、御日取之御書付之趣、奉得其意候、可達上聴候、恐惶謹言、

(寛永十二年)四月九日　(老中衆)酒井讃岐守　忠勝（花押）
土井大炊頭　利勝（花押）

(天海)大僧正
尊酬

○日光御宮仮殿の遷宮は、寛永十二年（一六三五）。

403　妙法院門跡尭然親王書状（折紙）　川越喜多院旧蔵文書

日光山仮殿遷宮之旨、珍重候、則以使僧申入候間、於其程(許)万端指図之事、偏頼入候、先以大僧正(天海)息災之由、大慶此事候、委曲口上ニ申入候条、不能詳候、かしく、

(寛永十二年)四月十六日　(妙法院門跡尭然親王)妙（花押）

(晃海)最教院
御房

404　曼殊院門跡良恕親王書状　「慈眼大師御年譜附録」

今度大樹(徳川家光)御所労御快気之由、珍重存候、以飛脚年寄衆御祝儀申入候、然者其方も御勇健之旨、大慶此事候、急一書如此候、かしく、

(寛永十二年カ)五月廿八日　(曼殊院門跡良恕親王)(御花押)

(天海)大僧正御房

○徳川家光、寛永十二年（一六三五）四月咳気を患う。

405　妙法院門跡尭然親王書状案

「慈眼大師御年譜附録」

態飛札差越候、抑大樹(徳川家光)御不例早速御本復之由、大慶此事候、就其年寄衆へ以愚札申入候間、如何様とも被相心得、可然様御達頼入候、大僧正(天海)弥以息災之事に候哉、是又承度候、猶期後音之時候、かしく、

(寛永十二年カ)五月廿八日　(妙法院門跡尭然親王)妙　御判

(晃海)最教院

御房

○徳川家光、寛永十二年（一六三五）四月咳気を患う。

406　大僧正天海書状

東京養玉院文書

猶〱(ママ)入御念、早々飛札被下、珍重奉存候、以上、

大樹(徳川家光)御違例就御快気、為御祝儀飛脚被遣候、如承意(御来カ)御本復に付而、各大慶不過之候、宿老中へも尊札被遣、誠入御念之段、不浅奉存候、我等も当春は節々虫指出申候て、迷惑仕候、極老故にて御座候、併頃日者少能御座候間、可有尊慮候、恐惶謹言、

(寛永十二年カ)六月十日　大僧正　天海（花押）

(尭然親王)妙法院御門跡様

尊答

○妙法院尭然親王、寛永十二年（一六三五）六月三日、将軍徳川家光の病気平癒を祈禱する。

407　山門三院執行探題大僧正天海
日光山画図目録写

日光山　東照大権現御内陣画図目録
一、諸神深秘図　　相伝
一、薬師并十二神
一、釈迦并十六善神
一、弥陀并二十五菩薩
一、観音并二十八部衆
一、五大尊
一、法華三十番神
右如相伝可令図者也、
寛永十二乙亥年九月十七日
山門三院執行探題大僧正天海　御判
御絵所法橋了琢

○大西芳雄「絵仏師木村了琢―東照宮深秘の壁画について―」（『東京国立博物館紀要』第一〇号、昭和四十九年刊）より本文収録。

408　幕府老中衆連署書状

「慈眼大師御年譜附録」

尊書致拝見候、御法度書仰出しの吉日御考候て、書付被
差上候、可歴上覧候、恐惶謹言、
（寛永十二年）十一月五日　（老中衆）阿部豊後守　忠秋（花押）
松平伊豆守　信綱（花押）
酒井讃岐守　忠勝（花押）
大僧正
御同宿中　土井大炊頭　利勝（花押）

409　幕府老中衆連署書状

「慈眼大師御年譜附録」

先日御法度書被仰出候、吉日被差上候へ共、御用御座候
而、相延申候間、来月朔日ゟ十日・十二・三日比之内ニ
而、吉日二、三御考可被成御上候、恐惶謹言、
（寛永十二年）十一月廿七日　（老中衆）阿部豊後守　忠秋（花押）
松平伊豆守　信綱（花押）
酒井讃岐守　忠勝（花押）
（天海）大僧正
御同宿中　土井大炊頭　利勝（花押）

410 幕府老中衆連署書状

「慈眼大師御年譜附録」

貴札致拝見候、御法度書仰出之吉日、御考候て被差上候、則御前へ上申候、恐惶謹言、

(寛永十二年)十一月廿九日　阿部豊後守(老中衆)　忠秋（花押）

松平伊豆守　信綱（花押）

酒井讃岐守　忠勝（花押）

土井大炊頭　利勝（花押）

大僧正(天海)

尊報

411 大僧正天海書状（折紙）

和歌山雲蓋院文書

芳簡辱令存候、先以御息災之由珍重奉存候、大樹(徳川家光)御機嫌能御坐候間、御心易可被思召候、然者内々御約束申候異端弁正三冊幷心経附註巻二冊、困(因カ)士記二巻送被下候、別而忝令存候、我等事弥勇健ニ御座候、如仰寒気之時分候条、引籠養性(生)仕候、併　権現様(徳川家康)縁起被仰付候間、十七日前、先一巻製作可申と存事候、恐惶謹言、

(寛永十二年)極月九日　　大僧正　天（花押）

紀伊大納言殿(徳川頼宣)

貴酬

○徳川頼宣の大納言就任は、寛永三年（一六二六）八月。天海、寛永十二年十二月「東照宮大権現縁起」を作る。

412 妙法院門跡尭然親王書状

川越喜多院旧蔵文書

追而、焼物一棗見参入候、

態以飛札令申候、抑来年　東照社就御遷宮、可令参向之旨、従板防州(京都所司代・板倉重宗)申来候、偏大僧正(天海)取成故与満足不浅候、弥其(許)程可然様申沙汰頼入候也、

(寛永十二年)臘月廿一日　　妙(妙法院門跡尭然親王)（花押）

413 四辻大納言季継書状

「慈眼大師御年譜附録」

猶期後音候、

日光山東照大権現社伶人装束・楽器等、悉出納如存知念

を入申付、出来候間、差下申候、然者来年遷宮に付、我
等可罷下候哉、此已前之遷宮之御時にも、我等罷下、舞
楽之義（儀）申付候間、来年も如先規申付可然候哉、御年寄衆
まて御入魂候而、被得上意可給候、恐々謹言、
（寛永十二年）十二月廿二日　　四辻大納言（季継）（花押）
大僧正（天海）御房

414　天海書状（折紙）

京都曼殊院文書

尚々、来春御下向之節、以尊顔可申伸候、以上、
態御書辱令拝受候、先以尊体御勇健之由、珍重不過之候、
如仰来年日光就　御遷宮、御参向之事、従板防州（京都所司代・板倉重宗）御内意
被申候由、御尤之儀候、其後御装束之事も、酒讃州（老中・酒井忠勝）を以、
得上意候へ者、新調被成可被進之由候付、板防州へ以書
状申遣候キ、定而可被申上候、新宮様（良尚親王）之御事も、御下向
候と存、御装束之事迄目録載上せ申候、猶明春可申上候、
恐惶謹言、
（寛永十二年）極月卅日　　天（花押）
竹門様（良恕親王）ニて（曼殊院門跡）
御小姓衆御中

○日光遷宮は、寛永十三年（一六三六）。

415　幕府老中松平伊豆守信綱書状

「慈眼大師御年譜附録」

一筆申入候、当年　二丸御作事御座候、就其御普請奉行
等、可被仰出候間、今月十五日以前吉日三日程被相考、
可被差上候、為其如此候、恐惶謹言、
（寛永十三年）正月三日　　松平伊豆守（老中）信綱（花押）
大僧正（天海）
御同宿中

416　曼殊院門跡良恕親王書状

「慈眼大師御年譜附録」

猶々、今度者色々御馳走祝着申候也、
新春之御慶珍重申納候、仍今度我等手前、殊新宮（良尚親王）装束ま
て御懇之儀難申尽候、其方御肝煎故、満足不過之候、新

宮加行、去正月八日結願之事候間、可御心安候、四月に
は、致同道以面可申入候、かしく、
（寛永十三年カ）二月朔日　（曼殊院門跡良恕親王）（花押）
（天海）大僧正御房

417　青蓮院門跡尊純親王書状

「慈眼大師御年譜附録」

猶以、今度宸筆之儀に付、拙僧にも可申上旨、上
意之由、従酒井讃岐守（老中・忠勝）書状来候間、則可被遊由、
被仰出之旨、此度申越候、其御心得所希候、将又
旧冬差越候式部卿、于今其地令滞留候、万々御肝
煎察申候、弥其元首尾可然様頼存候外、無他事候、
猶追々可令啓候、
新年之嘉慶重畳目出度存候、弥法体堅固之由承候而、
大幸不過之候、
一、真名縁記（ママ）二巻幷芳札、従板倉周防守（京都所司代・重宗）慥到来候、配巻
之儀、尤得其意申候、
一、仮名縁起之草案、　仙洞（後水尾上皇）備叡覧候、此比迄御前被留
置候、一段御意入申候間、可御心安候、此旨　大樹（徳川家光）御
前御次之刻、可被申入候哉、
一、仮名縁起少々　仙洞被染宸筆候様に、板周防守以権
大納言内々言上候処、従江戸被仰入候者、御筋気に候
故、一円御筆難被叶思食候へ共、可被染宸筆之由、仰
に付、板周防守ゟ酒讃州へ、右之趣被申越候付、則被
得上意候処、為末代第一之初段幷白鶴之段、被染宸翰
候様にとの義（儀）申来、御同心之事候、表向者我等に申上
候様にとて、昨日院参候而言上候、弥無相違通候間、
可御心安候、千万〳〵目出度儀候、先月廿三日板周防
爰元へ被来候而、宸筆之儀、何とそと、内々談合被申
候間、　後柏原院宸翰之縁起、真如堂にも有之由語候
へは、いにしへも左様之儀候者、猶以権現之縁起候条、
被遊候様、有度との事にて色々被入精候故、如此候、
其御心得候而、板防州へ、次之時分、能々御申尤存候、
今明日中に、料紙等　仙洞へ持参可令申通候、其外清
書之衆へ者、板倉より可被申入旨候、万事板防州入魂
にて申談候間、縁起も早々出来可申候、可御心安候也、

（寛永十三年カ）二月七日　（青蓮院門跡）尊純（御花押）
（天海）大僧正御房

○「寛永日記」寛永十二年（一六三五）十二月十九日の条参照。

418　京都所司代板倉周防守重宗書状　「慈眼大師御年譜附録」

以上

去晦日貴札致拝見候、然者　（徳川家光）公方様御機嫌能御座被成候由、目出度奉存候、将又長妙寺に御座候天台宗之本疏見聞と申物之本、御写候て、日光御宝蔵御納有度之由、先書如申上、長妙寺住持留守に而候へ共、色々才覚仕、寺中に而写申様に相究、はや山門衆写被申候、御法事前写持参可仕候由候間、御心安可被思召候、次御縁起奥書被成候紙之儀、やかて跡ゟ進上可仕候、又御縁起箱無油断申付、御法事前進上可申候、猶期後音候条、不能詳候、恐惶謹言、

（寛永十三年カ）二月八日　（京都所司代）板倉周防守　重宗（花押）
（天海）大僧正様

寛永十三年

貴報

419　老中衆連署覚　「慈眼大師御年譜附録」

被召出候衆

池田備後守
久貝頼母
東条甚十郎
新太郎内之者ニ可仕候、さなく候者御国御免　正木甚十郎
左馬助内之者ニ可仕候、　堀三郎兵衛
南部内之者ニ可仕候、　栗原権平

（寛永十三年以前）二月九日　（老中衆）酒井讃岐守（忠勝）（印）
土井大炊頭（利勝）（印）
酒井雅楽頭（忠世）（印）

大僧正

○酒井忠世の忌日は、寛永十三年（一六三六）三月。

420 老中衆連署覚

「慈眼大師御年譜附録」

覚

被召出候、　佐野修理大夫

同断　跡部九郎右衛門尉

是者酒井宮内太輔内之者分に仕置可申候、　里見讃岐守

御国御免　富田信濃子共

以上

(寛永十三年以前)二月十三日(老中衆)酒井讃岐守　忠勝（花押）

土井大炊頭　利勝（花押）

酒井雅楽頭　忠世（花押）

大僧正

○酒井忠世の忌日は、寛永十三年（一六三六）三月。

421 京都所司代板倉周防守重宗書状

「慈眼大師御年譜附録」

去十五日之尊書拝見仕候、然者　(徳川家光)公方様御機嫌能被成御座候由、目出度奉存候、

一、日光御縁起初之事書、幷鶴之巻事書、両所不残　(後水尾上皇)仙洞可被染御筆之旨、被仰出候、(徳川家光)公方様別而御機嫌に被思食之由、奉得其意候、御手前忝思召之由、尤存候、次に頂命寺に御座候書物、一両日中写之儀出来仕候間、是又御心安可被思召候、随分才覚仕候間、御満足可被成事、

一、山衆路次之賄以下、相渡し申候間、御心安可被思召事、

一、御縁起奥書被成候由、珍重存候、御老筆之由、被仰下候得共、(徳川家康)権現様御恵に而出来可仕候間、御心安思召、急可被成御書候、自然御法事に落候御道具も於御座候者、早々可被仰下候、相調可進候、拙者式も此度計御用調可申と存、爰許にて随分情(精)を出申候、猶期後音之時候、恐惶謹言、

(寛永十三年カ)二月廿一日　(京都所司代)板倉周防守　重宗（花押）

(天海)大僧正様

貴酬

422 日光造営奉行秋元但馬守泰朝書状写

早稲田大学所蔵最教院文書

一、御遷宮之時入可申物、大キ成事ハ御失念御座有間敷と存候、こまかなる事ニ御事多候間、御失念可有御座候条、無申迄候へとも、万事御吟味被成候而、讃岐殿(老中・酒井忠勝)へ可被仰候、

一、御遷宮之時、公家衆はいり候て御入候あこやの様成所ニ、まくぬの(幕布)さらし(晒)ニて御座可有候、御仮殿へ之御遷宮申候時も、左様ニ御座候つると覚へ被申候、左候者御出家衆之あこやにもさらしぬの入可申かと存候、あこやのまく天井なとニも、さらし入可申候間、さらしをも爰元へりんち(臨時)に御持せ候へと、讃岐殿へ御申可被成候、爰元ニハ地布ならてハ御代官衆も、もちあい被申間敷候、万事ニ付、此御心得肝要ニ候、已上、

(寛永十三年カ)二月廿四日　秋元但馬守(泰朝)

最教院(晃海)

423 山門三院執行探題大僧正天海法流許可状

佐賀修学院文書

(朱印アリ)
比叡山延暦寺三部都法阿闍梨職事

夫授職灌頂者、遮那出世之本懐、衆生頓悟之直路也、爰穴太一流末派、肥州神崎郡上東郷背振山修覚院盛舜阿闍梨、当流之稟承、面授血脈已遂訖、者年限至半百、誘引密機、被勤五瓶灌頂之良節而已、仍決定法成就之状如件、

寛永十三年二月廿六日

山門三院執行探題大僧正天海(朱印二アリ)

424 天海書状

尚々、乍恐中院(通村・通純)父子へ伝達頼入申候、以上、

貴札忝令拝見候、先日者早々御帰洛、御残多奉存候、今日御暇出候ハヽ、近日御帰京之由、扨々御残多次第存候、以参御暇候ハヽ、可申入候へ共、却而可為御取紛と存延引申候、猶期拝顔之時候、恐惶謹言、

（寛永十三年カ）三月十八日　天（花押）

○本文書は、『古典籍展観大入札会目録』（平成二十二年十一月刊）三〇四頁所収の写真版より。寛永十二年（一六三五）十月、中院父子天海の救解により赦免され、将軍徳川家光に拝謁す。

425　大僧正天海書状（折紙）　京都曼殊院文書

尊書忝拝見申候、路次御勇健御下着被為成候段、珍重奉存候、殊更新宮（良尚親王）御同道、目出度奉存候、拙老儀も近日以参可得貴意候、恐惶謹言、

（寛永十三年）卯月五日　大僧正　天（花押）

（良恕親王）竹内御門跡様（曼殊院）　尊報

○曼殊院門跡良恕親王と良尚親王の同時日光下向は、寛永十三年（一六三六）。良尚親王の曼殊院入室は、寛永十一年九月。

426　天海書状写　京都三千院文書

（最胤親王）梶井様今日御下着候哉、自是罷出御馳走可申候へ共、従公儀（三千院門跡）之御馳走、態かまい（構）不申候、御やと（宿）も吾等居候近辺可有御座候、定而従公儀之衆も可被相待候、恐々謹言、

（寛永十三年カ）卯月十日　天海

（端裏書）「梶井様之内　宮内殿　人々御中　天海」

427　大僧正天海書状（元折紙カ）　川越喜多院文書

以上

一筆令啓候、禁中向御無事之由珍重存候、此方大樹（徳川家光）弥御無事被成御座候間可御心易候、仍絵所了琢（木村）儀内々御肝煎之由、於我等忝存候、古来ゟ之絵所と申、其上東照（徳川家康）権現御用をも度々令申者之儀ニ候間、法橋之事相調申候様奉頼候、三前内府（三条西実条）へも以状申入候、御相談任入候、将亦度々御六ヶ敷可有御座候へ共、蔵王幷類匀（韻）官本御申請可被下候、其外珍敷本御座候者頼入候、御本調申候者、

出大蔵（出納職忠）方へ可被遣候、恐惶謹言、
（寛永十二、三年）六月廿二日　　大僧正　天（花押）
勧修寺（経広）中納言殿
人々御中

○出納職忠の大蔵大輔在任期間は、元和六年（一六二〇）から寛永十三年（一六三六）まで。勧修寺経広の中納言在任期間は、寛永十二年正月から同十八年正月まで。

428　大僧正天海書状（元折紙カ）

京都妙心寺文書

尚々、諸宗共学業嗜之仁、大切之儀候間申事候、不可過塩味候、已上、

一筆申入候、厥后絶音問候、各御無事候哉、我等も息災、日光山御法事　御成相済、老後之大慶不可過御察候、然者大愚之義（儀）、内々仏学嗜之僧成由承及候処、不慮之難ニ逢、近年本寺出頭も無之由候、虚実之儀不被存候、若証拠不正事ニ候ハヽ、被遂其沙汰、急度被召直尤候、左様ニ無之候ハヽ、却而外聞如何存候、恐惶謹言、

（寛永十三年）夷則（七月）六日　　大僧正　天（花押）
妙心寺
諸禅師

○寛永十三年（一六三六）七月二日、将軍家光、沢庵などを江戸に召す。

429　寒松院弁海等連署書状（元折紙カ）

京都妙心寺文書

尚々、大愚之儀、其許御吟味被遊、於被召直者、大僧正別而満足可被存候、以上、

態一書令啓上候、其以来以書札不申通、無音本意之外候、仍大愚和尚不慮之難に逢、久本寺出頭茂無之由、大僧正（天海）被及聞、笑止被存、各へ被投一翰候、就其今度日光山東照大権現廿一年之御法事付、御勘当之衆御赦免之様にと、公方様（徳川家光）へ茂御侘言之事候、殊更大愚者内々学業深僧之由、大僧正被及承候故、一入大切被存、被召直候様にと被申事候、自我々も委申入候様との事候間、如此候、恐惶謹言、

（寛永十三年）七月六日

（生順）護国院（花押）
（豪倶）双厳院（花押）
（晃海）最教院（花押）
（弁海）寒松院僧正（花押）

愚堂和尚
宙外和尚
単伝和尚
蕙山和尚
義田和尚
湘南和尚
東源和尚
石天和尚
侍者御中

430　市橋下総守長正書状

安土東南寺文書

以上

一筆奉啓上候、然者江州桑実寺正覚院、小堀遠州（政一）ゟ江戸へ参上可仕之由被仰越候ニ付而、其許へ被罷下候、先年浄厳院と出入御座候、若左様之儀ニ候ハヽ、右ゟ御存知之事ニ候間、可然様奉頼候、拙者知行之内ニ御座候間、扱申上候、恐惶謹言、

（寛永十二、三年）七月十六日　市橋下総守　長正（花押）

（天海）大僧正様
侍者御中

○市橋長正の下総守就任は、寛永十一年（一六三四）二月。

431　戸川土佐守正安書状

岡山金山寺文書

以上

一筆致啓上候、仍而備中国吉津大明神之社僧幷神主、其御地へ罷越候、私領分之内有之社に而御座候故、（天海）僧正様へ従拙者も可申上候旨、右両人申理ニ付、如斯ニ御座候、様子之儀於其元此者共被成御尋、可然様頼奉存候、此等之趣御披露所仰候、恐惶謹言、

（寛永十三年）七月廿五日　戸川土佐守　正安（花押）

双厳院（豪俔）
竹林（盛憲）貴（ママ）僧

432　山門三院執行探題大僧正天海
東叡山直末許可状

茨城光明院文書

常陸国新沼（治）郡田中庄楢戸村
広厳山
音樹寺
光明院
武州東叡山（印）直末令補訖、者自今以後、続本寺之法流、可
法度守者也、
寛永十三年九月三日
山門（印）三院執行（印）探題大僧正天海（朱印）

433　大僧正天海書状（折紙）

群馬柳沢寺文書

一筆令啓候、貴殿御領中上州郡馬（群）府柳沢寺領高参拾石之
所、於桃井郷従先規付来、貴殿御拝領以後弥無相違、于
今寺納仕候事無紛、又寺院古跡無其隠、当住も学問相続
之者候、殊従前代天下安全之御祈禱、毎年無怠令修行候、
幸御領分之事候間、御次而を以、御朱印頂戴仕候様ニ頼
入候、先従貴殿為証文御書出可被下候、寺院為後代候間、
御建立と思召被入御精可給候、恐惶謹言、
（寛永十三年カ）九月三日　　大僧正　天（花押）
安藤右京進（重長）殿
人々御中

○同寺所蔵の九月五日付の寺社奉行松平出雲守勝隆書状により、本書状は、寛永十二年（一六三五）十一月以降のものである。柳沢寺への朱印状発給年次は、特定できない。

434　安藤右京進重長書状（折紙）

群馬柳沢寺文書

猶以、柳沢寺々領之　御朱印御訴詔之義（儀）被仰越候通、
相心得存候、出雲所（寺社奉行・松平勝隆）へも、右之段可被仰遣候、以上、
尊書致拝見候、然者拙者領内之柳沢寺寺領　御朱印之義（儀）

被仰越、奉得其意候、右之趣雲州方へも、委可被仰遣候、
猶期尊顔之時候、恐惶頓首、
(寛永十三年カ)九月三日　安藤右京進　重長（花押）
(天海)大僧正様
尊答

435　寺社奉行松平出雲守勝隆書状（折紙）

群馬柳沢寺文書

以上
従大僧正(天海)様貴墨致拝見候、然者安藤右京進(重長)殿領内、上州郡(群)馬府柳沢寺領　御朱印之儀被仰下候、今程左様之御沙汰無御座候間、重而御次而之刻、各可致相談候、右之通、右京殿へも被仰入之由、奉得其意候、此等之趣、可然様ニ可預御心得候、恐々謹言、
(寛永十三年カ)九月五日　(寺社奉行)松平出雲守　勝隆（花押）
(豪倪)双厳院

436　妙法院門跡尭然親王書状案

猶々、毘門主(公海)へも御伝言申候由頼存候、
態以飛脚令申候、然者去十一日小田原を立、同十九日致上着候、拙僧事就所労、小田原に致逗留候処に、従大樹(徳川家光)預御使、殊医者なと被仰付、於彼地緩々と令養性(生)候故、早速本復、道中息災上着申候、誠忝儀、別而令満足候、弥相違無之様に頼存候、先為御礼一書如此候、かしく、
(寛永十三年)九月廿九日　(妙法院門跡)尭然
(天海)大僧正御房

437　寒松院僧正弁海等連署書状（元折紙）

京都妙心寺文書

已上
一筆令啓候、然者去六月之時分、大愚之儀付而、妙心寺為一山を被存、従大僧正(天海)書状被遣候、于今御返事無之、無心元被存候、大愚非道に相極候哉、左様候はゝ不及是非候、何篇御分別被成、御報待入候、此旨諸老中へ御披露所仰候、恐惶謹言、

（寛永十三年）十月六日　護国院（生順）（花押）
双厳院（豪倪）（花押）
妙心寺　最教院（晃海）光（花押）
御役者中　寒松院（弁海）僧正（花押）

438　妙心寺玄弘等連署書状写（元折紙カ）

京都妙心寺文書

追而御事繁中、被掛御心、過当不浅候、
夷則初六之尊書、八月上旬参着仕、各々令拝見候、然者
日光御法事之節、御成相済御満足奉察候、次大愚之儀、
被仰下辱存候、早速御報可申上之処、他行之人惟多故、
及遅延非本意候、頃被致帰寺候条、其派江相尋候、彼者
無別条由被申候、猶以自余其通御座候、出頭被仕様候、
被仰遣可被下候、恐惶敬白、
（寛永十三年）小春（十月）廿八日　千英　宗茂
楊屋　宗販
梁南　禅棟
単伝　士印

拝答　進上　住山大淵　玄弘
南光大僧正（天海）
御同宿中

439　大僧正天海証文

佐野惣宗寺文書

春日岡惣宗寺々領之事
一、高弐拾三石　高萩村　但、野山共ニ
一、高弐拾七石　鎧塚之内
合五拾石也　但、昔縄也
右春日岡領之儀、元和元年乙卯、従　権現様（徳川家康）別而被加
御意被成下候、此子細者地方広候間、以来田地可成多
之由　御諚候、　御朱印惣宗寺被致頂戴候様ニ、御取
成頼入候、此寺領従　権現様被下候事、土井大炊頭（老中・利勝）殿
も被存候条、御不審候者、御尋可被成候、已上、
（寛永十三年）十一月十日　大僧正　天（花押）
松平出雲守（寺社奉行・勝隆）殿

（寺社奉行・重長）
安藤右京進殿
（寺社奉行・利重）
堀　市　正殿

○堀市正利重の寺社奉行在任期間は、寛永十二年（一六三五）十一月から同十五年四月まで。

440　大僧正天海書状

渋川真光寺文書

（端裏書）
「〆　（直好）井伊兵部少輔殿　　大僧正
　　　　　　　人々御中　　天海　」

尚々、頼入申候、以上、

一筆令啓候、然者渋川真光寺領五拾石、従（徳川家康）権現様拝領被申候へ共、御朱印無之候、就其今度守護之御方書付取候へ者、相済之由ニ候間、乍御六借、末代之事候間、被遊可給候、知行拝領之様子、我等渕底存候、恐惶謹言、

（寛永十三年）
霜月十日　　天海（花押）

441　寒松院弁海等連署書状（元折紙カ）

京都妙心寺文書

已上

乍御報態飛札辱候、大愚之儀諸老中江被遂披露候処、無相違之段、於（天海）大僧正満足被申候、弥納得有之様任入候由候、各江自大僧正返章有之事候間不能詳候、恐惶謹言、

（寛永十三年）
霜月十一日　　（生順）護国院（花押）
　　　　　　　（豪俔）双厳院（花押）
　　　　　　　（晃海）最教院（花押）
　　　　　　　（弁海）寒松院僧正（花押）

御役者中
　　御報

442　大僧正天海書状（元折紙カ）

京都妙心寺文書

已上

去夏乍御報、態飛札入御念辱存候、大愚之儀、各被仰談、本寺出頭之儀、無相違之通示給、於我等別　令満足候、弥御入魂所仰候、如承意、此地替儀無之候、相応之儀、於有之者可蒙仰候、恐惶謹言、

（寛永十三年）
霜月十一日　　大僧正　天（花押）

大淵和尚

輝岳和尚
蕙山和尚
千山和尚
照山和尚
　　回答

443　井伊兵部少輔直勝書状

渋川真光寺文書

尚々、従大僧正(天海)私方へ被下候状、即為持遣候、以上、

上州渋川村真光寺領五拾石者、私三万石之高之内ニ而付可申候由、先年御年寄中ゟ被仰下候而、則五拾石彼寺中へ相渡申候、今度御朱印訴訟之義(儀)付而、我等方ゟ右之旨添状可仕由、従大僧正被仰下候間、如此御座候、恐惶謹言、

(寛永十三年)十一月十一日　井伊兵部少輔　直勝（花押）

(寺社奉行・重長)安藤右京進
(寺社奉行・勝隆)松平出雲守様
(寺社奉行・利重)堀　市　正様

人々御中

○真光寺の初出朱印状は、寛永十三年（一六三六）十一月九日。

444　大僧正天海証文

茨城月山寺文書

此寺社領伊奈備前守(忠次)御代官所之時、被付置候事実正候、猶当地頭浅野内匠頭(長直)判候間、今度　御朱印不被成候者、先以被載御帳、重而頂戴仕候様頼入候、末寺之事候間如此候、以上、

(寛永十三年)子十一月廿一日　大僧正　天（花押）

(寺社奉行・重長)安藤右京進殿
(寺社奉行・勝隆)松平出雲守殿
(寺社奉行・利重)堀　市　正殿

○三人の寺社奉行在任期間中の子年は、寛永十三年（一六三六）。

445　大僧正天海書状写

岡山吉備津神社文書

猶々、以来御朱印取ニ罷下候ハヽ、寺社奉行衆へ、

従貴殿御状被相添、有体ニ可被仰遣候、爰元ニ付申廻候神主壱人して、頂戴申様ニと訴訟申之由候、遠国之事□□貴殿御領中之間、余人之口□□立申間敷候、先年も我かまゝ仕候を、貴殿頼入候哉、本願案（安）堵申候、万事御引廻任入候、以上、

吉備津大明神本願下向之節、双厳院（豪倪）・竹林坊（盛憲）所へ御状、具披見候、先以勇健ニ而御在国之由、専要之事候、公（徳川家光）方様御息災、殊更朝鮮人参（マヽ）、明日御礼申上候、御機嫌可有御察候、日光も参詣申付而、我等も俄今日罷立候、然者今度御朱印之儀付而、本願幷神社参府申候、併神主者我等所へ終不参候、御先判依無之、此度者御朱印出不申候、所詮神主我かまゝニ物毎仕候之由候、幸貴殿御領中事候間、淵底可為御存知候間、急度被仰付可給候、猶来春可有御参府候間、期其節候、恐惶謹言、

（寛永十三年）十二月十四日　　大僧正（天海）

戸田土佐守（正安）殿

貴報

○『岡山県古文書集』二　二七八頁　本文所収。朱印状の斡旋は、寛永十三年（一六三六）。

446　幕府老中松平伊豆守信綱書状

「慈眼大師御年譜附録」

従明日十四日迄之内、御機嫌次第、御本丸御作事可被御高覧候之間、吉日三日程御考候て可被差上之候、恐惶謹言、

（寛永十四年）二月四日　　（老中）松平伊豆守　信綱（花押）

大僧正（天海）

御同宿中

447　小坂常光寺檀那衆連署願書

群馬常光寺文書

乍恐以御書付を申上候

一、上芻小幡実相寺隠居、彼寺内ニ隠居被仕候得とも、当住と御中（仲違）たかひにて御座候故歟、小坂と申他領分之村へ、四年以前ゟ新地を取立隠居被申候、左候得者田地をも買被申候て被取立候、然者東叡山へ御披露申、

御直末ニ仕度由被申候得とも、去年九月中ゟ御煩候而、霜月廿日ニ遠行ニ候、就其隠居被仰置候分ハ、新地之儀ニ候間、誰もかもい(構)も無之寺ニ候間、大僧正(天海)様へ申上、御直末ニ可仕旨被申置候事、

一、此小坂と申在所ハ、高千石之地ニ候、我等何分之御寺之旦(檀)那とも定不申居申候間、今度乍恐天台宗ニ罷成、致隠居取立之寺を御直末ニ被成候ハヽ、子共(供)・孫迄も旦那罷成、右買付被成候田地之諸役等も御寺家へハかけ不申、諸旦那つくのい可申候、就中田地ニ少も六ケ敷事申間敷候事、

一、東叡山へ参、覚音坊頼入、　大僧正様へ御披露申、御直末之御書付を申請、似合之出家衆仕付可申之由申上度候間、去年十二月十五日ニ参候得とも、日光山へ覚音坊御供ニ候間、立石寺・長命寺へ申通罷帰り候事、

一、当年正月廿四日ニ当山へ参候得とも、何れ之御方様御取籠之故申上兼候、各々様被成御披露、御直末之御書付被下、似合之出家衆を被仰付可被下候、以上、

寛永十四年丑ノ二月八日　小坂村

長右衛門（印）

弥兵衛　（印）

八兵衛　（印）

惣旦那共

双厳院(豪倪)法印様

寂光院(玄海)法印様

覚音坊法印様

最教院(晃海)御院家様

寒松院(弁海)僧正様

448　小坂常光寺檀那衆新寺ニ付一札

群馬常光寺文書

上州小坂村新寺此度御直末申請付而一札之事

一、小坂村之内諸旦(檀)那今度天台宗ニ極、末代迄彼寺之旦那ニ罷成、寺代々御馳走可申候、殊ニ田地諸役之儀御寺家へ懸不申、郷中諸旦那つくのひ可申候、此旨少も相替儀有間敷候事、

一、小坂ニ隠居之御借被成候金子、御手形次第我等調、後坊主へ相渡し可申候、為後日一札如此候、仍如件、

寛永拾四年丑ノ二月廿四日　小坂村

伊藤長右衛門（印）

惣旦那共　（印）

双厳院(豪倪)様

覚音坊様

寂光（玄海）院様
最教（晃海）院様
寒松（弁海）院僧正様

（裏書）
右表書之通、自今以後念入、新寺相続候様肝要者也、

双厳院（花押）
覚音坊（花押）
寂光院（花押）
最教院（花押）
寒松院（花押）

449　大僧正天海寺領許可状

岐阜神護寺文書

濃州平野勧学院領、大（太）閤（豊臣秀吉）御朱印五拾石之内、弐拾石六斗
者、善学院并上宮山王社僧八坊、各於寺廻如前々候者、
御祭礼・勤行等不可有怠慢者也、
寛永十四丑二月廿四日　大僧正　天（天海）

善学院

450　山門三院執行探題大僧正天海
東叡山末寺許可状

群馬常光寺文書

上野国甘楽郡小坂村、依新寺起立、号坂照（印）山常光（印）寺者也、
者自今以後為東叡山末寺、真俗之経歴不可有怠慢者也、
寛（印）永十四年二月廿六日
山（印）門三院執行探題（印）大僧正（印）天海

451　春日局かな消息

「慈眼大師御年譜附録」

なを〳〵（尚々）御ふりより、御ふみ（文）にて申上られ候はんつ
れ共、わかき（若）人の御事にて御さ（座）候まゝ、さやう（左様）の御
事、いたさせ不申候ゆへ、わたくし（私）かた（方）より申上候、
めてたく（目出度）かしく、
一筆申あけ（上）まいらせ候、公方様（徳川家光）御きけん（機嫌）もうちつゝき（打続）、
よく（能）御さ（座）被成候まゝ、御心やすく（易）おほしめ（思召）され候へく候、

さやう《左様》に候へは、御ふりするく〳〵と、姫君様御たんしや《誕生》ういたしまいらせ候事、御せい《精》に入られ、御きねん《祈念》被成候、御いとく《威徳》とかたしけ《忝》なかり申され候、御しうき《祝儀》まてに、御ふりより、このもくろく《目録》のことく《如》、しんし《進》申され候、よく《能》我身に心得て、申あけ《上》候へとの御事にて御さ《座》候、ひめきみ《姫君》様一たん《段》御きけん《機嫌》よく《能》御ちゝ《乳》あかり《上》まいらせられ候、めてた《目出》さにて御さ《座》候、大そう《僧》正様《天海》御そく才《息災》の御事うけ《受》給候、めてた《目出》くそん《存》しまいらせ候、かしく、

（寛永十四年三月）
九日　　かすか《春日》　ら

大そう《僧》正様にて
人々御中

○「ひめきみ様一たん御きけんよく御ちゝあかりまいらせられ候」とあるので、寛永十四年三月のものである。

452　青蓮院門跡尊純親王・妙法院門跡
堯然親王連署書状

「慈眼大師御年譜附録」

猶以、於武家御執奏者、各別之条、聊異義有間敷由風聞候間、能々可申達之由被申候、追而明徳三年相国寺堂供養も、鹿苑院武家執奏之由申候間、被得其意可然候哉、

今月四日之芳札、同九日到来候、然者今度執蓋・執綱之儀承候、尤之事候、旧冬以来申談、当春以清閑寺大納言《共房》、先内々にて相国寺堂供養之記、備仙洞上覧、委得叡慮候処、此旧記之分にては御合点難被成候、諸家評議次第、可相済歟之間、諸家へ可令披露歟、於叡慮御分別無之由仰に付、各所存之旨、内々雖立聞候、一円難事行様候故、表向不及披露之沙汰候き、此義《儀》従最前、中院大納言《通村》入魂之子細候、此度之書中も、早速入見参、種々及直談候処、とかく爰許に而申分者、各同心有間敷候条、一向措置、可然歟之様、被申候間、先随其趣候、去冬以後涯分令才覚候へ共、無了簡候、右之分候間、任来意之旨、伝奏へ之書札も不相違、令返納候、全以非疎略候也、

（寛永十四年以前）
三月十二日　　（青蓮院尊純親王）（御花押）
（妙法院堯然親王）（御花押）

大僧正《天海》御房

○清閑寺共房の大納言在任期間は、寛永十四年（一六三七）十月まで。

453　天海書状

京都毘沙門堂文書

尚々、爰許さへ一段余寒はけしく(烈)候間、貴山令推量候、痛敷候、乍去少之間たるへく候間、必々今月者逗留候へく候、定近々たるへく候間、吉左右可申越候、公方様(徳川家光)之御機嫌一段能候、可御心易候、頓而表へ可被成候、以上、

使者能々御越候、昨晩参着候、節々被入御念、芳翰忝候、少充細々虫起候へ共、一段息災候、可御心易候、長々住山、殊行法御大儀候、但、朔日先ニ其元ニ御座候而、行法可然候、子細者無御誕生候間、同御出次第ニ、早飛脚を越可申候間、其内者大儀候共、御祈念可然候、恐惶謹言、

(寛永十四年)三月廿七日申　天海（花押）

毘沙門堂門跡(公海)へ　自東叡山

尊答　海子

○寛永十四年（一六三七）閏三月五日、徳川家光の女千代姫誕生。

454　美濃南宮社申状

岐阜不破家文書

謹言上

濃州一宮南宮社　御朱印之儀、前々数代之御朱印者、慶長五年ニ石田治部少輔(三成)逆心之時、安国寺(恵瓊)等之逆徒、南宮ノ中山ニ居陣仕、社内焼申砌、焼失仕候、乱後ニ一ツ二ツ証文拾出申候、東照権現様(徳川家康)へ訴訟申上候処ニ、御造営ヲモ被為　仰付、神領ヲモ御加増可被下之旨、　御諚被成候間、重而　御朱印御取候而、可被下之由、大久保石見殿(長安)被仰、寺社法度書并御折紙被下、于今所持仕候、台徳院様(徳川秀忠)御代ニ於伏見、　御朱印被下砌ハ、大僧正様(天海)ヲ奉頼、訴訟申上、　御朱印可被下ニ相極申処ニ、　御朱印所々へ被下時分、相詰申社人相煩、不罷出候故、相

違仕候、其後数度訴訟申上候得共、御次而無之由ニテ遅々
仕候、南宮者御武運長久之軍神、御子孫繁栄之尊神ニテ、
別而天下之御祈禱所、無隠大社之儀ニ御座候間、今度
御朱印頂戴仕候様ニ、偏ニ所希候、已上、
寛永十四年三月　日　美濃南宮　橋本坊（花押）
御奉行所
寺社中

455　水無瀬氏成書状写

川越喜多院旧蔵文書

猶々、委者口上ニ申達候、以上、
去年於日光申談祝着之至候、然者　後鳥羽院供僧、其外
役人給九十六石余御座候、先年以仏乗坊（秀珍）、委僧正（天海）御房へ
申候、御次候者被仰上候様ニ、御取成所希候、恐々謹言、
（寛永十四年）後三月十七日　（水無瀬）氏成
（晃海）最教院
几下

456　山門三院執行探題大僧正天海常光寺寺内法度

埼玉浄光寺文書

定　青鳥常光寺
一、三季講演不可闕如事、
一、毎年霜月会制戒、如先規可有之事、
一、不可背本寺之下知事、
一、毎日二時勤行不可懈怠事、
一、若不律輩於有之者、糺実不、早速可追放事、
右条々、堅門中可申付者也、
寛永十四年閏三月日
山門三院執行探題大僧正天海（花押）

457　大僧正天海寺領許可状（折紙）

岐阜宝光院文書

今度宝光院寺領高十石之所、如前々御帳付上候、御先判
無之寺社、何も　御朱印出不申候、重而可有其沙汰候、

弥仏法相続之旨、肝要候也、
(寛永十四年)卯月朔日　大僧正　天(花押)
美濃国　宝光院

458　大僧正天海寺領許可状(折紙)
岐阜横蔵寺文書

今度横蔵寺領四石并山林境内竹木、如前々御帳付上候、此度者御先判無之寺社、何も　御朱印出不申候、重而可有其沙汰候間、弥仏法相続之旨、肝要候也、
(寛永十四年)卯月朔日　大僧正　天(花押)
美濃坂本
横蔵寺

459　大僧正天海寺領許可状(折紙)
岐阜慈明院文書

今度慈明院寺領高十石之所、如前々御帳付上候、御先判無之寺社へハ、此度者何も　御朱印出不申候、重而可有其沙汰候間、弥仏法相続之旨、肝要候者也、

(寛永十四年)卯月朔日　大僧正　天(花押)

460　大僧正天海寺領許可状(折紙)
岐阜蒲生文書

今度南宮神領如先規、御帳付上候、御朱印之儀、随分才覚雖有之、御先判無之寺社へ者、此度何も出不申候、重而可有其沙汰候間、先橋本指上せ候、恐々謹言、
(寛永十四年)卯月朔日　大僧正　天(花押)
美濃南宮
寺社中

461　老中酒井讃岐守忠勝書状案
「慈眼大師御年譜附録」

追而致啓上候、今度被仰付候御宮之地形へ、去朔日四ツ時分、二之丸之真鶴弐つ舞上り、御地形へおり候て、居申候儀、達御耳、事之外目出度被思召候、委は明朝以面上可申達候、以上、
(寛永十四年)卯月四日　(老中)酒井讃岐守(忠勝)

大僧正(天海)様

462 老中酒井讃岐守忠勝書状

「慈眼大師御年譜附録」

以上

一筆致啓上候、今度御仮殿御遷宮に付而、私義(儀)為御名代、参上可仕之旨、被仰付候、弥来月五日に相定候哉、其元何時分参着仕、可然候はん哉、委可被仰下候、就其上様(徳川家光)より御太刀なとあかり申事にては無之候哉、万事御考候て、一書を以、可被仰聞候、将又私之義(儀)も不案内に御座候間、装束以下之様子迄も念比に被仰聞可被下候、恐惶謹言、

(寛永十四年カ)四月廿四日　酒井(老中)讃岐守　忠勝（花押）

大僧正(天海)様

御同宿中

463 永正院かな消息

「慈眼大師御年譜附録」

寛永十四年

返〳〵上様御きしよく(気色)、右申候ことく(如)に、御さ(座)なされ候まゝ、御心やすく(易)覚しめし(召)候へく候、かすか(春日)殿ゟも、日とひ(問)の御返事にて候、こゝほと(爰程)も雨しけく(繁)まいら(参)せ候、そとほと(其程)ともおなし(同)御事とそん(存)し候はか(計)りに候、御ゆさうたう申上候や、承たくそん(存)し候、めてたく(目出度)そん(存)し候、尚又たる(樽)代三百疋御ふりゟ五月の御しうき(祝儀)にて御さ(座)候よし(由)にて進上申され候、よく〳〵(能々)わたくし(私)ゟ心へ(得)て申せとの御事にて御さ(座)候、御ふりも此中ふくつうけ(腹痛気)に、御さ(座)候つれとも、はや(早)よ(能)く御さ(座)候まゝ、御心やすく(易)おほしめし(思召)候へく候、かしく、

日とひ(問)は御ふみ(文)両度まて被下、かたしけなく(忝)そん(存)し候、まつ〳〵(先々)上様(徳川家光)御きけんよく(機嫌能)御さ(座)被成候、雨ゆへ(故)御もう〳〵(濛々)しきおもふし(趣)も御さ(座)候へ共、御きつかひ(気遣)なる御きし(気色)よくにて御さ(座)なく候まゝ、御心やすく(易)覚しめし(召)候へく候、千代姫君さま(様)一たん(段)御そくさい(息災)にて御あいらしく御さ(座)候まゝ、これ又御心やすく(易)おほしめし(思召)候へく候、大さう(僧)正(天海)さま(様)も、御そくさい(息災)に御さ(座)候よし(由)、めてたく(目出度)そん(存)しまい

らせ候、さいけう《(最教)》院御つかひ《(使)》に、つか《(遣)》はされ候御事、さ
いけうゐん《(晃海)》ゟも、御使に御こし《(越)》候よし《(由)》にて、文候へ共、
御まへ《(前)》にさふらい《(侍)》まいらせ《(参)》候ゆへ《(故)》、おそく《(遅)》文をみせ《(見)》申候
ゆへ《(故)》、文にても申上す候、上様御きたう《(祈禱)》のために、六月
朔日に、御ひま《(隙)》も入候はすは、なんたひ《(男体カ)》へ御まいり《(参)》被成
たきよし、申上まいらせ《(参)》候へ共、何とも御意なく候まゝ、
かさね《(重)》てよき《(能)》時分うかゝ《(窺)》いまいらせ《(参)》候て御さう《(左右)》申上へく
候、左候へは、備中《(太田資宗)》にしほ《(塩)》はいりやう《(拝領)》、御城ともに被下、
ちう〳〵《(畳々)》かたしけ《(忝)》なき御事候、ことにしおき《(仕置)》ともいたし
候はゝ、早々に御いとま《(暇)》被下、三川へまいり《(参)》申候、かや《(可様)》
うにし《(仕)》合よく《(能)》御さ《(座)》候御事、こんけん《(権現)》様ひとへ《(偏)》に、御めく《(恵)》
みにて御さ《(座)》候と、ありかたく《(有難)》過分にそんし《(存)》まいらせ《(参)》候、
いよ〳〵《(弥々)》こんけん《(権現)》様よく《(能)》御おかみ《(拝)》被成可被下候、五月に
て一しほ《(入)》上様御きねん《(祈念)》あそは《(遊)》し候よし《(由)》も、よく《(能)》申上まい《(参)》
らせ候、いよ〳〵《(弥々)》御きねん《(祈念)》御ゆたん《(油断)》なく《(無)》、あそは《(遊)》し候へ
く候、くれ〳〵《(呉々)》備中《(太田資宗)》御かそう《(加増)》はいりやう《(拝領)》いたし、大そう《(僧)》
正さまも、御きけん《(機嫌)》におほしめし《(思召)》候よし《(由)》にてさう〳〵《(早々)》に
文下され候、過分かたしけ《(忝)》なくそんし《(存)》候、何かといたし

御返事おそく《(遅)》なりまいらせ《(参)》候、かしく、

五月十六日《(寛永十四年)》　ゑいせう《(永正)》院　ゟ

大《(天海)》そう《(僧)》正さま
人々御中

○「千代姫君さま一たん御息災にて御あいらしく御さ候まゝ」とあるので、寛永十四年五月のものである。

464　永正院かな消息

「慈眼大師御年譜附録」

なを〳〵《(尚々)》、御まもり《(守)》いたゝかせまいらせ候、めてた
く、かしく、
御ふみ《(文)》、まつ〳〵姫君様へはや〳〵《(早々)》と、御まほりあけま
いらせられ候、かす〳〵《(数々)》めてたく候、いよ〳〵《(弥)》御そく才《(息災)》
さまにて、御ちゝ《(乳)》もあかりまゐらせ候、御きねん《(祈念)》の御し《(験)》
るしと、めてたくかたしけ《(忝)》なくそんし《(存)》候、めてたく、か
しく、

七日《(寛永十四年七月)》　ゑいせう《(永正)》院　ゟ

大そう《(僧)》正さま
人々御中　　　かすか《(春日)》

465　永正院かな消息

「慈眼大師御年譜附録」

返〳〵まいりそめ《(詣初)》は、もみち《(紅葉)》山、御名は、山さと《(里)》の御みやさま《(宮様)》にて、つけ《(付)》まいら《(参)》せられ候へとの御意にて候まゝ、さやう《(左様)》に御心へ《(得)》なされへく候、なを〳〵《(尚々)》かすか《(春日)》殿もよく《(能)》申せとの事にて候、めてたく《(目出度)》かしく、

一筆申上候、ひめ《(姫)》君さま《(様)》まいりそめ《(詣初)》は、紅葉山にてまい《(参)》らせられまいらせ候、御名の事は、山里の御宮さま《(様)》にて、つけ《(付)》参らせられ候へとの、御意にて候まゝ、かならす《(必)》さ《(左》やう《(様)》に御心へ《(得)》なされへく候、おとゝひ《(一昨日)》申候て進しまいらせ候と、御まつさま《(松様)》か、おちよさま《(千代様)》か、ふたつ《(二)》の御名にて、よき《(良)》をつけまいら《(付参)》せられ候へと、かすか《(春日)》殿御申候まゝ、申て進し候へは、御返事に、ところの事、仰下され候はす候まゝ、御心もと《(元)》なく《(無)》そんし《(存)》候て、又申候事にて候、めてたく《(目出度)》かしく、

寛永十四年
十五日《(寛永十四年七月)》
大僧《(天海)》正さまにて　ゐいせうゐん《(永正院)》　ち
人々御中

○「ひめ君さままいりそめ」とあるので、寛永十四年七月のものである。

466　伊勢慶光院周宝上人かな消息

「東叡山日記」

なを〳〵《(尚々)》、めつらしき《(珍敷)》御はやも御さ《(座)》候はて、いつ《(何)》も〳〵御はつ《(恥)》かしくそんし《(存)》候、御礼いとく中上申候、御いんきん《(慇懃)》に御さ候、めひ〳〵《(銘々)》に御返事申候はんつれとも、ひとつ《(一)》に申入まいらせ候、めてたく《(目出度)》かしく、

仰のことく《(如)》、十六日《(七月)》には天気よく《(能)》、姫君様《(千代姫)》御みやまいり《(宮参)》、する〳〵とゝの《(調)》をり、御下かう《(向)》候ても、一たん《(段)》御きけん《(機嫌)》よく《(能)》御さ候まゝ、いよ〳〵《(弥)》御心やすく《(易)》おほしめし《(思召)》なされ候、いつも〳〵ふた《(太々)》〳〵しく御め《(目)》にかゝり《(懸)》中候、その上春日殿御やしき《(屋敷)》にても、ふた〳〵しく候て、御残多思めされ候、さやうに御さ候へは、やかて〳〵わか《(若)》君様御

たんしやう《誕生》なされ、いく《幾》久しと御いわひ《祝》御きねん《祈念》なされ
候へく候、めてたくかしく、

さいけうゐん《最教院》《晃海》様　　いせ《伊勢》けい《慶》光院

御返事　参　　上人《周宝》

○千代姫の宮参りは、寛永十四年（一六三七）七月十六日。

467　しゆりんかな消息

「東叡山日記」

返々、てんきよく《天気能》、する〱と御まいり《参》の御事、一しほ《入》御まんそく《満足》におほしめし《思召》候はんとおしはかり《推量》まいらせ候、かしく、

仰のことく《如》、ひめ君《千代姫》様御みやまいり《宮参》、する〱とあそはされ候、いみやひよく御さ《座》候て、めてたさ《目出度》かす〱にて御さ候、それ様たち御まんそくとおしはかりまいらせ候、いともめてたさ候まゝに、御しうき《祝儀》まいらせ候へは、御礼と仰下され、あまりの御事とそんし《存》候、まことに《誠》いく《幾》久しく御はんしやう《繁昌》なされ、めてたき御事まち《待》申うけ給候やうにと、いわゐ《祝》入まいらせ候、かしく、

さいけう《最教》《晃海》院様　　しゆりん

○千代姫の宮参りは、寛永十四年（一六三七）七月十六日。

468　永正院かな消息

「慈眼大師御年譜附録」

若君さま《様》御たんしやう《誕生》なされ、御名をまたつけ《付》まいらせられ候はんと、めてたく《目出度》そんし《存》まいらせ候、御下かう《向》なされ候ても、御きけん《機嫌能》よく、御さ《座》なされ候まゝ、御心やすく《易》おほしめ《思召》され候へく候、あなた《貴方》こ《此》なた《方》となされ、さそ御くたひれ《草臥》にて御さ候はんとそ《存》んしまいらせ候、上様あす《明日》は御内儀へならせられ候はんまゝ、いち〱申あけ候はゝ、御きけん《機嫌》の事にて御さなされ候へく候、返々きのふ《昨日》ははや〱《早々》と、御しうき《祝儀》ひめ《姫》君さまへまいらせられ候、かすか《春日》殿御つき〱《附々》の衆も、めてた《目出》かりの事にて候、御いわゐ《祝》なされ候、なをめてたさ、かさね〱《重畳》めてたく、かしく、

一筆申上候、昨日は、ひめ君さま御しゆび《首尾能》よく御宮まい《参》

りあそはし、めてたさ、こと(殊)に御名つけ(付)まいらせられ候、
めてたさ御はんしやう(繁昌)の御事、上様(徳川家光)御ほんふく(本復)あそはし、
みやうねんは、かしく、

(寛永十四年七月)十七日

大そう(僧)正さま(様)にて　ゑいせうゐん(永正院)　ち

人々御中

469　大僧正天海東叡山直末許可状写

仙台仙岳院文書

奥州仙台　成就山満願寺

右天下泰平国家安全抽丹誠之由、神妙之至也、依之武州
江戸東叡山属直末者也、

寛永十四年七月十七日

山門三院執行探題大僧正天海　御印

470　永正院かな消息

「慈眼大師御年譜附録」

かんぬし(神主)ハちかひ(違)申候と、おほへ(覚)まいらせ候か、ち
かひ申さす候者、御せうし(笑止)さにて候、さりなから、
このたひ(此度)の御事は、上様(徳川家光)はつに(初荷)もち(持)まいらせ、これ
も御子さまの御事にて、申ふん(分)なとも候へは、おとな(大人)
なしけもなく候まゝ、このたひの事は御かんにん(堪忍)被
成候御事、さりとてきとく(奇特)にそん(存)し申候、いらい(以来)の
事はかすか(春日)とのも、御としより(年寄)衆申こへ(ママ)まゝ、心やす(易)
くおほしめし(思召)候へと、仰られ候て、返々御かきた(書立)
ての時、ひとつにてとくわか(我)身申上んものも、見ちか(違)
かひ申てそん(存)し候、かならす〳〵(必々)御かんにん被成候
事、御もつとも(尤)とそんし候、いらいの事はかたく(堅)心
得申候よし、御申候てくたされ度候、めてたく、か
しく、
文のうちくわしく(委)見まいらせ候、上様きのふ(昨日)も、夕部も
御きけんよく(機嫌能)御さ(座)なされ候つるまゝ、御心やすくおほし
めしまいらせ候、さやうに候へは、ひめ(姫)君さま御参、御
山わふさま(王様)にてくた(下)されもの物、さいきやうゐん(最教院・晃海)かんぬし(神主)お(同)
なしやうに、下され候よしにて、さいきやうゐんめてた
さなから、ふそく(不足)に御おもひ(思)候よし、もつとも(尤)の事にて

候、たしか御かきたて見まいらせ候つるか、さいきやう
ゐんと、かしく、
（寛永十四年七月）十九日　　　ゐいせいゐん（永正院）
大こく（黒）院
僧正さま（様）
人々御中

471　永正院かな消息

「慈眼大師御年譜附録」

来年は若君様御はんしやう（繁昌）にて、かさね（重畳）〳〵めてた（目出度）
き御事と、いわゐ（祝）入まいらせ候、しうき（祝儀）として、御
たるさかな（樽肴）まいらせられ候、まこと（誠）にめてたくひろ（披露）
う申入候へく候、猶めてたさうれしさ、かしく、
おほせ（仰）られ候ことく（如）、けさ（今朝）はひめ（姫）君様はしめ（始）て、御しや（社参）
さん被成候に、天きよく（気能）、誠に〳〵めてたさ申つくし（尽）か（難）
たく御さ（座）候、いよ（弥）〳〵公方様（徳川家光）御きけんよく（機嫌能）、姫君様御せ（成）
い（人）しんにて、かしく、
（寛永十四年七月）（月日なし）　　　ち

永せう（正）院
かすか（春日）
大そう（僧）正様にて
御ちこ（稚児）御申御返事

472　老中堀田加賀守正盛書状

「慈眼大師御年譜附録」

今度就御不例、勅使・院使依参向、御振舞可被仰付候
間、二、三日之内に而撰吉日御書付可被差上候、恐惶謹
言、
（寛永十四年）八月二日　　　堀田加賀守（老中）　正盛（花押）
大僧正（天海）

○堀田正盛の老中就任は、寛永十年（一六三三）五月。

473　大僧正天海書状（折紙）

京都妙法院文書

以上
大樹（徳川家光）御不例就御快気、御使被遣候、我等方迄尊札、殊御

手作之焼物壱包送被下、忝奉存候、先以御尊体御勇健被成御座候由、珍重奉存候、我々も一段無事罷有候間、可易尊意候、猶御使へ申達候間、不能詳候、恐惶謹言、

（寛永十四年）八月七日　　大僧正　天（花押）

妙法院御門跡様（尭然親王）　　貴答

474　青蓮院門跡尊純親王書状　「慈眼大師御年譜附録」

尚々、拙身気相之事、懇ニ承候、今程者得快気申候間、可御心安候、

当月廿日之芳翰、同廿五日薫誦候、大樹（徳川家光）被得御快気、頓而表向へ出御可被成之由、珍重存候、然者江戸御本城内権現御造営付、来月末御遷宮之由、目出度存候、就其拙僧可致参向之由承候、尤得其意存候、必可遂参向候、弥可然様可預御執成候、此度不存寄儀、別而御取成之故候、外聞旁恐悦不浅次第候、猶以諸事御入魂偏頼存候也、

（寛永十四年）八月廿五日　　（青蓮院尊純親王）（御花押）

大僧正御房（天海）

475　京都所司代板倉周防守重宗書状　「慈眼大師御年譜附録」

以上

去廿日・廿一日尊書致拝見候、公方様（徳川家光）御不例頃別而御快気被成候旨、目出度奉存候、然者御本丸権現様御宮御遷宮に付て、青蓮院殿（尊純親王）・勧修寺中納言殿（経広）、御下候様にと被仰下候、御両人なから可有御下由に御座候、其外役人衆、御書付之通、御朱印にて九月廿日以前、其許迄参着被申候様に下可申候間、御心安可被思召候、猶期後音候、恐惶謹言、

（寛永十四年）八月廿五日　　（京都所司代）板倉周防守　重宗（花押）

大僧正様（天海）　　貴報

476　大僧正天海日光山東照宮大権現之別所
御本尊目録写

（三山進氏所蔵『御用覚書』所収）

日光山　東照宮大権現之別所就御建立御本尊之事
一、三十番神御神体幷獅子駒犬
一、薬師尊像
一、大黒天
一、弁財天
仙波　東照大権現就御建立
一、客人　弐体
一、獅子駒犬
右新調之通、依為累代大仏師、毎度不相替令被造者
也、
寛永十五年八月廿五日
山門三院執行探題大僧正天海　御在判
大仏師左京法眼（康音）

○三山進「近世七条仏所の幕府御用をめぐって—新出の史料を中心に—」（『鎌倉』第八〇号、平成八年一月刊）より本文収録。

477　勧修寺中納言経広書状

「慈眼大師御年譜附録」

猶々、罷下以面謁可申承候、
芳翰忝披覧申候、抑城中御遷宮珍重存候、就其下官下向
可仕旨、畏存候、禁裏仙洞御無事被成御座候間、可御心
安候、委曲者於其地可得御意候条、不能詳候、恐惶謹言、
（寛永十四年）八月廿六日　勧修寺中納言（経広）（花押）
大僧正様（天海）
回章

478　勧修寺中納言経広書状

「慈眼大師御年譜附録」

猶々、御念入、重而御札肝煎之段、忝存候、
重而芳札忝存候、来月廿日以前下着可申旨、得其意存候、
随分急可申候、宮中狭就御座候、諸役人等御堪略之由、
具承知申候、萬端於其地可得御意候間、早々申入候、恐

惶謹言、

(寛永十四年)八月廿六日　　勧修寺中納言(経広)（花押）

(天海)大僧正様

以上

479　青蓮院門跡尊純親王書状

「慈眼大師御年譜附録」

猶々、今度拙僧式被仰出候儀、外実過分不浅次第候、
偏御取成故候、弥御取成所希候、急不能具候、
廿一日次飛脚之御芳書、同廿六日披閲申候、仍来月御本
城内権現御遷宮付、可致参向旨、重而被入御念候段、過
分至極存候、最前之御報ニ具如申候、必可遂参向候、然
者来月廿日前、可令参着由、存其旨候、右之趣弥可然様
御取成偏頼存候外、無他候也、

(寛永十四年)八月廿六日　　(青蓮院尊純親王)（花押）

(天海)大僧正御房

480　四辻大納言季継書状

「慈眼大師御年譜附録」

猶々、辻伯耆御遷宮跡、逗留仕候様可申付候、
当月廿日・廿一日両書慥相届候、其已後久不申承、非本
意難申謝候、然者江戸御本城之内、権現御遷宮付、楽人
十二人罷下候様、可申付候旨、得其意候、申(ママ)付来月廿日
已前下着仕候様に申付候、将又右之内辻伯耆可申下候、
猶期後音候、恐々謹言、

(寛永十四年)八月廿六日　四辻大納言　季継（花押）

(天海)大僧正御房

481　京都所司代板倉周防守重宗書状

「慈眼大師御年譜附録」

已上

貴札致拝見候、然者江戸御城御二之丸に東照大権現様御
遷宮被成候に付、青蓮院御門跡(尊純親王)、勧修寺中納言(経広)、九月廿
日以前其元へ下着被成候様に、伝奏衆へ可申入之由、御
年寄衆ゟも被仰下、則禁中仙洞へも、右之趣被仰上、御
門跡・勧修寺御下之事候、右之外楽人以下御書中之通、

御朱印に而指下申候間、御心安可被思召候、恐惶謹言、

八月廿六日《寛永十四年》　板倉周防守《京都所司代》　重宗（花押）

大僧正《天海》様

482　永正院かな消息

「慈眼大師御年譜附録」

おほしめし《思召》候へく候、きのふ《昨日》の御きねん《祈念》の御いりき《威力》にて、御きけんよく《機嫌能》、てんき《天気》まてよく《能》御座候事、神りよ《慮》にかなは《叶》せられ候事と、めてたく《目出度》かたしけ《忝》なくそんし《存》まいらせ《参》候、御きけん《機嫌》のとおり《通》、御こころ《心元》もとなく《無》おほしめされ《思召》候はんと、文にて申候、返々めてたさ《目出》、さそ〳〵御まんそく《満足》におほしめし《思召》候はんと、おし計《推量》まいらせ《参》候、めてたく《目出度》かしく、こん《今》日上様《徳川家光》御きけんよく《機嫌能》、御本丸御わたまし《渡座》あそは《遊》され、めてたさ《目出》、殊にけさ《今朝》まてくもり《曇》まいらせ《参》候てんき《天気》、あか《上》りまいらせ《参》、かやう《可様》なるめてた《目出》さ、御手から《柄》の御事と、めてた《目出》かりまいらせ《参》候、このままうちつつ《打続》かせられ、いよ〳〵《弥々》御きけんよく《機嫌能》御さ《座》なされ候はんと、めてたく《目出度》そん《存》しまいらせ《参》候、けふ《今日》は御きしよく《気色》よき《能》御事大かた《方》にても御さ《座》なく《無》、御きけん《機嫌》のこる《残》所も、御さ《座》なく《無》よく《能》御さ《座》被成候まゝ、めてたく《目出度》御心やす《易》くかしく、

廿七日《寛永十四年八月》

大そう正《天海》さまにて　えいせうゐん《永正院》　ち

人々御中

○将軍家光が本丸へわたましとあるので、寛永十四年八月のものと思われる。

483　寺社奉行衆連署書状（折紙）

早稲田大学所蔵最教院文書

昨日者御状令拝見候、然者富士山伏辻之坊与大教坊出入之儀、大僧正《天海》様被聞召、思召之通被仰越候趣、得其意存候、委曲期面上之時候、恐惶謹言、

九月朔日《寛永十三、四年》

安藤右京進《寺社奉行衆》　重長（花押）

堀　市　正　利重（花押）

最教院《見海》

竹林坊《盛憲》

双厳院《豪倪》

回章

484　京都所司代板倉周防守重宗書状

「慈眼大師御年譜附録」

以上

一筆啓上仕候、江戸御城東照大権現様御遷宮御座候付而、
青蓮院（尊純親王）御門跡、来六日に爰元御立候而被成御下向候、勧
修寺（経広）中納言殿明五日に爰許御立候、其外楽人十弐人、出
納、山王社家壱人、宮司壱人、大仏師罷下候間、其御心
得可被成候、御道具已下も御朱印に而差下申候間、御心
易可被思召候、尚期後音之時候、恐惶謹言、
（寛永十四年）九月四日　（京都所司代）板倉周防守　重宗（花押）
（天海）大僧正様
拝呈

485　京都所司代板倉周防守重宗書状

「慈眼大師御年譜附録」

一筆啓上仕候、然者青蓮院（尊純親王）殿・勧修寺（経広）殿、昨五日に被成
御下向候、役人は勧修寺殿、山王之社家以下青蓮院殿へ
付下申候、幷御宮之御道具も昨日中に爰元を出、御朱印
にて下し申候、御心易可被思食候、昨日は少し雨降申候
得共、今日は天気能御座候間、頓而下着可仕候、左様に
候はゝ、参着之御左右奉待候、恐惶謹言、
（寛永十四年）九月六日　板倉周防守　重宗（花押）
（天海）南光坊大僧正様
侍者御中

486　山門三院執行探題大僧正天海証状写

京都青蓮院旧蔵文書

肥前国宝光院慶賢者、云国主祈願所、依為一乗院僧正（慶舜）弟
子、僧正衣之外令免許了、者弥国家安全可抽精誠者也、
寛永十四年九月日
山門三院執行探題大僧正天海　在判

487　将軍徳川家光御内書

「慈眼大師御年譜附録」

内々明日可被為成と思召候得共、少御虫気に被成御座候間、明日者被為成間敷候、九日は吉日に御座候間、諸大名に御対面可被成候間、十日・十一日両日のうちに可被為成候間、其通可申遣旨、上意に御座候、為其如此候、恐惶謹言、

（寛永十四年以前）
十月七日　中根平十郎（正盛）（花押）

大僧正（天海）

○中根正盛の壱岐守就任は、寛永十五年（一六三八）正月。

488　天海書状（折紙）

京都三千院文書

尚々、態々使、且過分、且御満足奉存候、此旨可様（然脱カ）ニ御伝達奉頼候、以上、

如御諚今度御遷宮令成就、御満足之旨忝候、内々即刻以参（可脱カ）雖申上候、普請次ニ一両日見舞候故、令遅々候、明日参可奉得尊意候、先可申候、一樽一折被掛御意候、是亦過量ニ候、殊宝樹院殿へも被仰候て、御意得御物語御対談候ハヽ、所希候、事々期尊顔之時候、恐惶謹言、

（寛永十四年カ）
十月十二日　天（花押）

梨門様（最胤親王）（三千院門跡）ニて
誰ニても御申　天海

○寛永十四年（一六三七）九月二十七日、江戸城二の丸東照宮遷宮あり。

489　浄法寺等長楽寺末寺連署訴状

世良田長楽寺文書

世良田諸末寺

謹而言上、

世良田山者、蓮華院一流之天下之本寺無其隠候、依之従毎年十月十三日大灌頂御座候処、及三十箇年令退転、諸末寺老若皆々未灌頂故、法流断絶歎敷奉存候、幸　権現様（徳川家康）以御諚　大僧正（天海）様被成御入院、灌具・法具御改候砌、灌頂被成御執行被下候様申上候処、御帰御急候故、於于今御延引候而、於世良田灌頂不被仰付候間、世良田之灌具ニテ、於　東叡山（寛永寺）成共、大灌頂被成御執行被下候者可忝候、

一、世良田山無主付、塔中(頭)之者共我儘仕候而、竹木伐採
商売仕候事、
一、留主居罷在候者、無行儀仕候而見掛悪、無一宗之面
目次第候事、

次第不同

厩橋寿延寺（花押）　一之宮光明院（花押）
妙義石塔寺（花押）　小幡勧学寺（花押）
小幡実相寺（花押）　小幡成就寺（花押）
小幡常住寺（花押）　板鼻称名寺（花押）
安中蓮花寺（花押）　小幡長厳寺（花押）
長根恩行寺（花押）　長根常行寺（花押）
小坂常光寺（花押）　厩橋乗明院（花押）
厩橋極楽寺（花押）　厩橋善勝寺（花押）
植木花蔵寺（花押）　桐生大蔵院（花押）
桐生観音寺（花押）　深沢善雄寺（花押）
三原田興禅寺（花押）　深沢正円寺（花押）
世良田普門寺（花押）　足利権現堂（花押）
深谷永光寺（花押）　深谷円雄寺（花押）

寛永十四年

深谷瑠璃光寺（花押）　深谷吉祥寺（花押）
深谷清竜院（花押）　徳川永徳寺（花押）
赤浜普光寺（花押）　厩橋善光寺（花押）
川越灌頂院（花押）　小幡慈眼寺（花押）
武州慈光寺（花押）　松山浄光寺（花押）

右申上之外、遠末寺四百八十箇寺之間、未灌頂輩数多
雖御座候、先近末寺・門中共、於世良田大灌頂被仰付
候様、御申上所仰候、仍如斯、

寛永十四年丑霜月吉日　浄(鬼石)法寺

大(天海)僧正様

御披露

490　大僧正天海書状（元折紙カ）

佐竹文書

尚々、千靏方へ御懇比(頃)頼入申候、後室へも御懇
奉馮候、猶期後音之時候、以上、
幸便之条、一筆令啓候、先以御無事、緩々と御取延
可有と令察候、当御地(江戸)　公方(徳川家光)様弥御機嫌能被成御座

候、当月廿日諸大名衆御目見ニて、各悦可有御察候、
一、吉利支丹一揆おこし候て、天草ニ城を構籠申候、就其松倉長門守(島原城主・勝家)・寺沢兵庫(唐津城主・堅高)・日根織部正(豊後府内城主・吉明)なと上り被申候、為御仕置、松平伊豆守(信綱)・板倉内膳正(重昌)なと被指遣候、定而年内ニ頓而しつまり可申候へ共、城中強候て、よせ衆少々うち死之様風聞候、雖然鍋嶋信州(佐賀城主・勝茂)・息(元茂カ)両人差上せ被申候、当六日ニ事外つよくせめ候付、吉利支丹引取、行方不知共申候、又者つよき共申候、実説しれ不申候、定而其元へしれ可申候へ共、遠境故、如何と存申遣候、
一、江戸両度火事参候へ共、侍屋敷者何も不苦候、殊貴公御屋敷一段無事御座候、松平越中守(定綱)八町堀之屋敷不残焼失申候、来春者可為御参府候間、後喜期拝顔之時候、恐惶謹言、

(寛永十四年)極月廿八日　　大僧正(天海)　判形前ニ同

佐竹修理太夫(義隆)殿

人々御中

○天草のキリシタン一揆は、寛永十四年（一六三七）。

491　大僧正天海書状（元折紙カ）

三途台長福寺文書

上総三途台(長福寺)住持、旧冬申付候、夜前致参府候、今日独礼申上候様憑入候、仙波中院之次ニ御出任入候、恐惶謹言、

(寛永十四、五年)孟春六日　　大僧正　天（花押）

安藤右京進(寺社奉行・重長)殿
松平出雲守(寺社奉行・勝隆)殿
堀　市　正(寺社奉行・利重)殿

人々御中

○三人の寺社奉行就任は、寛永十三年（一六三六）十一月。堀利重の転免は、寛永十五年四月。

492　妙法院門跡尭然親王書状案

「慈眼大師御年譜附録」

猶々、此性霊集抄、頃開板之由候間、進入申候、
就台徳院(徳川秀忠)御七回忌、以使者令申候条、一筆申入候、先以貴僧御息災之由大慶此事候、委細口上申含候間不具候、

かしく、

正月八日（寛永十五年）

大僧正（天海）御房

尭然（妙法院門跡）

493　大僧正天海書状（折紙）

京都曼殊院文書

尚々、火事之儀必々不苦候間、可尊意易候、猶追而
可申上候間、不能詳候、以上、

新暦之嘉慶不可有尽期候、預御使札、殊御調合之御焼物
壱、香函送被下、誠忝奉存候、新宮様（良尚親王）ゟも御書、殊ちり
めん壱巻送被下、過分至極奉存候、先以　両御所様（徳川家光・家綱）御勇
健被成御座、珍重奉存候、大樹（徳川家光）弥御無事被成御座、目出
可被思召候、少取紛儀候而、乍恐御一書申上候、此地仙
波・日光両所、去月末火事参候、然共御宮無事候間、先
以令祝候、我等寺之儀ハ少も不苦候、下々何かと申候共、
御取上被成間敷候、能檀那持申候間、何共不存候、御一
笑々々、恐惶謹言、

二月三日（寛永十五年）　大僧正　天（花押）

竹内御門跡様（良恕親王）（曼殊院）にて

御小性（姓）中

○川越・日光の火事は、寛永十五年（一六三八）正月。

494　中院通村書状

「慈眼大師御年譜附録」

態以飛脚申入候、日光・仙波不慮火事出来候而、御寺焼
失之由、扨々驚存候、乍去於日光社頭者無恙之由、目出
存候、将亦貴院弥御勇健候哉、承度存候、拙子無事罷在
候事候、承驚候故、先早々馳筆候、恐々謹言、

二月十二日（寛永十五年）　（中院通村）（花押）

大僧正御房

○日光・仙波の火事は、寛永十五年（一六三八）正月。

495　中院通純書状案

「慈眼大師御年譜附録」

従大納言（中院通村）以飛脚申入候間、一筆令申候、日光・仙波等御
寺、不慮火事之由承、笑止千万存候、将又貴院弥御無事

候哉、承度存候、猶期後音之節候、恐々謹言、
（寛永十五年）二月十二日　（中院）通純
（天海）大僧正御房

496　青蓮院門跡尊純親王書状
「慈眼大師御年譜附録」

猶以、今度勅使・院使下向之事候、内々訴訟之一儀、各在府中、以自然之次、被加双談可給候、とかく首尾可然様、任存候外無他事候、
去月之末、日光・仙波之寺院、火災之由、不慮之儀驚入申候、併社頭安泰之段、大慶神慮誠不思儀存候、懇可令申候処、好時分得的便、先如此候、最前之御報二、三日以前上着候、法体堅固之由承候而、珍重不過之候、委雖申度候、急便不能具候也、
（寛永十五年）二月十五日　（青蓮院尊純親王）（御花押）
（天海）大僧正御房

497　大僧正天海書状（折紙）

神田喜一郎氏文書

以上
日光・仙波不慮火事出来、類火なから両寺共焼失申候、併日光之御宮・仮殿迄無恙令満足候、（徳川家光）公方様も御機嫌之御事候、就其両所共ニ御建立被成可被下之由、はや翌日仰出候間可御心安候、公方様弥御機嫌能、具御鷹野へ被為成候、諸人之悦不過之候、御老母ゟも御文たま候（脱アルカ）へく候、かたしけなく候、よく〳〵御心得可給候、恐惶謹言、
（寛永十五年）二月廿三日　大僧正　天（花押）
（施薬院）宗雅法眼
一鷗法眼
御報

○寛永十五年（一六三八）正月二十七日日光に火災、同二十八日川越に火災あり。

498　大僧正天海書状（折紙）
京都曼殊院文書

猶々、大樹(徳川家光)御機嫌能候間、是又御心易可被思召候、
内々之儀、少も疎意不奉存候、以上、

爰元就火事、早々尊書過分忝奉存候、近年無御座大火事ニ而候、併私中屋敷無事ニ御座候間、乍恐御心安可被思召候、猶奉期後音之時候、恐惶謹言、

(寛永十五年)二月廿六日　　大僧正　天（花押）

竹内(曼殊院)御門跡(良恕親王)様ニ而
御小姓衆中

○日光の火事は、寛永十五年（一六三八）正月二十七日。

499　中院通村書状（折紙）

川越喜多院旧蔵文書

尚々、大僧正(天海)へ御心得頼存候、何にても書物進度候へ共、未借出候、少存知之事候間、相尋候て、一本可進存候へハ、未不定にて漸々借出、全部候ハヽ、可進存候事候、以上、

其後者以書札不申候、先以大僧正御房御勇健之由、大慶此事候、去頃其元之大火事驚耳計ニ候、然者旧冬傍輩衆子息無知行之衆領知拝領候、就其愚息も為御礼罷下候、忝仕合ニ候、於其許用候事も候ハヽ、頼入存候、さてハ去年生駒壱岐守不慮之仕合無申計候、其時節大僧正ゟ御懇之儀共忝候由、従我等申入候てくれ候へと、円知院より被申越候、能々御心得候て可給候、頼ミ入存候、旧冬ユリアリ書札、当二月過相達候間、乍次申入候、此以後も可然折節ハヽ、御取成頼入存候由被申越候、誠ニあはれなる様子にて候、よく〳〵御心得頼ミ入存候、

最教へ申候、正月晦(日脱カ)貴札祝着申候、其節大僧正御堅固之事示預満足候、重又一折珍物御懇意難申謝候、則賞味候、余事期後音之節存候、恐々謹言、

(寛永十五年)三月廿四日　　(中院通村)（花押）

最教院(晃海)

500　長沼宗光寺金銀請取証文

長沼宗光寺文書

長沼宗光寺江被遣候金銀之覚

一、銀参拾枚者　新御堂建立料

置銭之金銀

一、銀四拾枚者

一、金拾弐両弐分者　灌頂之金

一、同五両者　飯野半助預り之金

　右合　金拾七両弐分ト銀七十枚也

一、金四両壱分者　質物弐人之代年季明算用申取可申事

一、上銭参貫百七拾七文者

一、籾四拾壱俵弐斗五升者

右之通、従大僧正(天海)様被遣候間、利倍にて成共、以来寺相続之たよりに成候様、各才覚可有之由被仰候、後々迄無相違様念を可被入候、已上、

　寛永十五寅年卯月十一日

宗性院（花押）
延命院（花押）
禅定院（花押）
尊乗院（花押）
定知坊（印）
道枡坊（印）
安乗坊（印）

双厳院(豪俔)
寂光院(玄海)
最教院(晃海)

上野九兵衛（花押）
飯野半助（花押）
柴山右京（花押）
上野清助（花押）
生井清兵衛（花押）
上野小平次（花押）
金剛院（花押）

501　大僧正天海法度

近江大林院文書

定

一、灌頂之事、実相坊諸事取持、可致執行、雑用之事者、如在来相調、施物之残所、其時々急度致算用可置事、

一、法勝寺留守居松禅院(乗俊)、万事指引可申付候、幷竹木以下之法度可申付事、

一、南光坊知行之事、宗雲致肝煎、丹後・出雲年に一年(度カ)宛罷出可致収納、其上松禅院へ可遂算用事、

一、南光坊百石之内、高弐拾五石分、東照権現御供所へ

可遣事、
一、成菩提院百六十石之知行之内、六十石者寺之用脚、五十石者法勝寺留守居之合力、残而五十石者修理料に可残置、万事松禅院可為指引次第事、
一、補任之事、致吟味、むさと不可出事、

寛永十五年十月十五日

山門三院執行探題　大僧正天海（花押）

502　大僧正天海書状（元折紙カ）

岡山福寿院文書

尚々、久しぶりの帰城候間、ゆる〳〵（緩々）と御取延専要候、

我等気色無然候付、喜左衛門被為付置体候、併　公方様（徳川家光）御念入、驢庵（半井）薬服用候故、透と本復申候間、喜左衛門者先へ遣し申候、もはや食も如形成申候間、可御心安候、将亦　上様此中風を被為引候へ共、御機嫌能被為成、昨日表へ御成候間、可御心安候、恐惶謹言、

（寛永十五年）
十月廿三日　天（花押）

（宛名なし）

503　大僧正天海書状写

大阪秋野房文書

九月十二日之書状、寂光院（玄海）方へ具申来候、牡丹・芍薬之儀、曽我又左衛門（大坂町奉行・吉祐）色々被入念忝候段、具書状遣候、如仰文海上無事、今月中旬ニ当山へ来着候、其方入念被相調候故、路次ニて如其遣し見へ申、喜悦申候、殊上様頃日弥御快気、猶更近日当山へ可有御成候由、被仰出候、可為満足候、恐々謹言、

（寛永十五年以前）
霜月十三日　大僧正（天海）　判

秋野殿

尚々、廻船之入目以下迄、又左衛門殿入御念通、寂光院申通、書状ニ申遣候、来春待入候、我等一段息災ニ候、其寺中万事無油断様可被申付候、以上、

○曽我吉祐の大坂町奉行就任は、寛永十一年（一六三四）七月二十九日。同十五年十二月十六日、丹波守に就任す。

504　曼殊院門跡良恕親王書状　「慈眼大師御年譜附録」

返々、無御心元存、如斯也、
一書申入候、仍其方御所労之由無御心元存候、為御見廻
以飛脚申入候、寒気之刻候間、御養性(生)肝要に候、かしく、
(寛永十五年)霜月廿七日　(曼殊院門跡良恕親王)(御花押)
(天海)大僧正御房

505　山門三院執行探題大僧正天海坊号
幷色衣免許状　静岡玄陽坊文書

今度於東叡山令開壇之処、神妙之至也、依之改坊号称玄
陽院、幷色衣令免許畢、者守此旨、仏法相続可為肝要者
也、
寛永十五年霜月吉日
山門三院執行探題大僧正天海（花押）

506　妙法院門跡尭然親王書状　「慈眼大師御年譜附録」

猶々、返報委承度令存候、
態以飛脚令申候、然者違例之由承候、千万無心許令存候、
寒天之時分候間、能々保養専一候、様体承度令存如此候、
かしく、
(寛永十五年)十二月十六日　(妙法院門跡尭然親王)(花押)
(天海)大僧正御房

507　妙法院門跡尭然親王書状案　「東叡山日記」

態以飛脚令申候、然者(天海)大僧正不例之由承候、寒天時分如
何と無心許候、様体返報に委承度令存、如此候也、
(寛永十五年)十二月十六日
(晃海)最教院
御房

508　天海書状

酒井忠道氏文書

天海啓上、夫道有差異、徳有厚薄、道高広中道、第一義天徳最上無作本覚真徳、抑　源君深達真俗道、体天則地、治国利民、当代弥盛也、寔哉、上徳人有徳而即不知其徳化矣、爰以、百姓鼓腹唱撃壌歌、勇士棚矢飜舞楽袖、祖王弓不及用、于時若狭国主藤原侍従忠勝、幼以雪月為友、以風花為賓、襟宇清絶、天然風流士也、長守忠勤、道志於衆、一点無邪、所以明君知臣、明父知子、無三不祥恨、速挙為奉行、肆有官清似水天鑑無私、朝戴星出、夕輝帰、勤役無退慢、僉曰、主聖臣賢、天下事盛、　君忝重賞曰、天下事繁、朝思暮想、哀憐辛苦除小役、但令随大事、猶如千鈞弩為鼷鼠不発機、又似金輪王主兵臣、宝奇哉、妙哉、忠勝霊瑞感通、蒙霊夢、其詞云、道高徳高弥高、如何是千鈞弩、翌日予問意旨再三、辞而不答、傍有禿云、凜々威風逼身寒、予乗興呵々大笑云、妙解妙行、殺活同時矣、不施寸刃、海晏河清、珍々重々、不宣、

(寛永十五年カ)臘月(十二月)十七日　　天（花押）

509　妙法院門跡尭然親王書状（折紙）

川越喜多院旧蔵文書

猶々、次而之節、大僧正(天海)へも可然様、頼入候、

幸便之条令申候、先以大僧正所労之由候へ共、早速快気之通承、大慶此事候、弥息災之事候哉、随而日外者懇札殊に爰程(許)珍敷きらゝ一箱送給候、別而満足不浅候、其比不得便候故、返報遅引事候、猶期後音之時、書中不具候、かしく、

(寛永十五年)臘月廿一日　　妙(妙法院門跡尭然親王)（花押）

510　大僧正天海書状（折紙）

京都三千院文書

尚々、元日ニはや(早)来年日光御法事之儀、酒讃州(大老・酒井忠勝)奉行仰出候、以上、

改年之御慶千喜万悦不可有際限候、極月廿三日之御書、今三日参着致拝受、誠以忝奉存候、如尊意霜月中旬之時

分、俄煩出、難取直候処、　大樹（徳川家光）被為入御念候故、不思
儀残命仕候、只今者透々与致快気候、併寒中為養性（生）被成
御意、宮崎備前（時重）・久志本式部被為付置候、年始之御礼も
長閑之時分、御意次第ニと、今日仰出候、御懇之段難有
儀共ニ御座候、猶追而可申述候、恐惶謹言、
（寛永十六年）孟春五日　　大僧正　天（花押）
梨門様（慈胤親王）（三千院門跡）
御披露

511　山門三院執行探題大僧正天海
東叡山末寺許可状

東京如来寺文書

夫修行多門得果不二矣、而法有権実、行有遅速、爰以武
蔵国荏原郡鷹羽（高輪）村建立新地精舎、号帰命山如来寺、令補
東叡山末寺、汲台嶺法流、任良忍之願行、専融通念仏之
行業、奉備　東照大権現（徳川家康）法味、可導三界迷倒之輩、者自
今以後不背本寺之下知、嗜於戒律、致天下安全之御祈禱、
大乗円融之念仏行、不可有怠慢者也、

寛永十六暦正月十七日
山門三院執行探題大僧正天海（朱印）
但唱上人

512　山門三院執行探題大僧正天海改称許可状

岩槻慈恩寺文書

改小﨑坊、号遍照院（印）者也、
寛永十六年孟春廿七日
山門三院執行（印）探題大僧正天海（印）

513　東叡山執当双厳院豪倪書状

世良田長楽寺文書

尚々、急度可被為得　御諚之旨に候条、重而被仰遣
候迄ハ、御逗留可被成之由被仰候、万蔵庵ハ定而爰
元ニかくれ居可申候、本寺かあらハこそ上方へも上
候ハんつれ、事笑敷事候、結句ハ左様ニ我等之仕候
程埒明申へく候、一段と能御事に候、気の毒の御逗
留たるへきと令察候、我等も爰元ニて爰かしこ万事

ニ付苦労仕候、昨日も江戸へ二度出申候、随分今度埒明候様ニと存事候、替儀無之候、以上、

一昨日十日之飛札、昨十一日参着入御披見候、即昨日讃岐守殿(大老・酒井忠勝)・豊後守殿(老中・阿部忠秋)・右京亮殿(寺社奉行・安藤重長)へ貴札状(衍カ)入御披見候、豊後殿(忍藩主)御申候ハ、貴札御座被成候翌日ニ万蔵庵参候間、早々帰候へ者迷惑之由申候つるか、其まゝ不参候故、其元へかへ(帰)り候と思召候処、さてハ不帰候哉、爰元宿所を尋させ居候て、参候様ニ可被仰付之由御申候、讃岐守へハ我等参候而申候、上ニ御用之事昨夜御出候故、大僧正(天海)具ニ被仰候へ者、讃岐守殿御合点まいり候、右京亮殿ハ御留守ニて不懸御目候、とかく被為得　御諚可被仰遣候間、御左右次第其元ニ御逗留可被成之由被仰候、恐惶謹言、

尊報

(寛永十六年)
二月十二日　　　双厳院(豪倪)（花押）

最教院(晃海)様

514　東叡山執当双厳院豪倪書状

世良田長楽寺文書

尚々、安右京殿(寺社奉行・安藤重長)下やしき(屋敷)ゟ火事出来候而、一町計やけ(焼)申候故、いまた様子も不申候、いつれもやうす(様子)ハ御聞候、以上、将亦普門寺(世良田)ニて寝間なと定而そさう(粗相)候ハんまゝ、板なとをかい、ざうさく(造作)可被成之由被仰候、一ハ無用心、又ハゆる〳〵と可有御座様子とあな意(案内)の者聞之候、もし又普門寺建立のためにも候へハ、作事可被成候由被仰候、かならず〳〵よハけ(弱気)を御ミせ被成間敷候由候、いかにも丈夫ニ可思召候、やかて御吉左右可申候、以上、

覚了坊昨夜酉刻ニ爰元被参着候、其元之様子具御聞なされ候、万蔵庵先に其元へ被下候事肝要候、

一、一昨夜目安之様子一ッ書なされ候、幸昨朝為上使中壱岐殿(中根正盛)御出候故、右之書立御渡しなされ候、さて又明日大僧正(天海)を　御城へ被為召候、好時節候間、御直ニとくと可被仰上之旨候、其元之様子にて気を御くさし可被成候、併大僧正明日つよく申上相済候様ニ可被成との御事候間、御心つよく可被思召候、田権右(田村権右衛門)其元御用

心専要之由被仰候、浄法寺（鬼石）其外之一寺衆皆々被詰之由
御悦被成候、永徳寺（徳川）・隼人（忍城代家老・中村）殿被入御念之段御感悦候、
有無ニ急度相すまし可被成候間、乍御太儀御逗留候様
ニと被仰候、目安書之写御覧可被成候、覚了坊ハ爰元
之様子とくときかセ返し可申候、恐惶謹言、
（寛永十六年）二月十四日　双厳院（豪倪）（花押）
最教院（晃海）

515　東叡山執当双厳院豪倪書状

世良田長楽寺文書

猶々、道具御改候共、覚了坊参迄者卒尓ニ御帰有間
敷候由被仰候、為其此飛脚つかハし申候、
昨十三日之飛札、同日酉刻参着入御披見候、豊後守殿（老中・阿部忠秋・忍藩主）ゟ
兵粮其外被遣之由、即大僧正（天海）ゟも御礼状被遣候、昨朝豊
後殿ゟ加藤市之丞使ニまい（参）り候、其被申様ハ、最教院（晃海）世
良田ニ被遣候処、寺中之僧共道具改させ不申之由承候、
就其改させ申候様ニと御頼之詞ニ昨日申遣し候由申され
候、併寺渡し候儀ハ指図難申之由候、

一、万蔵庵十二日七ッ時分上方へ上り候とて其元被出候
哉、昨十三日酒讃岐守殿（大老・酒井忠勝）へいつかたへも欠落不申様ニ
被仰遣候へ者、豊後殿へ御相談を以、可被仰付之由候、
一、内々今日十四日ニ御登城之筈ニ候つれ共、十五日ニ
相延申候、夜前壱岐殿（中根正盛）為御上使御出候、
一、何篇大僧正御直可被得　上意之旨候、いかにも丈夫
ニ御心得可有之由被仰候、諸寺家へも其段可被仰聞之
由被仰候、
一、覚了坊十五日大僧正御登　城被成、様子聞届可被遣
之由候、
一、其元かりそめに御出、万々不自由たるへく候、酒な
と其外之儀も申付候、
一、大僧正被仰候普門寺（世良田）定而まハらにて無用心ニ候ハん
まゝ、少々普請なとをも被成、寝所をも造作候て可然
之旨御意候、第一普門寺へ被寄進候思召候、何ニても
入用之物御座候者可被仰越之旨候、人をも少候ハゝ、遣
し候様ニと被仰候へ共、覚了坊無用之由候間任其儀候、
一、爰元少もゆたん（油断）無之候、此上なから随分念入居候間、

可御心安候、
一、昨日之飛脚参着可申候、
一、豊後殿ゟ寺中之僧共へ道具最教院へしらべさせ候様ニと慥被仰遣之由、昨朝加藤市之丞方を以被仰候つるか、如何無心元存候、豊後殿百姓共三人門戸閇申候由、次を以豊後殿へも可申候、雖無申迄候、其元御用心専要之由被仰候、恐惶謹言、

(寛永十六年)二月十四日　双厳院(豪倪)（花押）

最教院(晃海)様

御侍者御中

516　東叡山執当双厳院豪倪書状

世良田長楽寺文書

尚々、雨ふり地かたまるとやらんハ此事にて候、委細者明日覚了坊こし(越)候節可申述候、加様之満足申疎候、かならす〳〵公儀ゟ被仰付迄ハ御沙汰御無用存候、以上、

態以飛札申入候、大僧正(天海)今日御登　城被成、今度其元之儀言上被成候処、無所残　御諚共候、只今酉刻ニ　御城ゟ御かへり(帰)候、酒讃岐守殿(大老・酒井忠勝)を被為召、其元之儀急度可被仰付之由候、先各為案堵(安)申入候、定而明日様子可被仰付候、今夜讃岐殿爰元へ可有御出候、其様子承、明日覚了坊をハこし(越)可申候、必々其元にて先御沙汰必御無用候、万蔵庵ハ大方御成敗ニも可成ほと(程)の　御諚候、其元一寺衆いつれも迚、其元之様子見届かへ(帰)られ候様ニと被仰候、恐惶謹言、

(寛永十六年)二月十五日　酉刻　(双厳院・豪倪)（花押）

最教院(晃海)様

517　東叡山執当双厳院豪倪書状

世良田長楽寺文書

尚々、豊後殿(老中・阿部忠秋・忍藩主)ゟの奉行衆不参以前、必々御沙汰御無用候、自然はしり(走)火なと付候事も可有之間無油断様可申付候、御上意候と讃岐殿(大老・酒井忠勝)御申候、一寺衆皆之悦推量申候、

今十五日戌刻ニ酒讃岐守殿・大僧正(天海)御出候、即阿部豊後

殿ゟ馬乗二、三人被遣筈候、長楽寺法具・世良等御請取、
豊後殿衆と相対を付被為置候様ニとの御事候、
一、爰元、万蔵庵・大通庵・理右衛門(木口)・助兵衛・九郎右
衛門・弥之助、此六人此方へまいり候様ニと被仰付候、
一、権現様(東照宮)御やしき(屋敷)の縄張、又ハ客殿へ縄張なと候て、
貴院ハ此方へ可有御帰之由候、其元ニハ浄法寺・覚了
坊・田村権右衛門、其外永徳寺(徳川)なと被居候様ニと被仰
候、貴院も其元御報御座候共、一両日取しづめ御帰候
様ニと被申候、さて又真言院ニ居申候両人者、下々の
番頭ニ御申付尤之由候、其外門前之者共番々ニ御申付
可被成候、其外覚了坊可被申候、加様之満足不過之候、
恐惶謹言、
(寛永十六年)二月十六日　　　双厳院(豪俔)（花押）
(晃海)最教院様

518　大僧正天海書状

世良田長楽寺文書

各々人を被越候間、一ッ書申付候、

一、其元内々十七日ニハ、其元之様子飛脚可参と思候処
ニ、遅々候、路次ニ如何様之儀も候哉、遅々候ハ不苦
候、
一、今十七日ニも令登城、将軍様(徳川家光)へ委申上候間可心安
候、永々太儀候共、其元　権現様(徳川家康)御立之所、能々見合
せ、間なと打申へく候、寺屋敷之間をも能々可見合事、
一、定而兼而も無如在候得共、弥御耳立候間、馬乗衆・
かち(徒士)衆被指越、用心彼是可有之候間、其段ハ可心安候、
一、万蔵庵・大通庵彼徒者とも、爰元ニハ隠れ候て不見
候、依之第一阿部豊州(忠秋・老中・忍藩主)幷ニ寺社奉行衆、念を入被尋候
間、さがし(探)出可申候、但、其元近辺ニ隠れ候者、御尋
候へく候、是も強而□(見えず)入候、　御諚候間、豊後殿(阿部忠秋)如
在有間敷候、
一、門をとぢ(閉)候徒者、爰元へ聞分、先以申越候、猶々能々
聞届、書付を以指越可申候、門前之者ニ不限、豊州内
之者ニ候とも、無思慮可書越候、ぬるく候てハ、後々
之無用心ニ候、此度具ニ可申付候、其外何事ニ而も苦
労有間敷候、

一、末寺方衆寄特ニ、久々被相詰候事、満足之由可申候、其元ニ而成候者渡し可被申候、何成とも雑用之分可遣候、其元ゟ分別候て、書付越候へく候、
一、治部少輔（新田豊純）殿節々之御心付、忝由可申候、追而自是御礼可申候、
一、庄田対馬・隼人（中村）、其外念比（頃）之衆へも、先以忝由可申届候、其外追々可申越候、此度ハ何事も　将軍様（徳川家光）へ節々直談申候間、其元之儀気遣有間敷候、
一、今廿三、四両日之内、上野へ可被為成候間、隙明候者、此方へ可罷越候、乍去為自今以後之候間、りんじ（臨時）に逗留仕、万事仕置可申付候、普光庵・百姓之儀神妙ニ候、可心安由可申候、是も分別候て可令褒美候、定而百姓之闕所も可出来候間、其元見合越候へく候、
一、武士ハ大将を初、陣中ニ向てハ、種々苦労候、易事ニ候間、逗留候て、能々仕置可仕候、猶具ニ一ッ書待入候、何事も隠密可有候、かしく、

（寛永十六年）二月十八日

最教院（晃海）

519　大僧正天海書状

「東叡山日記」

尚々、無申迄候得共、御朱印別而大事能々改可申候、以上、

追而申候、十七日之飛脚昨暁丑刻参着候、はや定而豊州（阿部忠秋）ゟ之検衆、其元へ参着可申候間、定而可被召捕候、昨日か今日か可請取候間、此上は急候而能々其元始末、地形彼是見届候て、可帰参候、末寺衆へも令相談、太儀可申候、併一宗之興隆候間、可為満足候、万蔵庵・大通庵両人爰元も尋候得共、只今迄は不出候、何国欠落候とも、終には成間敷候、可心安候、隠密に其元之徒者之儀は、不及申越候、被召捕候、親類共幷猶悪（極カ）人之者書付可来候、為後日之候、万蔵庵親類能々於此方穿鑿可申候、留守居候事は先書に如申候、談合次第先番候へく候、田村権右衛門苦労可申候、猶々油断仕間敷候、覚了坊寄特に雨ふり候に早速参着申由、令満足候、其元始末万端相談可申候、委細之儀一ッ書にて越可被申候、かしこ、

(寛永十六年)二月十八日　　大僧正　天（花押）
最教院(晃海)

520　東叡山執当双厳院豪俔書状

世良田長楽寺文書

尚々、諸出家衆・対馬(庄田)・隼人(忍城代家老・中村)何へも被入御念被相詰
之段、御満足思召之由御申候様ニと被仰候、小松之
白抹茶一棗進候、其元御不自由推量申候、殊更其地
之儀我等淵底存候、豊後殿(老中・阿部忠秋・忍藩主)ゟ参候自筆之文之うつし
進候、

昨十八日之飛札、同夜戌刻参着、即入御披見候、
一、十七日巳刻、阿部豊後殿之衆、忍之城代中村隼人殿
幷岡本八内殿・もろ(毛呂)三郎右衛門殿被参、即午刻諸道具
御改、中村隼人殿貴院(最教院・晃海)相対ニて土蔵へ御入置、其夜ハ
各を御置候て、明日貴院御移之由、尤思召候、
一、御朱印幷ぶしゆん(無準師範)のかけ(掛)物・道具御改被仰、早々不
申之由ニ候、それニ不限万蔵庵取逃可申候、就其、一
昨日ゟ寺社奉行衆被仰付、江戸中尋させ被成候、方々
口々へも人を御付なされ候、宿をかし(貸)候者於有之者、
申出候へ由、きびしく(厳)御せんさく(穿鑿)ニて候へ共、有所不
知之由、只今讃岐殿(大老・酒井忠勝)ゟも申来候、定而あまり遠へハ参
間敷候間、知可申候、
一、住(什)物帳無之由大通庵申候哉、御改之時之帳可有御座
候由、返々被仰候、併現前之住(什)物共御改、中村隼人殿
相対ニて土蔵御入置之由御尤候由被仰候、とかく御セ
んさく此分ニてハ御座有間敷候、万蔵庵出候者知可申
候、
一、知行方之帳之事、弥代官小林助右衛門方へ無紛失様
こと御頼可然之由候、
一、寺内百姓等之人改も、能々被為入御念可被成之由候、
一、其元御逗留之内、能々其元之様子御見届、　権現様(東照宮)
御在所絵図なと被成、とくと取静可有御帰之由候、
一、其元御逗留之内ハ、中村隼人方為用心逗留被申之旨、
豊後殿(阿部忠秋)へも御礼被仰遣候、只今御意として我等以書状
申候、
一、只今阿部豊後殿ゟ自筆ニて御文参候、写為御覧進候、

一、万蔵庵、爰元ニハ不居之由候へ共、何としても不審ニ存候、最前其元を十二日之七ツ時分出候由被仰越候、其時定而馬ニのり可参候間、其馬かた（方）ニいつかたニて馬をつぎ（継）候哉と御尋候者、次第〱ニ其行先知可申候間、其通中村隼人殿へ御申可被成之由候、中をとび候てハ参間敷候、江戸ニてもいつかたニてもおちど（越度）知可申候、いか様ニも候て、其元ゟ御せんさくなされ候様ニ中村隼人殿へ御頼肝要存候、

一、爰元之儀者、　上様（徳川家光）殊外つよく（強）　御諚出候故、万蔵庵有所成程御せんさく候間、大方知可申歟と存候、我等存候ハヽ、其元罷出候所ゟせんさく申候ハヽ、はやく知可申と存事候、

一、廿三日歟四日之時分、当山へ可被為成歟との仰出候、掃除等申付事候、

一、御三衣なと御座候哉、是のみ無御心元思召候、

一、一昨十七日ニも、御直ニ又候哉被仰上候へハ、いかにも丈夫ニ御請被成候由候、併なか〱敷候所、大僧（天海）正専一のよし被仰候、

一、我等事覚了坊如被存候、今度之儀付而無夜昼方々かけまハり候故歟、例之風を引、二、三日散々平臥之体ニ候へ共、盧庵薬たてかけ給候故すきとよく候、只今豊後殿ゟ文参候故持参仕、御前へも不罷出候、大僧正者御機嫌無其堪候、やかて御帰之節万々可得尊意候、恐惶謹言、

（寛永十六年）二月十九日　　双厳院（豪倪）（花押）

最教院（晃海）様
浄法寺様
覚了坊様
田村権右衛門様
貴報

521　東叡山執当双厳院豪倪書状

世良田長楽寺文書

猶々、其元ニて大通庵、又木口理右衛門、其外之者、門を堅め慮外申候様子、御尋之ためにと候間、覚了坊を明日御こ（越）し候て可然歟と存候、左候ハヽ、其時之様

子一ツ書ニ被成御報可被成候、定而らんはう(濫妨)申へく
候、大僧正(天海)ゟの被仰やうにも、いのちハ御たすけ候
へ、さて又一宗之仕置被成候法度のために候間、流
罪ニても、いか様つよく被遂御糺明候様ニと豊後(老中・阿部忠秋・忍藩主)
殿・さぬき(大老・酒井忠勝)殿へも被仰渡候、夫ハいそ御直ニ御申上
候間、つよく御せんさく(穿鑿)可被成候、以上、
若狭飛脚かへり参候、十八日之御状并御直書御返事一昨
十九日之状昨申刻参着、入御披見候、
一、万蔵庵いまに有所知不申候、上方へ上り候歟も不知
候、一昨日如申入候、其元ゟ御せんさく(穿鑿)候ハヽ、知可申
候、
一、大通庵并理右衛門(木口)、其外之者、可有御糺明之旨候、
昨日迄ハ万象(蔵)庵出候ハんかとの御事候へ共、一円行衛
知不申候、
一、其許惣地割被成、　権現様(東照宮)御立所并客殿なと、立候
惣絵図可有御調之由候、材木を沼田へ御誂可有之由、
尤之由被仰候、就其若狭被遣候、
一、後町の間堀(掘)ほらセ度之由被仰越候、是も絵図ニひろ(広)
さ・深さ御見計御書付可有之由被仰候、堀御ほりなさ
れ候事ハはやく候間、先御見立計可然之由被仰候、已
来ハ山を谷、谷を山ニ可被成も御自由候間、能々見立
肝要之由御申候、
一、遠寺家衆ハ返し、近キ衆被詰之由御太儀之由被仰候、
併永々事ニて御座候間、扶持方なと被遣候而可然歟と
被仰候、
一、其元御仕舞被成候者、浄法寺(鬼石)・永徳寺(徳川)なと先其元ニ
被為置、火之用心彼是被仰付可有御帰之由被申候、田(田村)
権右殿をも召連御かへり候様ニと被仰候、脇塔(頭)中皆々
あき候ハヽ、無用心ニも候ハヽ、覚了坊をも可被為置候
歟、とかく其元御吟味候て、かの寺家衆なとも番々ニ
被居候様ニと思召様、已来ハ浄法寺いつれも番々ニと
被仰候、
一、中村隼人(忍城代家老)殿被入御念之段、御満足被成候、御振舞な
と可然之由被仰候、
一、大通庵・理右衛門(木口)、其外之百姓共、御糺明可被成と
聞へ申候間、今度門を堅め広言申之由候、左様之御尋

のために候間、覚了坊を明日此方へ被為越可然歟と存
候、其節中候通も定而らんはう(濫妨)可申候、其時々之ため
に候、
一、御朱印幷無準(師範)之自図(画)自賛之絵、其外ざう(象)の絵・東坡
竹毘首達磨無之候哉、定而万象庵(蔵)取おち申へく候、年
貢之帳然々とハ無之候哉、其辺ハかの理右衛門不存事
候哉、兵糧二十俵・もミ二十俵・大豆三斗御座候由少
分之事候、定而売可申候、何事ニ付居候而も成間敷と
存、欠落申候歟、又ハ無準絵像なとを先立(京都)建仁寺まい
り候も知不申候、併うか〳〵と請相申者ハ御座有間敷
歟と存候、
一、爰元へハ大通庵計参候由候、皆々出申候哉、不審存
候、定而おぢ(怖)候てにげ申へく候、
一、万徳寺ゟも細々使まいり候由御満足候、真言宗之館(総
持寺)之坊ゟも使参候由候、然者いつれへも御礼被仰、御か
へり候様ニと御申候、
一、我等咳気もすきと能候而、昨日も讃岐殿(大老・酒井忠勝)へ使ニまい
り候、

一、豊後殿も上意御出候上者、いか様ニも被成よく御座
候条、いか様ニも可被仰付之由候、恐惶謹言、
(寛永十六年)二月廿一日　双厳院(豪倪)（花押）
最教院(晃海)様

522　天海覚

世良田長楽寺文書

覚

上州世良田長楽寺者、依為　御先祖之御寺、可有御建
立之由、我等ニ被仰付之間、廿余年以前、御鷹場こし(越谷)
がやより罷越、法具・世具悉令注文、封を付、寺中之
僧俗ニ預ケ置候、たいひ(仮令)真言・禅等ニ而も候へ、　御
諚を以、於被改之者、誰か異儀を可存候哉、
其上彼寺者、前々より顕密禅弘通之天台一派之首ニ候、
関東者不及申、於日本末寺数多御座候条、聊　権現様(徳川家康)
御非分ニ被仰付にあらす候、
一、権現様不被仰付以前ゟ数年、我等住持職相持候、前々
より彼地ハ懸住持と申候て、法流執行之時計罷越、其

間ニ者代僧指置候、於吾宗も都鄙に其例おほ（多）く候、只今迄相延候事、油断ニ雖可思召候、被仰付翌年、御遷化之間、前後忘却、殊ニ日光公儀之御法事等、又者於自分も預御重恩候条、山門之御社をはしめ、方々少々令建立、無手透故、老後と申相延候、漸至于当年、被仰付筋目と申、別而御先祖之寺ニ候間、寺院をも令建立、少之御社頭奉勧請度存、代僧遣候処、寺内之僧俗万蔵庵かたく謂付候由申断、門戸をとち、慮外千万之仕合候、幸其身ハ当地ニ居候由承候、公儀之御寺と申なから、阿部豊後守（老中・忠秋）殿知行所ニ候間、頼入様子申候へ共、彼坊主不用、爰元ニ罷在之由候、彼地之門前之者共、急度被召出、此方ニおゐて被仰付頼入候、其故者彼坊主常住物・年貢等、自然無沙汰仕、如此之企慮外ニも不被存候、左候ハヽ、大事之納物共御座候間、火事等も難計候、乍自由一刻もはやく被仰付可給候、

已上

○年未詳なれど、便宜ここに収む。

523　天海書状　世良田長楽寺文書

尚々、万事口上申候、以上、

釈尊三国伝来法信之御信衣、幷顕密禅之目録等相調、伝衣之管（環カ）出来次第、感累年之悃志、可相伝之旨、覚悟候処ニ、病悩之気、成程加養性（生）、為□残命尤候、是者諸宗超過面目候、具庄厳寺ニ申候、恐惶謹言、

八月五日　（天海）（花押）

○年未詳なれど、便宜ここに収む。

524　大僧正天海書状（折紙）　名古屋徳川美術館文書

已上

芳翰辱奉存候、旧冬ゟ之所労悉被致本復、今十七日ニハ登　城可申旨候処、今六日ゟ又相煩、十死一生之体候処、公方様（徳川家光）不始乍御事、被為入御念候故、二、三日従以前、得大験申候、只今之分候ハヽ、今般も残命可申と奉存候、

右兵衛督（徳川光友）殿日々御使被下御念入候、奉感候、相応院（義直母・お亀の方）殿よりも御同前候、定而三月者可為御参府候間、宜拝尊顔候、
恐惶謹言、

（寛永十六年）二月廿二日　大僧正　天（花押）

尾張大納言（徳川義直）殿

尊報

○徳川光友の右兵衛督就任は、寛永十年（一六三三）十二月二十九日。相応院の忌日は、寛永十九年閏九月十六日。

525　山門三院執行探題大僧正天海長寿院三号許可状

鳥取大雲院文書

因州（因幡）執取

松岳山　吉祥寺　長寿院

右令補与畢、者可抽国家安全丹祈者也、

寛永十六年二月吉日

山門三院執行探題大僧正天海（花押）

526　大僧正天海書状写

岐阜南宮神社文書

先日之御尋忝候、併早々残多存候、然者直談如申候、南宮ノ義（儀）関ケ原御陣之時炎上故、寺社之作法知行方モ猥ノ由候、幸今度御造営被仰付之上者、為末代候条、南宮権現江之御奉公ニ御改頼入存候、社僧・社家ニヨラス、社役ヲモ不仕者ナトノ知行取申事不謂義（儀）候、是等ヲモ御改任入候、恐々謹言、

寛永十六年（マヽ）三月二日　大僧正　天海　花押

岡田将監（義政）殿

人々御中

○本文書は検討の余地あり。

527　大僧正天海書状（折紙）

京都曼殊院文書

私所労被為及聞召、早々御飛札、誠以遠路辱奉存候、去月五日之暁ゟ以外ニ煩出、十死一生之処、大樹（徳川家光）被入御

念候故歟、十六日ゟ得大験、今程者一段致快気候之間、乍恐尊意安可被思食候、此等之趣、宜預御執成候、恐惶謹言、

（寛永十六年）三月三日　　大僧正　天（花押）

拝復　竹門様（良恕親王）（曼殊院門跡）ニて
誰にても　御披露

528　曼殊院門跡良恕親王書状

「慈眼大師御年譜附録」

尚々、御勇健之由、珍重存候、

一筆申入候、来十七日此地発足申、木曽道下向事候、然者座主之儀、辞退可申様にと余門衆より御所存之様に承候、老衰之儀ニ候間、内々者此方より可令辞退候やうに存候つれ共、当職之内不随公役、其上此度余門の衆申分に付、仙洞へ御理申上、辞退不申候、其元取沙汰可有之哉と、為密談令申候、万々其元之首尾頼存候、猶於日光可申伸候、かしく、

（寛永十六年カ）三月九日　　（曼殊院門跡良恕親王）（御花押）

○良恕親王の座主就任は、寛永十六年（一六三九）三月。

529　山門三院執行探題大僧正天海色衣免許状

東京如来寺文書

（印）（印）（唱）
武蔵国荏原郡帰命山如来寺但称上人色衣職之事

右、任（印）　勅宣之旨、令免許青色之直綴畢、仍執達如件、

（印）寛永十六暦四月十七日

山門三院執行探題大僧正天海（印）

○本文書は、検討の余地あり。

530　大僧正天海書状（折紙）

京都曼殊院文書

御書拝見辱存候、御門主様（曼殊院門跡良恕親王）座主勅許之旨、御満足推量仕候、仍而御自筆之草子壱冊被下、御心付之段、一入辱存候、来年者日光御下向可被成候間、其節御礼可申入候、猶後音之時可申述候、恐惶謹言、

（寛永十六年）卯月廿五日　　大僧正　天（花押）

竹門（曼殊院門跡）

新宮様（良尚親王）

○良恕親王の座主就任は、寛永十六年（一六三九）三月十八日。

531　大僧正天海書状（折紙）

北方文化博物館文書

尚々、来月ハ令参府、宜得貴意候、已上、
厥后無音罷過候、何等之儀御坐候哉、我等事中禅寺造営
仕候、見為可申参詣候て、直ニ湯治仕候、内々如申候、
沢庵和尚病者候間、入申度候、貴殿之御気色ニも能候ハ
んと存候、入申度候、将亦東叡山後之泉水、具ニ被仰付
被下候由、喜見院（盛憲）ゟ申越候、忝存候、猶期後音之時候、
恐惶謹言、
（寛永十六年以前）卯月廿九日　大僧正　天（花押）
堀丹後守（直寄）殿
人々御中

○堀直寄の忌日は、寛永十六年（一六三九）六月二十九日。

532　天海書状（折紙）

日下安左衛門氏文書

以上
一筆令啓上候、其已来者絶音問候、御法体御堅固御座候
哉、無御心元奉存候、我等事弥致本復候、名護屋已来節々
被入御念候段、誠以忝令存候、先月廿日比可令参府之旨、
御諚候へ共、東照権現法楽、又者此度不思義（議）之残命、
幸之由候て、能化衆依懇望、法談なと（等）仕、日光在山仕候、
猶頓而江戸令参府候間、従彼地可申述候、恐惶謹言、
（寛永十六年）六月廿三日　天（花押）
青蓮院御門跡様（尊純親王）
鳥小路（経音）殿　御申上

533　山門三院執行探題大僧正天海
比叡山僧綱職補任状

春日井密蔵院文書

補任　比叡山僧綱職事
改権少僧都珍海　宜転権大僧都法印
右以　勅宣之旨令補与処、宜被承知之状、如件、

寛永十六卯年六月日

目代

山門三院執行探題（印）大僧正天海（印）

534　曼殊院門跡良恕親王書状案

「慈眼大師御年譜附録」

態以星林院令申候、抑座主職之儀、去十一日被宣下候、
此旨大僧正へ申入候条、於其程諸事能様（許カ）頼入候也、

（寛永十六年）七月廿六日　（曼殊院門跡良恕親王）御判

（晃海）最教院

御房

535　大僧正天海書状

『生駒家宝簡集　乾』

（ウハ書）「〆　生駒（高俊）壱岐守殿　大僧正

人々御中　天海」

従先日被仰候　（徳川家光）相国様御祈禱抽精誠、御札令進献候、尚
従是以御帳令言上候、恐惶謹言、

（寛永十六年以前）七月廿七日　天海（花押）

○生駒高俊の壱岐守就任は、寛永三年（一六二六）八月十九日。
同十七年七月二十六日、出羽国に配流。

536　大僧正天海書状（折紙）

鳥取大雲院文書

尚々、（荒尾成利）内匠殿御下向之由承候、使者以不申、此方可
有逗留候間、其内可申承候、已上、
先日者岩越次郎左衛門為御使御越忝候、就其勝五郎（池田光仲）、祈
願所大乗坊へ御申付令満足候、即長寿院と院号申付候、
弥御懇頼入候、来春上り候ハヽ、押付御下可然候、勝五
郎殿当地ニ御坐候間、此地にて御祈禱之様子をも、我等
念入可申付候、恐惶謹言、

（寛永十六年カ）十一月朔日　大僧正　天（花押）

荒尾内匠殿
和田飛騨守（三正）殿

人々御中

○鳥取大雲院所蔵の寛永十六年（一六三九）二月吉日付天海長寿院三号許可状（五二五）を参照。

537　山門三院執行探題大僧正天海
日光山御本尊目録

日光山　東照大権現廿五回忌御本尊目録
金剛界大日　但、御当日御本尊
愛染明王
五大尊　但、護摩堂
十二天
羅睺星　但、当年星
傅大士　但、経蔵
童子　同
維摩
右如相伝可令刻造也、
寛永十六己卯暦霜月吉日
山門三院執行探題大僧正天海（花押）
大仏師左京法眼（康音）

○『日本書蹟大鑑』第一六巻天海より本文収録。

538　聖護院門跡道晃親王書状
「慈眼大師御年譜附録」
得幸便一書申入候、先以其方御勇健之由、珍重存候、今度我等入壇無間（魔）事成就申候間、可御心安候、猶期面談入候、かしく、
（寛永十六年）後十一月廿三日　（聖護院門跡道晃親王）（花押）
（天海）大僧正御房

539　妙法院門跡尭然親王書状（折紙）
川越喜多院旧蔵文書
今度出納大蔵（職忠）上洛之時分、預芳札令祝着候、先以来年於日光山可被修密灌之由、就其拙僧可令開壇之旨、別而満足申候通、次而之刻、（天海）大僧正へ可然様頼入候、猶期後音之時候也、
（寛永十六年）臘月十二日　（妙法院門跡尭然親王）妙（花押）

最教院（晃海）
御房

540　妙法院門跡尭然親王書状案

〔慈眼大師御年譜附録〕

態以飛札令申候、然者来年於日光山、可被修密灌之由、珍重存候、殊拙僧可令開壇之旨、別而令満足候、内々重位等、可致執行候、其用意不存油断候、御事繁中御懇情之段難申謝次第候、万端御指南頼入存候、猶期後音之時候、かしく、

（寛永十六年）十二月十八日　尭然（妙法院門跡）

大僧正御房（天海）

541　山門三院執行探題大僧正天海称号許可状

〔谷中金嶺寺文書〕

称号（印）　宝城院

（印）武州江戸豊嶋郡

倍増山　金嶺寺　宝城院

右依令新地建立、三宝相続、成称号畢、弥天下安全可抽精誠者也、

（印）寛永十七年正月吉日

（印）山門三院執行探題大僧正天海（朱印）

542　山門三院執行探題大僧正天海東叡山直末許可状

〔寄居高蔵寺文書〕

（花押）武州男衾郡松山郷今市村

（天海）　宝珠山　高蔵寺　地福院

右属江戸東叡山直末畢、者自今以後、守本寺之命、可専寺院相続者也、

寛永十七年正月吉日

山門三院執行探題大僧正天海

543　妙法院門跡尭然親王書状案

〔慈眼大師御年譜附録〕

一身阿闍梨之事、兵部卿方ゟ申来候間、勘出候而進入候、

今度被調度候は丶、其方ゟ伝奏迄可被申越候、貴僧弥勇健之由、珍重令存候、猶下向之節、遂後音之時、書中不具候、かしく、

(寛永十七年)二月八日　(妙法院門跡)尭然

(天海)大僧正御房

544　山門三院執行探題大僧正天海東叡山直末許可状写

日光興雲律院文書

下総州豊田郡大形庄沼森村
薬王山　宝国寺　本城院

右令補江戸東叡山直末畢、者自今以後不背本寺之命、戒律勤行不可有懈怠者也、

寛永十七暦二月廿四日

山門三院執行探題大僧正　天海

545　山門三院執行探題大僧正天海東叡山直末許可状

(天海)(花押)

下総州印旛郡造谷村
拓龍山　宝池寺　真珠院

右令補江戸東叡山直末畢、者自今以後、不背本寺命、戒律勤行不可有怠慢者也、

寛永十七暦三月吉日

山門三院執行探題大僧正天海

○本文書は、『賢美閣書画目録』平成十六年春特集号所収の写真版より。

546　山門三院執行探題法印大僧正天海掟書

鳥取大雲院文書

掟　因幡国鳥取
松岳山吉祥寺長寿院

一、天下安全国家長久御祈禱、不可有怠慢事、
一、穴太一流密教可有執行事、
一、住持職非其器量者、堅不可申付事、

一、台家之諸出家、行儀作法肝要可申付事、
一、不遂竪義幷開壇、紋白袈裟・縹帽子不可着事、
右之旨、堅可相守者也、
寛永十七年五月日
山門三院執行探題法印大僧正天海（花押）

547　木原木工允義久書状

岩佐平蔵氏文書

尚以、昨晩将監殿も御噂にて候、
幸便之条一筆令啓達候、然者貴殿其許に而、仕合能由、先月十七日、同廿六日之両状にて承、令満足候、随而尾張様（徳川義直）御屋敷ゟ、又如此申来候、其元御用に付、宰相様（徳川頼宣）被為召候に、加様之儀申越候事、何共如何に候へとも、拙者方へ度々如此申来候間迷惑申候、仙波之歌仙も大僧正（天海）様御暇被進次第、御遷宮可有由、常照院被申候、則老僧衆ゟ拙者方へ状参候間、指添越申候、何とそ致し、其ゟ前に歌仙も打申様にと、大僧正様被仰候間、少茂早く御隙之時、御越待入申候、切々六ケ敷申来之儀、状にて申度候へとも、其許に而、貴殿之御ために悪敷儀にても候はんかと存、委は不申越候、何共我等一人迷惑申候、恐々謹言、
（寛永十七年）八月七日　木原木工允　義久（花押）
岩佐又兵衛殿
御宿所

548　将軍徳川家光御内書

「慈眼大師御年譜附録」

（切紙）きりかみの通り申上候所、あさ（朝）晩之気色之やうす（様子）、くわ（詳）しく不申上候、こゑ（声）なとの儀は出候共、同前に候共、一円不申上候、おろか（愚）成申上やう（様）の由上意に御座候、こま（細）かにあさばん（朝晩）の義（儀）可被申上候、以上、
（寛永十七年）九月廿五日　中根壱岐守（正盛）（花押）
玄竹
清雲
与安
安栖

双厳院（豪倪）
最教院（晃海）

549　大僧正天海書状（折紙）

林家文書

一筆令啓上候、其以来者以書状不申無音之至候、仙洞（後水尾上皇）
御勇健被成御座候由、珍重奉存候、御次而之節、時々御
取成所仰候、当地（江戸）大樹（徳川家光）御無事候、可御心易候、御絵所
了琢（木村）事、度々　東照権現（徳川家康）御用をも承候者ニ候、成候者法
橋望申事候間、乍御六ケ敷相済申候様ニ、貴公御才覚候
而可被下候、頼入候、猶期後音之時候、恐惶謹言、
十月十六日（寛永十二〜十七年）　大僧正　天（花押）
勧修寺中納言（経広）殿

○勧修寺経広の中納言在任期間は、寛永十二年（一六三五）正月十一日から、同十八年正月十一日まで。

550　如来寺但唱書状（折紙）

原島冽氏文書

尚々、御大儀なから御出尤ニ候、誰人やらん別之人
迄頼、僧正（天海）様へ山之望御座候やうに承候、其方御
出被成候而、申わけ（訳）まつ（待）にもをよ（及）ハす候へとも、念
之ために御出可有候、其方之身ニかわり（替）、爰元にて
我等随分御前へ申上候、貴様一せき（石）山へも主ニ御つ
け可有と存候、くわ（委）しくハ此人ニ申含候、ひま（隙）の時
分御出待申候、以上、

態一書申入候、両度人を被遣候へとも、我等其時分他行
仕、是非之儀不承候、僧正（天海）様ゟ御尋にて候間、御大儀
なから此方得（ママ）御出可有候、其節委申可聞候、定而僧正様
之御用ハ何方成覧、山主と可申出候様ニ承候、其何我等
ニ委御尋候、定而山之様子被仰付、仕置とも迄可被仰渡
と存候、其旨御分別被成、御出待入候、くわしくハ此人
に申渡申候、恐々謹言、
霜月七日（寛永十七年カ）　但唱（如来寺住持）（印）
いつはらにて　五智如来
右京（原嶋）殿　ゟ
参　人々御中

○如来寺但唱は寛永十八年（一六四一）六月十五日没。

551　如来寺但唱証状

原島洌氏文書

一、今度　天海大僧正様より被仰付候通、壱石山参詣道者之儀、貴殿壱人ニ而宿坊被仕候様ニ相定候、一切か（構）まひ無之候、為其如此候、以上、

寛永拾七年辰ノ極月廿二日　　但唱（花押）

原嶋淡路殿
参

552　大僧正天海書状写

「古文章大全」『加賀藩史料Ⅱ』

将軍様（徳川家光）御機嫌能、筑州（前田光高）も無事候間、可御心易候、仍家之系図書出被仰付候由承候、貴家は菅家之由御物語候、幸権現様（徳川家康）御在世之時より、被為成氏長者、其嫡孫に御座候間、今度被仰上、可被任源家候哉、不可過御塩味候、筑州江茂此段物語申候、先可申東照権現様御建立珍重候、大社には不入御事と存、軽々与我等任（大老・酒井忠勝）讃岐守之指図、酒井讃州被申談、木原木工（義久）申付候、無申迄候得共、在所の義（儀）御見立御尤存候、恐惶謹言、

（寛永十八年）二月廿九日　　大僧正

（前田利常）小松中納言殿
人々御中

553　山門三院執行探題大僧正天海色衣免許状

神川大光普照寺文書

武蔵国依令致金鑽寺住持、叙権大僧都法印、者（ママ）僧正衣之外色衣令免許訖、自今以後弥可専法流相続旨者也、仍如件、

寛永十八三月十七日

山門三院執行探題大僧正天海（花押）

金鑽寺一乗院

554　山門三院執行探題大僧正天海

新光寺寺内法度

川口新光寺文書

武蔵国足立郡谷古田八幡宮
御弊山新光寺神宝院
一、天下静謐国家安全御祈禱、神事・仏事如先規、修法
可相勤之事、
一、毎月十七日　東照大権現(徳川家康)御法楽、不可有懈怠事、
一、於院内二時勤行、不可闕之事、
一、専於戒律、不可背本寺之下知事、
一、背於地頭・代官制法、不可致私検断事、
一、企徒党、不可致公事沙汰事、
一、山林竹木猥不可切取事、
右条々、所定如件、
寛永十八暦三月十七日
山門三院執行探題大僧正天海（花押）

555　山門三院執行探題大僧正天海
東叡山直末許可状
川口新光寺文書

(印)
武蔵国足立郡谷古田御弊山新光寺神宝院者、山門第三座
主慈覚(円仁)大師開山、八幡大菩薩安置之勝地、台家之法流累
代相続之道場也、是以令改補同江戸東叡山之直末畢、者
自今以後不背本寺之下知、専於戒律、天下安全之御祈禱、
神事・仏事勤行、弥不可有怠慢者也、
寛永十八暦三月十七日
山門三院執行探題大僧正天海（印）

556　永正院かな消息
「慈眼大師御年譜附録」
返々つね(常々)〳〵、こんけん(権現)(徳川家康)様御意なされ候事は、御ぬ
し御所さま(様)はとら(寅)の御とし(歳)、将くん(軍)(徳川家光)はう(卯)のとし(歳)、た(竹)
け千代はたつ(辰)のとし、たけ千代み(巳)のとしの子をもた
れ、天下をゆつ(譲)られ、代々天下を、もたせられ候は
んと、御意の事にて御さ候つる、そのうへ、こんけ
ん様御三十八の御とし、たいとく(台徳)院(徳川秀忠)さまよろこひ(喜)ま
いらせられ候に、ことし(今年)公方(徳川家光)様御三十八にて御さな
され候まゝ、なにもかなひ申候時分にて候まゝ、あ

われ若君さまにて、御さなされ候へかしと、そん《(存)》しまいらせ候、大そう《(僧)》正《(天海)》さまはいよ〳〵さやうに、お《(思)》ほし《(召)》めされ候はんと、そんしまいらせ候、返々ねん《(念)》入られ候とほり《(通)》、公方様御まへ《(前)》にても、よく〳〵申上候へく候、日光へ御たちまへ《(立前)》に、御め《(目)》にかゝり《(掛)》申たく候へとも、日のほとも御さ候ましく候まゝ、御下かう《(向)》に、御めにかゝり可申候、御そくさい《(息災)》にて、御さなされ候へく候、なを〳〵御ねん入られ、仰下され候御事、御まへにて申上候へく候、めてたくかしく、

昨日は御ねん比《(懇)》に、さいけう《(最教)》院《(晃海)》御使になされ下され候、やかて日光へ御さなされ候由、御大き《(儀)》にて御さ候、されとも御かり《(仮)》殿へ御宮うつし《(移)》のよし、めてたく《(目出度)》そんしまいらせ候、

一、くわいにん《(懐妊)》の人の事、御ねん比に仰せられ候、一たん《(段)》そくさいにて候、くわしく《(委)》きかせられ、御きねん《(祈念)》もなされ候はんとの事、御もつとも《(尤)》にそんし候、ぬしとしはとり《(酉)》のとしにて、廿一にて御さ候、九月よりにて御座候へ共、九月廿八日に月水になり、それよりひとまり申候、十月からにて御さ候はんと、そんし候へとも、月水になされ申候月を取候へは、九月よりにて御さ候、このとほり、よく御かつてん《(合点)》なされ、御きねんをなされつかわ《(遣)》され候へく候、ぬしにも申きけ候へは、御きねんきゝ申候よし、心へまいらせ候、よく申きけまいらせ候、かしく、

廿四日《(寛永十八年四月)》

大そう《(僧)》正《(天海)》さま《(様)》　ゑいせうゐん《(永正院)》ゟ

人々御中

557　大僧正天海書状（折紙）　鳥取大雲院文書

猶々、志摩守殿《(荒尾崇就)》日光山へ為御供、国本ゟ御越候由、一入御太儀存候、何茂御逗留中可申承候、以上、

一筆令啓上候、仍今度相模守殿《(池田光仲)》日光へ御旅始之御社参、目出度令存候、定而各可為御満足候、殊更長寿院《(栄春)》へ何も御懇ニ御座候由、於我等忝存候、就其相模守殿為御祈願

所上者、長寿院へ貴国天台宗諸法度之書物遣候間、弥以
御取立頼入候、猶口上可得御意候、恐々謹言、

（寛永十六〜十八年）五月十五日　　大僧正　天海（花押）

荒尾内匠殿（成利）
荒尾志摩守殿（宗就）
和田飛騨守殿（三正）
乾甲斐守殿（直幾）

人々御中

○池田光仲の相模守就任は、寛永十五年（一六三八）十二月。和田三正は、寛永十九年春没。

558　大僧正天海書状

上野覚成院文書

尚々、我等も弥息災ニて在山仕候、已上、

一筆令啓達候、公方様（徳川家光）弥御機嫌能御座被成候哉、承度令存候、奥院御廟塔組物石、今朝するくと上り申候、御普請はか（捗）行申候事、存之外御座候、此旨御次而之節被達上聞所希候、恐惶謹言、

（寛永十八年）七月十二日　　大僧正　天（花押）

松平伊豆守殿（老中・信綱）
阿部対馬守殿（老中・重次）

人々御中

○日光東照社奥院御廟塔組物石の普請は、寛永十八年（一六四一）。

559　天海請書

徳川記念財団文書

御掟謹頂戴仕候

一、御子孫出申へき子細の事、

一、権現さま（様）御在世の時、つね（常）に御掟にハ、よしさた（新田義貞）、いにしへ（古）、山王へくわん（願）書をたてまつ（奉）り、子孫の一度天下をいのら（祈）る、我もおもへハ山門くわん（元）三大師へ立くわん（願）をかけ（懸）、かうゐん（講筵）を一度ならすつとめ（勤）候えつる、天とう（道）にもあるか、天下をしる、此うへハ是非子孫をなかく（永）つつけ（続）まほら（護）んとのかたき（堅）御せいくわん（誓願）、おの（各々）おの存候事、

一、武士の御名誉ハ申に及す、仏法・王法・神道まて、

のこらす《残》御つたへ《伝》、こんけん《権現》とあらハれ《顕》給ふ、ありか《有難》
たき御事に候、
一、御あと《後》の御まつり《祀》も、上さま上古にもめつらしき《珍》御
しん《神》、しんりき《神力》に候ま丶、神ハうやまふ《敬》により、い《威》を
ます《増》ならひ《習》なれハ、かれ《彼》と云これ《此》と申、御いくわう《威光》の
なき《無》事いかて《如何》候ハんや、今度御一かいめてたふ《目出度》、する
と御たんしやう《誕生》候ハて候へく候や、さため《定》て万人
のねかい《願》のことく《如》、若君たるへく候、御神慮はかり《測》
かたく《難》候へとも、さやうに候ハねは、上様ハ御とし《歳》
も御わかく《若》、すゑひさしき《末久》御かた《方》に御座候間、男女と
もにいか程も候へく候、我等ハとしより《年寄》、一日もはや《早》
くねかい《願》申、御きねん《祈念》もせき《急》申事、御さつ《察》《し脱カ》なされ給へ
く候、やかてする〱御たんしやう《誕生》たるへく候間、め《目》
てたふ《出度》御吉さう《左右》所仰候、万歳〱いくひさしく《幾久》、
以上
なを〱《猶々》、上意のとをり《通》、御きねん《祈念》の事ハすこし《少》
もゆたん《油断》なく候、すこし《少》も御きつかい《気遣》有ましく候、
以上、

（寛永十八年）七月十五日　天海（花押）

○本文書は検討の余地あり。

560　山門三院執行大僧正天海東照宮勧請許可状写

佐賀実相院文書

肥前国一宮於千栗山、東照大権現《徳川家康》奉勧請、社壇建立、
同国鬼門於背振山造立、毎月御法楽御神供之由、可為九
州最初御鎮坐、向後以御次可達　上聞也、弥香衣勤行、
天下安寧之御祈禱要《肝脱カ》、可抽精誠者也、
寛永十八年七月十七日
山門三院執行大僧正天海　判

561　有馬蔵人康純証文

上野本覚院文書

松園院殿《有馬直純・康純父》宗和居士為御仏前、為石塔付吾等領分之内□□
弐百斛之地、大僧正《天海》山王院へ永代令進上者也、仍如件、
寛永拾八年辛巳七月廿五日　有馬蔵人康純（花押）

最教院（晃海）
参拝

562　大僧正天海書状（元折紙カ）

山本右馬之助氏文書

尚々、千々万々ニ候、
若君様（徳川家綱）昨三日巳刻御誕生、御産平安御二人様御息災之御
事、千秋万歳不可過之候、天下一統之悦とハ申なから、
我等一人之様とて満足候、早々御しら（知）せ忝奉存候、可然
様被達　上聞可給候、恐惶謹言、
（寛永十八年）八月四日　　大僧正　天（花押）
（大老・忠勝）酒井讃岐守殿
（老中・信綱）松平伊豆守殿
（老中・忠秋）阿部豊後守殿
尊報

○徳川家綱の誕生は、寛永十八年（一六四一）八月三日。

563　山門三院執行探題大僧正天海東叡山
直末許可状案

『文政寺社書上』中ノ郷一

武蔵国葛西郡牛嶋村
嘉桂山成就寺
右令補東叡山直末畢、者自今以後不背本寺下知、三季
講演無闕如、幷天下之安全之御祈禱、不可有怠慢者也、
寛永十八年八月十七日
山門三院執行探題大僧正天海　朱印

564　青蓮院門跡尊純親王書状

「慈眼大師御年譜附録」

態令申候、日光奥院石之御塔御造立成就之由、承及候、
誠末代之御興隆、珍重存候、就其江戸老中へも、以使僧
令申候間、次之時分、猶以宜預御心得候、其許之儀、毎
事頼存候也、
（寛永十八年）八月廿八日　　（青蓮院門跡尊純親王）（御花押）

大僧正（天海）御房

○日光奥院の石之塔造立は寛永十八年（一六四一）。

565　曼殊院門跡良恕親王書状

川越喜多院旧蔵文書

猶以、内々大僧正（天海）へ申入候義（儀）、無失念様に頼入候也、

一書申入候、仍今度日光奥院御造営相済候之由、珍重此事候、為其以使者申入候、大僧正へ可然様頼入候、かしく、

（寛永十八年）八月廿八日　（曼殊院門跡良恕親王）（花押）

最教院（晃海）

御房

566　山門三院執行探題大僧正天海日光山綜画目録写

日光山　東照大権現奥院御宝塔本尊目録

一、御本地薬師如来　付、日光菩薩

月光菩薩

一、十二神

一、勝軍地蔵

一、不動明王　付、矜迦羅童子

制多迦童子

一、六観音

一、四天王

一、天人

右如相伝可令綜画者也、

寛永十八年辛（ママ）巳暦八月吉日

山門三院執行探題大僧正天海　御判

絵所了琢

○大西芳雄「絵仏師木村了琢―東照宮深秘の壁画について―」（『東京国立博物館紀要』第一〇号、昭和四十九年刊）より本文収録。

567　山門三院執行大僧正天海証状

安土東南寺文書

桑実寺別所之末寺、檀那不忘旧規、至于今東南寺江致出仕処、神妙之至候、自今以後弥可守台家旨者也、

寛永十八年九月十七日

山門三院執行大僧正天海（花押）

正林房

568　将軍徳川家光御内書

「慈眼大師御年譜附録」

わさと次飛脚にて申入候、其元は事之外寒候由、被為聞候、自然気色あしく候へは、御苦労に成申義《(儀)》に御座候間、法花問答執行被致候者、早々こゝもとへ被帰候て、日光御社参之刻、又其元へ可被参候、先々こゝもとへ被帰候様にとの上意に御座候、為其如此候、恐惶謹言、

九月廿五日《(寛永十八年)》　中根壱岐守《(正盛)》（花押）

大僧正《(天海)》

公方様《(徳川家光)》・わか君様《(徳川家綱)》御機嫌弥能被成御座候、乍去公方様は少御風之御気味被成御座候而御薬被召上候、させる御事にて無御座候間、御気遣被成間敷候、やかてこゝもとへ御帰まちたてまつり候、

○徳川家綱の誕生は、寛永十八年（一六四一）八月三日。

569　中根壱岐守正盛書状案

「慈眼大師御年譜附録」

一書致啓上候、先以　公方様《(徳川家光)》・若君様《(徳川家綱)》御機嫌能被成御座、去三日伝奏衆御礼相済申候、従禁中様《(明正天皇)》、わか君様へ御ほそなか御きやうほう《(襁褓)》なと被遣候、是は近代は王子御誕生にも被遣候事は無御座候、ことに武家は被遣候事は、上代にも無御座候由承候、目出度義《(儀)》計間敷候、此等之趣、僧正様《(天海)》へも御心得可被下候、松平右門殿《(正綱)》・秋元但馬守殿《(泰朝)》一段仕合能、御こし物・銀子なと拝領被申候、先可申者、当年御社参之儀、寒気にむかひ、御社参之儀、神慮に御納受被成間敷候間、当年者御延引被遊、来春御社参被成、御尤之由、僧正申され候と、讃岐殿《(大老・酒井忠勝)》も被仰付候間、早々こゝもとへ御帰被成、右之段被仰上御尤存候、十七日過候て、御帰被仰上候儀は、あとにても成可申候、法華問答は僧正様御あとにても成可申候、御跡にて成不申候共、

先々御社参御延引被成候様被仰上、其後又法華問答可被仰付候、状なとにて被仰上候而、やくにたち申事にては無御座候、何分一大事之儀御座候、何とておそく御帰候哉と、讃岐殿もふしん被成候、当年御社参御無用に被成候様にと御申、其元に御座候へは、御社参被成候様にと、僧正思召候様に、人も可被存候、法華問答ゟ御社参のひ（延）申事は、神慮も御納受可被成と、下々は存候事にて、一両日中に其元御たち被成、早々こゝもとへ御帰被仰上、御尤之由、讃岐殿も御申候間、僧正様へも能々御申、早々御帰候様に、御心得可被成候、十七日過候て御帰被仰上候ては、やくにたち不申候、かならす其御心得可被成候、右之通僧正様へ申上度候、御ための第一の儀に御座候、何とてかやう御座候哉と、拙者儀もふしん奉存候、以上、

（寛永十八年）十月五日　中根壱岐守（正盛）

最教院様（晃海）
双厳院様（豪倪）

570　将軍徳川家光御内書

「慈眼大師御年譜附録」

返々、こゝもと（爰許）のやしき（屋敷）へ参いられ候やうにとの御意に御座候、以上、

夜中ゟ今朝迄は寒中候儀、事之外に候、上野者一入寒可申候、かやうのために、こゝもとのやしき被仰下候間、爰元之屋しきへ可被参候、気ほうし又は用之時は昼はかり、上野へ被参候やう、いたされへく候、世間寒中に付、御社参をは御延引被成候やうに申上られ、何とてこゝもとのやしきへ、まいられ候はぬよし、上意に御座候、恐惶謹言、

（寛永十八年カ）十月晦日　中根壱岐守（正盛）（花押）
大僧正（天海）　（ママ）（花押）

571　大老酒井讃岐守忠勝書状案

「東叡山日記」

一筆申入候、大僧正（天海）御気色、昨日なとは、弥御快御座候由、中根壱岐守（正盛）殿被申遣、承別而目出度奉存候、然者殊之外寒申候間、大僧正御寝巻・蒲団幷御枕、如目録進覧

仕候、能様に御心得可給候、恐惶謹言、
極月三日（寛永十八年）　酒井讃岐守（大老・忠勝）
最教院（晃海）

572　大僧正天海書状（折紙）

伊勢西来寺文書

尚々、元三大師（慈恵大師・良源）之儀、別而辱候、西来寺之儀ハ、以
拝面可申存候、以上、
一筆令啓候、先以湯相当之様ニ承、珍重存候、然者内々
申入候、元三大師自西来寺御取寄送給候事、誠以辱存候、
七十二年歟ニ而御帰候、殊更昨日者　若公様（徳川家綱）御機嫌能御
湯めさせられ、為御祝儀御樽なと被下悦申節、大師御座
被成、一入満足候、即中根壱岐守（正盛）へ申候間、可被立御耳
候、来正月ゟ御祈禱にかけ可申候、定而近日可有御帰候
間、以拝面可申伸候、恐惶謹言、
極月廿二日（寛永十八年）　大僧正　天（花押）
藤堂大学頭（高次）殿
○徳川家綱の誕生は、寛永十八年（一六四一）。

573　竹林坊盛憲等連署書状案

「東叡山日記」

尚々、惣持坊（周海）乍大儀、勧学院住持有之様にと大僧正（天海）
被仰付候、以上、
一筆申入候、美濃勧学院無住故、門檀共致迷惑之由候、
就其北谷総（ママ）持坊住持被仰付候、心付馳走有之様、可被仰
遣之由、大僧正被仰候、恐惶謹言、
二月廿五日（寛永十九年）　双厳院（豪俔）
最教院（晃海）
竹林坊僧正（盛憲）
松禅院

574　大僧正天海書状（折紙）

栃木県立博物館文書

尚々、余之御門跡方とハ替事候間、御下向御尤存候、
我等儀も改年、弥得快気候間目出、於日光可拝尊顔
候、以上、
継飛脚便尊書令拝見候、先以御息災之由珍重候、大樹（徳川家

・若公（光・家綱）之御方一段と御機嫌能御座被成候間、可御心安候、
然者日光御廟塔御起立付而、内々御社参被成度之旨尤候、
左候ハヽ、四月十七日前直日光へ御下向被成、少々御逗
留候而、論議（義）幷御相伝なと被遊候ハヽ、外実可然候、何
篇板防州（京都所司代・重宗）へ御相談、御下向専要奉存候、恐惶謹言、

（寛永十九年）三月三日　　大僧正　天（花押）

青蓮院御門跡（尊純親王）

尊答

○日光御廟塔起立は、寛永十八年（一六四一）五月。

575　山門三院執行探題大僧正天海東叡山直末許可状

麻布東福寺文書

（印）武蔵国豊嶋郡江戸神田
医王山　東福寺　薬師院

右此寺院者、移古跡建学舎、安置薬師尊像、去比雖任仙波喜多院末寺、今度改令補東叡山直末畢、者自今以後、不背本寺之下知、天下安全之御祈禱、仏事勤行不可有怠慢者也、

寛永十九暦三月八日
山門三院執行探題大僧正天海（朱印）

576　山門探題大僧正天海比叡山三院書籍法度

坂本叡山文庫文書

本書見聞幷述聞三院通同法度之事

一、相預役者之事、毎年谷廻也、然者其谷之為学道中、見聞・述聞両本之内、一谷ニ壱部宛従上座一人宛、為役者被相預、限年可為輪番事、
一、右之本毎年二月従上旬中旬迄ニ被相揃、至下旬限晦日目録仁引合、部之次第満辺ニ、次之谷江急度可被相渡事、
一、借用之事者、於其院ニ者作借用帳、為書写者致月限、為所見者被致日限、借用帳仁被書戴（載）、可有恩借事、但院内一同ニ所見有之度刻者、老次第ニ為一人六時宛有所覧、次江可被送事、
一、遠境聚洛江借用之事、堅可為停止、自然無了簡貴命

於有之者、三院学道中以衆談、三大部之内一部宛、従三院可被立御用、為書写者於山上沙汰之、於正本者可為山門不出事、

一、当番預り人幷以日限借用之衆、遠境他出之時者、雖為日限之内本所江可被返、当番之預り人者、於谷々次之番江可被預置、付、自然預り人重病等之刻者、為谷中巻数目録ニ合可被相改事、

一、正本、預り人之於手前、二巻、三巻於紛失者、為其人書写之可被返進、又借用人之於手前、為散失者、其人書写之可被返弁事、付、風破・火災之難、随分可有幾(気)遣事、

一、借用之人者預り人江以直面被借用、同直ニ可被返進、付、一度ニ従三巻上借用堅可為停止事、

右之両本者、満山以懇切被書写之条、及末代迄堅被守法度、山王大師之可被仰冥感之旨、衆議如件、

寛永十九年三月十八日　　山門探題大僧正天海（印）

577　山門三院執行探題大僧正天海東叡山直末許可状

埼玉萩原家文書

上野州駕(賀)美郡黛村
大悲山　観音寺　普門院

右東叡山属直末之間、自今以後、弥天下安全之御祈禱、不可有怠慢者也、

寛永十九年三月廿八日
山門三院執行探題大僧正天海（印）

578　天海喜多院寺内法度

川越喜多院文書

(天海)(印)　定

一、毎月十七日　東照大権現(徳川家康)為御法楽、法花懺法幷論義、寺家衆・所化衆、弥可有執行事、

一、毎年四月十七日、中院始寺家衆・所化衆幷山根庄内・足立、其外末寺・惣門徒不残出銭致出仕、御祭礼・法

事可相勤事、

一、三季講演、右如斯可相勤事、

右条々、不可有怠慢者也、

寛永十九年卯月七日　(印)

579　大僧正天海書状

尚々、不及御報候、以上、

板倉周防守(京都所司代・重宗)・幽也(島田利正)、今晩被参候ニ付、貴殿も御出可被成之由、太田備中守(奏者番・資宗)より承候、弥其通御坐候哉、左候ハヽ、別而可忝候、為御礼如斯候、恐惶謹言、

四月十日(寛永十六〜十九年)　天(花押)

〆　土井大炊頭殿(老中・利勝)　大僧正

人々御中　天海

○本文書は、『昭和五十二年度古典籍展観大入札会目録』一五八頁所収の写真版より。太田資宗の奏者番就任は、寛永十五年（一六三八）四月二十四日。島田利正の忌日は、寛永十九年九月十五日。

580　良田山長楽寺当住大僧正天海山・院号許可状写

世良田長楽寺文書

山城国愛宕郡洛北興聖寺大照庵山・院号之事

宜称　円通山　自得院

寛永十九年五月十七日

良田山長楽寺当住大僧正天海

○本文書は、検討の余地あり。

581　良田山長楽寺大僧正天海興聖寺本末法度写

世良田長楽寺文書

「(朱書)前雲蓋院御筆(豪俔)」

(異筆)良田山長楽禅寺真言院末寺興聖寺本末法度条々

一、如無染遺誡(虚応円耳)、宗風清規不存油断可令修学、若本末之僧徒、恣于人情、令闕怠法事出仕者、可追放其身事、

一、掛錫無染派下□□(虫損)誹謗宗義、或仮于時之権威、号改替相承之輩者、不依本末之僧、早追放其院宇、自本寺可沙汰之事、

一、寺法等之事、詳先年之一章也、無染禅教兼備之法流、弥可興隆国家事、

右件々、堅奉持、些子不可有違犯者也、

寛永十九年五月十七日

良田山長楽寺大僧正天海 御朱印二

○本文書は、検討の余地あり。

582 良田山長楽寺大僧正天海興聖寺寺内法度写

世良田長楽寺文書

良田山長楽寺真言院末寺興聖寺法度

一、顕密禅法流、不可有闕減事、

一、法談可任先例事、

一、本末僧等、可随当住持下知事、

一、雖為当住持、可附僧中衆儀(議)事、

一、門外不可白衣往還事、

右条々、於違背輩、糺科軽重、可令追放者也、

寛永十九年六月十七日

良田山長楽寺大僧正天海

興聖寺

○本文書は、検討の余地あり。

583 大僧正天海書状

福田常水氏文書

猶々、令入御念之段、別而忝存候、将軍様(徳川家光)路次中御機嫌能有之由、目出存候、

遠路御使札、殊糖壱函送給、誠以忝存候、目出還御候、令参府以面上、御礼可申上候、已上、

(寛永十九年以前)七月十六日　大僧正　天海(花押)

貴報

青山大蔵殿(老中・幸成)

○青山忠成の忌日は、寛永二十年(一六四三)二月十六日。

584　武家伝奏衆連署書状写

世良田長楽寺文書

就為世良田山長楽禅寺代々住持出世大和尚位、今度派下興聖寺（北野）法灯相続之条、和尚位所望之事、書緘之趣令披閲候、粗先例相尋候処、近代世良田山出世　奏聞之沙汰無之候歟、然者前代　勅裁之始末、委可示給候、但、寺法之子細ニて出世候哉、此方不案内之間具可承候、披露之段、随分油断有間敷候、猶興聖寺江申伝候、恐々謹言、

（寛永十九年カ）九月十七日　（武家伝奏衆）雅宣（飛鳥井）
経季（今出川）

南光（天海）大僧正御房

585　大僧正天海書状（折紙）

若林六四氏文書

尚々、順恵老へも朝尊目見させ申候、以上、

一筆申入候、然者日吉山駒山寺者伝教大師（最澄）之開基、無止霊地候、雖然近年法流退転候処、今般朝尊復先規、台家法流令執行候、自今以後、弥万事入魂頼入候、将亦羽黒山正光寺、去年　東照権現（徳川家康）へ面談申度候て、御影遣之候者、造営成立候様、是亦憑入候、恐々謹言、

（寛永十九年）後九月十一日　大僧正　天（花押）

根本与左衛門殿

若林伝右衛門殿

奥野勝兵衛殿

○天海の大僧正時代の閏九月は、寛永十九年（一六四二）のみ。

586　大僧正天海証状

姫路書写山文書

其山学頭職勤役松寿院（快倫）、以名代可相勤候、依公用此地令逗留之間、勤行学文（問）寺家諸法度、無怠慢可有沙汰之状、如件、

（寛永十九年）閏九月廿七日　大僧正　天（花押）

書写山

惣中

○天海の大僧正時代の閏九月は、寛永十九年（一六四二）のみ。

587　大僧正天海書状写

和泉宝瓶院文書

一筆令啓候、春中松尾寺山出入之儀付而、以書状申候処、尚以双方手を入らぬ様ニ御留置之由候へ共、至秋中当年者飢饉ニて百姓共迷惑申付而、葛蕨をもおらせ候様ニと被仰付□□候処、山の口御明給候とて、内田村・から(唐)国之百姓共数百人毎日牛馬を乗込、山内之儀者不申及、近年寺中ゟも不切取在置候所を、松の木之根切迄仕之由候、あまり過故候、彼寺ハ五十年已前迄ハ寺領も過分ニ候へ共、近年ハ山計之楽候処、左様ニ入込切候而ハ滅亡ニ候、為已来之間、観音山之制札をも被遣、急度被仰付可給候、恐惶謹言、

(寛永十九年)十月三日　(天海)大僧正

小堀遠江守(政一)殿

五味金右衛門(豊直)殿

○文中に「至秋中当年者飢饉ニて百姓共迷惑」とあり、寛永十九年の飢饉を指すものと思われる。

588　世良田山長楽寺真言院兼当住山門三院執行探題大僧正天海補任状写

世良田長楽寺文書

興聖寺開山　諡虚応和尚位

右以永　宣旨、達　大樹(徳川家光)上聞、弥為住持職、所令補与如件、

寛永十九年十一月十七日

世良田山長楽寺真言院兼当住

山門三院執行探題大僧正天海　御在判

補任

着香衣、宜奉祈天下泰平、

右以　勅宣之旨、所令補与如件、

年号

名　上ニ同前

全空和尚位禅室

○本文書は、検討の余地あり。

589 山門三院執行探題大僧正天海円通寺
寺内法度

八王子円通寺文書

恵日山円通寺観音院
(印)武蔵国田西郡高築村

一、不闕二時勤行、可致天下安全之御祈禱事、
一、毎月十七日可致　東照大権現(徳川家康)御法楽事、
一、背於国司之制法、不可致私検断事、
一、専於戒律、不可背本寺之下知事、
一、企徒党、不可致公事沙汰事、
一、山林竹木、猥不可伐採事、
一、不可闕三季之出仕、若令煩之時者、可遂其断、無左右於令闕之者、可為出銭三増倍之過料事、
一、不遂大阿闍梨者、不可致引導事、
一、従先規本寺廻向之旦(檀)那所、為末門不可致引導事、
一、加行・護摩等之儀者不及申、九字護身法迄、猥不可許之事、
一、縦雖為世・出世器量之人、於乱行僧者、早可令追放事、
一、寺内走入之者不及申、縦雖為親類・知人、牢人一切不可抱置事、
一、背於師命者、縦雖為所化、不可令介抱、又雖為我弟子、於不孝之輩者、早可令追放事、

右条々、末寺・門中堅可相守者也、
寛永十九暦仲冬十七日
山門三院執行探題大僧正天海（印）

590 山門三院執行探題大僧正天海吉祥寺
寺内法度

さいたま吉祥寺文書

宝珠山吉祥寺十輪院
(印)武蔵国足立郡駒形村

一、不闕二時勤行、可致天下安全之御祈禱事、
一、毎月十七日、可致　東照大権現(徳川家康)御法楽事、
一、背於国司之制法、不可致私検断事、

一、専於戒律、不可背本寺之下知事、
一、企徒党、不可致公事沙汰事、
一、山林竹木、猥不可伐採事、
一、不可闕三季之出仕、若令煩之時者可遂其断、無左右
於令闕之者、可為出銭三増倍之過料事、
一、不遂大阿闍梨者、不可致引導事、
一、従先規本寺廻向之旦（檀）那所、為末門不可致引導事、
一、加行・護摩等之儀者不及申、九字護身法迄、猥不可
許之事、
一、縦雖為世・出世器量人、於乱行僧者、早可令追放事、
一、寺内走入之者不及申、縦雖為縁類・知人、牢人一切
不可抱置事、
一、背於師命者、縦雖為所化、不可令介抱、又雖為我弟
子、於不孝之輩者、早可令追放事、
右条々、末寺・門中堅可相守者也、
寛永十九暦仲冬十七日
山門三院執行探題大僧正天海（印）

591　東叡山定書案　「東叡山日記」

定
一、於東照大権現御神前、毎朝寺中衆幷常詰之所化衆三
人宛、素絹五条着致出仕、例時懺法無懈怠可相勤事、
一、毎月十二日寺中為輪番可有論談事、
一、於御神前毎月十七日寺中衆致社参、御法楽幷於本堂
所化衆可有論談事、
一、毎月十四日於常行堂曼陀羅供可有執行事、
一、毎月廿四日於法華堂声明懺法可有執行事、
一、三季講演寺中・門中・所化衆不可懈怠事、
一、月次之法事斎於有之者、可為物相《モッソウ》、幷寺中会合之振
舞可為一汁三菜、酒二反、捴寺中至下々迄如古法、常
住可為物相、不可有随食事、
右如斯、
寛永十九年霜月廿六日　（豪俔）双厳院　書判
（晃海）最教院　書判

竹林坊（盛憲）僧正書判

天海御書判

東叡山

592　東叡山執当衆連署書状（折紙）

都幾川慈光寺文書

尚々、西蔵坊・宝寿坊就　御朱印之儀、爰元へ被上寄特思召候、以上、

今度慈光寺之　御朱印、従大僧正様（天海）被仰故、早速被成下候、重而住持被仰付候砌、学頭へ御渡可被成之旨候、恐々謹言、

（寛永十九年）極月四日　（東叡山執当衆）双厳院　豪倪（花押）

最教院　晃海（花押）

慈光寺惣中

○慈光寺の朱印状初出は寛永十九年九月二十四日。

593　東叡山門末定書案

「東叡山日記」

定

一、不闕二時勤行、可致天下安全之御祈禱事、

一、毎月十七日可致　東照大権現之御法楽事、

一、天下之制法者不及申、背本寺之下知、不可致私検断事、

一、不可闕三季之出仕、若令煩之時者、早可有其断、無左右於令闕之者、可為銀子壱枚過料事、

一、三季之講演、門中者従当会二人宛、来会之役者所化者、当其時取鬮講師衆二人、問者衆廿人、取持可勤之事、

一、毎年正月、東叡山本院年頭之儀、従元日至元三、各可致之、進物者鳥目之外可為無用、多少可任心事、

一、不逐大阿闍梨者、不可掛七条袈裟事、

一、加行・護摩等之儀者不及申、九字護身法迄猥不可許之事、

一、衆僧逝去時、猥不可致引導、幷年忌等不論高下、可窺本寺事、

一、縦雖為世・出世器量人、於乱行僧者、早可令追放、

若於弟子同宿中、乱行事令風聞者、糺実否、於為実事、是又早可致追放、於隠置者、師弟共可為同罪事、
一、於衆僧等者、不論親疎、帯武具兵杖、悪事不可同意与力事、
一、縦雖為近所、白衣不可往還事、
一、寺内走入之者不申及、雖為縁類・知人、牢人一切不可抱置事、
一、於寺内縦雖為伯母姉妹、不嫌老若女類一切不可抱置事、
一、境内竹木猥不可伐採事、
一、不知身分限不可致侈振舞事、
一、縦雖寺内広、俗家之儀不申及、不可借置他宗等事、
一、背師命者、縦雖為所化、不可介抱、且雖為我弟子、於不孝之輩者、可令追放事、
右之条々、相背者於有之者、従衆僧中急度東叡山江可申達者也、

寛永十九年極月十七日

護国院(生順) 書判
喜見院 書判
双厳院(豪倪) 書判
最教院(晃海) 書判
竹林坊権僧正(盛憲)書判

天海御書判

江戸東叡山末門中

594 東叡山衆議定書案

「東叡山日記」

一、東照大権現於御宝前、毎月毎日例時、上旬本院、中旬所化衆、下旬寺中、可被相勤、其日出仕衆、於拝殿可致判形事、
一、声明・懺法・曼荼羅供、三ケ月於無出仕者、過料百疋可出事、
一、曼供・声明・懺法、両日之衆中出仕、辰上刻着座、讃・三敬礼以後、集来於有之者、過料十疋可出之事、
一、法事回章致点、会場無案内於不出仕者、過料五拾疋可出之、
付、若他国江罷越、令煩之時者、従衆中可有免許事、

一、曼供如定来出銀拾弐匁、閏之時者拾三匁、致(マヽ)各出於
本院、如定可有斎事、
一、声明・懺法衆中斎、従本院可勤之事、
一、曼供衆中逝去有之者、為衆僧可贈弔漸写御経事、
一、曼供取持之役者、従衆中年々致鬮取、三人宛可致相
勤事、
一、輪番論義如定取持可有之、過料順右、
一、法華常行堂法事之時者、従本院掃除取持可有之事、
一、二季之内十七日論談之時者、薬師堂掃除、従寒松院
取持可有之事、
一、声明・懺法并曼供導師・役者毎月可為鬮取事、
右条々、依御定以衆議如斯、
寛永十九年極月十七日
双厳院(豪倪)　書判
最教院(晃海)　書判
竹林坊僧正(盛憲)　書判

595　山門三院執行探題大僧正天海喜多院
直末許可状

武蔵国入間郡三芳野里者、天満天神之詫居、無其隠名
所、良有所以者乎、因茲　征夷大将軍家光(徳川)公御再興之寺
社、異他霊跡矣、故従往古号広福寺、今亦新号三芳山高
松院、令補入東郡星野山喜多院之直末畢、者自今以後不
背本寺之下知、天下安全御祈禱、仏事勤行、不可有怠慢
者也、
寛永(印)弐拾年正月十七日
山門三院執行探題大僧正天海（印）

596　山門三院執行探題大僧正天海高麗寺
寺内法度

神奈川高来神社文書

(印)相模国雞足山高麗寺雲上院
一、如恒例令山籠、不闕神前之御供・勤行、専神事祭礼、
可致天下豊饒之御祈禱事、
一、毎月十七日可致　東照大権現(徳川家康)御供法味事、
一、令顕密仏法相続、密者守穴太一流、於山門或東叡山

可致受式・開壇事、
一、不遂大阿闍梨者、不可致伝法・引導事、
一、専於戒律、不可背本寺之下知事、
一、縦雖為世・出世器量之人、於乱行僧者、早可令追放事、
一、背於国司之制法、不可致私検断事、
一、企徒党、不可致公事沙汰事、
一、背於師命者、縦雖為坊中所化、不可令介抱、又雖為我弟子、於不孝之輩者、早可令追放事、
一、従山林・下草、至坊中・神人・百姓屋敷竹木等、猥不可伐採事、
一、神領之内走入之者、或雖為縁類・知人、牢人一切不可抱置事、
一、御輿舁之神人等、不可闕神事・祭礼之出仕・社役等事、
一、坊中・神人・百姓等、別当下知者不及申、不可致公儀之御用、所々之掃除等無沙汰事、
右条々、可相守者也、

寛永十九年・二十年

寛永弐拾癸未歳正月十七日
山門三院執行探題大僧正（朱印）

597　大僧正天海書状（元折紙カ）

上野現龍院文書

改年之御慶珍重ニ候、仙洞（後水尾上皇）御無事御座被成候哉、御次而之節可然様憑存候、然者狩野采女（探幽）法眼被仰付候、年寄衆ゟ板防州（京都所司代・板倉重宗）ニ被仰遣候、以上意我等所にて入道申候、仮名を宮内卿と付申候間、口宣ニも宮内卿法眼と書申候様頼存候、可為不知案内候間、万事御指図ニて可被下候、恐惶謹言、

（寛永十八〜二十年）孟春廿日　大僧正　天（花押）

勧修寺大納言（経広）殿

人々御中

○勧修寺経広の大納言就任は、寛永十八年（一六四一）正月十一日。天海の忌日は、寛永二十年十月二日。

598　長野善光寺大勧進重昌証文案

「善光寺深秘録」

信州善光寺之儀者、従古来天台宗之由、今度従大僧正（天海）様
御改に付、御末寺に被成候、猶自今以後台家之復御法流、
東照大権現様於御宝前、天下安全之御祈禱不怠相勤可
申者也、善光寺之儀者、到末代御介抱奉仰候、仍一筆如
件、

寛永二十暦二月十四日　　善光寺　大勧進重昌　判

大僧正様御内
最教院晁海
双厳院豪倪
護国院生順

599　将軍徳川家光御内書

「慈眼大師御年譜附録」

尚々、よく（能）よめ（読）申やう（様）に、かな（仮名）に御か（書）ゝせ候て、上
ケ御尤奉存候、以上、

両上様（徳川家光・家綱）当年之御きつきやう（吉凶）、くわしく（委）かき候て、上ケ可
被申候、ゑいせういん（永正院）いらせられ候時は、いつも御おく（奥）
ゟ上られ候、当年之御きつきやうかきたて、上られ候や
うにとの上意に御座候、為其如此候、恐惶謹言、

二月十八日（寛永十九、二十年）　（花押）
大僧正（天海）　中根壱岐守（正盛）（花押）（ママ）

○徳川家綱の誕生は、寛永十八年（一六四一）八月。

600　山門三院執行探題大僧正天海逢善寺
寺内法度写（折紙）

小野逢善寺文書

掟

常州東条庄小野　慈雲山無量寿院逢善寺

一、二時勤行無怠慢、可致天下安全御祈禱事、
一、毎月十七日、可致　東照大権現（徳川家康）御法楽事、
一、背於国司之制法、不可致私検断事、
一、専於戒律、惣而不可背本寺之下知事、
一、企徒党、不可致公事沙汰事、

一、山林竹木、猥不可伐採事、
一、護摩已上之輩、不可闕三季制戒之出仕、若令煩之時者、可遂其理、無左右於令闕者、可為出銭三増倍之過料事、
一、門徒逝去之時、縦雖為直弟、不窺本寺、不可致移住事、
一、不逐大阿闍梨者、不可致引導事、
一、本寺廻向之檀那筋者、男女下々迄、為門徒不可致引導、幷月忌・年忌追善不可書私卒都婆、若於相背輩者、或者追放、或者三衣可取上事、
一、万修養等之儀、不受本寺之下知、不可致私執行事、
一、加行・護摩等之儀者不及申、九字護身法迄、猥不可授事、
一、縦令雖世・出世器量之人、於乱行緇素可令追放事、
一、寺内走入之者ハ不及申、雖縁類・知人たりと、牢人不可抱置事、
一、背於師命者、雖為所化、不可令介抱、又雖我弟子、於不孝之輩者、早可令追放事、

右条々、末寺・門中、堅可相守者也、

寛永二十年三月四日

山門三院執行探題大僧正天海　御花押

601　山門三院執行探題大僧正天海千妙寺寺内法度

(印)常陸国河内郡下妻庄黒子郷　千妙寺金剛寿院

黒子千妙寺文書

一、二時勤行無怠慢、可致天下安全之御祈禱事、
一、毎月十七日可致　東照大権現(徳川家康)御法楽事、
一、背於国司之制法、不可致私検断事、
一、専於戒律、惣而不可背本寺之下知事、
一、山林竹木、猥不可伐採事、
一、企徒党、不可致公事沙汰事、
一、不可闕三季月次之講演・門徒講出仕、若令煩之時者、可遂其理、無左右於令闕之者、或追放、或三衣可取上事、
一、末門逝去之時、縦雖為直弟、不窺本寺、不可致移住

事、
一、不逐大阿闍梨者、不可引導事、
一、加行・護摩等之儀者不及申、九字護身法迄、猥不可授事、
一、仮使雖為世・出世器量之人、於乱行僧者、早可令追放事、
一、寺中走入之者不及申、雖為縁類・知人、牢人不可抱置事、
一、背於師命者、縦雖為所化、不可令介抱、又雖為我弟子、於不孝之輩者、早可令追放事、
右条々、末寺・門中、堅可相守者也、
寛永二十年三月四日
山門三院執行探題大僧正天海(印)

早稲田大学図書館文書

602　山門三院執行探題大僧正天海西明寺寺内法度

江州犬上郡　西明寺

一、如先規有来、天下安全之御祈禱不可致懈怠事、
一、東照大権現（徳川家康）御法楽、於本堂二時勤行、可有勤役事、
一、寺領三拾石之内、弐拾石者仏供灯明料、拾石者可為衆徒之坊領事、
一、山林竹木、猥不可伐採、縦雖為自分支配、寺中之於賁木者可有用捨寺、
一、背於国司制法、牢人等不可抱置事、
一、雖為西座、於乱行僧者、早可令追放事、
右条々、堅可相守者也、
寛永二十年三月十四日
山門三院執行探題大僧正天海（朱印）

603　山門三院執行探題大僧正天海補任状写

世良田長楽寺文書

世良田山長楽寺末寺興聖寺住持職之事、着香衣、宜奉祈国家安全　宝祚長久、者依永　宣旨、所令補与如件、
寛永廿年三月十七日
山門三院執行探題大僧正兼長楽寺当住持

通光和尚禅室　　天海

○本文書は、検討の余地あり。

604　将軍徳川家光御内書　「慈眼大師御年譜附録」

明廿日にはそうりんたう(相輪樘)御普請初に而御座候間、御社参被成、御祝に二ノ丸に而御能被仰付候間、廿日之朝、登城可被致旨、上意に御座候、恐惶謹言、

(寛永二十年)三月十九日　（花押）
大僧正(天海)　中根壱岐守(正盛)

○寛永二十年三月二十日、日光相輪樘の普請初め。

605　大僧正天海書状　遠藤行蔵氏文書

「(端裏書)遠藤大助殿(常昭)　大僧正　天海
人々御中」

先刻者三境坊方迄貴墨令披閲候、如承意一昨日者公方(徳川家光)様被為成、御機嫌能緩々被成御座、満悦不過之候、貴殿御腹中気之由、今程早流物ニ而候、我等も一両日腹中気候ツル、漸能々無油断保養専一候、些々透之刻、来駕待入候、恐惶謹言、

(寛永十九、二十年)三月十九日　天（花押）

○遠藤大助常昭、寛永十八年（一六四一）十一月御小姓に登用される。

606　大老酒井讃岐守忠勝書状　「慈眼大師御年譜附録」

尚々、御懇札、殊更一種送被下候、過分不浅奉存候、去十四日之晩緩々と奉得尊意、于今忝奉存候、以上、

尊意致拝見候、仍両御所様(徳川家光・家綱)弥御機嫌能被成御座、去廿一日若公様(徳川家綱)へ被成御目見候処、一段と御息災御成人被成候由、目出度奉存候、然者去十七日雨故御成相延、来月三日日光御門出なから可被為成由、被仰出候旨、奉得其意候、随而私儀今程緩々と入湯仕候間、御心易可被思召候、就夫爰元へ御使可被下と被思食被仰付候処、路次に人を

付置、御断申入候由被為聞、其地私宅へ蜜柑一箱被贈下候、誠以御悃意之段、忝奉存候、将又先日大期六左衛門付置候処、御礼被仰越、御慇懃之至奉存候、何も頓而帰、以貴面可得御意候、恐惶謹言、

三月廿六日(寛永十九・二十年)　酒井(大老)讃岐守　忠勝（花押）

大僧正様

尊報

○徳川家綱の誕生は、寛永十八年（一六四一）八月。

607　老中松平伊豆守信綱書状

「慈眼大師御年譜附録」

尊書致拝見候、相輪樘御日取之事、申進候処、早々被成御考被下候て請取申候、猶期拝顔之時候、恐惶謹言、

卯月八日(寛永二十年)　信綱（花押）

大僧正(天海)様　松平(老中)伊豆守信綱

尊答

○日光相輪樘の造立は、寛永二十年（一六四三）。

608　大僧正天海書状（元折紙カ）

姫路書写山文書

今度書写山対衆徒中、座方共不義申乱、背惣中幷本坊下知之段、曲事故、則菊円・長源・菊善・定源・教住・祐円・長宗、江戸へ越候七人之者、従御公儀流罪と被仰付候へ共、剃髪候者之事候間、被成御赦免候様ニと、我等申ニ付而、播磨国中御払被成候、此七人之者、向後悪事共仕候者、親類・従類共ニ可為曲事候、相残座方共ハ、衆徒中可為計候、此等之旨、下総守(姫路藩主・松平忠明)殿へも懇ニ申渡候、可被得其意候也、

卯月晦日(寛永十六～二十年)　大僧正　天（花押）

書写山

惣中

松寿院(快倫)

○松平忠明の姫路藩主就任は、寛永十六年（一六三九）三月。便宜ここに収む。

609　青蓮院門跡尊純親王書状

「慈眼大師御年譜附録」

追而、去月吉良上野介（高家・義弘）下向之時分、以書状申候間、定而届可申候、内々及御沙汰候愚老座牌之儀、以仙洞（後水尾上皇）御内証、﨟次に相済候間、向後其御心得尤候、是とても悉皆前後御入魂之故候、猶期後音候、

一筆令通候、今夏炎暑事之外候、道体勇健候哉承度候、

一、今般新院安鎮法之事、従座主宮（慈胤親王）委細被申越之由候、内々従去年真言宗競望候付、可被仰出之様に風聞候、就其於爰許、各雖令相談候、其分にて者難事行候、如何候而可然候哉、往古以来、自山門被勤仕大法候処、不慮之題目出来之様存候、所詮為一宗可然之様、可被廻賢意事尤候、

一、先例等及所見候分、別紙注付候、此外定而数度之例、雖可有之候、不考得候、猶於其許被相勘可然候、禁裏院宮之安鎮鎮宅之旧例、且如此候、先以為御心得令覧之候、猶使僧可申伸候条抛筆候也、

（寛永二十年）六月五日　（青蓮院門跡尊純親王）（御花押）

（天海）大僧正御房

610　大僧正天海書状（折紙）

京都三千院文書

一筆令啓達候、禁中（明正天皇）・仙洞（後水尾上皇）御安泰之由珍重令存候、此表大樹（徳川家光）・若公（徳川家綱）御勇健候、然者新院（内裏）安鎮之儀、他門へ御内意有之旨、従山門申来候、何とて不被仰下候哉、例之御油断歟と奉存候、左候へ者如此之法者、従台家歴代致執行来候旨、従山門申候者、御門主方之御油断ニも可罷成条、旧記等御勘無相違、目出無事相済候様、被為入御情（精）御尤候、幸板倉周防守（京都所司代・重宗）此方候間、右之旨申談候、委細使僧口上申含候、恐惶謹言、

（寛永二十年）六月十二日　大僧正　天（花押）

竹門様（良尚親王）
妙門様（尭然親王）
梨門様（慈胤親王）
青門様（尊純親王）

○内裏新院の安鎮法は、寛永二十年（一六四三）九月十八日。

611　大僧正天海書状（折紙）

京都三千院文書

御書令拝読候、先以尊体御勇健之由珍重奉存候、然者新（内裏）院安鎮之儀、従真言宗依被望、御内々有之付而、再三雖被仰入、無御許容之通被仰下候、歴代従台家致執行来候記録等御勘、達而被為入仰御尤奉存候、板倉周防守（京都所司代・重宗）へも申談候処、尤之旨候間、被為入御情（精）可然御事候、表向之御沙汰無之儀候間、先御内々様ニ各へ申入候、委細浄教（実俊カ）坊可申上候、恐惶謹言、

（寛永二十年）六月十二日　　大僧正　天（花押）

竹門様（良尚親王）
妙門様（尭然親王）
梨門様（慈胤親王）
青門様（尊純親王）
尊答

○内裏新院の安鎮法は、寛永二十年（一六四三）九月十八日。

612　大僧正天海書状（元折紙カ）

大正大学図書館文書

別而預尊翰辱令拝読候、先以尊体御勇健之由、珍重令存候、大樹（徳川家光）・若君（徳川家綱）一段与御息災之御事候、然者新（内裏）院安鎮之儀、従真言家依被望、御内々有之付而、再三雖被仰入、無御許容之通被仰下候、従台家致執行来候、連綿記録等・御書写等被下候、弥旧記御勘出、達而被仰入可然奉存候、板倉周防守（京都所司代・重宗）へも申談候へ者、尤之旨候間、被為情（精）入可然奉存候、将亦当門御座位之儀、藺次第相定候由、目出令存候、先度吉良上州（高家・義弘）下向之節も、預御書、慥相届申候、我等もとやかくやにて致残命候、先月中旬日光へ参、今月六日罷かへ（帰）り候、万事付老屈御推察可被成候、恐惶謹言、

（寛永二十年）六月十二日　　大僧正　天（花押）

青門様（尊純親王）

○内裏新院の安鎮法は、寛永二十年（一六四三）九月十八日。

613　山門三院執行探題大僧正天海掟書写

阿蘇西岩殿寺文書

掟　肥後国阿蘇山

一、神前之勤行専神事祭礼、可抽天下安全精誠事、
一、毎月十七日　東照大権現(徳川家康)可致法味事、
一、非大阿闍梨者、不可授別行幷戒師事、
一、衆徒・行者専戒律、行儀法式可任先規、縦雖為出世器量之人、於乱行僧者、早可令追放事、
一、顕密仏法相続、密者穴太流、於山門可被受職開壇事、
一、衆徒戒臈次第、可為列座事、
一、背於国司之制法、不可致私検断事、
右条々、堅可相守者也、仍如件、

寛永廿年六月日

山門三院執行探題大僧正天海

614　山門三院執行探題大僧正天海東叡山直末許可状案

「善光寺深秘録」

慈眼大師(天海)御条目

信濃国水内郡善光寺者、本尊三国無双霊仏、道場一天渇仰之勝地矣、加之従往古、雖為法大乗融通之修行、宗天台円旨末流、近来暫時雖窺他家法儀、今度復本宗台家之条、改以令補武蔵州江戸東叡山直末寺畢、者自今以後不背本寺之下知、専於戒律、天下安全之御祈禱、仏事勤行不可有怠慢者也、

寛永二十暦七月三日

山門三院執行探題大僧正朱印

615　山門三院執行探題大僧正天海信濃善光寺寺内法度案

「善光寺深秘録」

定

信濃国水内郡善光寺

一、天下静謐国家安全御祈禱、神事・仏事可相勤事、
一、毎月十七日　東照大権現御法楽、不可有怠慢事、

一、於院内二時勤行、不可闕之事、
一、専於戒律、不可背本寺之下知事、
一、背於地頭之制法、不可致私検断事、
一、企徒党、不可致公事沙汰事、
一、山林竹木猥不可伐採事、
　右之条々、所定如斯、
　　寛永二十暦七月三日
山門三院執行探題大僧正朱印

616　大僧正天海書状（折紙）

京都三千院文書

御書辱奉拝誦候、新院（内裏）御安鎮之儀、様子能御座候様承、珍重奉存候、弥無相違様可被入御精候、末代之事候間、御油断被成間敷候、此地大樹（徳川家光）・若公（徳川家綱）御勇健候、今度朝鮮人御礼なとも相済、日光へ参詣申候、我等老後故、毘門（毘沙門堂・公海）を遣候、猶奉期後信之節候、恐惶謹言、
　（寛永二十年）七月廿日　大僧正　天（花押）
　梨門様（慈胤親王）（三千院門跡）

尊酬

○内裏新院の安鎮法は、寛永二十年（一六四三）九月十八日。朝鮮使登城は、寛永二十年七月十八日。

617　中院通村書状

「慈眼大師御年譜附録」

両御所（徳川家光・家綱）弥御機嫌よく御座候哉、禁裏（明正天皇）・仙洞（後水尾上皇）御無事候間、可御心安候也、

先日者預貴札本望存候、報申入候、定而可相達存候、然者皆川山城守被召仕候安井三左衛門と申者、去年下向之時、供不仕、京都に留居候、就其自皆城州、板倉周防守（京都所司代・重宗）へ被申越、町人に被預置候、彼者聖門主御存知之子細候故、京都安堵之事、去春以御書被仰遣候へ共、無承引候間、何とそ被仰聞、京都之安堵相済候様、御肝煎被頼思召候由被仰候、彼者之儀、我等も難遁子細候間、いか様にも城州へ被仰達、相済候様に頼入存候、恐々謹言、
　（寛永十九、二十年）七月廿四日　（中院通村）（花押）
　大僧正（天海）御房

○徳川家綱の誕生は、寛永十八年（一六四一）八月。

618　牧野内匠頭信成書状

「慈眼大師御年譜附録」

一筆致啓上候、若君様(徳川家綱)来ル廿五日御移徙被遊候、五ッゟ九ッ迄之内、吉時御覧被成、御書付今日早々御上可被成候、昨日最教院(晃海)迄申入候へ共、為失念重而申入候、恐惶謹言、

(寛永二十年)七月廿四日　牧野内匠頭　信成（花押）

大僧正様

御同宿中

○徳川家綱の移徙は、寛永二十年（一六五三）七月二十五日。

619　聖護院門跡道晃親王書状

「慈眼大師御年譜附録」

猶々、山城守何とそ同心候やう頼入候也、

久以書状不申入候、勇健之由承及申候、珍重存候、然者不被寄思儀に候へ共、皆川山城守召遣候安井三左衛門と申者、去年不相届事歟、板倉周防守(京都所司代・重宗)所へ申越、彼者町人に被頼、迷惑申候、京都安堵之事、去春山城守所へ申遣候へ共、不承引候、去春返礼に、重而者拙僧申候共、不可及返報候間、無用之由申越候、然者藤大納言下向之時、又遣状候へ共、無報候、最前申越候通と推量候間、重而状難遣候へ共、只今又遣候事に候、此程無用に候者、此方へ可返給候、ともかくも貴院を頼候間、山城守合点行候様御異見頼入計候、かしく、

(寛永十九、二十年)七月廿四日　(聖護院門跡道晃親王)（花押）

南光坊(天海)大僧正御房

620　中院通村書状（折紙）

川越喜多院旧蔵文書

尚々、三左衛門事、節々大僧正へ御申候て、相済候やう頼申候、返々頼申候、

久以書札も不申候、大僧正(天海)御堅固各無事之由、先度浄教(実俊カ)坊物語承候て大慶存候、然者皆川山城守被召仕候安井三左衛門と申候者、去年二条御城御番隙明候而下向之時、

供不仕、京都に相残候、就其城州(京都所司代・板倉重宗)より板防州へ被申越、
彼者町人に被預罷在、何共迷惑仕合に候、誠不相届義(儀)、
道理千万に候へ共、供之用意難成事候て、残留候由申候、
京都安堵之事、従聖護院宮(道晃親王)城州へ被仰越候へ共、無承引
候、承候へは、山城守大僧正へ被参候由候間、被招寄、
御出家の御侘言申候間、京都之安堵被免候様に、御異見
頼申候、則聖護院宮ゟ大僧正へも御書参候、彼者之義(儀)、
拙子も難遁子細候て、大僧正へも申入候間、猶以御両人
を頼申候、委細之事藤大納言可被申存候、恐々謹言、
(寛永十九、二十年)七月廿四日　(中院通村)(花押)
(晃海)最教院

621　老中阿部豊後守忠秋書状

遠藤行蔵氏文書

(端裏書)
「　　　　阿部豊後守
大僧正　　　　忠秋
尊答　　　　　」

尊書致拝見候、昨日御能見物被成、忝被思召候旨、奉得
其意候、随而遠藤大助方御帳ニ載可申候間、御心易可被
思召候、猶期拝顔之時候条、不能詳候、恐惶謹言、
(寛永二十年カ)八月十四日　(老中)忠秋(花押)

622　大僧正天海書状写（折紙）

金沢尾崎神社文書

今度　東照権現(徳川家康)為御迎、村井兵部少輔(長朝カ)殿、爰元首尾能今
日奉守出御候、無異儀可為着御候間、御法事等首尾能様
御取持任入候、仍　東照権現門前之儀、末代之儀候間、
民少御相談候而御寄附之儀、御次而ニ筑前守(前田光高)殿可被達候、
先以其後者不申談、疎遠之至候、我等も従去月中旬相煩、
于今平臥之体候、大方得験気候間、可御心易候、委曲常
照院(憲海)可申候、恐々謹言、
(寛永二十年)八月廿日　(天海)大僧正
(加賀藩寺社奉行・長昌)西尾隼人殿
人々御中

○金沢東照宮の建立は、寛永二十年（一六四三）。

623　大僧正天海書状（折紙）

上野現龍院文書

猶以、委細治部卿可被申上候間、奉略候、以上、
御書、殊紫衣一領幷輪袈裟一ケ拝受、御悃情之段、不浅
辱奉着候、仍今度　若公（徳川家綱）御方、為御移徙之御祝儀、御使
者被為下、御尤奉存候、先以其表　禁裏（明正天皇）・仙　洞（後水尾上皇）・女院（東福門院・徳川和子）
御所尊体御安泰被成御座候由、目出奉存候、当地　大樹（徳川家光）・
若公（徳川家綱）御勇健候間、御心易可被思食候、将亦日光山相輪樑
造畢、供養迄首尾能相済、其上今般朝鮮人社参仕、大
樹御満足之事候、野僧儀、従七月中旬相煩候処、大方雖
得験気候、老屈故、于今平臥之体罷在候、乍去気分為差
儀無御座候間、乍恐御心易可被思召候、恐惶謹言、
（寛永二十年）九月六日　　大僧正　天（花押）
青（青蓮院）御門跡（尊純親王）様参
御小姓衆中

○日光山相輪樑の造立は、寛永二十年（一六四三）五月。

624　大僧正天海書状写（折紙）

日光桜本院文書

猶々、伊豆守殿（老中・松平信綱）へ御用御座候者、御心易徳生庵へ可
被仰候、已上、
一筆令啓上候、先以御勇健御座候哉、承度奉存候、此時
就御即　位（後光明天皇即位）、酒井讃岐守（大老・忠勝）・松平伊豆守（老中・信綱）上洛候、目出奉
存候、此辺相替儀無之候、尊前御事良恕宮（曼殊院）如御在世、御
如在仕間敷候、我等儀従七月中旬相煩、大方雖得験気候、
老屈故、肥立兼、今平臥之体候、併残命可致被存事候間、
乍恐御心易可被思食候、委細徳生庵可申上候、恐惶謹言、
（寛永二十年）九月十六日　　大僧正　天海
竹門（良尚親王）（曼殊院門跡）様参
御小姓衆中

○後光明天皇の即位は、寛永二十年（一六四三）十月三日。良恕
宮の忌日は、寛永二十年七月十六日。

625

長楽寺当住山門三院執行探題大僧正天海長楽寺寺内法度

世良田長楽寺文書

掟（印）良田山

一、不闕二時勤行、可致天下安全之御祈禱事、
一、毎月十七日可致　東照大権現（徳川家康）御法楽事、
一、毎年四月十七日　東照権現講、諸末寺・諸門徒致出仕、十六日之夜論義、十七日法事可勤之、若於不参者、金子壱両可為過料事、
一、毎月開山之茶湯・霊供・回向、不可有懈怠事、
一、天下制法不及申、背本寺之下知、不可致私検断事、
一、本寺江諸門徒、不可闕三季之出仕、若令煩之時、早可有其断、無左右於令闕之者、代物壱貫文可為過料事、
一、三季之講演、門中輪番三人宛、定役者取持可勤之事、
一、如先規、毎年従霜月十三日、灌頂可有執行事、
一、諸末寺如先規、灌頂之時、可有集来事、
一、諸末寺・門中官位補任次第、可為座居、但、一寺・門中不可有混乱事、
一、不遂大阿闍梨者、伝法・引導并金襴袈裟不可着事、
一、於諸末寺、私灌頂不可有執行事、
一、毎年正月、本寺江年頭之儀、本寺・門徒不可致不参事、
一、門中加行・護摩等之儀者不及申、九字護身法迄、猥不可許事、
一、末寺・門徒逝去之時、猥不可致引導、可窺本寺事、
一、於諸末寺并門徒、不窺本寺不可居住持事、
一、従古来門徒跡・新直末之衆、皆属門徒、但、勤学之輩者、論席可有列座事、
一、縦雖為世・出世器量之人、於乱行僧者、早可令追放、若於弟子同宿中、乱行事令風聞者、糺実否、於為実事者、是又早可致追放、於隠置者、師弟共可為同罪事、
一、境内竹木猥不可伐採事、
一、背師命者、縦雖為所化、不可介抱、且雖為我弟子、於不孝之輩者、可令追放事、
右条々、堅可相守者也、

寛永二十癸未歳九月十七日
長楽寺当住山門三院執行探題大僧正天海（印）（花押）

626 長楽寺灌頂法物等之法度

世良田長楽寺文書

（天海）
（花押） 長楽寺灌頂法物等之事

一、伝法灌頂　正受者　黄金弐分
　　　　　　　平受者　黄金壱分
一、瑜祇灌頂　　　　　黄金壱分
一、秘密灌頂　　　　　黄金壱分
一、曼供導師　　　　　金子壱両
一、式頂戴　　　　　　鳥目五拾疋
　　　　　　　初日　　黄金七両
　　　　庭儀　二日　　黄金六両
　　　　　　　三日　　黄金五両
一、大阿闍梨　当正　　黄金参両
　　　　　　　内供　　黄金弐両
一、大徳　　　追込　　黄金壱両
一、権律師　　　　　　黄金弐分
一、正律師　　　　　　黄金参分
一、権少僧都　　　　　黄金壱両
一、権大僧都法印　　　黄金弐両
　右所定如件、
寛永二十癸未歳九月十七日（印）　双厳院　豪（豪倪）（花押）
　　　　　　　　　　　　　　　最教院　光（晃海）（花押）
　　　　　　　　　　　竹林坊権僧正　盛（盛憲）（花押）

627 青蓮院門跡尊純親王書状

「慈眼大師御年譜附録」

追而不例之様、此比承候、事実候哉、無心元存候、
定而早速可為快然候へ共、乍次令申候、能々養保尤
候、急不能詳候、
態飛脚差越申候、然者今度就御譲位之儀、安鎮御修法之
事、被仰出候、則従今日始行之事候、最前被仰出候刻、

若輩旁無調法、殊俄之義(儀)弥難構得候、其上此法強非限当職歟之様、相見候条、自余へ被仰出、可然之旨、達而雖及御理候、此度余目候間、可参勲由、重而仰付、右之分候、併先規無相違、如此之段、偏御入魂之故候、誠大慶不過之候、猶期後音候也、

(寛永二十年)九月十八日　(青蓮院門跡尊純親王)(御花押)

(天海)大僧正御房

628　青蓮院門跡尊純親王書状案

「東叡山日記」

猶々、様体如何候哉、委返報承度存計候、

得幸便条令申候、抑御所労之由、千万無心許令存候、漸寒気之時分に候条、能々養保専一候、猶期後音之時不能詳候也、

(寛永二十年)九月廿四日

天海大僧正

629　前田筑前守光高書状

「日光山古文章」

今度此地御遷宮首尾能相済、目出度奉存候、常照院(憲海)今少抑留仕度候へ共、頃御気色之御様体無御心元被罷帰候儀申談候、弥被遂御養保、御快験之御吉左右可被仰聞候、委曲常照院申達候、恐惶謹言、

(寛永二十年カ)十月十二日　松(前田)筑前守　光高（花押）

(天海)大僧正様

御同宿中

630 青蓮院門跡尊純親王書状

「慈眼大師御年譜附録」

猶以、内々申候一儀、可然次之時分、連々御取成之
段、偏頼入存候外無他事候、
新稔之嘉祥、逐日不可有際限候、旧冬廿五日之御報、当
三日上着、再三披閲本望之至候、今般自大樹種々被入御
念候付、早速被得快気之由、大慶此事候、打続頃者弥可
為快然存候、懇申度折節、得好便如此候、猶追々可令申
候也、

正月五日　(青蓮院門跡尊純親王)(御花押)

大僧正御房

631 曼殊院門跡良恕親王書状

「慈眼大師御年譜附録」

内々以出納大蔵承候儀、斟酌存候へ共、いかにも御隠密
候者、可得其意候、猶期慶顔之時、不能詳候、かしく、

正月九日　(曼殊院門跡良恕親王)(御花押)

大僧正御房

632 曼殊院門跡良恕親王書状

「慈眼大師御年譜附録」

青陽之吉兆逐日不可有尽期候、抑為御祝儀太刀・折紙進
之候、猶期後音不詳候、かしく、

正月九日　(曼殊院門跡良恕親王)(御花押)

大僧正御房

633 青蓮院門跡尊純親王書状

「慈眼大師御年譜附録」

猶々、内々之一義(儀)被見合時分、何とそ被得上意候様、
僧正へ偏頼入候、兎角此義(儀)不相済候へ者、爰許外聞
令迷惑候事、無是非候、大僧正(天海)へ一筋に頼存由、宜
様所希候、急不克具候、
新年之佳詞猶以不可有休尽候、去冬手本進覧之刻、種々
馳走之由喜悦此事候、誠大僧正種々以御取成、御機嫌能
候由、大慶不過之候、弥可然様、時々任入候外、無他候、

委曲使僧可申候也、

正月九日　（青蓮院門跡尊純親王）（御花押）

最教院（晃海）

634　青蓮院門跡尊純親王書状　「慈眼大師御年譜附録」

改年之嘉祥、追日珍重候、殊大樹御機嫌能候之由、大慶千万候、自然之次、御前御取成偏頼入存候、将又法体勇健之由、満足不過之候、猶重而可申伸候間、不能細筆候也、

正月十二日　（青蓮院門跡尊純親王）（花押）

大僧正御房（天海）

635　青蓮院門跡尊純親王書状　「慈眼大師御年譜附録」

以好便令啓候、然者大原寺中之法流付、他流に而者御修法、其外諸法事等、難立用事候、纔五、六輩之事候間、当流に申付度候、内々被得其意給候者、可為本望候、為

其如此候也、

正月十三日　（青蓮院門跡尊純親王）（御花押）

大僧正御房（天海）

636　将軍徳川家光御内書　「慈眼大師御年譜附録」

以上

明十五日者御精進にて被成御座候間、仏法之儀をも御尋被成度被思召候間、こゝもと（爰許）のやしき（屋敷）迄参いられ候やうにとの上意に御座候、恐惶謹言、

正月十四日　中根壱岐守（正盛）（花押）（ママ）（花押）

大僧正（天海）

○中根正盛の壱岐守就任は、寛永十五年（一六三八）正月。

637　大僧正天海書状写　湯浅圭造氏文書

無拠行法にいたしかゝり候て、貴公にても龍慶御両人之内、作代頼入候、恐々謹言、

正月十四日　　　　　　大僧正天海

（宛名ナシ）

638　将軍徳川家光御内書案

「慈眼大師御年譜附録」

尚々、くはしく《（委）》は明日参、御意之通可申候、以上、
今日被仰候趣、具申上候へは、天気あひもあしく《（悪）》御座候、
其上いつも日光に被居候はゝ、二月朔日、二日に御対面
被成候、御かれい《（佳例）》のごとく《（如）》、当月はゆる〳〵と被致養生、
二月朔日に御対面可被成候、唯今迄被致養生、風をもひ
かれ候はゝ、散々儀御座候、御対面被成候儀、相延申候
而も、くるしからす《（苦）》候、養生を専一に被思召候間、此等
之趣、能々可申遣旨、御意に御座候、恐惶謹言、

正月十五日　　　　中根壱岐守《（正盛）》

大僧正《（天海）》

○中根正盛の壱岐守就任は、寛永十五年（一六三八）正月。

639　老中阿部豊後守忠秋書状

年未詳

「慈眼大師御年譜附録」

以上

一筆令啓達候、
一、御気色能御座候間、今日御出に御座候はゝ、明日紅
葉山へ可被成御社参旨、被仰出候事、
一、例年御城ゟ御装束に而被為成候へ共、御不例之余気
候間、御供所迄四時分御肩衣・袴に而御成、於彼所御
装束被遊旨候事、
一、依御気色御神酒も御頂戴なく、御奉幣迄に而御座候
はんかと、被思召候、此義《（儀）》は依時宜可申候、又今日者、
右之通御座候へ共、明日之御気色次第、二丸御宮へ、
為成候事も、可有御座候、為御心得如此候、恐惶謹言、

正月十六日　　　　忠秋（花押）

大僧正《（天海）》　　阿部豊後守《（老中）》忠秋

御同宿中

640　妙法院門跡尭然親王書状案

「慈眼大師御年譜附録」

一筆令申候、内々申入候養源院極官之事、今度日光山参
向之事候条、此度相調候様、偏頼入候、猶重而可申承候、
かしく、

正月廿一日　尭然(妙法院門跡)

(天海)大僧正御房

641　妙法院門跡尭然親王書状案

「慈眼大師御年譜附録」

猶々、此馬・太刀表祝義(儀)計候也、
孟春之嘉慶漸雖事旧候、猶更不可有尽期候、先以日光山
参向之事幷羊僧開壇之義(儀)、伝奏注進之趣承候、別而外聞
旁難申尽次第候、御次而之刻、大樹御前可然様、御取成
偏頼入候、弥貴僧御息災之事候哉、猶期後音之時候、か
しく、

正月廿一日　尭然(妙法院門跡)

(天海)大僧正御房

642　妙法院門跡尭然親王書状案

「慈眼大師御年譜附録」

尚々、此馬・太刀表祝儀計候、
今度日光山就祭礼、参向之事、幷開壇之義(儀)伝奏注進之旨
承候、別而外聞旁難申尽候、弥以大僧正(天海)へ宜様取成所希
候也、

正月廿一日　妙　御判(妙法院門跡尭然親王)

(晃海)最教院　御房

643　老中阿部豊後守忠秋書状

「慈眼大師御年譜附録」

尚々、御仮殿出来申候、御造営急申ために候間、御
遷宮之御日取、来月十日ゟうちに御書付、是又可被
差上候、以上、
一筆致啓達候、久能御宮御修造、御廟立なをり候付而、
仮殿出来候之間、御遷宮之執行可有御沙汰候、然者僧衆
被参候分、御書付候て可給候、明日御登城之由候之間、
以面拝可得貴意候、恐惶謹言、

正月廿二日　忠秋（老中）（花押）

大僧正（天海）

御同宿中　阿部豊後守忠秋

○阿部忠秋の老中就任は、寛永十年（一六四〇）三月。

644　土井大炊頭利勝書状

「慈眼大師御年譜附録」

猶以、明日者私宿坊へ御出、其ゟ御参詣可然存候、已上、

貴簡忝致拝見候、昨日者為改年之御祝儀、私宅被成御出之由、過分之至奉存候、此中御法事に付而、増上寺に相詰在之故、不能拝顔、御残多存計候、将又明日公方様還御之後、被成御参詣度之由、一段尤存候、猶期面拝之時候、恐惶謹言、

正月廿三日　利勝（花押）

大僧正様（天海）　土井大炊頭利勝

尊報

年未詳

645　将軍徳川家光御内書

「慈眼大師御年譜附録」

以上

今朝之御うけ之通、申上候へは、いつも朔日・二日両日中に御頂戴之由候間、二日一たん能可有之旨、上意に御座候、内々明日廿五日よく可有かと思召候へ共、廿五日・廿六日は御精進ついてのやうに被思召候間、二月二日御鏡なと持参被申候様に、可申遣旨、御意被成候間、如此候、恐々謹言、

正月廿四日　（花押）

中根壱岐守（正盛）（ママ）（花押）

大僧正（天海）

○中根正盛の壱岐守就任は、寛永十五年（一六三八）正月。

646　将軍徳川家光御内書

「慈眼大師御年譜附録」

尚々、明朝成共、朔日・二日成共、吉日次第にとの御意に御座候、此等之趣、拙者方ゟ可申入旨、上意

に御座候、
日光よりの御鏡并御札御上ケ被成候義（儀）、明日吉日にて御
座候はゝ、明朝御上ケ可有候、さなく候はゝ、いつも朔
日・二日に、御頂戴被成候間、両日中に、吉日御覧候て、
御上ケ可被成候、いつも大僧正（天海）登城にて御座候間、門跡
をも同道いたされ、登城被致候様に可申旨、上意に御座
候、恐惶謹言、
正月廿四日　　　（花押）
大僧正　　中根壱岐守（正盛）（ママ）（花押）

○中根正盛の壱岐守就任は、寛永十五年（一六三八）正月。

647　京都所司代板倉周防守重宗書状

「慈眼大師御年譜附録」

以上
去廿日之御状、今廿四日に拝見申候、然者日光御参向之
山門衆・京衆、御書付之ことく（如）伝馬・路銭、如例之相渡
可申候間、御心易可被思召候、次に山門衆松禅院へ之御
状共、相届申候、将又松禅院にも万端指図可仕之由、少
も疎意に不存候間、御心易可被思召候、諸事油断に不存
候間、其御心得可被成候、猶期後音之時候、恐惶謹言、
正月廿四日　　板倉周防守（京都所司代）重宗（花押）
大僧正（天海）御房
御報

648　将軍徳川家光御内書

「慈眼大師御年譜附録」

以上
此間者御手あし（足）御寒被成候間、熱海之汲湯に御入御覧可
被成与、被思召候、湯にもけかれ（穢）御座候様に、きかせら
れ候、頓而御鏡被成候間、何ほとけかれ御座候哉、後日
之御ためにも御座候間、尋に可遣旨、上意に御座候間、
具可被仰上候、恐惶謹言、
正月廿八日　　　（花押）
大僧正（天海）　中根壱岐守（正盛）（ママ）（花押）

○中根正盛の壱岐守就任は、寛永十五年（一六三八）正月。

649　将軍徳川家光御内書

「慈眼大師御年譜附録」

明日御かゝみ《鏡》御ちやうたい《頂戴》被遊候間、明五つ時分御宮迄
登城可被致登城《ママ》旨、上意に御座候、御社参も被遊候間、
其御心得御尤奉存候、恐惶謹言、

正月廿九日　中根壱岐守《正盛》（花押）
大僧正《天海》　（花押）《ママ》

○中根正盛の壱岐守就任は、寛永十五年（一六三八）正月。

650　某門跡書状

「慈眼大師御年譜附録」

好便之条一筆令啓候、抑大相国之御事承、千万〱驚入
存候、中々可申越様も無之次第に候、併心底さそと察入
申候、自然之折節者、御前之義《儀》、其外年寄衆彼是可然様
に、悉く皆任置申候、急便之故、筆をさしをき候、かし
く、

二月朔日　（花押）

年未詳

大僧正《天海》御房

651　東叡山執当衆連署書状（折紙）

川越中院文書

尚々、去年其元御建立被成候へ共、一度も不罷出之
由、惣而我儘者と見へ申候まゝ、御穿鑿御油断有間
敷候、猶もつて勘右衛門《池田》殿、被入御念候様ニと被仰
渡候、以上、

態令啓候、仍而志垂之郡安養院と申者、中院檀那を我儘
吊申之由曲事ニ候、就者彼者従中院追放被申候処、承引
不申帰寺仕居申候由、重々徒者ニ御座候、急度被遂穿鑿、
此方へ可被申上候由、大僧正《天海》様御意ニ候、右申分無之様
ニおいてハ、早々御追放尤ニ候、恐々謹言、

二月四日　双厳院《東叡山執当衆》　豪俔（花押）
最教院　晃海（花押）

寺家衆
正観坊
池田勘右衛門殿

652　大僧正天海書状

京都曼殊院文書

改年之為御祝儀、尊書殊御太刀致拝領、忝奉存候、先以御勇健之段、目出度奉存候、此方相替儀無御座候間、御心安可被思召候、猶期後喜之時候、恐惶謹言、

二月四日　　大僧正　天（花押）

竹内（曼殊院）御門跡様に而

御小姓中

653　天海書状

京都三千院文書

猶々、門跡様へも重而書状進申候、上御申可給候、以上、

于今其許に御逗留、御太儀之至候、定而今明之間、相調可申候、将亦門跡様へ申談候一儀共、少も相違之儀有間敷候間、愚僧に相任、不入御苦労有間敷候、引詰御支度御下向之御分別迄可有之候、恐々謹言、

二月五日　　天海

（裏端書）「宮内殿　　天海」

654　竹林坊盛憲等連署書状

美濃勧学院文書

尚々、惣持坊乍太儀、勧学院へ住持有之様ニと、大（天海）僧正被仰候事候、以上、

一筆申入候、美濃勧学院無主故、門檀共致迷惑之由候、就其北谷惣持坊（周海）住持被仰付候、仍而馳走有之様ニ、可被仰遣之由、大僧正被仰候、恐惶謹言、

二月五日　　双厳院　豪倪（花押）

最教院　晃海（花押）

竹林坊僧正　盛憲（花押）

松禅院

655　京都所司代板倉周防守重宗書状

「慈眼大師御年譜附録」

以上

去晦日之御状致拝見候、然者長妙寺書物之儀、御書中之趣申入候へは、山門にて写させ申候儀は不罷成候間、長妙寺にて写可被申候由に付而、其通山門衆へ申渡候、住持今程留主にて御座候得共、具申入候処に、寺中に而写させ可申由に御座候間、其御心得可被成候、恐惶謹言、

二月六日　板倉周防守　重宗（花押）

大僧正（天海）御房

御報

656　京都所司代板倉周防守重宗書状

「慈眼大師御年譜附録」

一筆啓上仕候、楽人辻伯耆守・久保丹後守・上左兵衛尉、日光役人に弥芸古仕候様にと、被思食に付て、早々指下申候、御法事相過候はゝ、能時分に御上可被成候、将又日光御用之儀、無油断相調申候、此中雨降候へ共、昨今あかり申候間、御法事之時分者、天気能可有御座かと珍重奉存候、猶期後音之時候、恐惶謹言、

二月九日　（京都所司代）板倉周防守　重宗（花押）

年未詳

大僧正（天海）様

657　某門跡書状

「慈眼大師御年譜附録」

得好便令啓候、弥勇健之由、大慶殊日光参向之儀承、悦之至候、御次之時分、大樹江可然様被申入候者、可為本懐候、兼又今度御法事之中、灌頂御執行候由、当門一統之義（儀）に候間、拙身手前も外聞旁無相違候様、内々入魂所希候、猶期向顔之時候也、

二月十日　（御花押）

大僧正（天海）御房

658　天海書状

滋賀金剛輪寺文書

以上

尊書忝令拝見候、如仰改年之佳慶不可有尽期候、為御祝儀、御太刀・馬代、誠幾久令祝候、如尊意、旧冬我等殊外相煩申候処、大樹入御念候故、早速快気仕候、只今

者一段堅固罷成、節々登城仕候間、尊慮可易候、先可申
上者宮様御勇健被成御座由、珍重奉存候、日光山普請相
始、万執紛可有御賢察候、恐惶謹言、

二月十日　　天（花押）

竹内（曼殊院）御門跡様

尊報人々御申上

659　大僧正天海書状（折紙）

川越喜多院文書

如御芳翰、改春之御吉兆不可有際限候、為御祝儀御太刀
・御馬、被懸御意忝令存候、然者長吏帳被差下候、公義（儀）
之事ニ候之間、如何雖難計候、随分不可存疎意候、猶以
使者へ委申含候、恐惶謹言、

二月十日　　大僧正　天（花押）

円満院御門跡様

御報

660　妙法院門跡尭然親王書状案

「慈眼大師御年譜附録」

猶々、御手前弥息災之事候哉、是又承度候、
態以飛脚令申候、抑　大樹御不例、早速御本復之由、大
慶不過之候、弥御機嫌能候哉、承度候、則年寄衆へも以
書札申入候間、猶貴僧より宜様、対顔万端可申伸候、か
しく、

二月十四日　　尭然（妙法院門跡）

大僧正（天海）御房

661　老中松平伊豆守信綱書状

「慈眼大師御年譜附録」

一筆致啓達候、御本丸御移徙之吉日、四月朔日ゟ五日、
六日迄之内、御考候而、可被差上候、将又板倉周防守（京都所司代・重宗）方
へ被遣候状箱、次飛脚之便、可差上之由承候、一両日中
に飛脚可参候間、可遣申候、恐惶謹言、

二月十四日　　松平伊豆守（老中）　信綱（花押）

大僧正（天海）

御同宿中

○松平信綱の老中就任は、寛永十四年（一六三七）十月。

662　大僧正天海書状

群馬龍蔵寺文書

猶々、老後之咄別無之候辱候、何事も無事、先以御息災、御参府不可有程候、以上、

延喜格式四十九巻、公卿補任五十八巻、羅漢屏風一双、送給候、目出、御帰国之時分、可懸御目候、将亦直談申候、朗詠必自筆憑入候、猶追々可申候間、不能具候、恐惶謹言

二月十五日　天（花押）

秋田城介殿　大僧正天海

人々御中

663　将軍徳川家光御内書

「慈眼大師御年譜附録」

明日者弥々可被為成旨　上意に御座候間、其御心得可被成候、御祝儀にて御座候間、はやし成共被仰付、御尤至極存候間、其僧正（天海）様へ此等之趣可被仰上候、はやし御むやうとの御意にても、やくしや（役者）とも御よひ（呼）候て御置、御尤存候、恐惶謹言、

二月十六日　中根壱岐守（正盛）（花押）

柳上坊

御披露

○中根正盛の壱岐守就任は、寛永十五年（一六三八）正月。

664　大僧正天海書状

小日向妙足院文書

尚々、御児（胤海カ）之御事、我等坊へ登山可然候、いとほし（愛）く候共、はや〳〵（早々）せい（背）ものひ（伸）候まゝ、得度をもいそ（急）かせ申度候、我等老後事候間、御急可然候、以上、

昨日者御尋、夜更罷帰候間不申入候、病者衆無御心元候、可然様御心得頼入候、於爰許ニ御仕合無所残候、京都儀も罷（マヽ）可有之候、路次中咳気之末候間、養性（生）参上可然候、猶従是以書状可申述候、恐惶謹言、

以参雖可申候、今明者如御存、紅葉山ゟ御城へ罷上

候間、無其儀候、残多候、以上、

二月十七日　　　　天（花押）

大僧正
施薬院法印（宗伯カ）様　　天海

665　若年寄朽木民部少輔稙綱書状　「慈眼大師御年譜附録」

猶以、曇候共雨止候はゝ、可被為成旨、夜前御意御
座候つる間、天気之様子、其元に而被御覧合候而、
弥降申候はゝ、爰元へ御越被成、御尤奉存候、以上、
一筆申入候、今日雨降不申候はゝ、上野江可被為成之旨、
被仰出候へ共、雨降申候間、其元へ之御成、被成御延引、
内之御宮へ御社参可被成由、御意御座候、随而貴老へ御
直に御尋可被成御用之義（儀）候間、二ノ丸江可被罷出旨、御
意御座候、為其申入候、恐々謹言、

二月十七日　　（若年寄）朽木民部少輔　稙綱（花押）

（天海）大僧正

666　天海書状　大正大学図書館文書

尚々、折節〔破損〕ちやわん二ツ進之候、〔破損〕
候、〔破損〕

遠路仙へ御出駕さへ痛間敷候処、重飛脚、殊うつら給候、
一段令賞翫候、明後廿四駿府ゟ追々到来候間罷立候、頓
而罷帰、期再会候、仍彼一儀、幸会津様駿府へ近々なら
せられ候間、談合可申候、先日者何分取紛故、何事不申
候、本意之外候、折節煩敷候て、床ニありなから、自筆
を以申候、無正体候、恐々謹言、

二月廿二日　　　天（花押）

鵜兵庫頭

667　大僧正天海書状

昨日者雨天之処御出、緩々与被成御坐、我等之満足不過
之候、尚期対顔之節候、恐惶謹言、

二月廿五日　天（花押）

牧野織部正（成常）殿　大僧正

人々御中　天海

○本文書は『思文閣墨蹟資料目録』第四三八号（平成二十一年二月刊）、三八頁所収の写真版より。

668　天海書状写

京都曼殊院文書

猶以、旧冬も薫物被下、忝奉存候、已上、

尊墨殊改暦之為御祝儀、御太刀・御馬代拝受、忝奉存候、先以御勇健被成御座之由、珍重不過之候、愚老も息災に而罷在候、尚期後音之時候、恐惶謹言、

二月廿五日　天海

竹内（曼殊院）御門跡様

尊酬

669　双厳院豪倪書状写

年未詳

美濃南宮神社文書

美濃南宮之儀、別而被為入御念付而、従大僧正（天海）使致伺公候得共、御他行ニ而不得御意候、南宮寺社江御老父伊勢守（善同）殿御時より御懇、今以貴殿被加御懇意候段、大僧正別而忝被存候、殊更御造営之御奉行、是以乍御大儀、神慮之儀候間、弥奉頼由被申候、彼寺社万むさと社方猥敷之由ニ候間、貴殿頼入、為末代候間、社役等相続申候様ニと被存候付而、我等参候而、得御意候様ニとの御事候得共、不懸御目候、何れも御透之時分、以参可申述候、橋本坊于今逗留仕候条、何篇奉頼候、自然又東叡山御近所へも御座被成候ハヽ、大僧正与御対談被成候様ニ申度候、恐惶謹言、

二月廿七日　双厳院　豪倪　在判

岡田将監（善政）様

人々御中

猶々、南宮之儀、御老父伊勢守殿之時も頼入、妻帯なとも改給候キ、今度者、幸御遷宮之御奉行をも被成事ニ候間、弥頼入存候、

670　将軍徳川家光御内書

「慈眼大師御年譜附録」

明後晦日に可被為成候間、其段可申遣旨、上意に御座候、
為其如此候、恐惶謹言、
二月廿八日　（花押）
大僧正（天海）　中根壱岐守（正盛）（ママ）（花押）

○中根正盛の壱岐守就任は、寛永十五年（一六三八）正月。

671　将軍徳川家光御内書

「慈眼大師御年譜附録」

以上
昨日之雪に付、切々使僧被越、御祝着ニ被思召候、明日か明後（日脱カ）御対面可被成旨、上意に御座候、雪ゆへ事之外寒申候、其ために、爰元之屋敷被仰下候間、寒申候うち、今日ゟこゝもとのやしきへ可被参候、そくさい（息災）にて候間、さして寒（冷）申儀も不被存候へ共、去年（今年）にことしは替可申候間、ひゑ申うちは、今日ゟかならす、こゝもとの屋敷可被参旨、上意に御座候、為其如此候、恐惶謹言、
二月廿九日　（花押）
大僧正（天海）　中根壱岐守（正盛）（ママ）（花押）

○中根正盛の壱岐守就任は、寛永十五年（一六三八）正月。

672　将軍徳川家光直書

日光東照宮文書

唯今者蜜（ママ）談共巻舌候、然者以女院禁中江可申内意に候、
其御心得可然也、
三月四日　（徳川家光）（花押）
南光僧正
御坊

673　大僧正天海書状

千葉県立中央博物館大多喜城分館文書

五、三日者無音打過候、我等も少腹中気に候得共、御耳へは不立候、節供にも不罷出候、御手前御登城候哉、承度候、雖無申迄候、能々御養生専一に候、無差儀候得共、

無御心元候間、一筆令啓候、恐惶謹言、
三月四日　天（花押）
大僧正
松平右衛門大夫（正綱）殿
人々御中

674　妙法院門跡尭然親王書状案

「慈眼大師御年譜附録」

大僧正気色少再発之様に承候、老体之事故、無心許候間、
西徳院差下候、遠路之義（儀）候間、朝夕無心元候、宜様大僧
正へ申沙汰候て可然候、委細之段口上に申合（含カ）候条、書中
不能再筆候、かしく、
三月四日　（妙法院門跡尭然親王）御判
（晃海）最教院
御房

675　天海書状

年未詳

上野現龍院文書

先日如申候十四日之晩、御出待入申候、日光前万申得度
儀有之事候、定而手透御座有間敷候、恐惶謹言、
三月八日　天（花押）

676　天海書状案

「慈眼大師御年譜附録」

其許無事由、珍々重々、我等も此比中ゟ起候計候、可御
心易候、此節大嵐雪之体令察候、将亦毎日社参、行法雖
御大儀候、城へ其儘聞可申候間、御油断有間敷候、各も
其段可被仰付候、殊植木好時分候、併貴山者不存候、了
簡（ママ）其教次第御越可有之候、恐惶謹言、
三月十一日　海　判
猶々、山王院普請漸に取付候、少将殿御息災候由、
可心易候、城にも追日御機色能候、乍去只今表江不
被為成候、為御養性（生）候、仍精々祈禱、当月可申候間、
弥無油断、　権現之御事者不及申候、其外とも祈禱
申付候、其院第一火之用心専一候、昨晩江戸町中の
はし〳〵少焼候、我等者無事可心易候、其外追々可

申候事、

677　将軍徳川家光御内書

「慈眼大師御年譜附録」

今月十五日か、十六日に、御なくさみに可被為成候間、
此等之趣、可申遣旨、上意に御座候、恐惶謹言、
三月十二日　（花押）
大僧正（天海）　中根壱岐守（正盛）（ママ）（花押）

○中根正盛の壱岐守就任は、寛永十五年（一六三八）正月。

678　東叡山執当衆連署書状（折紙）

川越中院文書

一筆令啓候、此中ハ無音候、然者府川安養院追放付而、
八郷之名主・百姓共致手形、侘言申之由候間、御ゆるし
被召返可然存候、併大僧正（天海）立御耳御追放之処、無程罷帰
候儀、不被得御意候間、我々内々にて申事候、次而を以
大僧正へ右之通、中院へ申進候と可申上候、以来我まゝ
仕間敷と、名主・百姓共手形仕、侘言仕候ハヽ、被召返
可然存候、恐惶謹言、
三月十二日　双厳院（東叡山執当衆）豪倪（花押）
中院　御報　最教院　晃海（花押）

679　大僧正天海書状

上野現龍院文書

被入御念、ぬかミそ（糠味噌）送給候、御　成之義（儀）、必定者未不知
候、明後辺御成候ハヽ、御見廻頼入候、恐惶謹言、
三月十四日　天（花押）
米津内蔵助（田盛）殿　大僧正　天海

○米津田盛の忌日は、貞享元年（一六八四）正月。

680　大僧正天海書状

上野現龍院文書

先刻者御使、殊□（磨滅）物色々送給忝候、然者兼約之桜もは（最早）
や花も散候間、可被下候、三本迄ハあまり□（磨滅）事候、定而
壱本者可為治定候、恐惶謹言、

三月十四日　天（花押）
大僧正
天海
〆　文殊院
人々御中

681　将軍徳川家光御内書

「慈眼大師御年譜附録」

尚々、明日もちみ山《紅葉》へ御門跡社参可致旨、上意ニ御座候、

明日もみちやまへ御もんせき《門跡》参候様にとの、御意ニ御座候、其御心得可被成候、将又明日かいけん《開眼》の儀、早天にては無御座候間、是又其御心得可被遊候、恐惶謹言、

三月十六日　（花押）
大僧正《天海》　中根壱岐守《正盛》（花押）《ママ》

○中根正盛の壱岐守就任は、寛永十五年（一六三八）正月。

682　紀伊大納言徳川頼宣書状

熊野那智大社文書

年未詳

追而、今度御建立造営之為奉行、長田七郎右衛門尉申付、先度差越候条、様体如何様共可被仰付候、

一書令啓達候、然者熊野実法《報》院罷上候節、御懇意之芳札過当之至候、就中、以御肝煎　御目見仕之由令満足候、随而貴僧弥御勇健之由、珍重存候、爰許別条無之候間、可御心安候、猶追而可申述候条、書面不能具候、恐々謹言、

三月十六日　紀伊大納言　頼宣（花押）
大僧正《天海》御坊
床下

○徳川頼宣の大納言就任は、寛永三年（一六二六）八月。

683　大僧正天海書状

一筆令啓候、先以御尊体御勇健之由、珍重奉存候、然者御無心之申上事御座候へ共、□□之歌書被仰付候て、御調可被下候、奉頼存候、恐惶謹言、

三月十九日　大僧正　天（花押）

竹内(曼殊院)御門主様ニ而
　　御番衆中

○『古典籍展観大入札会目録』平成二十六年十一月号、三一九頁
写真版より。

684　岡田将監善政書状（折紙）　　岐阜横蔵寺文書

以上
御飛札忝存候、拙者儀、多賀御用ニ付、上洛仕故、御使
京迄参候、近日江戸へ御下之由、御太儀ニ候、御仕合能、
頓而御帰待入候、大僧正(天海)へ去年之御報申上候、御届ケ頼
存候、猶従是可申達候、恐惶謹言、
　三月十九日　　岡田将監　善政（花押）
横蔵寺
　円蔵坊様
　　御報

685　将軍徳川家光御内書

「慈眼大師御年譜附録」
御用之儀御座候間、今日ひる(昼)時分御宮迄可被致登城旨、
上意御座候、為其如此候、恐惶謹言、
　三月廿三日　　（花押）
　大僧正(天海)　中根壱岐守(正盛)（ママ）（花押）

○中根正盛の壱岐守就任は、寛永十五年（一六三八）正月。

686　妙法院門跡尭然親王書状案

「慈眼大師御年譜附録」
尚々、大僧正(天海)弥勇健之由、大慶此事候、
先度者使札、殊更名物之一折令祝着候、抑年頭巻数進上
候、我種々馳走之由、満足に候、殊吉良上州(高家・義弘)より、以来
者使僧にて可進上之通、得其意候、万事其程(許)之義(儀)、弥可
然様頼入候也、
　三月晦日　　(妙法院門跡尭然親王)御判
最教院(晃海)
　御房

687　妙法院門跡尭然親王書状（折紙）

川越喜多院旧蔵文書

出納豊後（職在）下候間、一筆令申候、先以大僧正（天海）息災之旨、大
慶此事候、随而旧冬哉候共借可給之由ニ而、書籍目録給
候、別而満足申候、則其内書出候、そまつ之由候間、恩
借候者、可為本望候、猶期後音之時候、かしく、
（妙法院門跡尭然親王）（花押）
四月五日
最教院（晃海）
御房

688　妙法院門跡尭然親王書状案

「慈眼大師御年譜附録」

猶々、兵部卿事、帰山も仕（許）候様に偏頼存候也、
態令申候、智恩寺上洛にて、其程無事之由承、珍重存事
候、殊に大樹御成にて、一段御機嫌能候つる由、大慶此
事に令存候、随而先年於坂本申入候兵部卿事、赦免之由、
今度智恩寺に御伝言候、炎上之由承及候、治定候哉、御
気遣共と察入候、猶重而可申述候条、不能再筆候、かし
く、
四月六日　（妙法院門跡）尭然
大僧正御房

689　大僧正天海書状

福井白山神社文書

去二月者、態飛札、殊為年頭文庫一綿五把令祝着候、上
乗院事、即宰相殿江直申談、御礼相済候、於其元弥入魂
可然候、恐々謹言、
卯月十三日　大僧正　天（花押）
平泉寺
賢聖院

690　仏乗坊秀珍等連署書状

福井白山神社文書

猶々、大僧正（天海）殊外御懇に而仕合能上洛候間、可為御
満足と存候、則今度大僧正御方よりも、御直に被遣

候、拝見可被成候、又以上、

一書令啓候、然者上乗院之事、従旧冬被相詰、則宰相様江大僧正御直被仰談、自智楽院（忠尊カ）使僧被添、後住之御礼相済候、即大和殿へも御礼被申、永見志摩殿・狛木工殿・酒井外記殿も御懇候、以来者御祈禱なとも、弥可被仰付之由候間、可御心易候、於其許御馳走憑入候、惣寺中へも以別紙可申候へ共、可預御心得候、猶期後音之時候、恐惶謹言、

卯月十三日　　双厳院　豪倪（花押）
最教院　光海（晃）（花押）
竹林坊　盛（盛憲）（花押）
仏乗坊　秀珍（花押）

賢聖院法印

691　酒井讃岐守忠勝書状

「慈眼大師御年譜附録」

尚々、私儀も気分能御供仕候間、御心安可被思召候、以上、

一筆致啓達候、公方様（徳川家光）今十三日午上刻、江戸出御、申後剋、至岩付御着座、御機嫌残所無之候、今朝迄雨降候得共、江戸出御之時分より天気あかり申候、実以奇特成御事と奉存候、将又先日之乍御報、一昨十一日之御状令拝見候、十七日御祭礼御法事御着座之次第、別紙被仰越候趣、奉得其意、則達上聞候、恐惶謹言、

卯月十三日　酒井讃岐守　忠勝（花押）

大僧正（天海）

御同宿中

692　酒井讃岐守忠勝書状（折紙）

早稲田大学所蔵最教院文書

一筆令申候、公方様（徳川家光）今十三日午上刻江戸　出御、申后剋至岩付　御着座、御機嫌残所無之候、将又一昨十一日之御返書令披見候、　御社参之刻御法事幷御着座之次第、従大僧正（天海）以目録被仰越、委細得其意、則達上聞候、十六日ニ者可被成　御登山候間、其御心得尤候、恐々謹言、

卯月十三日　　酒井讃岐守　忠勝（花押）

最教院（晃海）

693 老中衆連署書状

「慈眼大師御年譜附録」

一筆令啓候、公方様（徳川家光）今十三日午上刻江戸出御、平柳昼之御膳被召上、申后刻至岩付、被成着御、御機嫌残所無御座候間、可被御心易候、明日者古河江可被成渡御之旨候、猶期後音之時候、恐々謹言、

四月十三日　阿部対馬守（老中衆）　重次（花押）
阿部豊後守　忠秋（花押）

大僧正（天海）
御同宿中

○阿部重次の老中就任は、寛永十五年（一六三八）十一月。

694 大僧正天海書状写

大阪秋野房文書

年未詳

其以来者無音罷過候、仍於此方如申談候、天王寺之事者不安地候間、相国様被仰置候様ニ、相払徒者共、急度被仰付、万事可然様ニ頼入候、度々彼者共徒興行仕、寺家之障碍罷成事候、御取紛察入候へ共、万事秋野ニ能々御尋可有之候、事々期後音之時候、恐惶謹言、

卯月十五日　大僧正（天海）　判

松平右衛門佐（正綱）様
人々御中

尚々、日付事ハ兼相あてかい候て書付候間、相違可申候、其段御心得候、以上、

695 大僧正天海書状

川越喜多院文書

昨廿一日之御状、今日廿二日卯刻参着令拝見候、公方（徳川家光）様弥御機嫌能御座被成候由、珍重奉存候、爰元御祭礼之儀被達上聞候処、是亦御機嫌之由令満足候、御抜（被）之事承候、当月・来月者先月ニ相替候、今月者廿七日ニ相考、御抜（被）進上申候、いぬ（戌）のはうへむか（向）ハせられ、御つかい可被成候、来月者又相替候間、其節従此方可申上候、恐惶

謹言、

卯月廿二日　　大僧正　天（花押）

中根壱岐（正盛）守殿

御報

〇中根正盛の壱岐守就任は、寛永十五年（一六三八）正月。

696　老中衆連署書状　「慈眼大師御年譜附録」

一筆令啓達候、公方様（徳川家光）今廿三日天気能、岩付出御、未
刻至江戸御着座、御機嫌残所無御座候、可御心安候、寔
以下々迄目出度儀不可過之候、猶期後音候、恐々謹言、

四月廿三日　　阿部豊後守（老中衆）　忠秋（花押）

大僧正（天海）　　松平伊豆守　信綱（花押）

御同宿中

〇両者の老中就任は、寛永十年（一六三三）。

697　東叡山執当衆連署書状（折紙）　長沼宗光寺文書

一筆令啓候、仍住持為訴訟、今度法輪坊御越候、即大僧（天海）
正様へ申上候得共、御思案候而可被仰付之由候間、先以
永々留置候儀如何候間、返し申候、恐々謹言、

卯月廿四日　　双厳院（東叡山執当衆）　豪（豪倪）（花押）

最教院　光（晃海）（花押）

宗光寺

門中

698　妙法院門跡尭然親王書状案　「慈眼大師御年譜附録」

其以後者、久敷以書中も不申入候、弥御息災之事候哉、
抑毎度申入候義（儀）候へ共、山本三郎右衛門、鍋島信濃守（勝茂）所
へ奉公望申候、則信濃守内宗柏と申者、拙僧存知之者候
故、内談申候へは、貴僧より信濃守へ書状被遣候は丶、
相済可申之由、宗柏申候間、乍御六ケ敷、被仰入候而給
候者、尤可為本望候、何ともか様之儀、節々御事繁中申
入候義（儀）、迷惑存候へ共、是非々々頼存候、かしく、

四月廿七日　　尭然（妙法院門跡）

大僧正(天海)御房

699　大僧正天海書状

川越喜多院文書

芳札殊当寺建立入寺之為祝儀、高□三端并洗和布一箱給令祝着候、如願建立出来満足申候、将亦宰相殿へ昨日於富田懸御目候、定而今日其元へ可為御着候、万事御馳走任入候、我等も明日仙波へ立候て、近日江戸ニ可参候、頓而隙明候て、参府可有之候、恐惶謹言、

卯月廿九日　　大僧正　天（花押）

上乗院権僧正

回酬

700　将軍徳川家光御内書

早稲田大学所蔵最教院文書

尚以、爰元相替儀も無御座候、此元之外有増最教院(晃海)御物語申候間、可被仰上候、具ニ申上度候へ共、隙入之儀御座候間、乍慮外、早々申上候、書状之わけも見へ申間敷与奉存候、

年未詳

一書令啓上候、先以　公方様(徳川家光)弥御機嫌能候由御座候、御膳も御使被召上候間、御気遣被成間敷候、乍去、可被気取此間者少御気おもく被成御座候由、　御意ニ御座候、其元御息災ニ被成御座候由、目出度奉存候、御用之儀御座候而、最教院御使ニ被遣候、　上意之通最教院ニ申渡候間、不及申入候、御祈念之義(儀)者、大僧正(天海)ニ御まかせおかれ候由申せとの　御意ニ御座候、何時分爰元へ可被帰候哉、何共不申越候哉与存候、　御尋被出候、六月御期日ニ中禅寺御参詣為済申候て、早々御帰御尤奉存候、恐惶謹言、

五月十四日　　中根壱岐守(正盛)（花押）

大僧正(天海)様

御同宿中

○中根正盛の壱岐守就任は、寛永十五年（一六三八）正月。

701　将軍徳川家光御内書

「慈眼大師御年譜附録」

尚々、明日社参之義（儀）無用に可被仕旨、御意に御座候、明日もみち（紅葉）山へ御社参被遊候へとも、大僧正（天海）は昨日之御能ニくたひれられへく候、日光に而大成御法事已下取おこなはれ候、明日もみち山はくるしかるましく候間、明日社参之儀はむやうに可被致候、日光御かと出に、上野へ被為成、御仕合よく被成御座候而、来る廿三日比に上野へ可被為成候、其段可申入旨、上意に御座候、恐惶謹言、

五月十六日　　　　（花押）
大僧正（天海）　中根壱岐守（正盛）（花押）（ママ）

○中根正盛の壱岐守就任は、寛永十五年（一六三八）正月。

702　妙法院門跡尭然親王書状

「慈眼大師御年譜附録」

猶々、無油断御養保専一候、

幸便之条令申候、先以貴僧弥御息災之由、具十妙院上着申候て承、大慶此事候、御懇慮之御事付共、過分至極候、抑去月四日比薬師堂被得其意、伝達頼入存候、かしく、

五月廿八日　　妙（妙法院門跡尭然親王）（御花押）
大僧正（天海）御房

703　水戸中納言徳川頼房書状（折紙）

早稲田大学『古文書集』三

猶以、様子承度候、以上、

態令啓達候、仍御腫物気之由無御心元存候、能々御療治尤候、様子承度以飛札如此御座候、恐惶謹言、

六月朔日　　水戸中納言　頼房（花押）
大僧正（天海）様
御同宿中

704　普請奉行朝比奈源六等連署書状

浅草金蔵寺文書

以上

一書令啓上候、仍而金蔵坊寺地之儀、今日相済申候、先者大僧正（天海）様被加　御言葉候条、御次テ之節、右之旨可被仰上候、恐惶謹言、

六月十日　黒川八左衛門（普請奉行衆）（花押）
駒井次郎左衛門（花押）
朝比奈　源六（花押）
最教院（晃海）
御侍者中

705　大僧正天海書状　上野現龍院文書

尚々、紀伊大納言（徳川頼宣）殿念入御頼、大千度百日成就仕御札候間、御上憑入候、已上、

今朝者芳書忝候、明日者何時登　城可申候哉、被仰聞可給候、然者内々申候　公方様（徳川家光）為御祈禱、紀伊大納言殿より、於日光正月十七日より五月十七日迄、大千度被成候御札、我等持参可申と存候へ共、明日者表向之御対面之由、被仰下候間、此御札ハ御内々ニて御上可給候、恐惶謹言、

六月十一日　天（花押）
中根壱岐守（正盛）殿　天海　大僧正

○中根正盛の壱岐守就任は、寛永十五年（一六三八）正月。

706　将軍徳川家光御内書　「慈眼大師御年譜附録」

尚々、明日者被為成間敷旨　御意に御座候、以上、

明日天気能候はゝ、可被為成と、被思召候へ共、事之外しつけ候よし、被申上候間、天気すきとあがり候はゝ、可被為成候間、明日者被為成間敷候、此段可申遣旨、上意御座候、将又雨のうちに候間、養生薬をも被給、尤に被思召候旨　御意ニ御座候、恐惶謹言、

六月十六日　（中根壱岐守正盛）（花押）

707　老中衆連署書状　浅草金蔵寺文書

以上

尊書致拝見候、東叡山大門之道出来、并山王御旅所之屋敷相済、御満足之由尤存候、将又八町堀金蔵寺替地屋敷之事承候、奉得其意候、疎意存間敷候、恐惶謹言、

六月十八日　松平伊豆守（老中衆）信綱（花押）

酒井讃岐守　忠勝（花押）
土井大炊頭　利勝（花押）

大僧正
　尊答

708　妙法院門跡尭然親王書状案

「慈眼大師御年譜附録」

幸便之条令申候、仍先年兵部卿帰山之事、被免許之段、於羊僧満足申、今度其地へ罷下候間、如前々御懇慮候者、可為本望候、猶詞難申悉候、御次而之刻御前可然様に頼入候、将又御自分よりも途中迄、度々為見廻預音信、満足不過之候、弥本復申候間可御心安候、先以貴僧御所労弥被得快気候哉、無御心元候、猶期後顔之時候、かしく、

六月廿四日　（妙法院門跡）尭然

（天海）大僧正御房

709　尾張大納言徳川義直書状（折紙）

早稲田大学『古文書集』三

一筆申入候、于今日光山御逗留之由、其許御無事御息災候哉、承度候、久々以書状不申入、無音之条令啓候、恐々謹言、

六月廿七日　尾張大納言　義直（花押）

南光大僧正御房
　床下

710　大僧正天海書状（折紙）

大分円寿寺文書

尚々、すな返々忝存候、朝夕之慰不過之候、以上、

遠路御状、殊貴国之白砂壱函送給、何ち〱別而忝存候、か様之すな初而見申候、入御念之段忝候、不断前ニ置見申事候、将亦日光一類衆何も無事候間、可御心易候、我等も息災候間、可御心易候、爰元用之儀候ハヽ、可承候、猶期後音之節候間、不能詳候、恐惶謹言、

七月五日　大僧正　天（花押）

中村内匠殿
　御報

711　中院通村書状

「慈眼大師御年譜附録」

猶々、御無事候哉、承度存候、扇子五本節任到来候、万々期後便之節存候、

去月候哉、乍御報申入候、定而相達候哉、貴院弥御勇健候哉、承度存候、

一、公方様（徳川家光）御違例御大験之由、目出度存候、就其清閑寺頭弁為御使罷下候間、一書如此候、

一、御誂物之本之事、重而被仰越次第、可申付候、先度之本大部故、いまた不出来候哉と存候事、

拙子所労も此比は少つゝ験気事候、いまたはき〳〵共無之候て、迷惑仕候、余事期後音之節存候間、不能詳候、恐々謹言、

七月十一日　（中院通村）（花押）

大僧正（天海）御房

712　中院通村書状（折紙）

年未詳

川越喜多院旧蔵文書

最教歌仙漸付墨候而進之候、眼かすみ候て弥見敷（苦脱カ）候、

尚々、大僧正（天海）御房へ御心得頼入存候、かしく、

為禁裏御使清閑寺頭弁下向被申候間、一書申入候、先以大僧正御房御勇健候哉、頭弁定而其元へ可被参候間、頼申候、久以書状不申、心外之至候、我等所労も、此比は得少験気候、やかて〳〵可本復存候、当夏は却一段涼しく候而、去々年去年之事存出候き、土用之後事外暑気候而、于今其元之心地し候、此便一両日延引候へきやうに候つるか、又俄なるやうに候故、状も不書得候ゟ、一書に申入候、万々期後便之節候、恐々謹言、

七月十一日　（中院通村）（花押）

最教院（晃海）

713　大僧正天海書状写

湯浅圭造氏文書

尚々、煩無油断やうしやう（養生）専一に候、

此頃御たより（便）もなく候、煩候いも無心元候、酒なと（等）のミ（飲）

候事、かならす（必）〳〵無用に候、無油断養性（生）のこと肝要ニ
候、爰元普請少々形付候ハヽ、猶期後音候、恐々謹言、

七月十九日　大僧正　天海

高木大蔵殿

714　中院通村書状（折紙）

川越喜多院旧蔵文書

尚々、大僧正へも以書状申入候、尚御心得頼入候、
好便候条一筆申候、其後者久敷以書状も不申承候、其許
大僧正（天海）・毘門主（公海）御無事候哉、爰元相替義（儀）無之候、去六月
には院御所にて御修法被行候、其次而論義候て承候、山
衆殊に論義共殊勝之由風聞候、其外爰元めつらしき事も
無之候、定而其許には、めつらしき事のみにて候へきと、
少々御床しく候、尚他事期後音之時候、目出度かしく、

七月廿一日　（中院通村）（花押）

最教院（晃海）

715　大僧正天海書状案

「慈眼大師御年譜附録」

路次中無事上着之由、珍重候、併内方被相果之由、不及
是非候、愁歎察入候、勘定相済庄三郎（後藤カ）上り候様子可申候、
恐々謹言、

七月廿四日　大僧正　天判

坂本屋宗順老

716　老中堀田加賀守正盛書状

「慈眼大師御年譜附録」

目出度儀を被仰出候間、来朔日より五日、六日迄の吉日
をかんか（考）へ可申上旨、御意に御座候、恐惶謹言、

七月廿六日　堀田加賀守（老中）　正盛（花押）

大僧正

○堀田正盛の老中就任は、寛永十年（一六三三）五月。

717　天海書状写

市島謙吉氏文書

尚々、期拝顔之時候、以上、

尊書拝覧忝奉存候、昨日者与風得賢意本望候、彼記録等合十三巻、頓而返上候へく候、又自此方記末荷物、何ニ御座候哉、用事候間、急度見出進上可申候、早々御急被明御公隙、緩々と於近辺得賢意候、恐々謹言、

七月廿八日　天海

松勝様

御中

718　大僧正天海書状写

湯浅圭造氏文書

尚々、面談ニ〳〵万可申候、御内米高頭弐百俵と覚中候、重而可承候、

此中者被参候而物語之通、昨日於御城ニ老中へ咄し申候処ニ、此方ゟ上申事無用之由、皆々被申候、先思案被致可然候、されとも思立事ニ候はゞ、可被致心次第ニ候、様子ハ能々気遣候間(敷)しく候、期後音候、謹言、

八月十二日　大僧正

松井九左衛門殿

年未詳

719　中根壱岐守正盛書状

「慈眼大師御年譜附録」

尚々、明日四ツ時分に御宮迄御登城可被成候、

今朝御上ケ被成候、日光御社参之御日取之儀、明朝登城被致、可被申上旨、御内証に而御座候間、明日四ツ時分、御宮迄御登城可被成候、くわしくは御目にかゝり可申上候、恐惶謹言、

八月十六日　(花押)

(天海)大僧正様　中根壱岐守(正盛)(ママ)(花押)

○中根正盛の壱岐守就任は、寛永十五年（一六三八）正月。

720　将軍徳川家光御内書

「慈眼大師御年譜附録」

尚々、是は御もん(門)跡へ申度候、明日は御装束にて御社参被遊候間、其(公海カ)御心得にて五ツ前に御宮へ御出可被成候、以上、

明日うちの御宮へ御社参被成、御身(神)体を御拝被成候、御

ゆわひ(祝)に二丸に而、御能など被仰付候間、登城いたされ
候やうにと、被思召候へ共、いまた気色しかと無之候間、
むやうにいたされ候て、御ゆわひ被成、御樽さかなつか
はされ候、僧正名代に門跡明日御社参前に、御宮へつか
はし可被申候、御能をも見物いたし候様との、上意に御
座候、御樽さかなは、御宮ゟもたせ可進候、恐惶謹言、

八月十六日　中根壱岐守(正盛)（花押）

大僧正(天海)　（ママ）（花押）

○中根正盛の壱岐守就任は、寛永十五年（一六三八）正月。

721　酒井讃岐守忠勝書状

「慈眼大師御年譜附録」

猶以、楽人拾弐人之内、辻伯耆罷下候様にと被仰遣
候へ共、辻伯耆は年寄行歩叶不申、煩居申候共申候、
又相果候共申候、辻左兵衛御よひ候て可然存候、併
左兵衛今程者伯耆と申候哉、承度存候、以上、

昨日者御出忝奉存候、然者昨晩之書付之通、今日得御意、
次飛脚を以、指上せ申候、随而公家衆下着之儀、昨晩者
廿日時分と申談候得共、それゟ前廉に被参候様にと被仰
出、廿日前に御下着候様にと申遣候、其御心得可被成候、
ヶ様之御用之時分と、何時も念のため、同ことくの状を
両度遣し申候間、明日も次飛脚指上せ可申候間、今晩御
状御調、明朝可被下候、自是は廿日前に下着被申候様に
と申遣候間、明日之御状には貴様ゟも其段可被仰遣候、
恐惶謹言、

八月廿日　酒井讃岐守　忠勝（花押）

大僧正(天海)様

御同宿中

722　将軍徳川家光御内書

「慈眼大師御年譜附録」

以上

明日可被為召旨　上意に御座候へ共、御けかれ(穢)のうちは、
御きびあしく被成御座候間、御けかれあけさせられ候て
ゟ御対面可被成旨　上意に御座候、為其如此候、恐惶謹
言、

八月廿三日　（花押）

（天海）大僧正　中根壱岐守（正盛）

尚々、明朝御使に可参旨、御意に御座候間、明朝参上可申候、

723　将軍徳川家光御内書

「慈眼大師御年譜附録」

猶以、明日御出仕之時分者、大形四時分可然存候、已上、

一筆令啓上候、久々不被遊御対面候、幸御能なとも被仰付候間、明日西之丸へ可被致登城之旨　上意候、為其如此候、恐惶謹言、

八月廿七日　正盛（花押）

（天海）大僧正　堀田加賀守正盛

御同宿中

724　曼殊院門跡良恕親王書状

「慈眼大師御年譜附録」

年未詳

去八月六日御状慥相届申候、然者為御音信、如目録三色給、御懇意難申尽候、就其御相伝之儀雖未練候、御懇望故、同心申候事、世間之嘲哢如何存候間、御隠密之段肝要存候、其方御勇健大慶之至候、此比有間（ママ）之湯へ入申候て、御報遅々心外存候、猶期後音候也、かしく、

九月一日　（曼殊院門跡良恕親王）（御花押）

（天海）大僧正御房

725　老中衆連署書状

「慈眼大師御年譜附録」

今晩就外遷宮、被罷出候様に　上意之趣相達候処、自此以前外遷宮之時者、不被出候、雖然　御諚事候間、可有出席歟之由、以杉浦内蔵允承候通、達上聞候処、先例次第与被仰出候、可被得其意候、恐惶敬白、

九月八日　（老中衆）阿部対馬守　重次（花押）

阿部豊後守　忠秋（花押）

（天海）大僧正

御同宿中

726　老中衆連署書状　「慈眼大師御年譜附録」

以上

一筆令啓達候、当月御祭礼付而、秋元但馬守(泰朝)日光江被遣候、貴老儀者爰元御用之事候間、毘沙門堂門跡(公海)為名代可遣旨、被仰出候間、可被得其意候、恐々謹言、

九月八日　(老中衆)阿部豊後守　忠秋（花押）

松平伊豆守　信綱（花押）

酒井讃岐守　忠勝（花押）

土井大炊頭　利勝（花押）

大僧正(天海)

御同宿中

727　大僧正天海書状　小野寺勝氏文書

以上

一書申入候、仍今朝之御帳ニも載上申候へハ、日光臨時之御祭礼近々付、我等参申候、日迫申候故、重而御吟味被遊、可被仰出之旨、　御諚被成候間、各可令談合候、其御意得可有候、猶口上申達候間、不能詳候、恐惶謹言、

九月十三日　大僧正　天（花押）

清水遠江守殿

人々御中

728　将軍徳川家光御内書　「慈眼大師御年譜附録」

以上

今月十七日者日光御祭に而御座候、吉良若狭守(高家・義冬)と御名代に被遣、くる(苦)しかるましく候哉、又十六日之御入仏にも、御名代被遣、くるしかるましく候哉、御けか(穢)れの内に御座候間、両所へ御名代之義(儀)僧正次第に可被成旨、御意に御座候間、くは(委)しく可被仰上候、恐惶謹言、

九月十三日　中根壱岐守(正盛)（花押）

大僧正(天海)

○中根正盛の壱岐守就任は、寛永十五年（一六三八）正月。

729　青蓮院門跡尊純親王書状

「慈眼大師御年譜附録」

猶々、身上之儀偏任入存候、追々可令通候条、抛筆
候、
得幸便令啓候、定而道中無事可為着府存候、今度在洛中
者、種々芳恵不浅次第候、殊拙僧義(儀)年寄衆迄、御取成之
段、外実本懐此事候、板防州(京都所司代・板倉重宗)其地於下向者、好時分被示
合、弥可然様頼存外無他候、此節於御馳走者、末代門室
之興隆、不可過之候、猶期後音候、急不克具候也、
九月十四日　(青蓮院門跡尊純親王)(御花押)
大僧正(天海)御房

730　将軍徳川家光御内書

「慈眼大師御年譜附録」

阿部豊後守(老中・忠秋)上ケ申候柿にて御座候、事之外見事に候間、
被下候由、上意に而御座候、恐惶謹言、
九月十九日　(花押)
大僧正(天海)　中根壱岐守(正盛)(ママ)(花押)

○中根正盛の壱岐守就任は、寛永十五年（一六三八）正月。

年未詳

731　天海書状（元折紙カ）

大正大学図書館文書

内々寺へも申請候ハんと存、御薬にても中途へ持せ不申
候て、背本意候、此中者無際限御辛労、一々承、御大儀
之至候、乍去御仕合一段能候条、御なくさ(慰)ミ候ハんか、
仍兼てゟ申候七十石ニ、先御前帳罷成候条、今度於結城、
御わ(割)り付之御算用も候ハヽ、同其御意得頼入候、於其上
者、直談可申候、鴻巣へ貴老御出之節、愚僧も罷越、是
非居申度候、幾度も乍申事、当寺者不思義(議)之宿縁を以、
貴老中興之儀候由、何篇奉頼外無之候、恐々謹言、
九月廿日　天海（花押）
（宛名なし）

732　大僧正天海書状

久能徳音院文書

猶々、明日者勝五郎殿へ定而可有御出候間、面上之
節可申述候、

一筆申入候、其後者不申通候、仍従日光参候間、鷂一居
進上申候、善悪者不存候得共、好鷹之由申候条、如此候、
恐惶謹言、

九月廿三日　天海（花押）
大僧正

松平新太郎殿　天海
人々御中

733　老中衆連署書状　「慈眼大師御年譜附録」

尊書致拝見候、昨日申入候御日取之書物、御考被成御上
候、披露可仕候、恐惶謹言、

九月廿三日　阿部豊後守(老中衆)　忠秋（花押）
土井大炊頭　利勝（花押）

大僧正(天海)
尊報

734　将軍徳川家光御内書

以上

酒井讃岐守(忠勝)まこのさし合に而罷有候、御用之儀御座候間、
御免被成、登城仕候様にと　御意被成候、御用済候てゟ、
いみたけ引籠申候様ニ被仰付候、禁中にもさやうに御座
候由、きかせられ候、いよ〳〵僧正もさやうに被存候哉、
具可被仰上旨　御意に御座候、恐惶謹言、

十月三日　（花押）
中根壱岐守(正盛)（ママ）（花押）
大僧正(天海)

○中根正盛の壱岐守就任は、寛永十五年（一六三八）正月。

735　鳥取藩主池田相模守光仲書状

鳥取大雲院文書

松平相模守
「(ウハ書)
〆　大僧正御房　光仲
尊報」

尊書拝見仕候、然者於国元長寿院客殿・護摩堂致建立候
儀被聞召付、被為入御念被仰下忝奉存候、何様伺公之節

可得貴慮候、恐惶謹言、

十月七日　光仲（花押）

○寛永十八年（一六四一）七月以降。

736 大僧正天海書状　京都廬山寺文書

尚々、当住へも申度候へ共、取紛候間、令略候、何
にも思召候者御理、何共□□申候、以上、
此中者御辛労、併末代台家之名誉故、法相続之儀候間、
先以肝要候、堂社を始零落歎敷可思召候、令察候、乍去
成程可令馳走候、不可存疎意候、仍衣之事今日は長橋殿
へ以書状申候、尤直談女御様へ申上候間、可御心安候、
夏（ママ）命は少々御用ニハ立可申候、恐惶謹言、

十月九日　天（花押）

大僧
廬山（ママ）長老様

〆

年未詳

737 中院通村書状　「慈眼大師御年譜附録」

好便之条一筆申入候、此中者久敷以愚札も不申承、御床
敷存候、其許御堅固候哉、爰元別条無之候条、可御心易
候、他事期後音之節候条、不詳候、恐々謹言

十月十二日　（中院通村）（花押）
大僧正（天海）様

738 将軍徳川家光御内書　「慈眼大師御年譜附録」

尚々、切々御尋に而御座候、以上、
爰元之屋敷へ今日被参候儀、弥必定に而御座候哉、尋に
遣し可申旨　上意に御座候、今日御越なく候はゝ御ふし
んたち可申候間、早々御越被成、御尤奉存候、日暮時分
まではおそく御座候、頓而御越可然奉存候、恐惶謹言、

十月十六日　（花押）
大僧正（天海）　中根壱岐守（正盛）（ママ）（花押）

○中根正盛の壱岐守就任は、寛永十五年（一六三八）正月。

739　将軍徳川家光御内書

「慈眼大師御年譜附録」

今明日者御やう共多御座候間、明後日可被為召旨　上意
に御座候間、上野に御やうも候はゝ、今日先々御帰被成、
御尤奉存候、恐惶謹言、

十月廿一日　（花押）
大僧正（天海）　中根壱岐守（正盛）（ママ）（花押）

○中根正盛の壱岐守就任は、寛永十五年（一六三八）正月。

740　南光坊天海書状

群馬善昌寺文書

内々無御心許存候処、貴札到来拝見満足此事に候、仍貴
体御堅固之段、尚以目出度奉存候、将又当山従上様御建
立に付而、喜悦之段蒙仰候、誠以忝令存候、大方当寺事
御造営可被成之段、　御意に候間、尚以御満足に可思召
候、殊更此方可被成御見舞由、蒙仰候、年内之事は御老
体ト申、御造作之儀に候条、御無用に而候、春中にも罷
成候者、御入来□候、又我等い香保湯治望み候条、来
春者其元可罷返候、其節者必々貴寺へ参上、積義（儀）共可申
述候間、万事期面談之時候、恐々謹言、

十月廿一日　南光坊　天海（花押）

741　大僧正天海書状（元折紙カ）

上野現龍院文書

尚々、御堂共出来候由珍重候、万御用者念使申候之
由、留主中ニ可得御意候、以上、
遠路飛札、殊檽柑弐籠、数三百送給候、隔意之至候、乍
去当山払底之物候間、令賞翫候、二、三日中可令参府由
存候、此由留主中へ心得候へく候、殊三途台（長福寿寺）其元ニ候哉、
伝達可有之候、同遍照院・龍花院、其外何へも可然様ニ
任置候、定而松は参着可申候、能々入念植候様ニ心得候
へく候、大事之松候、爰元大雨故逗留候、其元ニ逗留大
儀之至候、恐々謹言、

十月廿五日　大僧正　天海（花押）

東光院

742　曼殊院門跡良恕親王書状　「慈眼大師御年譜附録」

猶々、内々如申入候、我等儀連々御馳走頼存候、如此書状調候節、十月四日之珍重一覧申候、然者此比何と哉らん御所労之由候処、早速御本復の義（儀）、大慶此事に候、以上、

一筆申入候、然者其許御無事之由、珍重存候、此薫物令調合、珍敷匂候間進之候、猶期後音候、かしく、

十月廿九日　（曼殊院門跡良恕親王）（御花押）

（天海）大僧正御房

743　聖護院門跡道晃親王書状　「慈眼大師御年譜附録」

其後者御疎々敷存候、弥其方御勇健候哉、爰元別条無之候間、可御心安候、猶期後音時候、かしく、

十月晦日　（聖護院門跡道晃親王）（御花押）

年未詳

（天海）大僧正御房

744　天海書状写　大阪四天王寺文書

以上、

追而申候、今日・明日坂本へ可罷在候間、其内物之本被下候様奉頼候、山門衆へ頼申度存事候、

昨日者為御使御出忝候、今日返本参候間、頓而罷帰、以参彼是可申上候、仍直談中、浄名疏・涅槃疏抄、御六ケ敷候共、御覧被出、御借可給由被仰上頼入候、門跡様へも先日御約束申候、何様五、三日中可令参上候、此旨可然様ニ奉頼候、恐々謹言、

十月晦日　天海

青門跡様ニ而

勝九郎殿

参

745　将軍徳川家光御内書

「慈眼大師御年譜附録」

尚々、右之御意之趣、くわしく可申遣旨　上意に御
座候、以上、
明日者御とし日にても御座候間、内々可被為成と被思召
候へとも、少御むねつかへ被成候間、為御養生、御鷹野
へ可被為成候間、四日か、五日に可被為成、きかせられ
候、御事多御座候間、明日と思召候へ共、右之通為御養
生、御鷹野へ被為成候、先々明日御延引被成候旨　上意
に御座候、恐惶謹言、

十一月二日　　　　（花押）
大僧正（天海）　中根壱岐守（正盛）（ママ）（花押）

○中根正盛の壱岐守就任は、寛永十五年（一六三八）正月。

746　大僧正天海書状

京都妙法院文書

猶々、宝菩提院之儀、休也・左京申断候、以上、
尊書忝奉拝受候、在京中者、種々御懇情過分不浅候、乍
去行幸彼是取紛故、御論義なと不承、是耳御残多奉存候、
将亦宝菩提院之儀、竹木尤造営已下被仰付、御興隆可被
成候、雖無申迄候、山門代々之名跡候間、某抱候内も、
所用次第、急度御返進可被成候、勿論某代過候は丶無所
用候共、早速山門へ可被為返候、法流之儀者、法勝寺に
而執行候へと申付候、御□ゐ迄候、猶従江戸可申達候、
恐惶謹言、

十一月三日　　大僧正　天海（花押）
妙門様
参　申給へ

747　大僧正天海書状

鳥取県立博物館文書

以上
内々十一日御出候様にと申入候へ共、十七日之朝、土大（土井利勝）
炊殿御出可被成由ニ候間、御隙入候儀候共、無相違御来
賀所希候、恐惶謹言、
天（花押）

霜月八日

大僧正

天海　」

（捻封ウラ書）「（墨引）脇坂淡路守（安元）殿

人々御中

○本文書は『新鳥取県史　資料編　古代中世1 古文書編上』より所収。
土井利勝の忌日は正保元年七月十日。
脇坂安元の忌日は承応二年十二月三日。

748　老中衆連署書状

「慈眼大師御年譜附録」

以上

尊札致拝見候、大門道之事承候、庄田小左衛門尉・島四郎衛門尉申渡、急度あき候やうに可仕候、此度者延引有之間敷候、御心安可被思召候、恐惶謹言、

霜月十日　（老中）松平伊豆守　信綱（花押）

（老中）土井大炊頭　利勝（花押）

（天海）大僧正

尊報

年未詳

749　将軍徳川家光御内書

「慈眼大師御年譜附録」

尚々、かへられ候やう、早々可申旨　御意に御座候、

以上、

今日之御祈念隙明次第、今晩こゝもとのやしきへ可被帰候、夕部ゟまた事之外に寒申候間、上野は一入寒申へく候間、かならす今晩こゝもとへ、かへられ候やうにとの

上意に御座候、恐惶謹言、

十一月十一日　（花押）

（天海）大僧正　中根壱岐守（正盛）（ママ）（花押）

○中根正盛の壱岐守就任は、寛永十五年（一六三八）正月。

750　徳川将軍家光御内書

「慈眼大師御年譜附録」

当十六日ニ、可被為成旨　上意ニ御座候、為其如此候、恐惶謹言、

霜月十四日　（花押）

大僧正《天海》　中根壱岐守《正盛》

○中根正盛の壱岐守就任は、寛永十五年（一六三八）正月。

751　将軍徳川家光御内書

「慈眼大師御年譜附録」

尚々、此返事にくわしく《委》あそはされ、早々被仰上御尤奉存候、

御本丸に而きつね《狐》事之外あれ《荒》申により、かすか《春日》かた《方》より聞に越申よし、きかせ《聞》られ候、なにと申こされ《越》候哉、あれ候やうす《様子》くわしく可被申上旨　上意に御座候間、かすか方へ申こされ候通、ちかい《違》候はぬやうに、被仰上へく候、恐惶謹言、

霜月十九日　（花押）

大僧正《天海》　中根壱岐守《正盛》（ママ）（花押）

○中根正盛の壱岐守就任は、寛永十五年（一六三八）正月。

752　将軍徳川家光御内書

「慈眼大師御年譜附録」

此已前切々上り申候御ふた《札》上ケ可被申候、御ねま《寝間》そは《側》におかせ《置》られ候はん旨　上意に御座候、箱俄に出来不申候はゝ、かみ《紙》に成共御つゝみ《包》候て、唯今御上ケ被成、御尤奉存候、五つうち候へは、御目さめ《覚》、御鷹野へ被為成候、其刻御目にかけ《懸》候て、可然奉存候、恐惶謹言、

霜月十九日　（花押）

大僧正《天海》　中根壱岐守《正盛》（ママ）（花押）

○中根正盛の壱岐守就任は、寛永十五年（一六三八）正月。

753　天海書状

大阪四天王寺文書

先度奉頼候掛結之仮名記、被致御筆□候て可被下候、古本返し候様、よろしくこのよし被申上たのみいり《頼入》候、かしく、

霜月廿二日　天海

くりことの老の祈のしるしには千世のはしめの
君にそまみゆる

754　聖護院門跡道晃親王書状

「慈眼大師御年譜附録」

猶々、御所労無御心元存、如此候也、

一書令申候、弥其方御煩之由、無御心元存候、寒天之間、
御保養専用存候、かしく、

（聖護院門跡道晃親王）（花押）

霜月廿九日

大僧正《天海》御房

755　酒井讃岐守忠勝書状

早稲田大学所蔵最教院文書

尚以、大僧正《天海》・毘沙門堂《公海》へも、御心得候而可給候、
以上、

一筆申入候、大僧正今日之御気色之様子承度存候、内々
御見廻可申と存候へ共、只今迄御城ニ罷在延引仕候、も
はや御気色能候ハヽ、今日者御見舞申間敷候間、御気色
之様子委御返事ニ可被仰越候、明晩御見廻可申入候、恐々
謹言、

極月朔日　酒井讃岐守　忠勝（花押）

最教院《晃海》

756　将軍徳川家光御内書

「慈眼大師御年譜附録」

明日掃部頭《井伊直孝》所へ被為成候、寒中と申、久々に而遠路被為
成候間、御虫気にも無御座候様に、又は火事之時分御座
候間、火事其外御機嫌よきやう《能》に、明朝御はらい《祓》を上ケ
可被申旨　上意に御座候、明朝六ツ半比に御本丸御宮迄、
御上ケ可被成候、恐惶謹言、

十二月四日　（花押）

大僧正《天海》　中根壱岐守《正盛》　（花押）《ママ》

○中根正盛の壱岐守就任は、寛永十五年（一六三八）正月。

757　曼殊院門跡良恕親王書状

「慈眼大師御年譜附録」

先日者御所労之由候へ共、早速御本復之旨、大慶不過之
候、然者千五百番歌合書写申付進之候、自然に御覧候は

んかと如此候、好便故委細不申入候、猶期後音存候、か
しく、

十二月九日　　　　　　（曼殊院門跡良恕親王）（御花押）

（天海）大僧正御房

758　青蓮院門跡尊純親王書状　　「慈眼大師御年譜附録」

得好便一筆令申候、先以大僧正寒中勇健之事候哉、無心
許候、毎度申入候通、其余之義（儀）、万々能様心得候儀、偏
所希候、猶重而可申候間、不具候也、

極月十日　　　　（青蓮院門跡尊純親王）御判

（晃海）最教院

759　大僧正天海書状　　和歌浦天満宮文書

已上

如前々天台宗ニ帰伏之由尤候、黒装束之事、以来者可有
着用候也、

極月十一日　　　　（天海）大僧正　（花押）

安田左馬丞

○本文書は『和歌浦天満宮の世界』（和歌山大学紀州経済史文化史研究所編、二〇〇九年一月刊）より収録。

760　大僧正天海書状　　長野善光寺大勧進文書

以上

公方様御不例付、御祈祷之御札進上被申候、一段之事候、
御気色透と御快気之事候間、目出可被存候、我等も無事
候、其方気色無油断養性（生）被申候て、正月者早々参府可然
候、此方何も無事可心易候、万々期後音之時候、恐々謹
言、

極月十六日　　大僧正　天海（花押）

（宛名欠く）

761　春日局かな消息　　「慈眼大師御年譜附録」

なを〳〵《(猶々)》このたひ《(此度)》の御きけん《(機嫌)》は、そうしやう《(僧正)》様の御よろこひ《(慶)》も、わたくし《(私)》のまんそく《(満足)》も、おなし《(同)》御事とそんし《(存)》まいらせ候、又しゆりんにまて御しうき《(祝儀)》下され候、かたしけな《(忝)》かり大かた《(方)》にて御さ《(座)》候はす候、めてたく、かしく、

かさね《(重)》ての文、ことに《(殊)》わたくし《(私)》へ御まほり《(守)》拾てう《(挺)》一まき《(巻)》下され候、かたしけなくいとめ《(糸目)》のかす〳〵《(数々)》御よろこひを申入候やうにと、まつ〳〵《(先々)》いわゐ入まいらせ候、何として、かやう《(加様)》に御ねん《(念)》入、御心つき《(付)》申候や、こなた《(此方)》へかへ《(帰)》りまいら《(参)》せ候ても、そう《(僧)》正様の御きけん《(機嫌)》を、ふいてう《(吹聴)》いたし申候、めてたく《(目出度)》、かしく、

七日

御返事　かすか《(春日)》 ゟ

大《(天海)》そう《(僧)》正様にて

人々御申

762　永正院かな消息

年未詳

いはゐ《(祝)》入まいらせ候、返々御ねん《(念)》入られ、御しうき《(祝儀)》、こん日《(今)》はことに《(殊)》御日から《(柄)》もよく《(能)》御さ《(座)》候にと、一しほ《(入)》の御よろこひ《(慶)》にて御さ候、返々おと〻ひ《(一昨日)》は御め《(目)》にか《(懸)》〻り、めてたき《(目出度)》事、きかせ《(聞)》られ、御まんそく《(満足)》なされ候事、かへり《(帰)》まいら《(参)》せ候ても、一しほめてたかりまいらせ候、なを〳〵《(猶々)》わたくし《(私)》ともにまて、御しうき《(祝儀)》下され候、めてたくいわゐ入まいらせ候、

御ふみ《(文)》殊に御まほり《(守)》、ならひ《(並)》に御いわゐなされもくろく《(目録)》のことく《(如)》、色々御祝儀上様へも御はつお《(初穂)》あけ《(上)》まいらせられ候、御いわゐなされ候、誠に〳〵御ねん入させられ候御事、大かたならす、春日殿御よろこひ《(慶)》の御事にて候、わたくしともへも御祝儀下され、めてたさ、春はいよいよめてたき御事にて候、大僧正様《(天海)》へも御祝儀あけまいらせめてたき《(脱アルカ)》御事のみ、御座候はんと、一しほに御まほりいた〻き、御しうきを、めてたく、かしく、

七日　ゟ

大僧正様にて　永正院

人々御中

763　春日局・永正院かな消息

「慈眼大師御年譜附録」

はんと御意にて御さ候、そん《存》しの外、御きしよく《気色》もよく《能》、御やうしやう《養生》のたん《段》もよくあそ《遊》はしまいら《参》せ候、御きつかひ《気遣》におほしめ《思召》すましく《間敷》候、返々御きけ《機嫌》んもよく候まゝ、かならす《必》御きねん《祈念》の事は、御むや《無用》うになされ候、御ないき《内儀》へならせられ候はゝ、文のとおり《通》よく申上まいらせ候へく候、こと《殊》の外のさむ《寒》さにて御さ《座》候か、そう《僧》正さま御きけんよく御さ候よし、めてたく《目出度》そんし《存》候、めてたく、かしく、

文下され候かたしけな《忝》くそんし《存》まいら《参》せ候、上様御きし《気色》よくの事、また御きう《灸》なともあそ《遊》はされ候、一たん《段》と御きけんよく《機嫌能》御さ《座》候まゝ、御きねん《祈念》の御事は、御むよう《無用》になされ候へく候、はる〳〵御ないき《内儀》へも、ならせられす候まゝ、こんにち《今日》かすか《春日》まいり、御めみえ《目見》いたしまいらせ候、御おもて《表》へも、ならせられ候はんか、御ろうかなとも、はる〳〵の事にて候まゝ、御風もひかせられ候はんとおほしめし、御やうしやう《養生》のために、ならせられす候、やかてこの中にならせられ候、めてたく、かしく、

十二日

ら

かすか《春日》

ゐいせうゐん《永正院》

大そう《僧》正《天海》様

人々御中

764　春日局かな消息

「慈眼大師御年譜附録」

返々、めてたき《目出度》御むさう《無想》にて御さ《座》候、ことさら《殊更》八日は御やくし《薬師》のゑん《縁》日、とら《寅》の日とて、権現様《徳川家康》の御つ《告》けと、一しほ《入》めてたく、ありかたくそん《存》し候、わさ《態》とめてたさまてに、御たるさかな《樽肴》もくろく《目録》のことく《如》、しん《進》し候、めてたく、かしく、

この春のめてたさ《目出度》、公方様《徳川家光》御きけん《機嫌》よく《能》、いつにすくれ《優》、おほしめ《思召》しの御まゝの御年あそ《遊》はされ候、めてたさおな《同》し事にて御さ《座》候、左様に候へは、いたくらすわう《板倉周防》殿より、

この《此》文のことく《如》、京まち《町》人むさう《夢想》を見申候とて、わさと《態》つきひきやく《次飛脚》にて、御下し候まゝ、公方様へひろう《披露》申上候へは、すなはち《即》御十七日そこ御ほと《程》にて、御ひらき《披》被成候へと、御意被成候まゝ、御むさうのかきつけ《書付》をも、すわう《周防》殿文をも、御めにかけ《目懸》まいらせ候、めてたく、かしく、

十三日　　ゟ
大僧正《天海》さま　　かすか
人々御中

765　永正院かな消息

「慈眼大師御年譜附録」

ひえ《比叡》の山御さんわう《山王》さま《様》へ、らいはいこう《礼拝講》に、こと《今年》し御あたり《当》、一大事の御つとめ《勤》にて候へ共、いまほ《今》との御事にて候まゝ、御山わふ《王》さまは、御一たい《大》の事にて候まゝ、大僧正さま御ゆるし《許》にて、名代のほ《登》させられ、さいけう《最教》院の事は、御さんわふさまにて、御きねん《祈念》めされ候やうにと、仰られ候御事、一たん《段》の事にて候、かすか《春日》殿へ一日さいけうゐんゟ仰こし候とおり《通》申候へは一たんめいわく《迷惑》かりにて、大事の事にて御入候に、こなた《此方》へ御とひ《問》候事は、めいわくにて御入候なとゝ、御候まゝ、そう《僧》正さまなにやうにも、よきやう《能様》になされ候事、もっとも《尤》にそんし《存》候、かすか殿へは、この文みせ《見》まいらせ候はす候とも、御てまへ《手前》さまいまほとの事、大事におほしめし《思召》御きねん御さんわふさまにて御させなされ候はんと仰られ、名代を御のほせ候よし可申候まゝ、さやう《左様》に御心得なされ候へく候、めてたく、かしく、

春日殿わたくし《私》への御ふみ《文》、かたしけなく《忝》そんし《存》候、上《徳川家光》様うちつゝき《打続》御きけん《機嫌》よく御さ《座》なされ、めてたさ《目出度》おなし《同》御事にて候、あす《明日》は御内儀へさため《定》てならせられ候はんまゝ、さひ〳〵《再々》御きけんうかゝ《機嫌伺》ひまいらせられ候事、か《春日》すか殿わたくし《私》よく申あけまいらせ候、いまた《未》ひへ《比叡》まいらせ候まゝ、御やうしやう《養生》あそは《遊》し候へと、仰下され候とおり《通》も、いち〳〵《一々》申あけまいらせ候、さ《左》候へは、さい《最教》きやうゐん《院》、かしく、

十七日
大僧正（天海）さまにて　ゑいせう（永正）院
人々御中

766　永正院かな消息

「慈眼大師御年譜附録」

をしはかり（推量）まいらせ候、返々御まへ（前）にてよく申上まいらせ候、上せうゐんまて、御ふみ（文）にて申候、大ひめ（姫）君様御わつらひ（煩）候て、かすか（春日）殿は夕部よりちくせん（筑前）さまへ御出の事にて候、御きねん（祈念）の事、上せうゐんまて申候てまいらせ候まゝ、くわしく（委）きかせ（聞）られ、御わつらひによき（能）御きねんあそはし、御ふた（札）御まほ（守）り上せうゐん御つかひ（使）に被成、かすか殿迄まいらせられ候へく候、大ひめ君さま御わつらひにつき、かすか殿きしよく（気色）も大かた（方）ならす、よく御さ（座）候まゝ、御きつかひ（気遣）なされましく候、なを〳〵（猶々）上様（徳川家光）御きけん（機嫌）うちつゝき（打続）よく御さなされ、めてたさおなし御事にそんしまいらせ候、めてたく、かしく、

昨日は御ふみ（文）下され候、仰られ候ことく（如）、上様御きやう（凶）すゐ（衰）あそはし（遊）候へ共、御きしよく（気色）に、かわる（変）御事なく、御機嫌よく、御せん（膳）もあかりまいらせられ候まゝ、御こゝろやすく（心安）おほしめし（思召）まいらせ候、ふたり（二人）へ下され候、御ふみ（文）、すなはち（即）御まへ（前）にてよみ（読）申上候へは、よく心得申候へと、御意被成候、かやう（加様）なるめてたき御事御さ（座）なく候、大僧正さま御まんそく（満足）の事と、かしく、

十九日
大僧正様にて　ゑいせうゐん（永正院）ゟ
御返事人々御中

767　春日局かな消息

「慈眼大師御年譜附録」

尚々、日々御たか（鷹）野へならせられ候て、つゐに（遂）御すき（隙）御さ（座）なく候か、きのふ（昨日）つふさ（具）にいかにこま〳〵（細々）とよくきかせられ候、また〳〵石川とのも（主殿）殿への御事、かいふん（涯分）きも（肝）入候てみ（見）まいら（参）せ候へく候、すこし（少）もちよさい（如在）は御さなく候、公方様（徳川家光）御きけんよく（機嫌能）御

さなされ候、御せん（膳）もよ（能）くめし（食）上られ候まゝ、御心やす（安）くおほしめ（思召）しなされ候へく候、かしく、
一筆申入まいらせ（参）候、すきし（過）夜は、すさまし（凄）き雨風にて御さ候つるか、御そくさゐ（息災）にて御さ候や、うけたまはり（承）たくそんし（存）候、公方様は一たん（段）と、御きけんよく御さ被成候まゝ、御心やす（安）くおほしめ（思召）し候へく候、さやう（左様）に御さ候へは、日とひの仰られ候とをり（通）、おほえかき（覚書）にいた（致）し候事、よへいち〳〵弐人して中上まいらせ候へは、御きけん（機嫌能）よく、とく（篤）とよくきか（聞）せられ候まゝ、御心やす（安）くおほしめし（思召）なされ候へく候、かしく、

廿一日　かすか（春日）

大そう正様　永せう院
人々御中

768　永正院かな消息

「慈眼大師御年譜附録」

おほしめし（思召）候へく候、きのふ（昨日）の御きねん（祈念）の御いりき（威力）にて、御きけん（機嫌能）よく、てんき（天気）までよく御座候事、神りよ（慮）にかな（叶）はせられ候事と、めてたく（目出度）かたしけなく（忝）そんし（存）まいら（参）せ候、御きけんのとをり（通）、御こゝろ（心許）もとなくおほしめ（思召）され候はんと、文にて申候、返々めてたさ（目出度）、さそ〳〵御まんそく（満足）におほしめし候はんと、おし計（推）まいらせ候、めてたく、かしく、
こん日（今）上様御きけんよく、御本丸御わたまし（移徙）あそはされ、めてたき、殊にけさ（今朝）まてくもり（曇）まいらせ候てんき（天気）、あかりまいらせ、かやうなるめてたさ、御手から（柄）の御事と、めてたかりまいらせ候、このまゝうちつゝ（打続）かせられ、いよ〳〵御きけんよく御さなされ候はんと、めてたくそんしまいらせ候、けふ（今日）は御きしよく（気色能）よき御事大かた（方）にても御さなく、御きけんのこる（残）所も、御さなくよく御さ被成候まゝ、めてたく御心やすく、かしく、

廿七日
大僧正（天海）さまにて　ゑいせうゐん（永正院）
人々御中

年未詳

769　将軍徳川家光御内書

「慈眼大師御年譜附録」

今日可被為成と、被思召候へ共、天気悪敷御座候、僧正としよせられ候に、切々御延被成候儀、御めいわくに被思召候間、雨はかかりに候はゝ、可被為成候へ共、風も吹申候、其上夕部ゟ御頭痛気にも被成御座候間、不被為成候、天気あかり候はゝ、近日可被為成旨　上意に御座候、恐惶謹言、

（月日なし）

中根壱岐守《（正盛）》（花押）

大僧正《（天海）》

770　三河瀧山寺寺内法度

「慈眼大師御年譜附録」

三河国陀羅尼山瀧山寺法度之事

一、於本堂天下安全御祈禱、殊於坊々例時勤行不可懈怠事、

一、一山之衆僧企非義好公事不可一列事、

一、堂領之山林不伺本坊、為私用不可伐事、付、衆僧並地下百性等、可守本坊下知事、

一、破戒不律輩於有之者、或死罪、或追放、付、通俗書《（ママ）》悪逆之族不可相抱事、

一、寺内殺生禁断之事、

右前大相国《（徳川家康）》様御当代以御直判申付者也、

山門執行探題大僧正天海（花押）

あとがき

私は平成二十六年三月に寛永寺様の御厚意により、中川仁喜氏と共に『南光坊天海発給文書集』を刊行した。これは天海の自筆書状の探求を目的としたものであった。そのため天海の発給文書に限定したので、収録した文書数は四百点弱であった。

私の天海研究の最終目標は、天海の関連史料をすべて収集して『大日本史料』のように、古文書・古記録・伝記等を編年順で整理して活字化することである。鋭意作業を進めているが、残念ながら現在まだその途上である。私事にわたって恐縮であるが、最近私は健康診断の結果、直腸癌が発見され、摘出手術を行ったが、現在もまだ抗癌剤の治療中である。そのため所期の目標の達成が困難になってしまった。

時間的な制約が生じたために、私の手許でもっとも整理が進んでいる関連古文書だけを独立させてこのような形で刊行することにした。私は関連古文書をこれまで『三康文化研究所年報』(第四十五〜四十七号)に三回に分けて「南光坊天海関連文書史料集」として、寛永十年まで編年順で発表してきていた。しかし今後まだ数年を要する計画である。この間新出史料も数点確認されている。

これらの事情を勘案して今回は不充分なところもあるが、とりあえず現在の私の手許で収集して整理されている天海の関連古文書をこのような形で刊行させていただいた。年次の記されていない書状類も可能なかぎり年代推定をして、その年次に収載した。しかし私の年代推定に誤りがあると、研究者の史料検索が不可能になるので、編年順目次とは別に、巻末に年次に関係なく月日順目次が収録されているので、それらから史料の検索をしていただきたい。

本書の収録史料の体裁はある程度の統一をはかった。しかし既刊の史料集から引用したものもあるので、不充分なところもある。内容は現在の私の関連知識の中で整理しているため典拠等で不充分なところもある。これからの研究者が不必要なエネルギーを使うことなく、私の収集整理したこの史料集を叩き台として、更に天海の研究を深めていただければ幸いである。

なお、天海関係の古記録・伝記等の史料集の作成は中川仁喜氏に託してある。私も可能なかぎり手伝うつもりでいるが、後日中川氏によって作成されるはずである。その時には本書の不充分なところもかなり補完されるはずである。いささかフライング気味の本書であるが、これまで私の知り得た天海関連の古文書をすべて編年順で整理したのが本書である。後学の研究者の少しでも参考になれば望外の喜びである。

最後に、本書刊行にあたり多くの方々の御協力を得たが、なかでも史料の収集や校正では中川仁喜氏に、編集では青史出版の渡辺清氏にご尽力をいただいた。厚く感謝する次第である。

平成二十八年九月

宇高良哲

南光坊天海の研究

宇高良哲著

Ａ５判・四三四頁／一〇、〇〇〇円（税別）

比叡山の復興に努め、日光輪王寺や上野寛永寺の建立に尽力するなど、天台僧としての活躍とともに、徳川家康の知遇を得て江戸幕府の政務にも関わり、また家康の臨終に立ち会った天海の全貌を明らかにする。特に、現在に多数伝わる発給古文書の真偽を検討して真筆を見極め、その成果をもとに一〇八歳という長寿を全うしたと伝わる謎多い天海の実像と多彩な活動を明らかにする。

青史出版

著者略歴
昭和十七年　埼玉県生まれ
昭和三十九年　大正大学文学部卒業
昭和四十四年　同大学院博士課程修了
大正大学教授・三康文化研究所研究員
などを経て、
現　在　大正大学名誉教授　文学博士
□　□

〔主要編著書〕
『江戸浄土宗寺院寺誌史料集成』（大東出版社）
『関東浄土宗檀林古文書選』（東洋文化出版）
『近世関東仏教教団史の研究』（文化書院）
『近世浄土宗史の研究』（青史出版）
『南光坊天海発給文書集』（吉川弘文館）
『南光坊天海の研究』（青史出版）

南光坊天海関係文書集《なんこうぼうてんかいかんけいもんじょしゅう》

平成二十八年（二〇一六）十月十日　第一刷発行

編　者　宇《う》高《だか》良《よし》哲《あき》
発行者　渡辺　清
発行所　青史出版株式会社
郵便番号一六二―〇八二五
東京都新宿区神楽坂二丁目十六番地
MSビル二〇三
電　話　〇三-五二二七-八九一九
FAX　〇三-五二二七-八九二六

印刷所　株式会社　三秀舎
製本所　誠製本株式会社

ISBN978-4-921145-57-6 C3015

索　　引

① 人　　名

あ　行

青山幸成　140, 144, 243
秋篠大弼　89
秋田城介　277
秋月種実　1
秋月種長　2
秋野献順　39
秋元泰朝　165, 173, 237, 298
浅野長直　181
浅野八大夫　106
朝比奈源六　290, 291
飛鳥井雅宣　244
跡部九郎右衛門尉　172
阿野実顕　146
阿部重次　233, 287, 297
阿部忠秋　156, 167, 168, 211～216, 218, 220, 235, 262, 269～271, 287, 288, 297～300
荒尾嵩就　126, 232, 233
荒尾成利　126, 224, 233
荒尾成房　126
有馬直純　234
有馬康純　234
安国寺恵瓊　186
安　栖　228
安藤重長　177, 178, 180, 181, 198, 202, 211
安藤重信　46, 48, 58, 81, 82
安藤直次　10, 102, 127, 159, 160

井伊直勝　181
井伊直孝　307
井伊直好　180
飯野半助　206
伊賀豊作　108
生井清兵衛　206
生嶋宮内少輔　115, 162
池田河内守　139
池田勘右衛門　273
池田忠雄　126
池田備後守　171
池田光仲　224, 232, 233, 300, 301
池田光政　138, 139
生駒左近　139
生駒高俊　205, 224
生駒木工　42
諫早石見守　144
石川主殿　312
石田三成　186
出　雲　206
板倉勝重　9, 15, 18, 20, 24, 26～29, 31, 33, 39, 40, 43～45, 47～49, 51, 52, 55, 57, 60, 65, 73, 86, 87, 92
板倉重昌　45, 48, 92, 202, 252
板倉重宗　44, 86, 90～92, 135, 152, 160, 168～172, 195, 197～199, 240, 242, 251, 257, 258, 260～262, 272, 274～276, 299, 310
伊丹喜之助　13, 58
一　鷗　204
市島謙吉　294
市橋長正　87, 122, 176
伊奈忠次　181

索　　引（①人名）

猪苗代兼如　128
乾直幾　233
井上新左　140
井上正就　104, 116, 133
今小路　12
今小路民部卿　92
今小路行康　4, 5, 6
今出川経季　244
岩倉具尭　60, 61, 89, 90
岩越次郎左衛門　224
岩佐平蔵　228
岩佐又兵衛　228
胤　海　277

上椙謙信　53
上田善次　40
上野九兵衛　206
上野小平次　206
上野清助　206
鵜兵庫頭　278
雲　順　39

栄　俊　65
栄　春　232
英勝院　21, 36
永正院　189～194, 198, 231, 232, 252, 309～313
栄　朝　35
栄　任　40
恵　心　7, 12
恵　亮　38
円光寺元佶　13
円耳（虚応無染）　27, 35
円定坊　35
遠藤行蔵　255, 262
遠藤常昭　255
円　仁　103, 125, 159, 231
円誉不残　50

応　昌　56
正親町天皇　1, 35
大久保長安　87, 186
太田資宗　190, 242
大谷泰重　131
大西芳雄　167, 236
岡田義政　221, 279, 284
於　勝　21, 36
お亀の方　221
岡本八内　216
奥野勝兵衛　244
織田信長　48, 126
小野寺勝　298
於六（徳川家康側室）　101

か　行

戒　算　159
海　津　52
甲斐庄喜右衛　111
快　倫　126, 244, 256
覚　深　28, 61, 74
覚了坊　211～215, 217～219
覚林房　66
花山院定好　74
勧修寺経広　88, 175, 195～197, 199, 229, 251
勧修寺光豊　9, 11, 12
春日局　184, 185, 189, 191～194, 308～313
片桐且元　28, 29
片桐貞隆　111
片山宗哲　42
勝屋勘右衛門尉　144
加藤市之丞　212, 213
加藤忠広　128, 129
狩野亨吉　44, 46
狩野探幽　251
上左兵衛尉　275
川合又五郎　63
河地茂三郎　117
河浪勘左右衛門尉　148
寛　海　89, 90
閑　斉　58

閑室元佶　87
神田喜一郎　204
勘　六　59

輝　岳　181
菊　円　256
菊　善　256
木口理右衛門　214, 217～219
菊亭晴季　48, 50
喜左衛門　207
北嶋広孝　110
義　田　176
木下利房　71
木原義久　228
木　村　86
木村了琢　167, 174, 229, 236
久左衛門　53
久　徳　8
教　住　256
尭　然　54, 91, 127, 162, 165, 166, 168, 178, 185, 195, 202, 203, 208, 209, 225～227, 257, 258, 269, 270, 276, 281, 284, 285, 288, 290, 292
虚応円耳　242, 245
玉室宗珀　140, 156
吉良義弘　257, 258, 284
吉良義冬　298
金兵衛　156

空　海　48
久貝頼母　171
日下部権九郎　68
日下部宗好　68, 82, 84, 85, 151
日下安左衛門　223
久志本式部　210
九条完子　93, 121
九条忠栄　93
九条幸家　121, 141, 142
朽木稙綱　278
愚　堂　176
宮内卿　76, 94, 95, 274
宮内卿法眼　251
久保丹後守　275
倉橋勝兵衛　156
栗原宏治　161
栗原権平　171
九郎右衛門　214
黒川八左衛門　291

桂　海　7
恵　海　66
恵　賢　54
慶　賢　199
蕙　山　176, 181
経　秀　9
恵　秀　65
慶　俊　65
慶　舜　156, 199
玄　栄　65
源右衛門　52
玄莚房　73
憲　海　262, 266
玄　海　136, 183, 184, 206, 207
玄　弘　179
賢　盛　15, 22, 26, 57, 78, 83, 86, 87
玄　竹　228
賢　雄　6, 7
源誉慶巌　31, 64, 65
源誉存応　50
玄　隆　65

興　意　30
幸　円　37
康　音　196, 225
晃　海　136, 143, 145, 148, 165, 166, 173, 176, 179, 180, 183, 184, 187, 192, 193, 198, 205, 206, 208, 211～217, 219, 224, 226, 229, 232, 235, 236, 238, 239, 247～250, 252, 261, 262, 265, 268, 270, 273, 274, 281, 282, 284, 285, 287～289, 291, 293, 294, 307, 308

公　海　178, 186, 260, 294, 295, 298, 307
光(晃)海　286
豪　海　18, 19, 24, 26, 27, 29
豪　倪　126, 136, 138, 144, 176〜180, 182, 183, 198, 206, 210 〜 214, 216, 217, 219, 229, 238, 239, 242, 247 〜 250, 252, 265, 273, 274, 279, 282, 286, 288
合志真賢　1
合志親為　1
豪　盛　1, 13
康　猶　69, 132
光　誉　89, 90
後柏原院　170
後光明天皇　263
後白河法皇　111
後醍醐天皇　151
後藤庄三郎　34, 294
後藤光次　75, 76
後鳥羽院　67, 187
近衛前子　54, 57, 60
近衛前久　54, 57, 60
近衛信尋　102
小林勘平　119, 120
小林助右衛門　216
小堀政一　63, 176, 245
駒井次郎左衛門　102, 291
狛木工　286
後水尾上皇　170, 172, 229, 251, 257, 260, 263
後水尾天皇　47, 60, 83, 93
五味豊直　245
後陽成院　29, 31〜34, 41, 49, 60, 61, 72, 73, 75, 89, 90
後陽成天皇　6〜12
五　郎　63
金地院崇伝　13〜15, 17〜24, 26〜29, 31〜34, 40, 42〜45,49, 50, 52, 55〜59, 68, 83, 117, 130, 139〜143

さ　行

最　胤　2, 28, 31, 55, 57, 64〜66, 70, 73, 76, 77, 82, 84〜86, 91, 94, 99, 124, 131, 150, 152, 174, 200
西園寺源透　116
西園寺実晴　88
西園寺実益　56
最　澄　103, 159, 244
酒井宮内太輔　172
酒井外記　286
酒井忠勝　130, 141, 156, 165, 167 〜 173, 188, 189, 209, 211 〜 213, 216, 218, 219, 230, 235, 237 〜 239, 255, 256, 263, 286, 292, 296, 298, 300, 307
酒井忠利　113, 116
酒井忠朝　130
酒井忠道　113, 209
酒井忠世　46, 48, 58, 81, 82, 84, 116, 128, 141, 153, 154, 156, 161, 162, 171, 172
堺利重　198
酒井政家　160
榊原照久　44, 45, 46, 80
酒袋嘉兵衛　24
佐竹義隆　202
佐竹義宣　36, 76, 144, 147
里見讃岐守　172
佐野修理大夫　172
三郎右衛門　53
山　海　58
三　休　29
三条西実条　45, 48, 57, 60, 65, 72, 73, 74, 153, 174
山泉斎　140

慈　胤　131, 210, 257, 258, 260
慈恵大師(良源)　239
式部少将　118
地蔵院　41

実　俊　258, 261
実　尊　7, 64
柴田勝正　42
柴山右京　206
島四郎衛門尉　305
島田利正　242
島津義久　1
清水遠江守　298
周　海　239, 274
秀　珍　67, 119, 120, 126, 187, 285, 286
周　宝　191, 192
俊　海　41, 52, 53, 148
純　海　138
舜　堯　24
順　恵　244
常　胤　3, 4, 5, 12, 28
正観坊　273
浄教坊　258
勝九郎　62, 303
勝五郎　299
定　源　256
常光院　70
照　山　181
乗　俊　119, 121, 206
松　勝　295
松禅院　272
乗　存　40
庄田小左衛門　305
庄田対馬　215, 216
湘　南　176
正誉廓山　15, 18, 50
正林房　237
臻　海　65
深　覚　52
清　韓　30
新宮左近　46
真　賢　2
新七郎　53
新上東門院　54
深誉文廓　123, 124

出納大蔵　267
出納職在　162, 164, 285
出納職忠　29, 41, 54, 57, 79, 87, 128, 142, 175, 225
随　風　3
崇源院　111
菅沼貞芳　140
杉浦内蔵允　297
助兵衛　214
鈴鹿治忠　49, 60, 72
鈴木長以　12, 13, 62
須田二郎太郎　47

清　雲　228
清右衛門　52
清閑寺頭弁　293
清閑寺共房　9, 146, 185, 186
清巌宗清　156
盛　憲　117, 125, 126, 129, 130, 177, 182, 198, 223, 239, 248 ～ 250, 265, 274, 286
清　左　63
盛　舜　173
生　順　176, 179, 180, 249, 252
清　兵　63
清和天皇　125
石　天　176
禅　意　20
千英宗茂　179
仙　海　7
全　空　245
千　山　181
善　春　8
善　同　279
千　松　8
禅　門　78
禅　宥　60, 61

宗　雲　206
相応院　221

宗　雅　　204
増　算　　49, 60
相住坊　　41, 118
宗　順　　71, 294
宗順（坂本屋）　162
宗　伯　　12, 22, 288
桑誉了的　　50
曽我吉祐　　207
尊　栄　　65
尊　円　　93
尊　純　　7, 9, 28, 32, 49, 60, 62, 74, 88, 89, 91, 98, 110, 113, 136, 144, 146, 148, 160, 170, 171, 185, 195, 197, 199, 204, 223, 235, 240, 257, 258, 263, 265～268, 298, 299, 308
尊　勢　　57

た　　行

大淵玄弘　　179, 180
大期六左衛門　　256
大　愚　　175, 178～180
高木大蔵　　294
沢庵宗彭　　156, 157, 175, 223
竹内文平　　103
竹腰正信　　103～105, 108
竹中重門　　129, 130
田左衛門　　53
田代広綱　　83, 108
多田孝正　　4
伊達忠宗　　108
伊達政宗　　36, 117
伊達宗基　　36
田村権右衛門　　211, 214, 215, 217, 218
丹　後　　206
但　唱　　210, 222, 229, 230
単伝士印　　156, 176, 179

千種木工　　148
竹　友　　40
茶　阿　　112
茶　々　　105
宙　外　　176
忠　尊　　18, 20, 57, 87, 101, 109, 116, 141
中和門院　　118, 121
千　代　　191
長右衛門　　183
長　海　　51
奝　海　　56
長　源　　256
長　宗　　256
朝　尊　　244
長　祐　　37
直　壮　　38
千代姫　　192
鎮　栄　　152
珍　海　　223
珍　祐　　106～108, 114, 141, 142
鎮　宥　　152

通　光　　255
通　順　　39
筑紫広門　　2
辻左兵衛　　296
辻常三郎　　109, 110
辻伯耆守　　197, 275, 296
土九次郎　　59
土倉市正　　139

転法輪三条公広　　88
寺尾直政　　106
寺沢堅高　　202
寺西伊豫　　128
伝兵衛　　148
天祐紹杲　　156

土井利勝　　45, 46, 48, 57, 59, 81, 82, 84, 88 ～ 91, 97, 116, 117, 119, 121, 130, 133, 140, 165, 167, 168, 171, 172, 179, 242, 271, 292, 298, 300, 304, 305

東右衛門尉　83
東源慧等　156, 176
道　晃　225, 261, 262, 303, 307
東光房　41
東光坊　73
東条甚十郎　171
藤大納言　261
藤　堂　113
藤堂高次　120, 161, 239
藤堂高虎　82, 85, 114～116, 118～121, 124, 125
東福門院　121, 263
戸川正安　176
徳　運　8
徳　雲　50
徳川家綱　17, 19, 203, 235, 237, 239, 240, 252, 255～258, 260, 261, 263
徳川家光　102, 105, 108, 110, 111, 115, 117, 118, 121～123, 125, 127, 128, 130, 131, 134, 135, 138, 140, 142, 145, 152, 154～157, 159, 160, 162, 166, 168, 170～172, 174, 175, 178, 182, 184, 186, 189, 193～195, 198, 199, 201, 203～205, 207, 210, 214, 215, 217, 220, 221, 224, 228～231, 233, 237～239, 243, 245, 250, 252, 255, 257, 258, 260, 268, 269, 271～273, 277, 280, 282～284, 286～289, 291, 293, 295～302, 304～307, 310, 312, 314
徳川家康　5, 8, 9, 14～20, 23, 26, 31～36, 38, 39, 41～43, 47, 48, 50, 53, 56, 68, 92, 109, 110, 113, 123, 128, 142, 151, 152, 168, 172, 174, 179, 180, 186, 200, 210, 214, 219, 229, 230, 231, 234, 241, 244, 246, 250, 252～254, 259, 262, 264, 310, 314
徳川和子　82～85, 93, 121, 263
徳川忠長　123, 129, 131～136
徳川秀忠　18, 19, 21, 23, 31, 33, 35, 36, 42, 44, 46, 48, 50, 54, 55, 57～59, 61～63, 70, 79, 80, 82～85, 90～93, 95, 97, 104, 110, 111, 123, 125, 127～136, 138, 146, 147, 186, 202, 231
徳川光友　221
徳川義直　58, 83, 102, 105～108, 114, 122, 123, 142, 221, 228, 292
徳川義直母　221
徳川頼重　141
徳川頼宣　10, 58, 107, 114, 127, 128, 168, 228, 283, 291
徳川頼宣の母　128
徳川頼房　58, 85, 102, 106, 117, 123, 290
徳生庵　263
智　仁　33
戸田清堅　102
戸田正安　182
富田信濃　172
富田宗作　140
友　竹　44
豊臣秀吉　48, 111, 184
鳥居金五　102
鳥小路経音　223

な　行

内藤忠重　140
内藤信照　140, 141
永井尚政　104, 116, 133, 141
中井正清　13, 62
中川仁喜　4
長坂太郎左衛門　63
長田七郎右衛門尉　283
中根正盛　200, 211, 212, 228, 237～239, 252, 255, 268, 269, 271～273, 277, 280, 282～284, 288～291, 295～302, 304～307, 314
中院通純　173, 174, 203, 204
中院通村　173, 174, 185, 203, 205, 260～262, 293, 294, 301
長野宇平治　140

中御門資胤　　8
永見志摩　　286
中村内匠　　292
中村隼人　　212, 215〜218
半井驢庵　　40, 207
夏目広次　　160
鍋嶋勝茂　　70, 72〜75, 90, 96, 97, 143, 144, 146〜148, 157, 158, 202, 288
鍋嶋伝兵衛　　144
鍋嶋元茂　　202
成瀬正成　　103, 104
成多喜勝運　　89
南摩主計頭　　10, 103, 128

西池主膳　　148
西尾長昌　　262
二条昭実　　33, 48, 50, 67, 70
二条康道　　121
日　遠　　37, 40
日　誉　　19
新田豊純　　215
新田義貞　　233
忍誉真源　　123

根本与左衛門　　244

能　運　　20, 21
能　閑　　69
能　金　　20, 21
能　作　　20, 21
能　札　　20, 21
能　松　　20, 21
能　存　　20, 21
納富羽右衛門　　96

は　行

芳賀内蔵　　139
萩野由之　　32, 82
八条宮智忠　　115
蜂須賀家政　　128
蜂須賀蓬庵　　128
八兵衛　　183
早川純三郎　　114
林道春　　32, 87
林信澄　　46, 48, 58, 89
速　水　　86, 87
速水正益　　128
原嶋淡路　　230
原嶋右京　　229
原島洌　　229, 230
半重良　　156

日置豊前守　　139
彦坂光正　　102
彦兵衛　　53
日根吉明　　202
日野資勝　　153
兵部卿　　226, 292
平田職忠　　45, 48
広橋兼勝　　7, 45, 47, 48, 57, 60, 65, 72〜74, 86, 92
広橋兼賢　　47, 56
広橋総光　　7, 74

風　子　　4
福田常水　　243
福田内膳正　　126
福田半之助　　126
無準師範　　216, 219
藤原前子　　118, 121
藤原信牧　　100
不破家　　186
文　翁　　78
文室宗周　　156

弁　海　　35, 36, 141, 175, 176, 178〜180, 183, 184

芳春院　　157
宝　泉　　27
法忍坊仁秀　　1〜5
保阪潤治　　97

細川忠興　44, 45, 50, 59
堀田正盛　100, 156, 294, 297
堀三郎兵衛　171
堀利重　180, 181, 202
堀直寄　160, 161, 223
梵　舜　19, 43〜46, 49
本多重次　160
本多忠政　63, 126
本多正純　26, 28, 42, 46, 81, 82, 85, 88
本多正信　12, 18, 19, 21

ま　行

前田利家室高畠氏　157
前田利常　157, 230
前田光高　118, 230, 262, 266
前毘沙門堂公厳　29
牧野成常　279
牧野信成　261
正木甚十郎　171
又兵衛　35
松　191
松井九左衛門　295
松倉勝家　202
松下河内守　63
松平右衛大夫　143
松平勝隆　177〜179, 181, 202
松平定綱　202
松平新太郎　300
松平忠明　256
松平忠輝　53, 112
松平忠利　140
松平忠直　91
松平信綱　156, 167 〜 169, 182, 202, 233, 235, 256, 263, 276, 277, 288, 291, 298, 305
松平乗次　23
松平正綱　84, 237, 281, 287
松等安　13
万里小路孝房　11
満誉尊照　64

三浦英太郎　101
三浦周行　86
三浦為時　101
三浦為春　102
水野重央　10
皆川山城守　260, 261
水無瀬一斎　36
水無瀬氏成　67, 187
源頼朝　85
壬生孝亮　56, 74, 88
三宅長策　106
宮崎時重　210
三山進　132, 196

無　心　2, 3
宗岡孝昌　88
村井長朝　262
村上吉正　63

明正天皇　158, 237, 257, 260, 263

毛利輝元　65
最上源五郎義俊　66, 69, 101
森五郎作　7
毛呂三郎右衛門　216

や　行

薬　院　142
施薬院宗伯　86, 278
矢﨑左京　101, 105
安井三左衛門　260, 261
安田左馬丞　308
弥之助　214
山岡図書　117
山口忠兵衛　85
山田五郎兵衛　47
山本右馬之助　235
山本三郎右衛門　288

湯浅圭造　268, 293, 295

祐　円　　256
祐　能　　1, 10
与　安　　34, 40, 228

楊屋宗販　　179
横田角左衛門尉　　89
横山長知　　118
吉　田　　74
吉田兼治　　45
吉田黙　　87
四辻季継　　168, 169, 197
米津田盛　　282
米山一政　　149

ら　行

理　斎　　8
龍　慶　　268
龍造寺政家　　1
良　海　　56
良　源　　159
亮　算　　34, 41, 161
良　恕　　20, 21, 93, 129, 130, 142, 147, 148, 159, 160, 165, 166, 169, 170, 174, 203, 205, 208, 222 ～ 224, 236, 263, 267, 297, 303, 307, 308
良　尚　　159, 160, 169, 174, 203, 223, 257, 258, 263
亮　尊　　131
了竹宮　　90
梁南禅棟　　179
良　忍　　210
良　範　　65, 104
亮　弁　　37

わ

若林伝右衛門　　244
若林六四　　244
脇坂安元　　305
和田壱岐守　　126
渡一学　　143
渡辺勘兵衛　　117, 119, 120
渡辺監物　　131～134
渡辺睡庵　　117～119, 121
和田三正　　224, 233

②　寺社名

あ　行

秋野家　　71
秋野坊　　207, 287
朝熊山　　48
愛　宕　　149
安乗坊　　206
安養院　　273, 282

医王寺　　40
医音寺　　1
石塔寺　　201
一乗院　　57, 156, 199
威徳院　　72
厳殿寺　　29, 30
岩本院　　23, 24
雲蓋院　　158, 168

永光寺　　201
叡　山　　19, 22, 27～29, 53, 65
叡山文庫　　162, 240
栄昌寺　　124
永徳寺　　201, 212, 214, 218
叡平寺　　100
恵光坊　　121
恵心院　　104, 118, 121
円珠院　　10
円寿寺　　292
円蔵坊　　284
円知院　　205
円通寺　　9, 246
円福寺　　145

円満院　276
延命院　206
円雄寺　201
延暦寺　65, 77, 92, 99, 104, 173

大賀島寺　138, 139
奥之院　52
尾崎神社　262
小﨑坊　210
恩行寺　201
音樹寺　177

か　行

皆明寺　61
鰐淵寺　125, 153
覚音坊　183, 184
覚成院　233
梶　井　58, 65, 66, 91
春　日　137
春日岡　136
月　山　137
月山寺　26, 54, 136, 137, 181
金鑽山　136
金鑽寺　153, 230
亀井坊　23
河上社　157
寛永寺　131, 132, 134, 135
勧学院　25, 184, 239, 274
勧学寺　201
寒松院　141, 175, 176, 178～180, 183, 184
灌頂院　201
願泉寺　9
観智院　49
観音院　20, 21, 86, 87, 101, 109
観音寺　77, 107, 109, 110, 156, 201, 241
観音正寺　61

喜見院　223, 249
喜蔵院　27
北　院　6, 12, 13
喜多院　12, 16, 19, 23, 39, 40, 66, 67, 75, 80, 99, 100, 102, 130, 136, 137, 145, 148, 165, 168, 174, 187, 205, 209, 225, 236, 240, 241, 250, 261, 276, 285, 287, 293, 294
北野神社　20, 21, 69
北野天神　57
吉祥院　2, 39
吉祥寺　201, 221, 246
吉備津神社　181
吉備津大明神　176, 182
行光坊　99
金山寺　109, 125, 176
金勝院　49
金峯山寺　32

久遠寺　37, 40, 55, 56, 68
桑実寺　87, 121, 122, 123, 176, 237

慶光院　191, 192
鶏頭院　58
花蔵院　94
花蔵寺　201
月輪院　21
顕光寺　14
賢聖院　285, 286
建仁寺　87, 219
玄陽坊　22, 152, 208
現龍院　47, 54, 68, 70, 75, 111, 251, 263, 281, 282, 291, 302

興雲律院　227
広厳山　177
高松院　250
興聖寺　35, 135, 242, 243, 245, 254
光前寺　150
興禅寺　201
高蔵寺　226
広福寺　250
光明院　49, 80, 82, 177, 201

光明寺　30, 56
高野山　38, 50, 56
高野衆　19
五戒坊　71
粉河寺　99
穀　屋　38
極楽寺　201
極楽坊　131
護国院　125, 176, 179, 180, 249, 252
五　智　149
五智光院　111
高麗寺　250
駒山寺　244
金戒光明寺　50
権現堂　201
金剛院　78, 206
金剛珠院　49
金剛輪寺　93, 111, 275
金蔵寺　290, 291
金嶺寺　226

さ　行

最教院　68, 136, 143, 145, 148, 165, 166, 173, 176, 179, 180, 183, 184, 187, 190, 192, 193, 198, 205, 206, 208, 211 ～ 217, 219, 224, 226, 229, 232, 235, 236, 238, 239, 247 ～ 250, 252, 261, 262, 265, 268, 270, 273, 274, 281, 282, 284 ～ 289, 291, 293, 294, 307, 308, 311
西蔵院　92
西　塔　93
西徳院　281
最本地院　152
西明寺　254
西来寺　239
西楽院　23, 24
蔵王堂　52, 53
桜本院　263
座禅院　8, 36, 79, 80, 82
三境坊　255
三千院　1, 2, 12, 30, 31, 55, 57, 64, 66, 70, 76, 77, 82～86, 91, 93～95, 99, 124, 150, 152, 174, 200, 209, 210, 257, 258, 260, 274
山　王　142, 143, 193, 199, 291, 311
山王院　281
山　門　40, 54, 69～71, 75, 77, 78, 92, 94, 95, 110～112, 115, 118, 121～125, 127, 132, 137, 138, 141, 143, 145, 148 ～ 153, 156, 159, 162, 164, 166, 167, 171, 173, 177, 184, 199, 208, 210, 221 ～ 228, 230, 231, 234～237, 240, 241, 245, 246, 250～254, 257, 259, 260, 265, 275, 303, 304

椎尾山薬王院　16
慈恩寺　17, 94, 95, 210
滋賀院　79, 80, 81
止観院　6, 7, 162
慈眼寺　201
慈光院　124
慈光山中道院　16
慈光寺　201, 248
慈斎院　25
実相院　49, 60, 61, 71～75, 89, 96, 97, 143, 144, 146～148, 158, 234
実相寺　182, 201
実相坊　206
実報院　127, 159, 160, 283
四天王寺　39, 55, 77, 78, 111, 303, 306
慈明院　188
寂光院　78, 136, 183, 184, 206, 207
修覚院　173
修学院　173
善光寺大勧進　133
十妙院　290
十楽寺　52
寿延寺　201
春性院　153
正円寺　201

正覚院　1, 13, 18, 19, 24, 26, 27, 29, 120～124, 176
正覚坊　1
勝願寺　50
常行寺　201
聖護院　225, 261, 262, 303, 307
照高院　30
勝光院　37, 40
常光院　29, 41, 57, 79, 93
正光寺　244
常光寺　95, 182～184, 187, 201
浄光寺　201
相国寺　185
浄厳院　122, 123, 124, 176
正寿院　122
松寿院　126, 244, 256
常住寺　201
松樹山　124
成就寺　201, 235
聖衆来迎寺　90
常照院　262, 266
上乗院　114, 286, 289
松禅院　118, 119, 121, 206, 207, 239, 272, 274
定知坊　206
松梅院　20, 69
浄法寺　200, 201, 212, 214, 217, 218
成菩提院　207
乗明院　201
称名寺　201
常林房　40
青蓮院　4, 7, 9, 28, 109, 112, 113, 136, 146, 156, 160, 170, 171, 185, 195, 197, 199, 204, 223, 235, 240, 257, 263, 265～268, 298, 299, 308
正蓮寺　56
書写山　126, 244
新岩鬼山　100
神宮寺　84, 115, 154
真光院　89, 152
真光寺　30, 58, 78
新光寺　230, 231
神護寺　128, 129, 184
真言院　242, 243, 245
真珠院　227
真正極楽寺　37, 159
神通寺　49
真如堂　37, 98, 158, 159, 170
真福院　77
神龍院　19, 43, 44, 46, 49
津梁院　35
心蓮院　89

瑞応院　104
随願寺　63, 71, 74

成願寺　61
西岩殿寺　259
生源寺　41
西蔵坊　248
青　門　62, 88, 303
星野山　7, 250
西楽院　22
清竜院　201
星林院　224
背振山　173
世良田山　200, 201, 244, 245
仙岳院　193
善覚院　129
善学院　184
善光寺　201, 252, 259
善光寺大勧進　133, 308
千手院　107
善集院　56
禅定院　206
善勝寺　201
善昌寺　302
浅草寺　18, 19, 21, 116
千妙寺　16, 136, 137, 153, 253
善雄寺　201

増位山　63, 74

宗光寺　　2, 6, 8, 9, 54, 107, 136, 137, 205
双厳院　　136, 138, 144, 176～180, 182～184, 206, 210～214, 216, 217, 219, 229, 238, 239, 247 ～ 250, 252, 265, 273, 274, 279, 282, 286, 288
総持寺　　219
惣持坊　　239, 274
惣宗寺　　67, 141
相住坊　　34, 78, 120, 161
宗性院　　206
増上寺　　42, 43, 47, 50, 271
惣宗寺　　179
増福寺　　150
尊寿院　　115
尊勝院　　38
尊乗院　　206

た　　行

大雲院　　221, 224, 225, 227, 232, 300
大教坊　　198
大光普照寺　　136, 141, 230
大黒院　　194
大山寺　　22
大樹寺　　42
大樹坊　　78, 99
大樹房　　87
大乗坊　　224
大蔵院　　201
大通庵　　214, 215, 217～219
大念寺　　31, 50, 64
大　仏　　28, 62
大楽院　　27
大林院　　152, 206
高来神社　　250
瀧山寺　　314
瀧之寺　　22, 23
瀧之坊　　35
談山神社　　105

知恩院　　64, 123
智恩寺　　285
千栗山　　49, 60, 71～73, 75, 89
千栗八幡　　157
竹　林　　83, 177
竹林坊　　15, 22, 26, 57, 78, 86, 87, 117, 125, 129, 130, 182, 198, 239, 248 ～ 250, 265, 274, 286
智積院　　19
知足院　　34, 89, 90
中性坊　　101
中禅寺　　143, 223, 289
仲仙寺　　143
長栄寺　　101
長厳寺　　201
長寿院　　221, 225, 232, 233, 300
長福寺　　136
長福寿寺　　141, 202, 302
長妙寺　　275
頂命寺　　172
長命寺　　183
長楽寺　　35, 135, 136, 200, 210～214, 216, 217, 219, 220, 242 ～ 245, 254, 264, 265
智楽院　　109, 110, 116, 136, 137, 141
智楽房　　6

辻之坊　　198

貞松院　　112
伝通院　　15, 18, 50
天王寺　　33, 71, 287
天龍寺　　25

東叡山　　40, 79～81, 99, 100, 114, 116, 117, 119, 120, 125, 128, 143, 145, 152～155, 158, 177, 182～184, 186, 191～193, 200, 208, 210～213, 215 ～ 217, 223, 226, 227, 231, 235, 238 ～241, 247～250, 259, 266, 273, 279, 282, 288, 291
等覚院　　138, 139

桃源院　35
東光院　303
東光坊　72
東　寺　48, 51
東住坊　52
東照宮　56, 57, 64, 73, 80, 88, 100, 114, 132, 158, 196, 200, 214, 216, 218, 234, 280
東照社　88, 162, 168, 233
東　塔　93
東南寺　121, 122, 176, 236, 237
多武峰衆　15
東福寺　48, 240
道枡坊　206
藤瀧山　92
戸隠山　14
戸隠神社　148, 149
戸隠山社　20
徳音院　299
徳勝院　69

な　行

中　院　7, 241, 273, 282
中之院　136
那智大社　159, 283
南宮社　186, 187, 188
南宮神社　221, 279
南光坊　1, 10, 13, 95

西ノ丸　297
日　増　137
日蔵院　13
日増院　102, 106〜108, 136, 137, 141
日光山　58, 62, 64, 66, 77, 79〜82, 84, 85, 87, 91, 92, 95, 101, 102, 105, 111 〜 113, 121, 123, 124, 132, 150, 151, 154, 155, 162, 165 〜 168, 175, 183, 196, 225, 226, 232, 236, 263, 266, 270, 276, 292
日舜坊　96
如来寺　210, 222, 229, 230
仁和寺　28, 60, 74, 89, 126

能福寺　83

は　行

白山神社　285
羽黒山　244
橋本坊　187, 188, 279
長谷寺　92
八幡宮　231
般舟院　94, 162
般若院　3, 4, 5

比叡山　1, 2, 19, 61, 92, 135, 173, 223, 240, 311
毘沙門堂　92, 94, 148, 149, 186, 260, 294, 298, 307
白毫院　121
広峯神社　150

福寿院　207
普光庵　215
普光寺　201
補陀洛山　99
仏乗坊　119, 120, 126, 187, 285, 286
仏地院　7
不動院　3〜6, 35, 38, 39
普門院　241
普門寺　201, 211, 212

平泉寺　285
弁才天　38
遍照院　109, 110, 126, 210, 302

宝戒寺　24, 151
宝亀院　27
宝厳院　49
宝光院　187, 188, 199
方広寺　31
宝寿坊　248
宝性院　27, 51

法勝寺　　120, 121
法泉院　　26, 68
逢善寺　　3, 107, 136, 137, 252
宝蔵院　　52, 53, 107, 148
宝瓶院　　245
宝菩提院　　304
法曼院　　94
宝輪院　　49
法輪寺　　35
法輪坊　　288
法勝寺　　151, 206, 207, 304
本遠寺　　37
本覚院　　234
本行寺　　37
本山寺　　109
本城院　　227
本能寺　　95
本龍院　　106

ま　　行

槇尾寺　　47
松尾寺　　111, 245
満願寺　　107, 108, 113, 193
満行院　　30
曼殊院　　20, 21, 69, 93, 129, 142, 147, 148, 159, 160, 165, 166, 169, 170, 174, 203 ～ 205, 208, 221, 222, 224, 236, 263, 267, 274, 276, 279, 284, 297, 303, 307, 308
万蔵庵　　210～212, 214～219
万徳寺　　219
万福院　　39

三井寺　　68
密蔵院　　105, 115, 223
南　院　　18
身延山　　37
明王院　　25
明覚坊　　94
妙観院　　49
明眼院　　106
明鏡坊　　139
妙行寺　　98
妙心寺　　175, 178～180
妙足院　　36, 66, 277
妙法院　　3 ～ 6, 10, 12, 28, 41, 48, 91, 106, 127, 145, 162, 165, 166, 168, 178, 185, 194, 195, 202, 203, 208, 209, 225 ～ 227, 269, 270, 276, 281, 284, 285, 288, 290, 292, 304
妙蓮寺　　96
三芳野神社　　250

無量壽院　　51
無量寿寺　　7, 40

最上山寺　　101
紅葉山　　141, 191, 269, 277, 283, 290
文殊院　　52, 56, 90, 283

や　　行

施薬院　　12, 86, 204
薬王院　　17
薬樹院　　22
弥護山　　1

養玉院　　166
養源院　　101, 270
養命坊　　48, 49, 51
横　川　　93
横蔵寺　　188, 284

ら　　行

良田山　　242, 243, 264

立石寺　　68, 100, 183
龍花院　　302
柳上坊　　277
龍泉寺　　34
瀧泉寺　　125
龍蔵寺　　78, 124, 277
柳沢寺　　177, 178

龍門寺　6
凌雲院　90
両足院　87
了法寺　120
輪王寺　47

瑠璃光寺　201

蓮華院　200
蓮花寺　201
蓮光坊　96

鹿苑院　185
廬山寺　110, 301

③ 地　名

あ　行

愛　知　35, 106, 128
会　津　95, 278
赤　浜　201
浅　草　109, 290, 291
麻　布　240
足尾村　81
足　利　201
阿　蘇　259
足　立　241
足立郡　231, 246
熱　海　272
熱　田　35, 103, 105
安　土　61, 121, 122, 176, 236
安　中　201

和　泉　51, 245
出　雲　125, 153
伊　勢　34, 191, 239
板　鼻　201
一之宮　201
一石山　229
伊　奈　143, 150
因　幡　221, 227
犬　上　254
茨　城　98, 177, 181
今　市　226
今市村　79, 81
入　間　250
岩　槻　210
岩　付　286, 288
印旛郡　227

植　木　201
上　野　2, 10, 29, 30, 35, 47, 54, 68, 70, 75, 90, 111, 131, 132, 134, 135, 233, 234, 238, 251, 263, 273, 278, 281, 282, 288, 290, 291, 302, 305
上野村　14
牛　嶋　235
牛　瀧　38〜40, 47, 51
内田村　245
厩　橋　201

越　後　52, 53, 148, 149
江　戸　38, 43, 49, 55, 58, 59, 67, 71, 72, 85, 96, 97, 99, 103, 105〜107, 112, 133, 135, 136, 142, 144, 146, 170, 197, 199, 200, 201, 202, 211, 216, 223, 226, 227, 240, 249, 256, 259, 284, 286〜288, 304
江戸崎　3〜6, 31, 35, 50, 64
荏原郡　210, 222

奥　州　193
近　江　87, 152
大　分　292
太賀島　139
大形庄　227
大　阪　9, 39, 55, 71, 77, 78, 111, 207, 287, 303, 306

大　坂　35, 36, 124
大多喜　280
大田庄　17
大　津　90, 104
青　鳥　187
大　原　268
大　山　22
岡　山　125, 138, 139, 176, 181, 182, 207
小倉村　81
忍　213, 218
愛　宕　242
小田原　178
小成川村　81
鬼　石　201, 212, 218
小　野　3, 107, 136, 252
小　幡　182, 201
小日向　66, 277
男衾郡　226
尾　張　73, 101, 102, 103, 107, 114, 115, 122, 123, 142, 221, 292

か　行

加　賀　262
葛西郡　235
春日井　115, 223
春日岡　67, 141, 179
葛　川　25
葛　城　38
賀東郡　63
神奈川　6, 250
金　鑚　141
金　沢　262
鎌　倉　24, 151, 196
賀美郡　241
蒲　生　123
唐　津　202
川　上　71, 75, 144, 148, 158
川上山　70
河上山　49, 60, 72～74, 89, 90, 143
川　越　7, 12, 39, 66, 99, 100, 102, 113, 116, 130, 145, 148, 165, 168, 174, 187, 201, 203 ～ 205, 209, 225, 236, 241, 250, 261, 273, 276, 282, 285, 287, 293, 294
河　内　253
神﨑郡　173
神　田　240
関　東　15, 16, 18, 23, 26, 78
観音山　245
甘楽郡　184

紀　伊　114, 127, 168, 283, 291
紀　州　158
木　曽　222
北　野　2, 20, 34, 94
北　埜　70
織　山　123
岐　阜　129, 184, 186～188, 221, 284
京　26, 29, 284, 310
京　都　1 ～ 5, 10, 12, 15, 18, 20, 21, 24, 26, 27, 28, 31, 33, 37, 38, 40, 41, 43, 44, 46～48, 51, 55, 57, 60, 64～66, 69, 70, 73, 76, 82 ～ 84, 90 ～ 92, 94, 95, 110, 112, 127, 129, 135, 147, 150, 152, 156, 158 ～ 160, 168, 169, 171, 172, 174, 175, 178 ～ 180, 186, 194, 195, 197, 199, 200, 203, 204, 209, 221, 242, 257, 258, 260 ～ 262, 272, 274, 276, 277, 279, 301, 304

久加村　79, 81
草久村　79, 81
久　能　42 ～ 47, 57, 64, 65, 80, 270, 299
頸城郡　52
熊　野　159, 283
熊野那智山　127
熊野米良　127
栗田村　14
栗山村　80
黒　川　95

黒　子　16, 253
群　馬　29, 30, 78, 177, 178, 182～184, 277, 302

江　州　61, 111, 121, 123, 124, 176, 254
江州坂本　158
上　野　184, 241
上野国　124
古　河　287
小　坂　182～184, 201
古　志　53
越　谷　54
小代村　81
小百村　80
駒　形　246
小　松　230

さ　行

埼　玉　187, 241
さいたま　246
蔵　王　54, 149
嵯　峨　25
佐　賀　49, 60, 71～75, 89, 96, 143, 144, 146, 148, 156, 158, 173, 202
相　模　250
坂　本　41, 240, 303
坂本(美濃)　188
坂本村　156
桜　井　105
佐　竹　5
佐　野　67, 179
三　州　22
三途台　136, 141, 202, 302

滋　賀　77, 92, 93, 99, 104, 111, 240, 275
餝西郡　71
静　岡　208
志　垂　273
七　条　196
信　濃　14, 20, 42, 143, 148, 149, 259
芝　78
渋　川　30, 180, 181
島　原　202
下　野　56, 79, 80, 154
下　妻　253
下之内村　81
下のすわ水嶋　42
下　総　227
上　州　67, 177, 178, 181, 182
常　州　252
上東郷　173
書写山　256
信　州　252
新堀村(武州豊島郡)　156

駿　河　53, 80, 131, 132, 134, 135, 152
諏　訪　112
駿　府　14, 15, 17～19, 27, 28, 59, 64, 79, 136, 278

勢　州　48
瀬尾村　80
瀬河村　81
関　山　52, 53,
背振山　234
世良田　34, 35, 135, 200, 210 ～ 214, 216, 217, 219, 220, 242 ～ 245, 254, 264, 265
仙　台　107, 108, 113, 193
仙　波　13, 14, 17, 40, 64, 66, 75, 80, 136, 203, 204, 228, 240, 289
千　本　48, 51
千本木村　81

相　州　151
薗　田　124

た　行

大門道　305

多　賀　　38, 284
高　島　　42
高　築　　246
高　輪　　210
高　萩　　179
瀧　山　　25
竹　田　　36
龍　野　　71
田中庄　　177
棚　蔵　　140
田西郡　　246

千栗山　　70, 234
千　葉　　280
中禅寺　　101, 142
鎮　西　　104

津　軽　　100
造谷村　　227

出　羽　　68, 95, 224

東　京　　62, 106, 166, 210, 222
東　条　　252
多武峯　　105
戸　隠　　149
都幾川　　248
徳　川　　201, 212, 214, 218
徳　島　　128
所野村　　80
豊　島　　18
豊島郡　　226
豊嶋郡　　240
栃　木　　9
栃原村　　14
鳥　取　　221, 224, 225, 227, 232, 300, 304, 305
豊田郡　　227

な　行

長　沼　　2, 6, 8, 9, 54, 136, 205
長　根　　201
長　野　　133, 141, 143, 148, 149, 150, 252, 308
永畠村　　81
名古屋　　108, 123
名護屋　　115, 223
那　智　　159
那　波　　78
奈　良　　57
楢　戸　　177
男　体　　190
南　都　　19, 96

新治郡　　177
日　光　　36, 46, 47, 56〜59, 67, 79, 80, 95, 102, 105, 136, 151, 154, 165, 169, 171, 182, 203, 204, 209, 223, 227, 232, 233, 235 〜 237, 239, 240, 255, 260, 263, 272, 280, 281, 290 〜 292, 295, 300
日光山　　8, 42, 55
入東郡　　80
二の丸　　200
二　丸　　269

沼　森　　227

濃　州　　184

は　行

伯州大山　　23
箱　根　　64
八王子　　246
八町堀　　291
播　磨　　71, 256
榛名山　　29, 30
播　州　　63

比　叡　　311
肥　州　　173
尾　州　　70, 101, 141

肥　前　156, 199, 234
備　前　109, 110
肥前国　89
常　陸　16, 17, 177, 253
備　中　176
姫　路　63, 71, 74, 126, 244, 256
兵　庫　83
平ヶ崎村　81
平　野　184
平　柳　287
広　島　29, 162

深　沢　201
深　谷　201
府　川　282
福　井　285
福　島　27, 28
冨　士　149, 198
富士川　43
武　州　16, 24, 54, 116, 145, 201, 226
豊後府内　202

豊　国　19

ま　行

松　山　201
松山郷　226
黛　241

三　井　26
三　川　42
三　河　314
水　戸　85, 88, 102, 290
美　濃　186, 188, 274, 279
水　内　20
水内郡　14, 259
美濃南宮　279
身　延　37, 40, 55
蓑　輪　143
三　原　62
三原田　201
御幸町　151
妙　義　201
妙心寺　156
明神谷　118
明神村　81
三芳野　250

武　蔵　7, 17, 18, 80, 210, 222, 231, 235, 240, 246, 250, 259
陸　奥　100
室末村　81

米　良　122

最　上　94, 95
最上郡　68
桃井郷　177
毛呂山　145

や　行

谷古田　231
谷　中　226
山　形　68, 100
山窪村　81
山　城　242
山　田　124
山　手　128
山　根　145, 241

湯西村　80

横　川　13, 104
吉沢村　81
吉　田　44～46, 49, 72
吉　野　31
吉野山　27～29, 32
芳野山　33
寄　居　226
鎧　塚　179

ら　行

洛　北　　242

わ

若　狭　　218
和歌浦　　308
若　松　　95
和歌山　　114, 120, 158, 168
和　州　　33

月日順目録

[月日]	[番号]	[史料名]	[年号]	[ページ]
月日未詳	122	吉田神龍院梵舜書状ヵ	(月日なし)	46
月日未詳	132	越後蔵王堂一山衆中目安案	(元和2)・今月・吉	52
月日未詳	133	越後蔵王堂先別当目安案	元和2・今月・吉祥	53
月日未詳	326	幕府年寄衆連署書状	(寛永8以前)・月・日なし	133
月日未詳	466	伊勢慶光院周宝上人かな消息	(月日なし)	191
月日未詳	467	しゆりんかな消息	(月日なし)	192
月日未詳	522	天海覚	(月日なし)	219
月日未詳	769	将軍徳川家光御内書	(月日なし)	314
月日未詳	770	三河瀧山寺寺内法度	(月日なし)	314
7日	761	春日局かな消息	7	308
7日	762	永正院かな消息	7	309
12日	763	春日局・永正院かな消息	12	310
13日	764	春日局かな消息	13	310
17日	765	永正院かな消息	17	311
19日	766	永正院かな消息	19	312
21日	767	春日局かな消息	21	312
27日	768	永正院かな消息	27	313
1月	65	山門探題僧正天海僧綱職補任状	慶長19・正・如意珠	24
1月	541	山門三院執行探題大僧正天海称号許可状	寛永17・正・吉	226
1月	542	山門三院執行探題大僧正天海東叡山直末許可状	寛永17・正・吉	226
1月3日	415	幕府老中松平伊豆守信綱書状	(寛永13)・正・3	169

1月5日	396	大僧正天海書状	(寛永12以降)・正・5	161
1月5日	510	大僧正天海書状	(寛永16)・孟春・5	209
1月5日	630	青蓮院門跡尊純親王書状	正・5	267
1月6日	491	大僧正天海書状	(寛永14、15)・孟春・6	202
1月8日	327	徳川忠長書状	(寛永9)・正・8	133
1月8日	397	天海書状	(寛永12ヵ)・正・8	161
1月8日	398	大僧正天海書状	(寛永12ヵ)・正・8	162
1月8日	492	妙法院門跡尭然親王書状案	(寛永15)・正・8	202
1月9日	358	青蓮院門跡尊純親王書状	(寛永10)・正・9	146
1月9日	631	曼殊院門跡良恕親王書状	正・9	267
1月9日	632	曼殊院門跡良恕親王書状	正・9	267
1月9日	633	青蓮院門跡尊純親王書状	正・9	267
1月10日	328	徳川忠長書状	(寛永9)・正・10	134
1月11日	233	鍋嶋勝茂書状	(元和9以降)・正・11	97
1月11日	329	徳川忠長書状	(寛永9)・正・11	134
1月11日	359	鍋嶋信濃守勝茂書状	(寛永10ヵ)・正・11	146
1月12日	634	青蓮院門跡尊純親王書状	正・12	268
1月13日	635	青蓮院門跡尊純親王書状	正・13	268
1月14日	636	将軍徳川家光御内書	正・14	268
1月14日	637	大僧正天海書状写	正・14	268
1月15日	330	徳川忠長書状	(寛永9)・正・15	134
1月15日	638	将軍徳川家光御内書案	正・15	269
1月16日	639	老中阿部豊後守忠秋書状	正・16	269
1月17日	511	山門三院執行探題大僧正天海東叡山末寺許可状	寛永16・正・17	210
1月17日	595	山門三院執行探題大僧正天海喜多院直末許可状	寛永20・正・17	250
1月17日	596	山門三院執行探題大僧正天海高麗寺寺内法度	寛永20・正・17	250
1月18日	89	返本目録案	(元和元)・正・18	33
1月19日	90	金地院崇伝書状案	(元和元)・正・19	33
1月20日	331	徳川忠長書状	(寛永9)・正・20	134
1月20日	597	大僧正天海書状	(寛永18〜20)・孟春・	

			20	251
1月21日	240	大僧正天海書状	(寛永元以降)・正・21	100
1月21日	254	大僧正天海書状	(元和 4～寛永 3)・正・21	106
1月21日	272	天海書状	(寛永 4)・正・21	112
1月21日	332	京都所司代板倉重宗書状	(寛永 9 以前)・正・21	135
1月21日	640	妙法院門跡尭然親王書状案	正・21	269
1月21日	641	妙法院門跡尭然親王書状案	正・21	270
1月21日	642	妙法院門跡尭然親王書状案	正・21	270
1月22日	186	南僧正天海書状	(元和 2～6)・正・22	75
1月22日	643	老中阿部豊後守忠秋書状	正・22	270
1月23日	360	大僧正天海書状	(寛永10以前)・孟春・23	147
1月23日	644	土井大炊頭利勝書状	正・23	271
1月24日	645	将軍徳川家光御内書	正・24	271
1月24日	646	将軍徳川家光御内書	正・24	271
1月24日	647	京都所司代板倉周防守重宗書状	正・24	272
1月25日	333	徳川忠長書状	(寛永 9)・正・25	135
1月26日	187	南僧正天海書状	(元和 2～6)・正・26	75
1月27日	512	山門三院執行探題大僧正天海改称許可状	寛永16・孟春・27	210
1月28日	162	南僧正天海書状	(元和 4)・正・28	66
1月28日	648	将軍徳川家光御内書	正・28	272
1月29日	361	大僧正天海書状	(寛永10)・正・29	147
1月29日	649	将軍徳川家光御内書	正・29	273
2月	12	天海僧綱職補任状	慶長10・2・吉	6
2月	304	三国伝灯大僧正天海院家号許可状	寛永 7・2・如意珠	124
2月	364	前毘沙門堂門跡山門三院執行探題大僧正天海色衣免許状	寛永10・2・	148
2月	365	前毘沙門堂門跡山門三院執		

		行探題大僧正天海伽藍再興感状	寛永10•2•	148
2月	366	山門三院執行探題大僧正天海越後•信濃両国天台宗法度条々	寛永10•2•	149
2月	525	山門三院執行探題大僧正天海長寿院三号許可状	寛永16•2•吉	221
2月1日	255	大僧正天海書状	(元和 6～寛永 3)•2•朔	106
2月1日	334	青蓮院門跡尊純親王書状	(寛永 9)•2•朔	136
2月1日	416	曼殊院門跡良恕親王書状	(寛永13ヵ)•2•朔	169
2月1日	650	某門跡書状	2•朔	273
2月2日	196	天海書状	(元和 6 以前)•2•2	79
2月3日	493	大僧正天海書状	(寛永15)•2•3	203
2月4日	446	幕府老中松平伊豆守信綱書状	(寛永14)•2•4	182
2月4日	651	東叡山執当衆連署書状	2•4	273
2月4日	652	大僧正天海書状	2•4	274
2月5日	653	天海書状	2•5	274
2月5日	654	竹林坊盛憲等連署書状	2•5	274
2月6日	655	京都所司代板倉周防守重宗書状	2•6	274
2月7日	11	智楽房天海書状	2•7	6
2月7日	417	青蓮院門跡尊純親王書状	(寛永13ヵ)•2•7	170
2月8日	37	金地院崇伝書状案	(慶長18)2•8	14
2月8日	38	金地院崇伝書状案	(慶長18)2•8	15
2月8日	91	金地院崇伝書状案	(元和元)•2•8	34
2月8日	92	相住坊亮算書状案	(元和元)•2•8	34
2月8日	418	京都所司代板倉周防守重宗書状	(寛永13ヵ)•2•8	171
2月8日	447	小坂常光寺檀那衆連署願書	寛永14•2•8	182
2月8日	543	妙法院門跡尭然親王書状案	(寛永17)•2•8	226
2月9日	273	大僧正天海書状	(寛永 4 以降)•2•9	113

2月9日	362	鍋嶋信濃守勝茂書状	(寛永10ヵ)・2・9	148
2月9日	419	老中衆連署覚	(寛永13以前)・2・9	171
2月9日	656	京都所司代板倉周防守重宗書状	2・9	275
2月10日	657	某門跡書状	2・10	275
2月10日	658	天海書状	2・10	275
2月10日	659	大僧正天海書状	2・10	276
2月11日	283	天海書状	(寛永5)・2・11	116
2月12日	93	南僧正天海書状	(元和元)・2・12	34
2月12日	494	中院通村書状	(寛永15)・2・12	203
2月12日	495	中院通純書状案	(寛永15)・2・12	203
2月12日	513	東叡山執当双厳院豪俔書状	(寛永16)・2・12	210
2月13日	420	老中衆連署覚	(寛永13以前)・2・13	172
2月14日	514	東叡山執当双厳院豪俔書状	(寛永16)・2・14	211
2月14日	515	東叡山執当双厳院豪俔書状	(寛永16)・2・14	212
2月14日	598	長野善光寺大勧進重昌証文案	寛永20・2・14	252
2月14日	660	妙法院門跡尭然親王書状案	2・14	276
2月14日	661	老中松平伊豆守信綱書状	2・14	276
2月15日	39	金地院崇伝書状案	(慶長18)2・15	15
2月15日	496	青蓮院門跡尊純親王書状	(寛永15)・2・15	204
2月15日	516	東叡山執当双厳院豪俔書状	(寛永16)・2・15	213
2月15日	662	大僧正天海書状	2・15	277
2月16日	517	東叡山執当双厳院豪俔書状	(寛永16)・2・16	213
2月16日	663	将軍徳川家光御内書	2・16	277
2月17日	664	大僧正天海書状	2・17	277
2月17日	665	若年寄朽木民部少輔稙綱書状	2・17	278
2月18日	309	大僧正天海書状	(寛永4〜8)・2・18	127
2月18日	310	大僧正天海書状	(寛永4〜8)・2・18	127
2月18日	518	大僧正天海書状	(寛永16)・2・18	214
2月18日	519	大僧正天海書状	(寛永16)・2・18	215
2月18日	599	将軍徳川家光御内書	(寛永19、20)・2・18	252

2月19日	520	東叡山執当双厳院豪俔書状	(寛永16)•2•19	216
2月21日	421	京都所司代板倉周防守重宗書状	(寛永13ヵ)•2•21	172
2月21日	521	東叡山執当双厳院豪俔書状	(寛永16)•2•21	217
2月22日	375	大僧正天海書状	(寛永11)•2•22	152
2月22日	524	大僧正天海書状	(寛永16)•2•22	220
2月22日	666	天海書状	2•22	278
2月23日	497	大僧正天海書状	(寛永15)•2•23	204
2月24日	109	南僧正天海書状写	(元和2ヵ)•2•24	40
2月24日	188	南僧正天海書状案	2•24	76
2月24日	220	天海書状	(元和8ヵ)•2•24	91
2月24日	284	大僧正天海書状	(寛永5)•2•24	117
2月24日	285	大僧正天海書状	(寛永5)•2•24	117
2月24日	422	日光造営奉行秋元但馬守泰朝書状写	(寛永13ヵ)•2•24	173
2月24日	448	小坂常光寺檀那衆新寺ニ付一札	寛永14•2•24	183
2月24日	449	大僧正天海寺領許可状	寛永14•2•24	184
2月24日	544	山門三院執行探題大僧正天海東叡山直末許可状写	寛永17•2•24	227
2月25日	221	大僧正天海書状	(元和8ヵ)•2•25	91
2月25日	573	竹林坊盛憲等連署書状案	(寛永19)•2•25	239
2月25日	667	大僧正天海書状	2•25	278
2月25日	668	天海書状写	2•25	279
2月26日	17	天海土産目録覚	慶長14•2•26	8
2月26日	423	山門三院執行探題大僧正天海法流許可状	寛永13•2•26	173
2月26日	450	山門三院執行探題大僧正天海東叡山末寺許可状	寛永14•2•26	184
2月26日	498	大僧正天海書状	(寛永15)•2•26	204
2月27日	213	水戸東照宮遷宮宣旨案	元和7•2•27	88
2月27日	669	双厳院豪俔書状写	2•27	279
2月28日	40	関東天台宗法度案	慶長18•2•28	15

2月28日	41	黒子千妙寺法度案	慶長18・2・28	16
2月28日	42	慈光山中道院法度案	慶長18・2・28	16
2月28日	43	椎尾山薬王院法度案	慶長18・2・28	16
2月28日	44	慈恩寺法度案	慶長18・2・28	17
2月28日	45	薬王院朱印状案	慶長18・2・28	17
2月28日	46	慈恩寺朱印状案	慶長18・2・28	17
2月28日	163	南僧正天海書状写	(元和4ヵ)・2・28	66
2月28日	189	南僧天海書状	2・28	76
2月28日	363	曼殊院門跡良恕親王書状	(寛永10)・2・28	148
2月28日	670	将軍徳川家光御内書	2・28	280
2月29日	552	大僧正天海書状写	(寛永18)・2・29	230
2月29日	671	将軍徳川家光御内書	2・29	280
閏2月	299	山門三院執行探題大僧正天海桑実寺寺内法度	(寛永6)・閏2・	122
後2月21日	296	大僧正天海書状	(寛永6)・後2・21	121
閏2月22日	297	徳川義直書状	(寛永6)・閏2・22	122
閏2月22日	298	市橋伊豆守長正書状	(寛永6)・閏2・22	122
3月	301	浄土宗安土浄厳院深誉文廓覚写	寛永6・3・	123
3月	336	山門三院執行探題大僧正天海加行作法次第	寛永9・3・	137
3月	454	美濃南宮社申状	寛永14・3・	186
3月	545	山門三院執行探題大僧正天海東叡山直末許可状	寛永17・3・吉	227
3月2日	139	正蓮寺良海・光明寺奝海連署訴状	(元和3)・3・2	56
3月2日	214	幕府年寄衆連署書状	(元和7以前)・3・2	88
3月2日	399	妙法院門跡尭然親王書状案	(寛永12)・3・2	162
3月2日	526	大僧正天海書状写	寛永16・3・2	221
3月3日	140	日光東照宮遷宮宣旨	元和3・3・3	56
3月3日	241	前大僧正大和尚位天海東叡山末寺許可状写	寛永元・3・3	100
3月3日	527	大僧正天海書状	(寛永16)・3・3	221

3月3日	574	大僧正天海書状	(寛永19)・3・3	239
3月4日	376	山門三院執行探題大僧正天海東叡山末寺法度案	寛永11・3・4	153
3月4日	600	山門三院執行探題大僧正天海逢善寺寺内法度写	寛永20・3・4	252
3月4日	601	山門三院執行探題大僧正天海千妙寺寺内法度	寛永20・3・4	253
3月4日	672	将軍徳川家光直書	3・4	280
3月4日	673	大僧正天海書状	3・4	280
3月4日	674	妙法院門跡尭然親王書状案	3・4	281
3月5日	18	徳川家康日光山黒印状案	慶長14・3・5	8
3月5日	94	山門探題兼世良田正僧正天海印可状写	慶長20・姑洗・5	34
3月5日	110	金地院崇伝書状追而書案	(元和2)・3・5	40
3月5日	141	南僧正天海書状写	(元和3)・3・5	57
3月7日	173	天海書状	(元和5)・3・7	70
3月8日	111	南僧正天海書状	(元和2)・弥生・8	41
3月8日	112	南僧正天海書状	(元和2)・弥生・8	41
3月8日	575	山門三院執行探題大僧正天海東叡山直末許可状	寛永19・3・8	240
3月8日	675	天海書状	3・8	281
3月9日	47	金地院崇伝書状案	(慶長18)・3・9	17
3月9日	274	川越藩主酒井備後守忠利書状	(寛永4以前)・3・9	113
3月9日	451	春日局かな消息	(寛永14・3)・9	184
3月9日	528	曼殊院門跡良恕親王書状	(寛永16ヵ)・3・9	222
3月10日	142	金地院崇伝書状案	(元和3)・3・10	57
3月11日	676	天海書状案	3・11	281
3月12日	48	金地院崇伝書状案	(慶長18)・3・12	18
3月12日	95	桃源院某書状	(元和元)・3・12	35
3月12日	452	青蓮院門跡尊純親王・妙法院門跡尭然親王連署書状	(寛永14以前)・3・12	185
3月12日	677	将軍徳川家光御内書	3・12	282

3月12日	678	東叡山執当衆連署書状	3•12	282
3月13日	22	宗光寺天海書状	3•13	9
3月13日	49	徳川家康朱印状写	慶長18•3•13	18
3月13日	50	徳川秀忠安堵状写	慶長18•3•13	18
3月13日	51	浅草寺朱印状案	慶長18•3•13	19
3月14日	377	老中酒井雅楽頭忠世書状	寛永11•3•14	153
3月14日	602	山門三院執行探題大僧正天海西明寺寺内法度	寛永20•3•14	254
3月14日	679	大僧正天海書状	3•14	282
3月14日	680	大僧正天海書状	3•14	282
3月15日	52	金地院崇伝書状案	(慶長18)•3•15	19
3月15日	197	日光東照大権現社領寄進状案	元和6•3•15	79
3月15日	198	日光山座禅院寺領寄進状案	元和6•3•15	79
3月15日	199	久能東照大権現社領寄進状	元和6•3•15	80
3月15日	200	喜多院寺領寄進状案	元和6•3•15	80
3月15日	311	天海書状	(寛永8)•3•15	127
3月16日	201	日光東照大権現御神領寄進状目録案	元和6•3•16	80
3月16日	202	日光山領寄進状目録案	元和6•3•16	81
3月16日	203	天海書状	(元和6)•3•16	82
3月16日	681	将軍徳川家光御内書	3•16	283
3月16日	682	紀伊大納言徳川頼宣書状	3•16	283
3月17日	143	金地院崇伝書状案	(元和3)•3•17	57
3月17日	367	山門三院執行探題大僧正天海光前寺寺内法度	寛永10•3•17	150
3月17日	400	山門三院執行探題大僧正天海東照大権現社内陣之御調度渡状写	寛永12•弥生•17	162
3月17日	553	山門三院執行探題大僧正天海色衣免許状	寛永18•3•17	230
3月17日	554	山門三院執行探題大僧正天海新光寺寺内法度	寛永18•3•17	230

3月17日	555	山門三院執行探題大僧正天海東叡山直末許可状	寛永18・3・17	231
3月17日	603	山門三院執行探題大僧正天海補任状写	寛永20・3・17	254
3月18日	204	大僧正天海書状	(元和6ヵ)・3・18	82
3月18日	378	老中酒井雅楽頭忠世書状	寛永11・3・18	154
3月18日	424	天海書状	(寛永13ヵ)・3・18	173
3月18日	576	山門探題大僧正天海比叡山三院書籍法度	寛永19・3・18	240
3月19日	13	後陽成天皇権僧正口宣案	慶長12・3・19	7
3月19日	335	僧正成覚書案	(寛永9)・3・19	136
3月19日	604	将軍徳川家光御内書	(寛永20)・3・19	255
3月19日	605	大僧正天海書状	(寛永19、20)・3・19	255
3月19日	683	大僧正天海書状	3・19	283
3月19日	684	岡田将監善政書状	3・19	284
3月中旬	14	青蓮院尊純親王添状	慶長12・沽洗・中旬	7
3月20日	29	後陽成天皇僧正成勅書	(慶長16)・3・20	12
3月22日	53	金地院崇伝書状案	(慶長18)・3・22	19
3月22日	113	柴田勝正書状	(元和2)・3・22	42
3月23日	685	将軍徳川家光御内書	3・23	284
3月24日	499	中院通村書状	(寛永15)・3・24	205
3月25日	368	三千院門跡最胤親王書状写	寛永10・3・25	150
3月26日	300	大僧正天海書状	(寛永5、6)・3・26	123
3月26日	606	大老酒井讃岐守忠勝書状	(寛永19、20)・3・26	255
3月27日	453	天海書状	(寛永14)・3・27	186
3月28日	577	山門三院執行探題大僧正天海東叡山直末許可状	寛永19・3・28	241
3月30日	686	妙法院門跡尭然親王書状案	3・晦	284
閏3月	456	山門三院執行探題大僧正天海常光寺寺内法度	寛永14・閏3・	187
閏3月7日	164	南僧正天海書状	(元和4)・閏3・7	67
後3月17日	165	水無瀬中納言氏成書状案	(元和4ヵ)・後3・17	67
後3月17日	166	水無瀬氏成書状写	(元和4ヵ)・後3・17	67

後3月17日	455	水無瀬氏成書状写	(寛永14)•後3•17	187
閏3月19日	167	南僧天海書状	(元和4)•閏3•19	68
4月	250	鎮西天台宗法度写	寛永2•卯•	104
4月1日	457	大僧正天海寺領許可状	(寛永14)•卯•朔	187
4月1日	458	大僧正天海寺領許可状	(寛永14)•卯•朔	188
4月1日	459	大僧正天海寺領許可状	(寛永14)•卯•朔	188
4月1日	460	大僧正天海寺領許可状	(寛永14)•卯•朔	188
4月4日	114	金地院崇伝書状案	(元和2)•卯•4	42
4月4日	461	老中酒井讃岐守忠勝書状案	(寛永14)•卯•4	188
4月5日	23	天海書状	(慶長15ヵ)•4•5	10
4月5日	144	天海書状	(元和3ヵ)•4•5	58
4月5日	425	大僧正天海書状	(寛永13)•卯•5	174
4月5日	687	妙法院門跡尭然親王書状	4•5	285
4月6日	688	妙法院門跡尭然親王書状案	4•6	285
4月7日	578	天海喜多院寺内法度	寛永19•卯•7	241
4月8日	145	金地院崇伝書状案	(元和3)•卯•8	58
4月8日	401	幕府老中衆連署書状	(寛永12)•4•8	165
4月8日	607	老中松平伊豆守信綱書状	(寛永20)•卯•8	256
4月9日	227	山門探題大僧正天海慈恩寺寺内法度写	元和9•卯•9	94
4月9日	228	山門探題大僧正天海直末許可状	元和9•4•9	94
4月9日	402	幕府老中衆連署書状	(寛永12)•4•9	165
4月10日	242	大僧正天海書状	(寛永元)•卯•10	100
4月10日	275	大僧正天海書状	(寛永4)•卯•10	113
4月10日	426	天海書状写	(寛永13ヵ)•卯•10	174
4月10日	579	大僧正天海書状	(寛永16～19)•4•10	242
4月11日	500	長沼宗光寺金銀請取証文	寛永15•卯•11	205
4月13日	205	大僧正天海書状	(元和6)•卯•13	83
4月13日	689	大僧正天海書状	卯•13	285
4月13日	690	仏乗坊秀珍等連署書状	卯•13	285
4月13日	691	酒井讃岐守忠勝書状	卯•13	286
4月13日	692	酒井讃岐守忠勝書状	卯•13	286

4月13日	693	老中衆連署書状	4・13	287
4月14日	146	土久次郎書状案	(元和3)・卯・14	59
4月15日	694	大僧正天海書状写	卯・15	287
4月16日	403	妙法院門跡尭然親王書状	(寛永12)・4・16	165
4月17日	222	山門探題大僧正天海日光山直末補任状案	元和8・4・17	92
4月17日	276	天海書状	(寛永4以降)・4・17	114
4月17日	369	山門三院執行探題大僧正天海増福寺寺内法度	寛永10・卯・17	150
4月17日	529	山門三院執行探題大僧正天海色衣免許状	寛永16・4・17	222
4月19日	229	天海書状	(元和9)・4・19	95
4月20日	7	不動院随風書状	(慶長2､3頃ヵ)・卯・20	3
4月22日	147	金地院崇伝書状案	(元和3)・卯・22	59
4月22日	206	天海書状	(元和6)・4・22	83
4月22日	695	大僧正天海書状	卯・22	287
4月23日	696	老中衆連署書状	4・23	288
4月24日	66	南光坊僧正天海書状	(慶長18・19)・卯・24	24
4月24日	230	山門探題大僧正天海判物写	元和9・4・24	95
4月24日	277	大僧正天海書状	(寛永4以降)・卯・24	114
4月24日	462	老中酒井讃岐守忠勝書状	(寛永14ヵ)・4・24	189
4月24日	556	永正院かな消息	(寛永18・4)・24	231
4月24日	697	東叡山執当衆連署書状	卯・24	288
4月25日	530	大僧正天海書状	(寛永16)・卯・25	222
4月27日	698	妙法院門跡尭然親王書状案	4・27	288
4月29日	531	大僧正天海書状	(寛永16以前)・卯・29	223
4月29日	699	大僧正天海書状	卯・29	289
4月30日	608	大僧正天海書状	(寛永16～20)・卯・晦	256
閏4月8日	256	大僧正天海書状	(寛永3)・閏卯・8	106
閏4月28日	257	大僧正天海書状	(寛永3)・閏4・28	107
5月	169	山門探題大僧正天海等立石寺寺内法度	元和4・5・吉	68

5月	546	山門三院執行探題法印大僧正天海掟書	寛永17・5・	227
5月1日	35	徳川家康戸隠山神領朱印状案	慶長17・5・1	14
5月1日	36	戸隠山法度案	慶長17・5・1	14
5月2日	379	徳川家光日光山朱印状案	寛永11・5・2	154
5月2日	380	日光山法式案	寛永11・5・2	155
5月3日	243	大僧正天海書状	(寛永元以前)・5・3	101
5月4日	67	南僧正天海書状	(慶長19ヵ)・5・4	25
5月7日	15	青蓮院尊純親王添状写	慶長13・5・7	7
5月7日	68	南光坊僧正天海等連署葛川明王院法度目安覚写	慶長19・5・7	25
5月8日	69	金地院崇伝書状案	(慶長19)・5・8	26
5月12日	115	金地院崇伝書状案	(元和2)・5・12	43
5月13日	207	天海書状	(元和6)・5・13	84
5月14日	700	将軍徳川家光御内書	5・14	289
5月15日	190	南僧天海書状	5・15	76
5月15日	557	大僧正天海書状	(寛永16〜18)・5・15	232
5月16日	70	金地院崇伝書状案	(慶長19)・5・16	26
5月16日	463	永正院かな消息	(寛永14)・5・16	189
5月16日	701	将軍徳川家光御内書	5・16	289
5月17日	381	東叡山領目録案	寛永11・5・17	155
5月17日	382	山門三院執行探題大僧正天海証状写	寛永11・5・17	156
5月17日	580	良田山長楽寺当住大僧正天海山・院号許可状写	寛永19・5・17	242
5月17日	581	良田山長楽寺大僧正天海興聖寺本末法度写	寛永19・5・17	242
5月17日	582	良田山長楽寺大僧正天海興聖寺寺内法度写	寛永19・6・17	243
5月18日	278	大僧正天海書状	(寛永4)・5・18	114
5月21日	71	金地院崇伝書状案	(慶長19)・5・21	26
5月21日	116	金地院崇伝書状案	(元和2)・5・21	43

5月21日	148	岩倉具尭書状	(元和 3)•5•21	60
5月25日	168	金地院崇伝書状案	(元和 4)•5•25	68
5月27日	149	鈴鹿治忠書状	(元和 3)•5•27	60
5月27日	215	真光院寛海書状写	(元和 7)•5•27	89
5月28日	216	岩倉具尭書状写	(元和 7)•5•28	89
5月28日	404	曼殊院門跡良恕親王書状	(寛永12ヵ)•5•28	165
5月28日	405	妙法院門跡尭然親王書状案	(寛永12ヵ)•5•28	166
5月28日	702	妙法院門跡尭然親王書状	5•28	290
5月30日	383	大僧正天海書状	(寛永11)•5•晦	156
6月	533	山門三院執行探題大僧正天海比叡山僧綱職補任状	寛永16•6•	223
6月	613	山門三院執行探題大僧正天海掟書写	寛永20•6•	259
6月1日	370	山門執行探題大僧正天海諸役免許状	寛永10•6•朔	151
6月1日	371	山門三院執行探題大僧正天海証状	寛永10•林鐘•朔	151
6月1日	703	水戸中納言徳川頼房書状	6•朔	290
6月4日	1	合志親為書状	(天正12)•6•4	1
6月5日	244	大僧正天海書状	(寛永元)•林鐘•5	101
6月5日	609	青蓮院門跡尊純親王書状	(寛永20)•6•5	257
6月6日	117	金地院崇伝書状案	(元和 2)•6•6	44
6月6日	337	大僧正天海書状	(寛永 9 ヵ)•6•6	138
6月7日	338	岡山藩主池田光政書状	(寛永 9 ヵ)•6•7	138
6月7日	339	岡山藩家老衆連署書状	(寛永 9 ヵ)•6•7	139
6月9日	150	岩倉具尭書状	(元和 3)•6•9	60
6月10日	251	大僧正天海書状	(寛永 2)•6•10	104
6月10日	406	大僧正天海書状	(寛永12ヵ)•6•10	166
6月10日	704	普請奉行朝比奈源六等連署書状	6•10	290
6月11日	231	大僧正天海書状	(元和 9 ヵ)•6•11	95
6月11日	305	藤堂和泉守高虎書状	(寛永 7 以前)•6•11	125
6月11日	705	大僧正天海書状	6•11	291

6月12日	286	大僧正天海書状案	(寛永5)・6・12	117
6月12日	610	大僧正天海書状	(寛永20)・6・12	257
6月12日	611	大僧正天海書状	(寛永20)・6・12	258
6月12日	612	大僧正天海書状	(寛永20)・6・12	258
6月13日	312	大僧正天海書状	(寛永4〜8)・6・13	128
6月14日	340	岡山藩主池田光政書状	(寛永9ヵ)・6・14	139
6月15日	341	金地院崇伝書状案	(寛永9)・6・15	139
6月16日	30	施薬院宗伯書状	(慶長16以前)・6・16	12
6月16日	252	大僧正天海書状	(寛永2)・6・16	105
6月16日	706	将軍徳川家光御内書	6・16	291
6月17日	54	南光坊僧正天海書状	(慶長18)・6・17	20
6月17日	172	山門南僧正天海書状	(元和3〜5)・6・17	69
6月18日	707	老中衆連署書状	6・18	291
6月20日	232	納富羽右衛門書状	元和9・6・20	96
6月21日	72	金地院崇伝書状案	(慶長19)・6・21	27
6月22日	96	南僧正天海書状	(元和元)・6・22	35
6月22日	279	天海書状	(寛永4以降)・6・22	115
6月22日	427	大僧正天海書状	(寛永12、13)・6・22	174
6月23日	97	天海書状	(元和元)・6・23	36
6月23日	532	天海書状	(寛永16)・6・23	223
6月24日	708	妙法院門跡尭然親王書状案	6・24	292
6月27日	98	南僧正天海書状案	(元和元)・6・27	36
6月27日	234	大僧正天海書状	(元和9以降)・6・27	97
6月27日	709	尾張大納言徳川義直書状	6・27	292
6月28日	151	南光坊大僧正天海成願寺寺内法度写	元和3・6・28	61
6月28日	245	大僧正天海書状	(寛永元)・6・28	101
6月28日	384	大僧正天海書状案	(寛永11)・6・28	157
6月29日	223	大僧正天海書状	6・29	92
6月30日	73	金地院崇伝書状案	(慶長19)・6・晦	27
6月30日	152	南僧正天海書状	(元和3ヵ)・6・晦	61
閏6月3日	99	南僧正天海書状	(元和元)・閏6・3	36
7月	471	永正院かな消息	(寛永14・7)・月・日な	

			し	194
7月1日	258	大僧正天海書状	(元和 6～寛永 3)•7•朔	107
7月3日	614	山門三院執行探題大僧正天海東叡山直末許可状案	寛永20•7•3	259
7月3日	615	山門三院執行探題大僧正天海信濃善光寺寺内法度案	寛永20•7•3	259
7月5日	118	吉田神龍院梵舜書状	(元和 2)•7•5	44
7月5日	710	大僧正天海書状	7•5	292
7月6日	119	金地院崇伝書状案	(元和 2)•7•6	45
7月6日	428	大僧正天海書状	(寛永13)•夷則•6	175
7月6日	429	寒松院弁海等連署書状	(寛永13)•7•6	175
7月7日	74	吉野山惣中等連署書状案	(慶長19)•7•7	27
7月7日	246	大僧正天海書状案	(寛永元)•7•7	102
7月7日	464	永正院かな消息	(寛永14•7)•7	190
7月8日	385	天海書状	(寛永11ヵ)•7•8	157
7月10日	32	棟梁鈴木長以書状	(慶長16ヵ)•7•10	12
7月10日	75	金地院崇伝等連署書状案	(慶長19)•7•10	28
7月10日	342	菅沼織部正定芳書状	(寛永 9)•7•10	140
7月11日	711	中院通村書状	7•11	293
7月11日	712	中院通村書状	7•11	293
7月12日	372	大僧正天海書状	(寛永10以前)•7•12	151
7月12日	558	大僧正天海書状	(寛永18)•7•12	233
7月13日	76	金地院崇伝書状案	(慶長19)•7•13	28
7月13日	287	大僧正天海書状	(元和元～寛永 5)•7•13	118
7月14日	120	南僧天海書状案	(元和 2)•7•14	45
7月15日	100	南光房僧正天海奉書写	(元和元)•7•15	37
7月15日	465	永正院かな消息	(寛永14•7)•15	191
7月15日	559	天海請書	(寛永18)•7•15	233
7月16日	430	市橋下総守長正書状	(寛永12、13)•7•16	176
7月16日	583	大僧正天海書状	(寛永19以前)•7•16	243
7月17日	2	秋月種実書状	(天正12)•7•17	1

7月17日	55	徳川家康戸隠山社領寄進状案	慶長18•7•17	20
7月17日	343	大僧正天海書状案	(寛永 9)•7•17	140
7月17日	344	幕府年寄衆連署書状案	(寛永 9)•7•17	140
7月17日	468	永正院かな消息	(寛永14•7)•17	192
7月17日	469	大僧正天海東叡山直末許可状写	寛永14•7•17	193
7月17日	560	山門三院執行大僧正天海東照宮勧請許可状写	寛永18•7•17	234
7月18日	56	金地院崇伝書状案	(慶長18)•7•18	20
7月19日	470	永正院かな消息	(寛永14•7)•19	193
7月19日	713	大僧正天海書状写	7•19	293
7月20日	31	天海書状写	慶長16•7•20	12
7月20日	616	大僧正天海書状	(寛永20)•7•20	260
7月21日	57	金地院崇伝書状案	(慶長18)•7•21	21
7月21日	121	吉田神龍院梵舜書状	(元和 2)•7•21	46
7月21日	217	真光院寛海条書写	(元和 7)•7•21	89
7月21日	714	中院通村書状	7•21	294
7月22日	259	大僧正天海書状	(寛永元～3)•7•22	107
7月22日	313	大僧正天海書状写	(寛永 8 以前)•7•22	128
7月24日	101	南僧正天海書状	(元和元)•文•24	37
7月24日	102	南僧正天海書状	(元和元)•文•24	37
7月24日	345	山門三院執行探題大僧正天海光前寺寺内法度	寛永 9•7•24	141
7月24日	617	中院通村書状	(寛永19、20)•7•24	260
7月24日	618	牧野内匠頭信成書状	(寛永20)•7•24	261
7月24日	619	聖護院門跡道晃親王書状	(寛永19、20)•7•24	261
7月24日	620	中院通村書状	(寛永19、20)•7•24	261
7月24日	715	大僧正天海書状案	7•24	294
7月25日	431	戸川土佐守正安書状	(寛永13)•7•25	176
7月25日	561	有馬蔵人康純証文	寛永18•7•25	234
7月26日	534	曼殊院門跡良恕親王書状案	(寛永16)•7•26	224
7月26日	716	老中堀田加賀守正盛書状	7•26	294

7月27日	123	後水尾天皇大僧正宣旨	元和2・7・27	47
7月27日	535	大僧正天海書状	(寛永16以前)・7・27	224
7月28日	124	南僧正天海書状	(元和2)・7・28	47
7月28日	125	南僧正天海書状案	(元和2)・7・28	48
7月28日	373	大僧正天海書状	(寛永10)・7・28	152
7月28日	717	天海書状写	7・28	294
7月29日	58	南光房僧正天海書状	(慶長18)・7・29	21
7月29日	288	大僧正天海書状	(寛永5ヵ)・7・29	118
閏7月20日	386	鍋嶋信濃守勝茂書状案	(寛永11)・閏7・20	157
閏7月21日	387	大僧正天海書状写	(寛永11)・閏7・21	158
8月	566	山門三院執行探題大僧正天海日光山綜画目録写	寛永18・8・吉	236
8月2日	472	老中堀田加賀守正盛書状	(寛永14)・8・2	194
8月4日	562	大僧正天海書状	(寛永18)・8・4	235
8月5日	388	坂本東照宮遷宮綸旨案	寛永11・8・5	158
8月5日	523	天海書状	8・5	220
8月7日	191	南僧正天海書状	8・7	77
8月7日	473	大僧正天海書状	(寛永14)・8・7	194
8月7日	547	木原木工允義久書状	(寛永17)・8・7	228
8月9日	77	南僧正天海書状	(慶長19)・8・9	29
8月9日	289	大僧正天海書状案	(寛永5)・8・9	119
8月12日	718	大僧正天海書状写	8・12	295
8月13日	174	僧正天海書状	(元和5ヵ)・8・13	70
8月13日	253	大僧正天海書状	(寛永2ヵ)・8・13	105
8月14日	126	東寺訴状案	元和2・8・14	48
8月14日	621	老中阿部豊後守忠秋書状	(寛永20ヵ)・8・14	262
8月16日	192	南僧正天海書状	8・16	77
8月16日	719	中根壱岐守正盛書状	8・16	295
8月16日	720	将軍徳川家光御内書	8・16	295
8月17日	208	天海書状	(元和6)・8・17	85
8月17日	306	山門三院執行探題大僧正天海東叡山末寺許可状案	寛永7・8・17	125
8月17日	389	山門三院執行探題大僧正天		

		海紀州東照宮法度	寛永11・8・17	158
8月17日	390	山門三院執行探題大僧正天海真如堂法度	寛永11・8・17	158
8月17日	563	山門三院執行探題大僧正天海東叡山直末許可状案	寛永18・8・17	235
8月18日	59	金地院崇伝書状案	(慶長18)・8・18	22
8月18日	60	金地院崇伝書状案	(慶長18)・8・18	22
8月18日	61	金地院崇伝書状案	(慶長18)・8・18	22
8月18日	290	幕府年寄衆土井利勝書状	(寛永5)・8・18	119
8月20日	62	金地院崇伝書状案	(慶長18)・8・20	22
8月20日	218	大僧正天海書状	(元和7以降)・8・20	90
8月20日	622	大僧正天海書状写	(寛永20)・8・20	262
8月20日	721	酒井讃岐守忠勝書状	8・20	296
8月21日	291	大僧正天海書状案	(寛永5)・8・21	119
8月21日	292	大僧正天海書状案	(寛永5)・8・21	120
8月21日	293	大僧正天海書状	8・21	120
8月22日	307	竹林坊盛憲等連署書状	(寛永7以前)・8・22	125
8月22日	374	山門三院執行探題大僧正天海東叡山直末許可状	寛永10・8・22	152
8月22日	391	天海書状	(寛永11)・8・22	159
8月23日	314	大僧正天海書状	(寛永8)・8・23	129
8月23日	722	将軍徳川家光御内書	8・23	296
8月25日	153	天海書状	(元和3ヵ)・8・25	62
8月25日	474	青蓮院門跡尊純親王書状	(寛永14)・8・25	195
8月25日	475	京都所司代板倉周防守重宗書状	(寛永14)・8・25	195
8月25日	476	大僧正天海日光山東照宮大権現之別所御本尊目録写	寛永15・8・25	196
8月26日	63	関東天台宗法度案	慶長18・8・26	23
8月26日	175	木下宮内少輔利房書状	(元和5)・8・26	71
8月26日	477	勧修寺中納言経広書状	(寛永14)・8・26	196
8月26日	478	勧修寺中納言経広書状	(寛永14)・8・26	196
8月26日	479	青蓮院門跡尊純親王書状	(寛永14)・8・26	197

8月26日	480	四辻大納言季継書状	(寛永14)・8・26	197
8月26日	481	京都所司代板倉周防守重宗書状	(寛永14)・8・26	197
8月27日	127	鈴鹿治忠書状	(元和2ヵ)・8・27	49
8月27日	482	永正院かな消息	(寛永14・8)・27	198
8月27日	723	将軍徳川家光御内書	8・27	297
8月28日	392	安藤帯刀直次書状	(寛永11以前)・8・28	159
8月28日	564	青蓮院門跡尊純親王書状	(寛永18)・8・28	235
8月28日	565	曼殊院門跡良恕親王書状	(寛永18)・8・28	236
閏8月26日	235	天海書状写	(元和9)・閏8・26	97
9月	265	山門執行探題大僧正天海廬山寺寺内法度	寛永3・9・	110
9月	486	山門三院執行探題大僧正天海証状写	寛永14・9・	199
9月1日	483	寺社奉行衆連署書状	(寛永13、14)・9・朔	198
9月1日	724	曼殊院門跡良恕親王書状	9・1	297
9月2日	294	大僧正天海書状案	(寛永5)・9・2	120
9月2日	346	大僧正天海書状案	(寛永9)・9・2	141
9月3日	432	山門三院執行探題大僧正天海東叡山直末許可状	(寛永13)・9・3	177
9月3日	433	大僧正天海書状	(寛永13ヵ)・9・3	177
9月3日	434	安藤右京進重長書状	(寛永13ヵ)・9・3	177
9月4日	484	京都所司代板倉周防守重宗書状	(寛永14)・9・4	199
9月5日	3	合志真賢書状	(天正12)・9・5	1
9月5日	78	榛名山法度案	慶長19・9・5	29
9月5日	79	榛名山朱印状案	慶長19・9・5	30
9月5日	393	曼殊院門跡良恕親王書状	(寛永11)・9・5	160
9月5日	435	寺社奉行松平出雲守勝隆書状	(寛永13ヵ)・9・5	178
9月6日	24	権僧正天海書状	慶長15・9・6	10
9月6日	25	権僧正天海証状案	慶長15・季秋・6	10
9月6日	103	天海書状	(元和元ヵ)・9・6	37

9月6日	280	山門三院執行探題大僧正天海学頭職補任状写	寛永4・9・6	115
9月6日	347	金地院崇伝書状案	(寛永9)・9・6	142
9月6日	485	京都所司代板倉周防守重宗書状	(寛永14)・9・6	199
9月6日	623	大僧正天海書状	(寛永20)・9・6	263
9月7日	4	筑紫広門書状	(天正12)・9・7	2
9月7日	128	金地院崇伝書状案	(元和2)・9・7	49
9月7日	193	南僧正天海書状	9・7	78
9月8日	80	山門探題僧正天海書状	(慶長19)・9・8	30
9月8日	725	老中衆連署書状	9・8	297
9月8日	726	老中衆連署書状	9・8	298
9月10日	260	大僧正天海書状	(寛永3以降)・9・10	108
9月11日	348	大僧正天海書状	(寛永9)・9・11	142
9月12日	81	南僧正天海書状	(慶長19)・9・12	30
9月13日	315	大僧正天海書状	(寛永8以前)・9・13	129
9月13日	316	竹林坊盛憲書状	(寛永8以前)・9・13	129
9月13日	727	大僧正天海書状	9・13	298
9月13日	728	将軍徳川家光御内書	9・13	298
9月14日	82	金地院崇伝書状案	(慶長19)・9・14	31
9月14日	729	青蓮院門跡尊純親王書状	9・14	298
9月15日	176	姫路随願寺朱印状案	元和5・9・15	71
9月16日	624	大僧正天海書状写	(寛永20)・9・16	263
9月17日	317	曼殊院門跡良恕親王書状案	(寛永8)・9・17	130
9月17日	349	金地院崇伝書状案	(寛永9)・9・17	142
9月17日	407	山門三院執行探題大僧正天海日光山画図目録写	寛永12・9・17	166
9月17日	567	山門三院執行大僧正天海証状	寛永18・9・17	236
9月17日	584	武家伝奏衆連署書状写	(寛永19ヵ)・9・17	244
9月17日	625	長楽寺当住山門三院執行探題大僧正天海長楽寺寺内法度	寛永20・9・17	264

9月17日	626	長楽寺灌頂法物等之法度	寛永20•9•17	265
9月18日	26	後陽成天皇探題職補任宣旨案	(慶長15)•9•18	11
9月18日	27	後陽成天皇立義探題宣旨案	慶長15•9•18	11
9月18日	129	天海年貢加増証文	元和2•9•18	50
9月18日	130	天海書状案	(元和2ヵ)•9•18	50
9月18日	209	天海書状	(元和6ヵ)•9•18	86
9月18日	627	青蓮院門跡尊純親王書状	寛永20•9•18	265
9月19日	177	南光天海書状写	(元和5ヵ)•9•19	71
9月19日	261	大僧正天海書状	(寛永3ヵ)•9•19	108
9月19日	262	大僧正天海書状	(寛永3ヵ)•9•19	109
9月19日	730	将軍徳川家光御内書	9•19	299
9月20日	104	多賀尊勝院直壮書状案	(元和元以前)•9•20	38
9月20日	731	天海書状	9•20	299
9月21日	281	大僧正天海書状	(寛永4以前)•9•21	116
9月22日	178	南僧正天海書状写	(元和5ヵ)•9•22	72
9月23日	179	南僧正天海書状写	(元和5ヵ)•9•23	72
9月23日	180	東光坊条書写	(元和5)•9•23	72
9月23日	181	伝奏衆広橋兼勝•三条西実条連署書状写	(元和5)•9•23	73
9月23日	194	南僧正天海書状	9•23	78
9月23日	732	大僧正天海書状	9•23	299
9月23日	733	老中衆連署書状	9•23	300
9月24日	131	高野山目安案	元和2•9•24	50
9月24日	182	尾張東照宮遷宮宣旨案	元和5•9•24	73
9月24日	318	大僧正天海書状	(元和9〜寛永8)•9•24	130
9月24日	628	青蓮院門跡尊純親王書状案	(寛永20)•9•24	266
9月25日	548	将軍徳川家光御内書	(寛永17)•9•25	228
9月25日	568	将軍徳川家光御内書	(寛永18)•9•25	237
9月28日	263	山門執行探題大僧正天海金山寺寺内法度	寛永3•9•28	109
9月28日	264	青蓮院院家許可状案	(寛永3)•9•28	109

9月29日	33	円光寺元佶・金地院崇伝連署書状案	(慶長16)・9・29	13
9月29日	154	小堀遠江守政一・村上三右衛門吉正連署書状	(元和3ヵ)・9・29	63
9月29日	155	小堀遠江守政一・村上三右衛門吉正連署書状	(元和3ヵ)・9・29	63
9月29日	436	妙法院門跡尭然親王書状案	(寛永13)・9・29	178
後9月11日	585	大僧正天海書状	(寛永19)・後9・11	244
閏9月27日	586	大僧正天海証状	(寛永19)・閏9・27	244
10月	16	天海法流証状	慶長13・10・吉	7
10月3日	6	無心書状	10・3	2
10月3日	134	天海書状	(元和2以前)・10・3	54
10月3日	266	山門執行探題大僧正天海葉上流法度	寛永3・10・3	110
10月3日	267	大僧正天海書状	(寛永3)・10・3	110
10月3日	308	天海書状	(元和3〜寛永7)・10・3	126
10月3日	587	大僧正天海書状写	(寛永19)・10・3	245
10月3日	734	将軍徳川家光御内書	10・3	300
10月5日	83	大僧正天海書状案	(慶長19)・10・5	31
10月5日	210	大僧正天海書状	(元和5、6)・10・5	86
10月5日	224	天海延暦寺法度	元和8・10・5	92
10月5日	319	大僧正天海書状	(寛永8ヵ)・10・5	130
10月5日	569	中根壱岐守正盛書状案	(寛永18)・10・5	237
10月6日	437	寒松院僧正弁海等連署書状	(寛永13)・10・6	178
10月7日	487	将軍徳川家光御内書	(寛永14以前)・10・7	199
10月7日	735	鳥取藩主池田相模守光仲書状	10・7	300
10月9日	156	大僧正天海書状案	(元和3ヵ)・10・9	64
10月9日	736	大僧正天海書状	10・9	301
10月11日	105	牛瀧山衆徒中訴状案	元和元・10・11	38
10月11日	195	南僧正天海書状	10・11	78
10月11日	295	大僧正天海書状	(寛永5)・10・11	121

10月12日	219	大僧正天海書状	(元和7以降)・10・12	90
10月12日	488	天海書状	(寛永14ヵ)・10・12	200
10月12日	629	前田筑前守光高書状	(寛永20ヵ)・10・12	266
10月12日	737	中院通村書状	10・12	301
10月14日	170	天海書状	(元和4ヵ)・10・14	69
10月15日	183	河上山座主尊純書状写	(元和5)・10・15	74
10月15日	501	大僧正天海法度	寛永15・10・15	206
10月16日	549	大僧正天海書状	(寛永12〜17)・10・16	229
10月16日	738	将軍徳川家光御内書	10・16	301
10月21日	302	山門三院探題大僧正天海日光山末寺許可状	寛永6・10・21	124
10月21日	350	天海証状案	寛永9・10・21	143
10月21日	739	将軍徳川家光御内書	10・21	302
10月21日	740	南光坊天海書状	10・21	302
10月23日	64	金地院崇伝書状案	(慶長18)・10・23	23
10月23日	502	大僧正天海書状	(寛永15)・10・23	207
10月24日	8	不動院天海書状	(慶長2、3頃)・10・24	3
10月25日	741	大僧正天海書状	10・25	302
10月26日	9	不動院天海書状	(慶長2、3頃)・10・26	4
10月27日	10	天海書状	(慶長2、3頃)・10・27	5
10月28日	438	妙心寺玄弘等連署書状写	(寛永13)・小春・28	179
10月29日	742	曼殊院門跡良恕親王書状	10・29	303
10月30日	570	将軍徳川家光御内書	(寛永18ヵ)・10・晦	238
10月30日	743	聖護院門跡道晃親王書状	10・晦	303
10月30日	744	天海書状写	10・晦	303
11月	106	寺務南光坊大僧正天海四天王寺寺内法度	元和元・11・	39
11月	160	延暦寺元三会差状	元和3・霜	65
11月	270	山門執行探題大僧正天海松尾寺寺内法度写	寛永3・11・	111
11月	355	山門三院執行探題大僧正天海東叡山直末許可状	寛永9・霜・吉	145
11月	489	浄法寺等長楽寺末寺連署訴		

		状	寛永14・霜・吉	200
11月	505	山門三院執行探題大僧正天海坊号幷色衣免許状	寛永15・霜・吉	208
11月	537	山門三院執行探題大僧正天海日光山御本尊目録	寛永16・霜・吉	225
11月 1 日	157	南僧天海書状	(元和 3)・霜・1	64
11月 1 日	536	大僧正天海書状	(寛永16ヵ)・11・朔	224
11月 2 日	745	将軍徳川家光御内書	11・2	304
11月 3 日	746	大僧正天海書状	11・3	304
11月 4 日	247	大僧正天海書状	(寛永元)・霜・4	102
11月 4 日	351	山門三院執行探題大僧正天海仲仙寺寺内法度	寛永 9・霜・4	143
11月 5 日	408	幕府老中衆連署書状	(寛永12)・11・5	167
11月 6 日	303	天海書状	(寛永 6 以前)・霜・6	124
11月 7 日	158	大僧正天海書状案	(元和 3 ヵ)・11・7	64
11月 7 日	352	大僧正天海書状写	(寛永 9 ヵ)・霜・7	143
11月 7 日	394	天海書状	(寛永11ヵ)・霜・7	160
11月 7 日	550	如来寺但唱書状	(寛永17ヵ)・霜・7	229
11月 8 日	84	覚案	(慶長19)・11・8	31
11月 8 日	320	天海書状	(寛永 8 以前)・霜・8	131
11月 8 日	747	大僧正天海書状	霜・8	304
11月 9 日	184	山門三院執行探題天海書状	(元和 5)・霜・ 9	74
11月10日	439	大僧正天海証文	(寛永13)・11・10	179
11月10日	440	大僧正天海書状	(寛永13)・霜・10	180
11月10日	748	老中衆連署書状	霜・10	305
11月11日	159	京都所司代板倉勝重書状	(元和 3)・霜・11	65
11月11日	441	寒松院弁海等連署書状	(寛永13)・霜・11	180
11月11日	442	大僧正天海書状	(寛永13)・霜・11	180
11月11日	443	井伊兵部少輔直勝書状	(寛永13)・11・11	181
11月11日	749	将軍徳川家光御内書	11・11	305
11月12日	353	鍋嶋信濃守勝茂書状	(寛永 9)・霜・12	144
11月13日	503	大僧正天海書状写	(寛永15以前)・霜・13	207
11月14日	85	天海書状	(慶長19ヵ)・霜・14	32

11月14日	750	将軍徳川家光御内書	霜•14	305
11月16日	321	徳川忠長書状	(寛永 8)•11•16	131
11月17日	86	金地院崇伝書状案	(慶長19)•11•17	32
11月17日	588	世良田山長楽寺真言院兼当住山門三院執行探題大僧正天海補任状写	寛永19•11•17	245
11月17日	589	山門三院執行探題大僧正天海円通寺寺内法度	寛永19•仲冬•17	246
11月17日	590	山門三院執行探題大僧正天海吉祥寺寺内法度	寛永19•仲冬•17	246
11月19日	87	南光坊僧正天海等連署吉野山禁制	慶長19•霜•19	32
11月19日	751	将軍徳川家光御内書	霜•19	306
11月19日	752	将軍徳川家光御内書	霜•19	306
11月20日	211	大僧正天海書状	(元和 6)•霜•20	87
11月20日	268	大僧正天海書状	(寛永 3 以前)•霜•20	111
11月21日	444	大僧正天海証文	(寛永13)•11•21	181
11月22日	753	天海書状	霜•22	306
11月23日	28	天海祝儀覚	慶長15•11•23	11
11月23日	135	南僧正天海書状	(元和 2)•霜•23	54
11月25日	354	大僧正天海書状	(寛永 9 以前)•霜•25	144
11月26日	591	東叡山定書案	(寛永19)•霜•26	247
11月27日	185	山門探題大僧正天海書状写	(元和 5 ヵ)•霜•27	75
11月27日	269	天海書状	(寛永 3)•霜•27	111
11月27日	409	幕府老中衆連署書状	(寛永12)•11•27	167
11月27日	504	曼殊院門跡良恕親王書状	(寛永15)•霜•27	208
11月29日	410	幕府老中衆連署書状	(寛永12)•11•29	168
11月29日	754	聖護院門跡道晃親王書状	霜•29	307
後11月23日	538	聖護院道晃親王書状	(寛永16)•後11•23	225
12月	239	粉川寺寺内法度	元和 9•極•	99
12月 1 日	755	酒井讃岐守忠勝書状	極•朔	307
12月 3 日	571	大老酒井讃岐守忠勝書状案	(寛永18)•極•3	238
12月 4 日	171	南僧正天海書状	(元和 3、4 ヵ)•12•4	69

12月 4 日	236	天海真如堂寺内法度	元和 9•極•4	98
12月 4 日	592	東叡山執当衆連署書状	(寛永19)•極•4	248
12月 4 日	756	将軍徳川家光御内書	12•4	307
12月 6 日	248	大僧正天海書状	(寛永元以前)•12•6	103
12月 7 日	161	天海喜多院証状	元和 3•極•7	66
12月 9 日	19	後陽成天皇権僧正口宣案	慶長14•12•9	8
12月 9 日	20	青蓮院門跡尊純親王添状	(慶長14)•12•9	9
12月 9 日	237	大僧正天海書状写	極•9	98
12月 9 日	322	山門三院執行探題大僧正天海日光山東照宮大権現様御十七年御本尊目録案	寛永 8•極•9	132
12月 9 日	411	大僧正天海書状	(寛永12)•極•9	168
12月 9 日	757	曼殊院門跡良恕親王書状	12•9	307
12月10日	758	青蓮院門跡尊純親王書状	極•10	308
12月11日	759	大僧正天海書状	極•11	308
12月12日	107	山門探題正僧正天海喜多院証状	元和元•終冬•12	39
12月12日	539	妙法院門跡尭然親王書状	(寛永16)•臘•12	225
12月13日	271	大僧正天海書状	(寛永 3 以前)•極•13	112
12月14日	445	大僧正天海書状写	(寛永13)•12•14	181
12月15日	5	秋月種長書状	(天正12)•12•15	2
12月15日	136	南僧正天海書状	(元和 2)•12•15	54
12月15日	282	大僧正天海書状写	(元和元～寛永 4)•極•15	116
12月16日	323	徳川忠長書状	(寛永 8)•12•16	132
12月16日	324	徳川忠長書状	(寛永 8)•12•16	132
12月16日	506	妙法院門跡尭然親王書状	(寛永15)•12•16	208
12月16日	507	妙法院門跡尭然親王書状案	(寛永15)•12•16	208
12月16日	760	大僧正天海書状	極•16	308
12月17日	88	南僧正天海書状	(慶長19)•極•17	33
12月17日	108	金地院崇伝書状案	(元和元)•極•17	40
12月17日	508	天海書状	(寛永15ヵ)•臘•17	209
12月17日	593	東叡山門末定書案	寛永19•極•17	248

12月17日	594	東叡山衆議定書案	寛永19•極•17	249
12月18日	325	大僧正天海書状	(寛永 8)•極•18	133
12月18日	540	妙法院門跡尭然親王書状案	(寛永16)•12•18	226
12月19日	21	宗光寺天海書状	(慶長14)•12•19	9
12月19日	238	天海書状	(元和 9 ヵ)•極•19	99
12月21日	137	南僧正天海書状	(元和 2 ヵ)•極•21	55
12月21日	412	妙法院門跡尭然親王書状	(寛永12)•臘•21	168
12月21日	509	妙法院門跡尭然親王書状	(寛永15)•臘•21	209
12月22日	138	南僧正天海書状	(元和 2)•極•22	55
12月22日	413	四辻大納言季継書状	(寛永12)•12•22	168
12月22日	551	如来寺但唱証状	寛永17•極•22	230
12月22日	572	大僧正天海書状	(寛永18)•極•22	239
12月25日	225	天海書状	(元和 8 ヵ)•極•25	93
12月25日	249	幕府年寄衆連署書状	(寛永元以前)•12•25	103
12月26日	395	堀丹後守直寄書状案	(寛永11ヵ)•12•26	160
12月27日	226	天海書状	(元和 8)•極•27	93
12月27日	356	妙法院門跡尭然親王書状	(寛永 9)•極•27	145
12月27日	357	妙法院門跡尭然親王書状	(寛永 9)•極•27	145
12月28日	490	大僧正天海書状	(寛永14)•極•28	201
12月30日	414	天海書状	(寛永12)•極•30	169
後12月19日	212	天海書状	(元和 6)•後極•19	87
—	34	参考	慶長16•11•1	13
			慶長17•4•19	13